Schriftenreihe des Instituts für
Europäische Regionalforschungen

Im Auftrag des Instituts für
Europäische Regionalforschungen
herausgegeben von

Gerold Ambrosius

Band 25

Isabel Tölle

Integration von Infrastrukturen in Europa im historischen Vergleich

Band 6: Binnenschifffahrt (Rheinschifffahrt)

Nomos

Die Deutsche Nationalbibliothek verzeichnet diese Publikation in der Deutschen Nationalbibliografie; detaillierte bibliografische Daten sind im Internet über http://dnb.d-nb.de abrufbar.

Zugl.: Siegen, Univ., Diss., 2014

ISBN 978-3-8487-2986-9 (Print)
ISBN 978-3-8452-7369-3 (ePDF)

1. Auflage 2016

Vorwort

Das vorliegende Buch ist aus meiner Dissertationsschrift ‚Europäische Integration der Rheinschifffahrt Mitte des 19. und Mitte des 20. Jahrhunderts im Vergleich' hervorgegangen, die 2014 von der Philosophischen Fakultät der Universität Siegen zur Erlangung der Doktorwürde angenommen wurde.

Etliche Personen haben mich während der Arbeit an diesem Buch begleitet und ihnen möchte ich an dieser Stelle danken.

Zuerst möchte ich Herrn PD Dr. Christian Henrich-Franke und Herrn Prof. Dr. Guido Thiemeyer nennen, die meine Arbeit betreuten und immer eine offene Tür hatten sowie als Erst- und Zweitgutachter fungierten. Herzlichen Dank!

Zu Dank verpflichtet bin ich dem Vorstand des Instituts für Europäische Regionalforschungen an der Universität Siegen, insbesondere Herrn Prof. Dr. Gerold Ambrosius, für die Aufnahme des Buches in die Schriftenreihe des Instituts.

Den Kolleginnen und Kollegen am Institut für Europäische Regionalforschungen, die mich in den Jahren konstruktiv bei der Erstellung der Arbeit unterstützt haben, möchte ich ebenfalls danken. Dabei gilt mein besonderer Dank Herrn Dr. Andreas Benz sowie Herrn Jürgen Beine für anregende Gespräche und Kritik sowie Herrn Torsten Pulfrich für die Unterstützung beim Entziffern älterer Quellen.

Inspiration boten auch die zahlreichen Tagungen und Konferenzen, auf denen ich Teilergebnisse meiner Arbeit vorstellen und mit Kollegen diskutieren durfte. Diesen gilt ebenso ein Dank wie den engagierten Beschäftigten der zahlreichen Archive.

Schließlich und vor allem möchte ich mich bei meiner Familie und meinen Freunden für die kontinuierliche Unterstützung und Ermutigung sowie das fleißige Korrekturlesen des Textes bedanken.

Siegen, im April 2015 Isabel Maria Tölle

Inhalt

Abkürzungsverzeichnis

Art.	Artikel
BArchK	Bundesarchiv Koblenz
BayHStA	Bayerisches Hauptstaatsarchiv in München
Bd.	Band
betr.	betreffend
ebd.	ebenda
ECMT	European Conference of Ministers of Transport
ed.	editor(s)
EG	Europäische Gemeinschaft
EGKS	Europäische Gemeinschaft für Kohle und Stahl
EU	Europäische Union
EURATOM	European Atomic Energy Community
EWG	Europäische Wirtschaftsgemeinschaft
f.	folgende
ff.	fortfolgende
ggf.	gegebenenfalls
GStA PK	Geheimes Staatsarchiv Preußischer Kulturbesitz in Berlin (Dahlem)
Hg.	Herausgeber
HHStAW	Hessisches Hauptstaatsarchiv in Wiesbaden
HStAD	Hessisches Staatsarchiv in Darmstadt
IAR	Internationale Arbeitsgemeinschaft der Rheinschiffahrt
IBU	Internationale Binnenschiffahrts-Union
INTAR	Internationale Arbeitsgemeinschaft der Rheinschiffahrt
[I.T.]	(Anmerkung von) Isabel Tölle
IVR	Internationale Vereinigung des Rheinschiffahrtsregisters
Jg.	Jahrgang
NPRC	Nederlandsche Particuliere Rijnvaart-Centrale
Nr.	Nummer
Nrn.	Nummern
OEEC	Organisation for European Economic Cooperation
o.V.	ohne Verfasser
p.	page
pp.	paginae
S.	Seite

UIR	Union Internationale du Rhin
UN-ECE	United Nations Economic Commission for Europe
USA	United States of America
Vgl.	Vergleiche
Vol.	Volume
ZKR	Zentralkommission für die Rheinschifffahrt

Tabellen- und Abbildungsverzeichnis

1. Einleitung

Bereits weit vor Aufkommen des Flugzeuges, des Lastkraftwagens und der Eisenbahn war die Binnenschifffahrt das Transportmittel, Handelsgüter über weite Strecken, oft grenzüberschreitend, zu befördern. Auch heute noch ist sie attraktiv, da sie gegenüber Straße und Schiene weniger Energie verbraucht.

Der reibungslose und möglichst günstige Transport von Waren war das Anliegen verschiedener Interessensparteien, Händler und Schiffer sowie Verwaltungen und Regierungen. Die Binnenschifffahrt geriet ab Mitte des 19. Jahrhunderts in eine Konkurrenzsituation mit anderen Verkehrsarten, beginnend mit der Eisenbahn. Schiene und Straße verdrängten sie jedoch keineswegs. Der intermodale Wettbewerb wurde Mitte des 20. Jahrhunderts ergänzt, als verschiedene Organisationen unterschiedliche politische Konzepte für alle Verkehrsträger entwarfen.

Dem Rhein als einem der längsten Ströme Westeuropas kam früh eine bedeutende Rolle zu, nicht zuletzt wegen seiner geografischen Lage inmitten zahlreicher wichtiger Handelsstädte. Es war der Rhein, an dem erste Integrationsbestrebungen innerhalb Europas sichtbar wurden: In Bezug auf internationale Abkommen und Kooperationen sowie gemeinsame internationale Regeln für die Schifffahrt hatte er eine Vorreiterrolle inne. Viele Integrationsschritte vollzogen sich zuerst dort, bevor sie für andere Flüsse Anwendung fanden. Der Rhein, auch heute eine der verkehrsreichsten Wasserstraßen der Welt, dient daher in dieser Arbeit durchgehend als Beispiel und wird unter dem Aspekt einer Verkehrsinfrastruktur und eines Integrationsobjekts betrachtet.

Bereits 1804 wurde mit dem Octroivertrag zwischen Frankreich und Deutschland ein internationales Schifffahrtsregime begründet. Der Wiener Kongress 1814/1815 schuf nicht nur die neue Friedensordnung für Europa nach den Napoleonischen Kriegen, sondern setzte neue Maßstäbe in der Binnenschifffahrt. Infolge der Schlussakte des Kongresses entstand, auch aus dem liberalen Geist dieser Zeit heraus, die Zentralkommission für die Rheinschifffahrt, die den Auftrag hatte, ein internationales Rheinschifffahrtsregime auszuhandeln.[1] Diese älteste internationale Organisation im Bereich der Infrastrukturen ist heute noch aktiv.

Ein gut ausgebautes Infrastrukturnetz und reibungslos funktionierende Infrastrukturdienste sind uns heute nahezu selbstverständlich. Die Bedeutung von Infrastrukturen für Handel und Verkehr, den internationalen Wettbewerb sowie das alltägliche Leben ist enorm. Die Abhängigkeit zeigt sich zum Beispiel an überlasteten Straßen, wo durch Staus Kosten entstehen, internationalen just-in-time Warenlieferungen oder günstigen internationalen Ferngesprächen. Infrastrukturen sind Vernetzungs- und Verbindungsmöglichkeiten, für deren Verwirklichung jedoch bestimmte Maßnahmen, etwa das Funktionieren über nationale Grenzen hinweg durch gleiche Spurweiten bei der Eisenbahn, notwendig sind, damit sie ‚selbstverständlich' werden.

Infrastrukturintegration war und ist eine wichtige Grundlage für das Zusammenwachsen von Märkten und Gesellschaften und für die Europäisierung und Internationalisierung, die im 19. Jahrhundert begann und nach Ende des Zweiten Weltkriegs intensiviert wurde. Das Thema Infrastrukturintegration ist daher höchst aktuell, auch in der Europäischen Union, wo transnationale Netze ausgebaut und die Infrastrukturen neuer Mitgliedstaaten angeschlossen werden müssen.

1.1. Fragestellung

Diese Arbeit analysiert die Integration der Rheinschifffahrt Mitte des 19. Jahrhunderts (1840er und 1850er Jahre) und Mitte des 20. Jahrhunderts (1950er und 1960er Jahre). Integration bedeutet dabei die Vereinbarung neuer oder die Angleichung alter Standards im technischen, tarifären, betrieblichen, administrativen und rechtlichen Bereich zwecks Koordinierung der Netze und Dienste an den nationalen Außengrenzen (Interkonnektivität) und/oder einer Verschmelzung der nationalen Infrastrukturen (Interoperabilität). Dabei bildet der beschlossene Standard das Ende

1 Vgl. Pariser Friedensvertrag, 30. Mai 1814, in: Zentralkommission für die Rheinschiffahrt (Hg.): Rheinurkunden. Sammlung zwischenstaatlicher Vereinbarungen, landesrechtlicher Ausführungsverord-nungen und sonstiger wichtiger Urkunden über die Rheinschiffahrt seit 1803, Erster Teil (1803-1860), Nrn. 1-300, Duncker&Humblot, München Leipzig 1918, Dokument Nr. 38, S. 36-37. Wiener Schlussakte, 9. Juni 1815, in: ebd., Dokument Nr. 41, S. 42-50. Die Akten der Wiener Flusskommission, 1815, in: ebd., Dokument Nr. 42, S. 50-162.

des Teilprozesses der Infrastrukturintegration, die durch die Einigung auf weitere Standards immer mehr voranschreitet.[2] In dieser Arbeit werden einzelne repräsentative Fallbeispiele betrachtet und daraus Aussagen über die Standardisierung der Rheinschifffahrt in beiden Epochen abgeleitet. Mittels fester Kategorien sollen sowohl die einzelnen Fallbeispiele als auch die beiden Epochen miteinander verglichen werden. Hierbei gilt es, folgende Fragen zu beantworten:

Auf welchen Wegen und Formen vollzog sich die Integration der Rheinschifffahrt?

In welchen Beziehungen standen Strukturen, Prozesse und Inhalte der Rheinschifffahrtsintegration zueinander?

Welche Faktoren förderten oder behinderten die Integration der Rheinschifffahrt unter (inter)nationalen Rahmenbedingungen der beiden Epochen?

Welche Gemeinsamkeiten und Unterschiede gab es bei der Integration der Rheinschifffahrt in den beiden Epochen?

1.2. Inhaltliche, zeitliche und räumliche Eingrenzung

Es ist und kann nicht Ziel dieser Arbeit sein, eine chronologische Darstellung aller Integrationsschritte in der Rheinschifffahrt zu liefern. Ebenso wenig handelt es sich um eine Geschichte der Rheinschifffahrt und eine Gesamtdarstellung aller an der Rheinschifffahrt beteiligten Länder. Stattdessen soll exemplarisch die Standardisierung in der internationalen Rheinschifffahrt dargestellt und anhand dieser repräsentativen Fallbeispie-

---

2 Zur genaueren inhaltlichen Eingrenzung und der Erklärung des Begriffs ‚Standard' in dieser Arbeit siehe den Abschnitt *Die drei Dimensionen von Politik* im Unterkapitel *1.3. Methoden.* Zu Standard, Interoperabilität, Interkonnektivität et cetera siehe: Ambrosius, Gerold: Wirtschaftsintegration in Europa im 19. und 20. Jahrhundert – ein wirtschaftshistorisches Forschungsprogramm, in: Henrich-Franke, Christian; Neutsch, Cornelius; Thiemeyer, Guido (Hg.): Internationalismus und Europäische Integration im Vergleich – Fallstudien zu Währungen, Landwirtschaft, Verkehrs- und Nachrichtenwesen, Nomos, Baden-Baden 2007, S. 13-37, hier S. 19f. Ambrosius, Gerold: Standards und Standardisierungen in der Perspektive des Historikers – vornehmlich im Hinblick auf netzgebundene Infrastrukturen, in: Ambrosius, Gerold; Henrich-Franke, Christian; Neutsch, Cornelius; Thiemeyer, Guido (Hg.): Standardisierung und Integration europäischer Verkehrsinfrastruktur in historischer Perspektive, Nomos, Baden-Baden 2009, S. 15-36, hier S. 18f.

le versucht werden, generelle Aussagen über die Integration der Rheinschifffahrt zu generieren.[3]

Die vorliegende Arbeit entstand im Rahmen des von der Deutschen Forschungsgemeinschaft (DFG) geförderten Projekts ‚Europäische Integration von Infrastrukturen vor dem Ersten und nach dem Zweiten Weltkrieg im Vergleich', das die theoretisch-methodischen Rahmenbedingungen für diese Arbeit bildet. Zusätzlich zum epochalen Vergleich wird dort das Ziel verfolgt, die Integration der einzelnen Infrastruktursektoren im Verkehrs- und Nachrichtenwesen miteinander zu vergleichen und generelle Aussagen zur Infrastrukturintegration zu treffen. So entstanden neben der Binnenschifffahrt weitere Forschungsarbeiten zu Eisenbahn sowie zu Post, Telekommunikation und Funk.[4] Um sowohl den epochalen als auch den sektoralen Vergleich zu ermöglichen, gab es für die fünf Teilprojekte einheitliche Vorgaben und Vergleichskategorien. Aufgrund der sich bald herauskristallisierenden Unterschiede wurden Veränderungen des Konzepts vorgenommen.[5]

---

3 Detaillierte Informationen zur Geschichte der Rheinschifffahrt, zu Handelsstatistiken sowie zur Entwicklung von Schiffen et cetera lassen sich in der Literatur finden. Informationen und Daten zum Güter- und Personenverkehr beispielsweise in: Schirges, Georg: Der Rheinstrom. Ein Beitrag zur Kenntnis der Geschichte, Handelstatistik und Gesetzgebung des Rheins, nebst der Rheinschiffahrts-Acte vom 31. März 1831 sammt allen ihren Suplementar-Artikeln, Abänderungen, ihren wichtigsten Regulativen und Instructionen, Verlag von Victor v. Zabern, Mainz 1857. Eckert, Christian: Rheinschiffahrt im XIX. Jahrhundert, Duncker&Humblot, Leipzig 1900. Auch das Bundesamt für Statistik und die Zentralkommission für die Rheinschifffahrt führen Statistiken zu Handel und Verkehr auf dem Rhein. Zu Schiffen siehe: Böcking, Werner: Die Geschichte der Rheinschiffahrt. Schiffe auf dem Rhein in drei Jahrtausenden. Textband, August Steiger Verlag, Moers 1980.

4 Vgl. Ambrosius, Gerold; Henrich-Franke, Christian: Integration von Infrastrukturen in Europa im historischen Vergleich – Band 1: Synopse, Nomos, Baden-Baden 2013. Ahr, Berenice: Integration von Infrastrukturen in Europa im historischen Vergleich – Band 2: Telekommunikation, Nomos, Baden-Baden 2013. Benz, Andreas: Integration von Infrastrukturen in Europa im historischen Vergleich – Band 3: Post, Nomos, Baden-Baden 2013. Schiefelbusch, Martin: Trains across borders. Comparative studies on international cooperation in railway development. (= Integration von Infrastrukturen in Europa im historischen Vergleich – Band 4: Eisenbahn), Nomos, Baden-Baden 2013.

5 Siehe auch den bei der DFG eingereichten Projektantrag ‚Integration von Infrastrukturen in Europa vor dem Ersten und nach dem Zweiten Weltkrieg im Vergleich'. Antragsteller: Prof. Dr. Gerold Ambrosius, Dr. Cornelius Neutsch, Dr. Christian Henrich-Franke, PD Dr. Guido Thiemeyer, Dr. Hans-Liudger Dienel.

Inhaltliche Eingrenzung: die Rheinschifffahrt

Integration im Bereich der Binnenschifffahrt fand in Europa besonders auf den beiden großen Flüssen Rhein und Donau statt, wobei dem Rhein eine Vorreiterrolle zukam. In dieser Arbeit wird der Untersuchungsgegenstand ‚Integration von Binnenschifffahrt' auf die Integration der Rheinschifffahrt beschränkt, denn: „Die beiden Rheinakten sind zwar nicht die ältesten völkerrechtlich verbindlichen Regelungen der Freiheit der Flußschiffahrt in Europa, gehören aber zu den ältesten und mit Sicherheit – der Rhein war damals wie heute die meistbefahrene europäische Binnenwasserstraße – zu den bedeutendsten; die Mannheimer Akte ist heute noch in kraft."[6]

Der Begriff Infrastruktur umfasst sowohl Netze als auch Dienste. Im Falle der Rheinschifffahrt lässt sich der Wasserweg Rhein den Netzen und der Betrieb der Schiffe den Diensten zuordnen. Infrastrukturintegration kann aus politischer, kultureller, wirtschaftlicher, sozialer oder technischer Perspektive betrachtet werden. Der Schwerpunkt dieser Arbeit liegt auf der politischen Perspektive, was jedoch nicht heißt, dass andere Blickwinkel völlig ausgeblendet werden. Integration meint grundsätzlich die Standardisierung der Rheinschifffahrt Mitte des 19. und Mitte des 20. Jahrhunderts. Diese ist nicht zu verwechseln mit der als ‚Europäische Integration' bezeichneten Zusammenarbeit der (west)europäischen Staaten nach Ende des Zweiten Weltkriegs, die in Epoche 2 ebenfalls behandelt wird.

Zeitliche Eingrenzung: Mitte des 19. und Mitte des 20. Jahrhunderts (Epochen 1 und 2)

Diese Arbeit strebt einen historischen Vergleich an. Dabei fiel die Wahl auf die Zeit des Internationalismus im langen 19. Jahrhundert und die Zeit der ‚Europäischen Rekonstruktion und Integration' nach Ende des Zwei-

---

Informationen im Internet: www.uni-siegen.de/ifer/infrastruktur/ zuletzt abgerufen am 3. Februar 2015.

6 Scherner, Karl Otto: Die Rheinakten von 1831 und 1868. Die Freiheit der Rheinschiffahrt und das Verhältnis von Integration und Privatrecht um die Mitte des 19. Jahrhunderts, in: Zeitschrift für Europäisches Privatrecht, Vol. 5, Nr. 1, 1997, S. 58-85, hier S. 59.

ten Weltkriegs.[7] Diese beiden Epochen weisen Gemeinsamkeiten auf: Sie sind abgrenzbar und waren erstens für Europa relative Friedenszeiten und zweitens in wirtschaftlicher Hinsicht von einer liberalen Ausrichtung geprägt. Im 19. Jahrhundert galt nach dem Wiener Kongress das Gleichgewicht des ‚Konzerts der Mächte' und es kam, mit Ausnahme des Krimkriegs, nur zu kleineren militärischen Auseinandersetzungen zwischen den europäischen Staaten. Die ‚Europäische Rekonstruktion und Integration' von Ende des Zweiten Weltkriegs bis in die 1970er Jahre hinein war geprägt von Frieden zwischen den westeuropäischen Staaten, aber auch dominiert vom Antagonismus des Kalten Kriegs. Eine zunehmende Handelsliberalisierung charakterisierte beide Epochen. Für das 19. Jahrhundert galt das vor allem nach dem Freihandelsvertrag zwischen Großbritannien und Frankreich von 1860, dem Cobden-Chevalier-Vertrag.

Noch vor dem Ersten Weltkrieg setzte jedoch eine gegenläufige Entwicklung ein und die Handelsfreiheit wurde wieder eingeschränkt. In der politisch instabilen Zwischenkriegszeit strebten die einzelnen Staaten vermehrt nach Autarkie. Erst nach Ende des Zweiten Weltkriegs wurde die Handelsfreiheit wieder ausgebaut. Die protektionistische Zeit zwischen den beiden Weltkriegen ist in den Untersuchungen dieser Arbeit bewusst ausgenommen, da sie die beiden von internationalen Verflechtungen geprägten Epochen unterbrach. Hinsichtlich der institutionellen Entwicklung im Bereich der Infrastrukturintegration stellte sie eine Übergangszeit dar, erst nach 1945 etablierte sich eine neue internationale Ordnung. Gleichwohl fanden in der Zeit von 1914 bis 1945 Integrationsschritte im Infrastrukturbereich statt. Für die Rheinschifffahrt, eingebettet in die europäische Binnenschifffahrt, gab es Änderungen, die jedoch meist entweder nicht in Kraft traten, wirkungslos blieben oder später rückgängig gemacht wurden.[8]

---

7 Vgl. Henrich-Franke, Christian; Neutsch, Cornelius; Thiemeyer, Guido: Internationalismus und Europäische Integration im Vergleich – Ein vorläufiges Fazit, in: Henrich-Franke, Christian; Neutsch, Cornelius; Thiemeyer, Guido (Hg.): Internationalismus und Europäische Integration im Vergleich – Fallstudien zu Währungen, Landwirtschaft, Verkehrs- und Nachrichtenwesen, Nomos, Baden-Baden 2007, S. 221-229, hier S. 221.

8 Zum Beispiel das Statut von Barcelona von 1921. Das Abkommen fand auf dem Rhein keine Anwendung, da es die meisten Rheinuferstaaten nicht ratifiziert hatten. Vgl. unter anderem Schluckebier, Ullrich: Internationales Rheinschiffahrtsrecht, Institut für Völkerrecht der Universität Göttingen, Göttingen 1965, S. 30.

Die betrachteten Fallbeispiele stammen aus der Mitte des 19. Jahrhunderts, genauer gesagt aus den 1840er und 1850er Jahren (nachfolgend Epoche 1 genannt). Nach der Reform der Rheinschifffahrtsakte von 1868, die fortan und bis heute als Mannheimer Akte bekannt und gültig ist, veränderte sich nicht mehr viel. Zudem war durch das Ausscheiden Frankreichs nach dem deutsch-französischen Krieg von 1870/71 die Zentralkommission für die Rheinschifffahrt nur noch eine internationale Organisation bestehend aus Delegationen der deutschen Staaten und der Niederlande. Die Wahl fiel also auf die Jahre zwischen der Verabschiedung der Rheinschifffahrtsakte 1831 und ihrer Reform 1868. In diesen Jahren wurde die Rheinschifffahrt zudem unter anderem mit dem neu aufkommenden Verkehrsträger Eisenbahn konfrontiert. Solche Neuerungen erforderten weitere Standardisierungen und Abänderungen der Rheinschifffahrtsakte, die sowohl charakteristisch für die Zeit, als auch prägend für die Integration waren. Mitte des 20. Jahrhunderts, genauer in den 1950er und 1960er Jahren (nachfolgend Epoche 2 genannt), gab es ebenfalls Neuerungen, zum Beispiel den intermodalen Wettbewerb, auf welche die Rheinschifffahrt reagierte. Aus dieser Epoche stammen weitere Fallbeispiele.

Räumliche Eingrenzung

Das DFG-Projekt wählte die westeuropäischen Staaten Deutschland, Frankreich, Großbritannien und die Niederlande als geografischen Betrachtungsraum aus. Diese vier Länder bildeten den europäischen Kernraum in beiden Betrachtungszeiträumen. Aus arbeitsökonomischen Gründen war eine räumliche Begrenzung ebenfalls notwendig. Es kam bei den einzelnen Teilprojekten jedoch aus thematischen und archivalischen Gründen zu Abweichungen.

Der Rhein durchfließt die Schweiz, Deutschland, Frankreich und die Niederlande. Großbritannien war zwar im 20. Jahrhundert eine Zeit lang Zentralkommissionsmitglied, aber währenddessen nicht sehr aktiv. Daher fiel es für dieses Teilprojekt aus dem Betrachtungsrahmen heraus. Die Schweiz wurde hingegen für Epoche 2 hinzugenommen, ebenso Belgien. Im 19. Jahrhundert war die Schweiz allen internationalen Regelungen bezüglich der Rheinschifffahrt ferngeblieben, insbesondere weil der Oberrhein noch nicht schiffbar war. Belgien wurde im 20. Jahrhundert wegen seiner Verbindungen zum Rhein wie ein Uferstaat betrachtet und wirkte daher bei Standardisierungsdiskussionen mit. Eine Besonderheit bildet Deutschland: In Epoche 1 waren einzelne deutsche Staaten Akteure, und zwar Baden, Bayern, Hessen, Nassau und Preußen, während es in Epoche 2 die Bundesrepublik Deutschland war. Frankreich und die Niederlande gehörten in beiden Epochen zum geografischen Untersuchungsraum.

Diese Arbeit konzentriert sich auf die internationale Ebene. Es geht um die Frage, wie Integration zwischen den Staaten erfolgte. Dabei kann die nationale Entscheidungsfindungsebene nicht mit in die Betrachtung einbezogen werden, auch wenn zweifelsohne von den Ministerien und den Regierungen sowie anderen Akteuren nicht immer die gleiche Meinung vertreten wurde. Zudem waren die Fragen der Rheinschifffahrt und ihrer Integration in den einzelnen Staaten durchaus nicht immer in den gleichen Ministerien angesiedelt. Gleichwohl wird die nationale Ebene nicht grundsätzlich ausgeblendet, vor allem wenn sie zur Erklärung notwendig ist.

1.3. Methoden

Diese Untersuchung kombiniert geistes- und sozialwissenschaftliche Methoden. Dabei stellt die historisch-hermeneutische Methode die Basis für die Betrachtung und Analyse der Integration der Rheinschifffahrt dar, die mittels des historischen Vergleichs sowie der drei Dimensionen von Politik und des ‚policy-cycles' erfolgt.

Geschichtswissenschaftliche Methoden

Der historische Vergleich

Eine der zentralen Aufgabenstellungen dieser Arbeit ist der Vergleich zwischen zwei Epochen. Die dabei verwendete Methode ist die des historischen Vergleichs, also „die explizite und systematische Gegenüberstellung von zwei oder mehreren historischen Gesellschaften, um Gemeinsamkeiten und Unterschiede sowie Prozesse der Annäherungen und Auseinanderentwicklungen zu erforschen."[9] Hier erfolgt allerdings eine Beschränkung auf ein spezifisches Thema – die Rheinschifffahrt – in einem bestimmten geografischen Rahmen – Westeuropa. Daher wird hier ein

9 Kaelble, Hartmut: Der historische Vergleich – Eine Einführung zum 19. und 20. Jahrhundert, Campus, Frankfurt am Main 1999, S. 12.

„individualisierter" historischer Vergleich durchgeführt.[10] Für sozialwissenschaftlich orientierte Historiker und historisch orientierte Sozialwissenschaftler ist der historische Vergleich eine wichtige Methode, da mit ihr Gemeinsamkeiten und Unterschiede sowie Divergenzen und Konvergenzen von Entwicklungen, in diesem Falle Integrationsbestrebungen, bestimmt werden können.[11]

Verbindliche Vergleichskategorien sind für die systematische Gegenüberstellung notwendig, denn nur so kann der Vergleich in diesem Teilprojekt und im Gesamtprojekt gelingen. Dabei wurde durch eine räumliche, zeitliche und inhaltliche Abgrenzung der Rahmen geschaffen. Bei der inhaltlichen Abgrenzung stellte sich das Problem der Auswahl repräsentativer Fallbeispiele, die einen Vergleich ermöglichen. Nicht in allen beteiligten Staaten war zu den gleichen Beispielen Archivmaterial vorhanden. Die Lage in den Archiven beeinflusste daher die Beispielauswahl erheblich.

Die historisch-hermeneutische Methode

Bei der historisch-hermeneutischen Methode wird archivalisches Quellenmaterial wiedergegeben, kritisch analysiert und interpretiert, um Aussagen über historische Ereignisse treffen zu können. Im hermeneutischen Zirkel werden dazu immer wieder Materialfindung, -auswertung und -darstellung wiederholt, bis die Fragen der Arbeit beantwortet werden können.[12] Es ist allerdings darauf hinzuweisen, dass Lücken in den Quellenbeständen teilweise eine weite Interpretation der Ergebnisse erzwangen und diese daher bisweilen den „Charakter plausibler Vermutungen"[13] haben. Der Hauptteil der Arbeit (Kapitel 3 und 4) basiert fast ausschließlich auf archivalischen Quellen, das heißt bisher unveröffentlichten Protokollen, Briefen, Notizen. Ergänzend wurden zeitgenössische Publikationen hinzugezogen.

---

10 Vgl. ebd., S. 26.

11 Vgl. Kocka, Jürgen: Comparison and Beyond, in: History and Theory, Vol. 42, Nr. 1, 2003, pp. 39-44, hier S. 42.

12 Vgl. Goertz, Hans Jürgen: Umgang mit Geschichte. Eine Einführung in die Geschichtstheorie, Rowohlt, Hamburg 1995, S. 105-117.

13 Ambrosius, Gerold: Liberale vs. institutionelle Integration von Wirtschaftspolitiken in Europa – Das 19. und 20. Jahrhundert im systematischen und historischen Vergleich, Nomos, Baden-Baden 2009, S. 9.

Sozialwissenschaftliche Methoden

Zusätzlich zu den historischen wird mit zwei sozialwissenschaftlichen Methoden gearbeitet. Dabei ist jedoch zu berücksichtigen, dass solche Ansätze nicht in ihrer ganzen Komplexität auf historische Gegebenheiten übertragen werden können. Die beiden zur Anwendung kommenden sozialwissenschaftlichen Methoden wurden daher vereinfacht.[14]

Die drei Dimensionen von Politik – polity, politics, policy

Die drei analytischen Dimensionen von Politik ‚polity' (Struktur), ‚politics' (Prozess) und ‚policy' (Inhalt) dienen in dieser Arbeit sowohl zur Gliederung wie auch als Vergleichskategorien. Diese Unterscheidung erlaubt eine isolierte Betrachtung der Teilaspekte. Es ist ein Versuch, die Komplexität der Realität greif- und erklärbar zu machen. Der Begriff ‚polity' beschreibt dabei institutionelle Aspekte, also den Ordnungs- und Handlungsrahmen, das heißt die politische Ordnung und Rechtsordnung einer Gesellschaft inklusive institutioneller, normativer und verfassungsrechtlicher Grundlagen. Hinter ‚politics' verbirgt sich das politische Verfahren, das heißt die Willensbildungs- und Entscheidungsfindungsprozesse sowie Interessensbekundung und -durchsetzung. ‚Policy' schließlich meint den Inhalt der Politik, also den Verhandlungsgegenstand.[15]

Auf diese Arbeit übertragen geht es bei den drei analytischen Dimensionen der Politik um die politische Ordnung und Rechtsordnung der internationalen Rheinschifffahrt (Struktur/‚polity') sowie die Verhandlungsprozesse innerhalb dieser Strukturen (Prozess/‚politics') und die verschiedenen Standards (Inhalt/‚policy').

Gleichwohl stehen die drei Dimensionen nicht allein, sondern wirken zusammen. Eine Beeinflussung untereinander ist anzunehmen.

---

14 Vgl. Ambrosius, Gerold: Institutioneller Wettbewerb im europäischen Integrationsprozeß seit dem 19. Jahrhundert, in: Geschichte und Gesellschaft, Jg. 27, Heft 4, 2001, S. 545-575, hier S. 547.

15 Vgl. Hofmann, Wilhelm; Dose, Nicolai; Wolf, Dieter: Politikwissenschaft, UTB basics, Konstanz 2007, S. 18. Rohe, Karl: Politik – Begriffe und Wirklichkeiten, Kohlhammer, Stuttgart 1994, S. 61-65. Website der Fachhochschule Nordwestschweiz Pädagogische Hochschule www.politischebildung.ch/grundlagen/didaktik/polity-policy-politics zuletzt abgerufen am 3. Februar 2015.

Die Dimension Struktur und strukturelle Vergleichskategorien

Die Strukturen der Rheinschifffahrtsintegration werden durch die Wege und Formen gebildet, auf denen diese ablief. Wie diese Wege und Formen aussahen, ist eine Kernfrage dieser Arbeit.

Abbildung 1: Wege und Formen der Infrastrukturintegration[16]

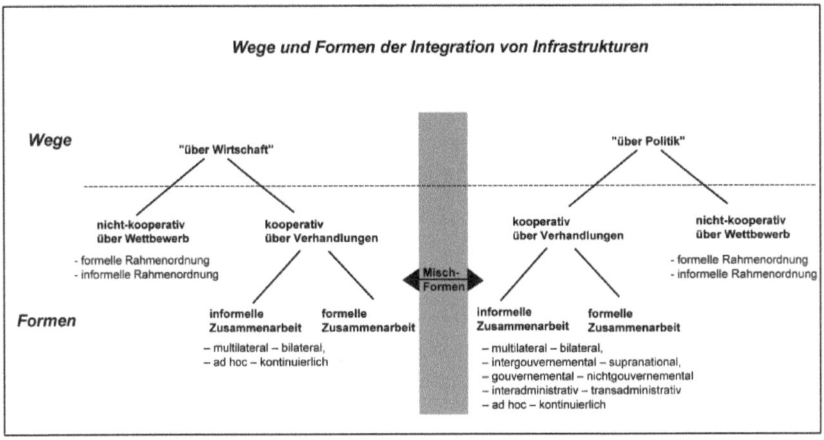

Idealtypisch wird zwischen zwei Wegen unterschieden: dem Weg über Wirtschaft und dem Weg über Politik. Auf beiden Wegen kann die Standardisierung kooperativ über Verhandlungen oder nicht-kooperativ über Wettbewerb erfolgen. Im Falle einer Standardisierung über Wettbewerb erfolgt diese bei dem Weg über die Wirtschaft über den Markt, bei dem Weg über die Politik über einen Wettbewerb beziehungsweise ‚Markt' nationaler Politiken. Im Falle kooperativer Verhandlungen, also einer gemeinschaftlichen Einigung, werden beide Integrationswege durch zwei verschiedene Integrationsformen ergänzt: formelle und informelle Zusammenarbeit.

Innerhalb der internationalen Strukturen agierten verschiedene Akteure beziehungsweise Akteursgruppen. Dies waren Regierungen, Ministerien, Unternehmen, Organisationen, Verbände et cetera. Zusätzlich zu diesen kollektiven Akteuren gab es auch Einzelakteure, das heißt Personen, die

16 Abbildung aus: Ambrosius, Gerold; Henrich-Franke, Christian: Integration von Infrastrukturen in Europa im historischen Vergleich – Band 1: Synopse, Nomos, Baden-Baden 2013, S. 15.

alleine so wichtig für den Prozess waren, dass sie aus einer Gruppe hervorstachen, und Experten. Dies sind Akteure, die über besonderes Wissen verfügen, sei es technischer Art oder Expertise durch Tätigkeit in einem bestimmten Bereich. Insgesamt lassen sich Akteure unterschiedlichen Ebenen zuordnen: der gouvernementalen und nicht-gouvernementalen, der staatlichen und nicht-staatlichen, der administrativen und privatwirtschaftlichen Ebene.

Im Falle der Rheinschifffahrt dominierten in beiden Epochen die Zusammenarbeit in formellen Organisationen und der Weg über die Politik. Dabei kann zwischen folgenden Vergleichskategorien unterschieden werden:

- multilaterale und bilaterale Zusammenarbeit,
- intergouvernementale und supranationale Zusammenarbeit,
- intergouvernementale und interadministrative Zusammenarbeit,
- gouvernementale und nicht-gouvernementale Zusammenarbeit,
- kontinuierliche und ad-hoc Zusammenarbeit,
- formelle und nicht-formelle Zusammenarbeit.

In dieser Arbeit werden die einzelnen Ministerien nicht gesondert betrachtet, da sie sich auf die internationale Ebene konzentriert und die Ministerien eher eine Rolle bei der nationalen Meinungsfindung spielten. Zudem unterschieden sich die Strukturen in den einzelnen Staaten, da dort teilweise unterschiedliche Ministerien beziehungsweise Administrationen für die Rheinschifffahrt zuständig waren. Gleichwohl fließen sie in die Betrachtung mit ein, um die Entstehung nationaler Positionen zu berücksichtigen, sofern diese zur Erklärung der internationalen Geschehenisse notwendig sind.

Es gilt herauszustellen, welchen Einfluss einzelne Akteure oder Akteursgruppen auf die internationale Standardisierung hatten, das heißt mit welcher Entscheidungsmacht und welcher Intensität sie an den Prozessen beteiligt waren. Außerdem geht es um die formellen und informellen Beziehungen der Akteure untereinander sowie die Anzahl und fachliche Qualifizierung der Akteure.

Die Dimension Prozess und prozessuale Vergleichskategorien

Hier geht es um die Frage, welche Willensbildungs- und Entscheidungsprozesse innerhalb der Strukturen abliefen. Verglichen werden also die Abläufe, die dazu mittels eines Sequenz-Modells in unterschiedliche Phasen eingeteilt werden. Die Phasen sind idealtypisch, weshalb die Anwendung bei den komplexen Entscheidungsprozessen, die häufig Rückkopplungen aufweisen, schwierig ist. Der ‚policy-cycle' dient als Orientierungshilfe und ist nicht als starres Raster zu verstehen. Es wird damit gearbeitet, um den Vergleich zwischen den einzelnen Fallbeispielen und die Beantwortung der Frage, welche Akteure wann Einfluss nahmen, zu ermöglichen.

Beim prozessualen Vergleich geht es also darum darzustellen, wie lange die Phasen und der gesamte Prozess dauerten, in welcher Prozessphase welche Akteure aktiv waren und wie die Phasen verliefen.

Der ‚policy-cycle'

Der aus der politikwissenschaftlichen Forschung stammende ‚policy-cycle' wird zur Unterteilung des Prozesses in verschiedene Phasen herangezogen. „Politik wird logisch als eine Abfolge von Schritten konzipiert, die mit der Artikulation und Definition von Problemen anfängt und irgendwann mit der verbindlichen Festlegung von politischen Programmen und Maßnahmen beendet wird."[17] Es soll der zunächst komplexe Vorgang von der Idee zu einem Standard bis zu seiner Verabschiedung systematisiert werden. Dabei werden die verschiedenen Phasen des ‚policy-making' nicht nur linear, sondern auch als kreisförmige Abfolge dargestellt. Diese Kreisform unterstreicht das Idealtypische einer solchen Einteilung, denn selten ist ein klarer Anfangs- oder Abschlusspunkt auszumachen.[18]

In wie viele Phasen der Prozess unterteilt wird und ob diese Unterphasen aufweisen, ist dabei nicht zwingend vorgeschrieben. Für diese Arbeit wird das Modell vereinfacht und angepasst. Es wird statt mit mehreren kleinen mit drei großen Phasen (Initiativ-, Verhandlungs- und Entscheidungsphase) gearbeitet. In die drei größeren Phasen fallen sechs Unterphasen. Innerhalb dieses Phasen- und Unterphasenkomplexes können Rückkopplungen auftreten. Die Phasen sind bisweilen nicht klar voneinander zu trennen. Der Zeitraum von der ursprünglichen Idee für einen Standard bis zur Aufnahme der Verhandlungen über einen konkreten Vorschlag wird als Initiativphase bezeichnet. Hierunter fallen die Unterphasen

---

17 Jann, Werner; Wegrich, Kai: Phasenmodelle und Politikprozesse: Der Policy Cycle, in: Schubert, Klaus; Bandelow, Nils C. (Hg.): Lehrbuch der Politikfeldanalyse, Oldenbourg, München 2003, S. 71-105, hier S. 71.

18 Vgl. ebd. hier S. 81.

Problemformulierung, das Agenda-Setting sowie die Informationsbeschaffung und -bearbeitung. In der Verhandlungsphase werden Vorschläge diskutiert, erweitert, ergänzt und überarbeitet. Insgesamt handelt es sich um eine Konfliktregelung und Konsensfindung im Zeitraum zwischen der offiziellen Vorlage eines Vorschlags und des Erreichens seiner Abstimmungsreife. In der Entscheidungsphase kommt es schließlich zu einer Beschlussfassung und vertraglichen oder anderwärtigen Ergebnisprotokollierung oder dem Abbruch der Verhandlungen, je nachdem, ob die Akteure einen Konsens gefunden haben oder nicht.

Der ‚policy-cycle' bot sich trotz einiger Schwierigkeiten für die Darstellung des Prozesses und als Vergleichsgrundlage an, weil er ein heuristischer Ansatz ist[19] und aufgrund seiner fehlenden Vorschriften zur exakten Phaseneinteilung eine Anpassung an den Untersuchungsgegenstand erlaubt.[20] Zudem ermöglicht die idealtypische Phaseneinteilung einen synchronen wie diachronen Vergleich und eine deutliche Darstellung des Prozesses. Es ist allerdings ein politikwissenschaftliches Modell des 21. Jahrhunderts, das auf das 19. und 20. Jahrhundert angewendet wird. Zudem stellt es einen Rechtsetzungsprozess dar und passt im internationalen Bereich nicht hundertprozentig. Modelle sollen die Realität jedoch nicht abbilden, sondern helfen, sie zu ordnen und zu erklären.

Die Dimension Inhalt und inhaltliche Vergleichskategorien

Als inhaltliche Dimension dienen einzelne Standards in der Rheinschifffahrt aus den nachfolgend genannten Bereichen. Dabei wurde eine Auswahl für beide Epochen getroffen.

- Standards im rechtlichen Bereich, zum Beispiel Versicherungswesen,
- Standards im tarifären Bereich, zum Beispiel Gütertarife,
- Standards im betrieblichen Bereich, zum Beispiel Verkehrssymbole, Betriebsdauer und Öffnungszeiten,
- Standards im administrativen Bereich, zum Beispiel Statistiken,
- Standards im technischen Bereich, zum Beispiel Kanalbreiten.

---

19 Vgl. Blum, Sonja; Schubert, Klaus: Politikfeldanalyse, VS Verlag, Wiesbaden 2011, S. 104f.

20 Vgl. Gellner, Wienand; Hammer, Eva-Maria: Policyforschung, Oldenbourg, München 2012, S. 59.

Von Interesse ist hierbei auch, ob sich diese Standardformen so wiederfinden oder gegebenenfalls Mischformen auftraten.

Des Weiteren wird unterschieden zwischen der Art der Standards, also

- rechtlich kodifizierten oder de-facto Standards,
- koordinativen oder regulativen Standards, also einem Standard, der positive Effekte in Form von Selbststeuerung erzeugt, oder einem Standard, der negative Effekte durch Verbote verhindert,
- allokativen oder distributiven Standards, also einem Standard, der die Erreichung übergeordneter Ziele ermöglicht, oder einem Standard, der sich auf die Verteilung von Einnahmen und Ausgaben bezieht.[21]

Über die Weiterentwicklung eines Standards gibt es in dieser Arbeit nur bedingt Ausführungen, ebenso über seine Implementierung. Im Fokus des Interesses stehen der Prozess seines Zustandekommens sowie die daran beteiligten Akteure. Dabei spielt es erst einmal keine Rolle, ob man sich erfolgreich auf einen Standard einigte oder ob die Verhandlungen scheiterten. Im Gegenteil: Auch aus einem Scheitern lassen sich Aussagen über die Integration in der Rheinschifffahrt treffen.

1.4. Forschungsstand und Material

Forschungsstand

Zum Thema ‚Integration von Infrastrukturen' gab es bis vor einigen Jahren nur wenige Publikationen von Historikern. Die Wirtschafts-, Politik- und Rechtswissenschaften beschäftigten sich hingegen damit; hier dominieren jedoch stark gegenwartsorientierte Arbeiten, die sich auf einzelne Infrastrukturen konzentrieren und/oder die Auswirkungen der Europäischen Union.[22] Für den Verkehrssektor existiert die mehrbändige Darstellung von Frerich und Müller, die die Entwicklung der Verkehrspolitik in der EU von den Anfängen in der EWG in den 1950er Jahren bis heute nachzeichnet. Mit dem von Ebert und Harter vorgelegten Band ist eine Studie zu den Anfängen der Gemeinsamen Verkehrspolitik der EWG er-

21 Vgl. Ambrosius, Gerold: Regulativer Wettbewerb und koordinative Standardisierung zwischen Staaten – Theoretische Annahmen und historische Beispiele, Franz Steiner Verlag, Stuttgart 2005, S. 53 und S. 136f.

22 Vgl. unter anderem Stevens, Handley: Transport Policy in the European Union, Palgrave, London 2004.

schienen.[23] Einige Aufsätze beschäftigen sich ebenfalls mit der Europäischen Verkehrspolitik, nicht jedoch unter dem Aspekt der Infrastrukturintegration.[24] Für das 20. und besonders für das 19. Jahrhundert spielt Infrastrukturintegration ansonsten höchstens im Rahmen von Arbeiten zu internationalen Organisationen eine Rolle.[25] Einige nationale Industrialisierungsgeschichten streifen das Thema ebenfalls.[26] Für die Rheinschifffahrt liegen aus den 1950er und frühen 1960er Jahren einige Publikationen zum Thema der Vereinbarkeit der Mannheimer Akte mit dem EWG-Vertrag vor, wobei es mehr um juristische Fragestellungen als um Standardisierung geht.[27] Der vertraglichen Problematik widmeten sich zahlreiche zeit-

---

23 Vgl. Frerich, Johannes; Müller, Gernot: Europäische Verkehrspolitik. Von den Anfängen bis zur Osterweiterung der Europäischen Union. Bd. 1: Politisch-ökonomische Rahmenbedingungen. Verkehrsinfrastrukturpolitik, Oldenbourg, München 2004. Frerich, Johannes; Müller, Gernot: Europäische Verkehrspolitik. Von den Anfängen bis zur Osterweiterung der Europäischen Union, Band 2: Landverkehrspolitik, Oldenbourg, München 2004. Ebert, Volker; Harter, Phillip-Alexander: Europa ohne Fahrplan? Anfänge und Entwicklung der gemeinsamen Verkehrspolitik in der Europäischen Wirtschaftsgemeinschaft (1957-1985), Franz Steiner Verlag, Stuttgart 2012.

24 Vgl. Aberle, Gerd: An Overview of European Transport Policy (Objectives and Measures), in: ECMT (ed.): The Evaluation of Past and Future Transport Policy Measures, OECD Publ. Off., Paris 1985, pp. 15-40. Brabers, Jan: The failure of European transport integration (1945-1955), in: Trausch, Gilbert (Hg.): Die Europäische Integration vom Schuman-Plan bis zu den Verträgen von Rom. Pläne und Initiativen, Enttäuschungen und Mißerfolge, Nomos, Baden-Baden 1993, S. 57-73. Kapteyn, Paul J.: Europa sucht eine gemeinsame Verkehrspolitik, De Tempel, Brugge 1968. Ribu, Erik: An Overview of European Transport Policy, in: ECMT (ed.): The Evaluation of Past and Future Transport Policy Measures, OECD Publ. Off., Paris 1985, pp. 41-56.

25 Vgl. Murphy, Craig N.: International Organization and Industrial Change – Global Governance since 1850, Polity Press, Cambridge 1994. Herren, Madeleine: Internationale Organisationen seit 1865. Eine Globalgeschichte der internationalen Ordnung, Wissenschaftliche Buchgesellschaft, Darmstadt 2009.

26 Vgl. Müller, Uwe: Infrastrukturpolitik in der Industrialisierung. Der Chausseebau in der preußischen Provinz Sachsen und dem Herzogtum Braunschweig vom Ende des 18. Jahrhunderts bis in die siebziger Jahre des 19. Jahrhunderts, Duncker&Humblot, Berlin 2000.

27 Vgl. unter anderem Stohler, Jacques: Die Integration des Verkehrs, Mohr, Tübingen 1963. Rohde, Dieter: Methoden und Wirkungen der Integration im innerkontinentalen westeuropäischen Verkehr, Dissertation an der Uni Mainz, Mainz 1957. Doni, Wilhelm: Die Binnenschiffahrt in der europäischen Integration, Vandenhoeck & Ruprecht, Göttingen 1965. Jaeger, Ruth: Westeuropäische Binnenschiffahrt und Europäische Wirtschaftsgemeinschaft, Dissertation an der Universität Köln, Köln 1960.

genössische Zeitschriftenartikel, die jedoch meist von Beteiligten (das heißt vor allem Reedereivertretern und Bürokraten) verfasst wurden.[28]

Erst in den vergangenen Jahren erschienen Arbeiten mit einer historischen Fragestellung; gute Überblicke bieten hier die Arbeiten von Engels und van Laak.[29] Ausnahmen in diesen sich meist auf eine Infrastruktur und kaum auf das Thema Standardisierung beziehenden Publikationen sind die von Henrich-Franke und die des Forscherteams um Schot an der Universität Eindhoven.[30] Dort wurde die Integration verschiedener Infrastruktursektoren auf internationaler Ebene untersucht, wobei meist die technikhistorische Perspektive dominierte. Die Zwischenkriegszeit floss mit in die Betrachtung ein.[31] Die Vorarbeiten zu diesem DFG-Projekt stellten zum ersten Mal einen Vergleich der Infrastrukturintegration in zwei Epochen an; im ersten Projektsammelband finden sich die diesbezüglich ersten Arbeiten zur Rheinschifffahrt.[32] In den vergangenen Jahren

28 Vgl. unter anderem Renzetti, Giuseppe: Der Verkehr im Gemeinsamen Markt, in: Europäische Wirtschaft, Heft 18, 1959, S. 417-419. Müller, Walter: Politische Klärungen und Nebengeräusche zur Revision der Mannheimer Akte und zur Wirtschaftskonferenz der Rheinschiffahrt, in: Strom und See, Heft 1, 1964, S. 16-20. Köppen, Ursula von: Rheinschiffahrt im europäischen Blickfeld, in: Zeitschrift für Binnenschiffahrt, Heft 5, 1953, S. 147-151.

29 Laak, Dirk van: Infra-Strukturgeschichte, in: Geschichte und Gesellschaft, Bd. 27, 2001, S. 367-393. Engels, Jens Ivo: Machtfragen. Aktuelle Entwicklungen und Perspektiven der Infrastrukturgeschichte, in: Neue Politische Literatur, Jg. 5, Heft 1, 2010, S. 51-70.

30 Henrich-Franke, Christian: Changing Patterns of Infrastructure Governance in the Transport and Communication Sectors in Europe, in: Auger, Jean-François; Bouma, Jan Jaap; Künneke, Rolf (ed.): Internationalization of Infrastructures, Delft University of Technology, Delft 2009, pp. 7-30. Schot, Johan: Transnational Infrastructures and European Integration: A Historiographical and Empirical Exploration. Paper presented at second TIE workshop Transnational Infrastructures and the Rise of Contemporary Europe, 26.-28.4.2007, Eindhoven 2007. Vleuten, Eric van der; Kaijser, Arne (ed.): Networking Europe – Transnational Infrastructures and the Shaping of Europe 1850-2000, Science History Publications, Sagamore Beach 2006.

31 Vgl. Schipper, Frank: Driving Europe. Building Europe on Roads in the Twentieth Century, Aksant, Amsterdam 2008. Lagendijk, Vincent: Electrifying Europe. The Power of Europe in the Construction of Electricity Networks, Aksant, Amsterdam 2008. Lommers, Suzanne: Europe – On Air. Interwar Projects for Radio Broadcasting, Amsterdam University Press, Amsterdam 2012. Anastasiadou, Irene: Constructing Iron Europe. Transnationalism & Railways in the Interbellum, Amsterdam University Press, Amsterdam 2012.

32 Henrich-Franke, Christian; Neutsch, Cornelius; Thiemeyer, Guido (Hg.): Internationalismus und Europäische Integration im Vergleich. Fallstudien zu Währun-

entstanden aus den Arbeiten und Workshops des Projekts weitere Publikationen sowohl zur Integration einzelner Infrastruktursektoren als auch zu Vergleichen der Sektoren.[33] Dem Thema internationale Standardisierung hatte sich Ambrosius bereits vorher gewidmet.[34]

Es sind aufgrund der Komplexität des Themas einige Publikationen aus anderen Bereichen von Interesse, zum Beispiel der internationalen Geschichte und der Geschichte internationaler Beziehungen, der Europäischen Integration, der Wirtschaftsgeschichte westeuropäischer Staaten sowie der Technikgeschichte.[35] Das Thema Infrastrukturintegration bleibt jedoch auch in dieser Hinsicht ein Forschungsdesiderat.

In Bezug auf die Rheinschifffahrt gibt es zahlreiche Veröffentlichungen, die sich mit verschiedenen Aspekten befassen: Die Spanne reicht von kulturwissenschaftlichen Studien zum ‚Mythos Rhein' über allgemeine Darstellungen der Geschichte der Rheinschifffahrt bis zu institutionengeschichtlichen Werken. Von Looz-Corswarems und Mölichs Sammelband bietet Artikel verschiedenster Art zum Rhein (völkerrechtlich, wirtschaftshistorisch und technikhistorisch), die sich mit dem Rhein in den letzten zwei Jahrhunderten auseinandersetzen.[36] Insgesamt ist jedoch bezüglich der Rheinschifffahrt eine Dominanz der völkerrechtlichen Forschung zu beobachten, die sich vor allem mit den beiden Rheinschiff-

---

gen, Landwirtschaft, Verkehrs- und Nachrichtenwesen, Nomos, Baden-Baden 2007. Darin: Henrich-Franke, Christian: Europäische Verkehrsintegration im 19. und 20. Jahrhundert, S. 133-176.

33 Vgl. unter anderem Ambrosius, Gerold; Henrich-Franke, Christian; Neutsch, Cornelius; Thiemeyer, Guido (Hg.): Integration und Standardisierung europäischer Infrastrukturen in historischer Perspektive, Nomos, Baden-Baden 2009. Ambrosius; Gerold, Henrich-Franke, Christian; Neutsch, Cornelius (Hg.): Infrastrukturintegration und internationale Politik, Nomos, Baden-Baden 2010.

34 Vgl. Ambrosius, Gerold: Regulativer Wettbewerb und koordinative Standardisierung zwischen Staaten. Theoretische Annahmen und historische Beispiele, Franz Steiner Verlag, Stuttgart 2005. Ambrosius, Gerold: Alte Pfade der Integration und der Versuch nach dem Zweiten Weltkrieg neue Wege einzuschlagen: Das Beispiel der Infrastrukturen in Europa, in: Historical Social Research – Historische Sozialforschung, Vol. 32, 2007, S. 275-304.

35 Vgl. unter anderem Loth, Wilfried; Osterhammel, Jürgen: Internationale Geschichte. Themen – Ergebnisse – Aussichten, Oldenbourg, München 2000. Thiemeyer, Guido: Europäische Integration. Motive, Prozesse, Strukturen, Köln 2010. Abelshauser, Werner: Deutsche Wirtschaftsgeschichte seit 1945, Verlag C.H. Beck, München 2004.

36 Looz-Corswarem, Clemens von; Mölich, Georg (Hg.): Der Rhein als Verkehrsweg. Politik, Recht und Wirtschaft seit dem 18. Jahrhundert, Verlag Peter Pomp, Bottrop 2007.

fahrtsakten, der Gerichtsbarkeit und später mit der Vereinbarkeit der Mannheimer Akte mit dem EWG-Vertrag auseinandersetzt.[37] Dabei beschäftigte sich beispielsweise Sengpiel mit einem Vergleich des Rheinschifffahrtsregimes mit dem Donauschifffahrtsregime und Scherner behandelte die Mainzer und Mannheimer Akte sowie einzelne rechtliche Aspekte, wie das Arbeitsrecht.[38] An der Universität Mannheim gibt es das Institut für Transport- und Verkehrsrecht, das über eine Abteilung zum Binnenschifffahrtsrecht verfügt und eigene Publikationen zum Thema bereithält.[39]

Einen weiteren Teil der Veröffentlichungen machen die meist schon sehr alten Darstellungen zur Entwicklung der Rheinschifffahrt im 19. Jahrhundert aus.[40] Insgesamt werden in diesen Publikationen mehr Fakten aufgelistet und nicht nach den Hintergründen oder gar dem Thema Integration gefragt. In Betreff der Organisationsgeschichte war die Zentralkommission für die Rheinschifffahrt, als älteste internationale Organisation im Bereich der Infrastrukturen, Gegenstand diverser Publikationen, die jedoch zum Teil recht alt und deskriptiver Natur sind und teilweise eher

37 Vgl. unter anderem Kischel, Dieter: Die Geschichte der Rheinschiffahrtsgerichtsbarkeit von 1804 bis in die Gegenwart. Unter besonderer Berücksichtigung der rheinpreußischen Verhältnisse, Josef Eul Verlag, Bergisch Gladbach Köln 1990. Scherner, Karl Otto: Die Rheinakten von 1831 und 1868. Die Freiheit der Rheinschiffahrt und das Verhältnis von Integration und Privatrecht um die Mitte des 19. Jahrhunderts, in: Zeitschrift für Europäisches Privatrecht, Vol. 5, Nr. 1, 1997, S. 58-85. Collinson, Dale S.: The Rhine Regime in Transition – Relations between the European Communities and the Central Commission for Rhine Navigation, in: Columbia Law Review, Vol. 72, Nr. 3, March 1972, pp. 485-516.

38 Sengpiel, Markus: Das Recht der Freiheit der Schiffahrt auf Rhein und Donau. Eine regimerechtliche Analyse, Binnenschiffahrts-Verlag, Duisburg 1998. Scherner, Karl Otto: Entwicklungslinien des Rheinschiffahrtsrechts 1871 – 1963, in: Wiese, Günther (Hg.): Probleme des Binnenschiffahrtsrechts VI, C.F. Müller Juristischer Verlag, Heidelberg 1991, S. 51-87.

39 Vgl. www.verkehrsrecht.uni-mannheim.de zuletzt abgerufen am 3. Februar 2015.

40 Vgl. unter anderem Baumgartner, Rudolf: Die Freiheit der Rheinschifffahrt, Haupt, Bern 1926. Böcking, Werner: Die Geschichte der Rheinschiffahrt. Schiffe auf dem Rhein in drei Jahrtausenden. Textband, August Steiger Verlag, Moers 1980. Gothein, Eberhard: Die Schiffahrt der deutschen Ströme. Untersuchungen über deren Abgabenwesen, Regulierungskosten und Verkehrsverhältnisse. Zweiter Band. Geschichtliche Entwicklung der Rheinschiffahrt im XIX. Jahrhundert, Duncker&Humblot, Leipzig 1903. Eckert, Christian: Rheinschiffahrt im XIX. Jahrhundert, Duncker&Humblot, Leipzig 1900.

Quellencharakter haben.[41] Eine Ausnahme bildet die sozialwissenschaftlich orientierte Arbeit von Koch, in der die Zentralkommission und die World Trade Organisation verglichen werden.[42]

Separat sind hier die Veröffentlichungen der Zentralkommission für die Rheinschifffahrt zu nennen: 1966 gab sie zu ihrem 150-jährigen Bestehen einen Sammelband heraus, in dem Mitglieder bestimmte Aspekte der Rheinschifffahrt behandelten, etwa die Geschichte der Zentralkommission oder die wirtschaftliche Krise der Rheinschifffahrt in den 1950er Jahren.[43] Der ehemalige Kommissar Eysinga verfasste in den 1930er Jahren einen Band zur Geschichte der Institution, der in den 1960er Jahren vom damaligen Generalsekretär Walther ergänzt wurde.[44] Das Werk hat durch die direkte Beteiligung der Autoren eher Quellencharakter, bietet jedoch wertvolle Einblicke in die Arbeit der Kommission. Ferner gibt die Zentralkommission Statistiken und Berichte zur Rheinschifffahrt heraus.[45]

Insgesamt bleiben die, zum Teil mit diesem Projekt verbundenen, Werke von Henrich-Franke, Thiemeyer sowie die eigenen Arbeiten die einzigen, die sich explizit mit dem Thema Integration von Rheinschifffahrt und Standardisierung beschäftigen.[46]

---

41 Vgl. unter anderem Bour, Albert: Die Zentralkommission für die Rheinschiffahrt und ihre Beziehungen zu Einzelpersonen und nichtstaatlichen Organisationen, in: Zeitschrift für Binnenschiffahrt und Wasserstraßen, Heft 8, August 1979, S. 318-323. Köppen, Ursula von: Die Geschichte der Kommission und die Rechtsordnung der Rheinschiffahrt, in: Zentralkommission für die Rheinschiffahrt (Hg.): 150 Jahre Zentral-Kommission für die Rheinschiffahrt, Binnenschiffahrts-Verlag, Straßburg 1966, S. 21-29. Krause, Gerhard: Die internationalen Stromschiffahrtskommissionen, Rothschild, Berlin 1931.

42 Koch, Martin: Verselbständigungsprozesse internationaler Organisationen, VS Verlag, Wiesbaden 2008.

43 Zentralkommission für die Rheinschiffahrt (Hg.): 150 Jahre Zentral-Kommission für die Rheinschiffahrt, Binnenschiffahrts-Verlag, Straßburg 1966.

44 Eysinga, Willem Jan Mari van; Walther, Henri: Geschichte der Zentralkommission für die Rheinschiffahrt 1816 bis 1969, Straßburg 1994.

45 Siehe auch www.ccr-zkr.org zuletzt abgerufen am 3. Februar 2015.

46 Henrich-Franke, Christian: Gescheiterte Integration im Vergleich: Der Verkehr – ein Problemsektor gemeinsamer Rechtsetzung im Deutschen Reich (1871-1879) und der Europäischen Wirtschaftsgemeinschaft (1958-1972), Franz Steiner Verlag, Stuttgart 2012. Henrich-Franke, Christian; Tölle, Isabel: Competition for European competence: the Central Commission for Navigation on the Rhine and the European Economic Community in the 1960s, in: History and Technology, Vol. 27, Nr. 3, September 2011, pp. 331-352. Henrich-Franke, Christian; Tölle, Isabel: Historical Developments of Infrastructure Governance and Policies, in: Network Industries Quarterly, vol. 11, Nr. 2, 2009, pp. 7-10. Henrich-Franke, Christian:

Diese Arbeit strebt an, diese Forschungslücke zu schließen, indem sie sich der Rheinschifffahrtsintegration in zwei Epochen mit einer quellengestützten Darstellung und Analyse vergleichend widmet.

Archivalien und sonstige Quellen

Die Darstellung und Analyse der Fallbeispiele erfolgt auf Basis archivalischer Quellen. Wegen der Internationalität des Rheins findet sich in zahlreichen Archiven relevantes Material zum Thema. Eine Auswahl musste sowohl aus quantitativer wie aus qualitativer Sicht getroffen werden. Oft

---

Gescheiterte Integration: Die Europäische Wirtschaftsgemeinschaft und die Formulierung der gemeinsamen Verkehrspolitik (1958-1967), in: Journal of European Integration History, Heft 2, 2009, S. 127-150. Henrich-Franke, Christian: Changing Patterns of Infrastructure Governance in the Transport and Communication Sectors in Europe, in: Auger, Jean-François; Bouma, Jan Jaap; Künneke, Rolf (ed.): Internationalization of Infrastructures, Delft University of Technology, Delft 2009, pp. 7-30. Henrich-Franke, Christian: European Mobility Policy, in: T2M Yearbook, 1, 2009, pp. 221-228. Henrich-Franke, Christian: Mobility and European Integration: Politicians, Professionals and the Founding of ECMT, in: Journal of Transport History, Nr. 1, 2008, pp. 69-92. Henrich-Franke, Christian: Europäische Verkehrsintegration im 19. und 20. Jahrhundert, in: Henrich-Franke, Christian; Neutsch, Cornelius; Thiemeyer, Guido (Hg.): Internationalismus und Europäische Integration im Vergleich. Fallstudien zu Währungen, Landwirtschaft, Verkehrs- und Nachrichtenwesen, Baden-Baden 2007, S. 133-176. Thiemeyer, Guido; Tölle, Isabel: Supranationalität im 19. Jahrhundert? Die Beispiele der Zentralkommission für die Rheinschifffahrt und des Octroivertrags 1804-1851, in: Journal of European Integration History, Vol. 17, Heft 2, 2011, pp. 177-196. Thiemeyer, Guido: Integration und Standardisierung in der internationalen Rheinschifffahrt nach 1945, in: Ambrosius, Gerold; Henrich-Franke, Christian; Neutsch, Cornelius; Thiemeyer, Guido (Hg.): Standardisierung und Integration europäischer Verkehrsinfrastruktur in historischer Perspektive, Baden-Baden 2009, S. 137-154. Thiemeyer, Guido: Die Integration der Donau-Schifffahrt als Problem der europäischen Zeitgeschichte, in: Archiv für Sozialgeschichte Bd. 49, 2009, S. 303-318. Ahr, Berenice; Benz, Andreas; Tölle, Isabel: Der Einfluss politischer Akteure auf tarifäre Integrationsbestrebungen einzelner Infrastruktursektoren im 19. Jahrhundert, in: Ambrosius, Gerold; Henrich-Franke, Christian; Neutsch, Cornelius (Hg.): Internationale Politik und Integration europäischer Infrastrukturen in Geschichte und Gegenwart, Nomos, Baden-Baden 2010, S. 9-36. Einzelne Teilerkenntnisse dieser Arbeit, besonders der Epochenfazits und auch der Analyse, sind bereits im Synopseband des Gesamtforschungsprojekts veröffentlicht: Ambrosius, Gerold; Henrich-Franke, Christian: Integration von Infrastrukturen in Europa im historischen Vergleich – Band 1: Synopse, Nomos, Baden-Baden 2013.

konservieren die einzelnen Archive unterschiedliche Vorgänge, die Bestände haben Lücken oder die gleichen Dokumente werden mehrfach aufbewahrt, beispielsweise wenn sich verschiedene Ministerien damit beschäftigten. Durch die Konsultation mehrerer Archive ließ sich jedoch genug Material zur Bearbeitung der in dieser Arbeit gestellten Fragen gewinnen.

Die Auswahl der Archive orientierte sich dabei an der geografischen Eingrenzung für diese Arbeit. Besucht wurden Archive in Deutschland, den Niederlanden und Frankreich. Die schweizerischen und belgischen Archive wurden erstens wegen der Nichtbeteiligung dieser Länder an Standardisierungen in der Rheinschifffahrt im 19. Jahrhundert und zweitens aus arbeitsökonomischen Gründen nicht gesondert konsultiert. Da sich die Arbeit auf die internationale Ebene konzentriert, konnten die schweizerischen und belgischen Positionen im 20. Jahrhundert aus in anderen Archiven gesichtetem Material dargestellt werden. Für das 19. Jahrhundert gilt dies für die Überlieferungen des Großherzogtums Baden.

Die Darstellung der Standardisierung im 19. Jahrhundert gründet sich für die deutschen Staaten (das Königreich Bayern, das Königreich Preußen, das Großherzogtum Hessen, das Herzogtum Nassau, das Großherzogtum Baden) auf Bestände des *Bayerischen Hauptstaatsarchivs* in München (BayHStA), des *Geheimen Staatsarchivs Preußischer Kulturbesitz* in Berlin (Dahlem) (GStA PK), des *Hessischen Hauptstaatsarchivs* in Wiesbaden (HHStAW) und des *Hessischen Staatsarchivs* in Darmstadt (HStAD). Für die Niederlande erfolgten Recherchen im *Nationaal Archief* in Den Haag und für Frankreich in den *Archives Nationales* und den *Archives des Affaires étrangères/Archives diplomatiques*, beide in Paris.

Für die Zeit nach 1945 wurde für die Bundesrepublik Deutschland im *Bundesarchiv Koblenz* (BArchK) und dem *Politischen Archiv des Auswärtigen Amtes* (PA AA) in Berlin recherchiert. Die Bestände des *Nationaal Archiefs* in Den Haag wurden für die Niederlande und die der *Archives Nationales* in Fontainebleau und den *Archives des Affaires étrangères/Archives diplomatiques* in Paris für Frankreich gesichtet.

Zudem wurde für beide Epochen das *Archiv der Zentralkommission für die Rheinschifffahrt* in Straßburg konsultiert. Dort werden zwar alle Protokolle und viel Korrespondenz aufbewahrt, es gibt jedoch kein Findbuch und der Schriftverkehr ist noch unsortiert. Für den relevanten Bestand im Bundesarchiv Koblenz existierte ebenfalls noch kein Findbuch, sondern lediglich Abgabelisten.

Zusätzlich zu den in den Archiven eingesehenen Sitzungsprotokollen, Notizen und Briefen liegen für die 1950er Jahre und sehr begrenzt für die

1850er Jahre einige zeitgenössische Zeitschriftenartikel vor. Diese haben jedoch, da sie meist von Beteiligten wie Ministeriumsangehörigen, Verbands- oder Reedereivertretern, verfasst wurden, ebenfalls eher Quellencharakter.[47] Sämtliche Verträge und Abkommen zur Rheinschifffahrt, die zwischen 1803 und 1918 entstanden, sind in einer 1918 von der Zentralkommission für die Rheinschifffahrt herausgegebenen Sammlung aufgelistet und größtenteils abgedruckt.[48] Die beiden Bände sind digitalisiert und online einsehbar.[49]

1.5. Aufbau der Arbeit

An diese Einleitung schließt sich der drei Kapitel umfassende darstellende Teil dieser Arbeit an. Kapitel 2 widmet sich den Organisationen und Akteuren in der Rheinschifffahrt, wobei eine Unterteilung in das 19. und das 20. Jahrhundert erfolgt. Es wird die Zeit von 1800 bis etwa 1970 in Grundzügen beschrieben, der Fokus liegt allerdings auf den beiden Betrachtungszeiträumen, den 1840er und 1850er (Epoche 1) sowie den 1950er und 1960er Jahren (Epoche 2).

Kapitel 3 und 4 behandeln für die Epochen 1 respektive 2 ausgewählte Fallbeispiele der Rheinschifffahrtsintegration, die auf der Basis archivalischer Quellen dargestellt und untersucht werden. Dabei sind die beiden Kapitel nicht ganz gleich aufgebaut: In Kapitel 3 orientiert sich die Gliederung an den Bereichen der Standardisierung, so dass es vier Fallbeispiele zu einzelnen Standards gibt. Kapitel 4 hingegen behandelt zwei Fallbeispiele, in denen die Standardisierungsbereiche jeweils gesammelt vorkommen. Dies liegt an den Charakteristika der beiden Epochen: In Epoche 1 wurden Standards fast ausschließlich einzeln verhandelt, für Epoche 2

47 Hier vor allem die ‚Zeitschrift für Binnenschiffahrt' und die Zeitschrift ‚Strom und See'.

48 Zentralkommission für die Rheinschiffahrt (Hg.): Rheinurkunden. Sammlung zwischenstaatlicher Vereinbarungen, landesrechtlicher Ausführungsverordnungen und sonstiger wichtiger Urkunden über die Rheinschiffahrt seit 1803, Erster Teil (1803-1860), Nrn. 1-300, Duncker&Humblot, München Leipzig 1918. Zentralkommission für die Rheinschiffahrt (Hg.): Rheinurkunden. Sammlung zwischenstaatlicher Vereinbarungen, landesrechtlicher Ausführungsverordnungen und sonstiger wichtiger Urkunden über die Rheinschiffahrt seit 1803, Zweiter Teil (1860-1918), Nr. 301-670, Duncker&Humblot, München Leipzig 1918.

49 http://archive.org/details/rheinurkundensam01centuoft und http://archive.org/details/rheinurkundensam02centuoft zuletzt abgerufen am 3. Februar 2015.

waren dagegen Paketverhandlungen repräsentativ. Beide Kapitel schließen mit einem Vergleich innerhalb der jeweiligen Epoche, in dem die Strukturen, Prozesse und Inhalte der einzelnen Beispiele zusammengefasst dargestellt und miteinander verglichen werden. Dabei werden die Gemeinsamkeiten und Unterschiede zwischen den einzelnen Fallbeispielen herausgearbeitet. Auch die beiden Inner-Epochen-Vergleiche unterschieden sich aufgrund der ausgewählten Standardisierungsbeispiele.

Es finden sich hier bereits die drei analytischen Dimensionen des Politikbegriffs wieder: Kapitel 2 ist vorrangig den Strukturen der Rheinschifffahrtsintegration gewidmet, Kapitel 3 und 4 den Prozessen und Inhalten. Allerdings erfolgen dabei weder eine strikte Trennung noch eine Analyse der Dimensionen. So finden sich im Strukturkapitel durchaus inhaltliche und prozessuale Elemente und in den beiden Prozess- und Inhaltskapiteln Strukturelemente, was vor allem der Verständlichkeit dienenden Erklärungen und einordnenden Erläuterungen geschuldet ist.

Kapitel 5 widmet sich dem Vergleich der beiden Epochen sowie der Analyse auf Basis der zuvor erfolgten Darstellung und der beiden Inner-Epochen-Vergleiche und Fazits. Die Leitfragen der Arbeit bilden nun die Diskussionsgrundlage. Die beiden Epochen werden hinsichtlich der drei Dimensionen von Politik miteinander verglichen. Einen bedeutenden Teil nimmt in der Analyse die Frage nach dem Ausmaß und der Art der Kausalbeziehungen zwischen Struktur, Prozess und Inhalt ein. Gefragt wird, wie die Struktur den Prozess und den Inhalt beeinflusste, der Prozess die Struktur und den Inhalt und schließlich der Inhalt die Struktur und den Prozess. Ferner wird der Frage nach den integrationsfördernden und -hindernden Faktoren nachgegangen.

Eine abschließende Schlussbemerkung (Kapitel 6) fasst noch einmal die wichtigsten Erkenntnisse dieser Untersuchung hinsichtlich der Gemeinsamkeiten und Unterschiede der Rheinschifffahrtsintegration in beiden Epochen zusammen und kommentiert die in dieser Arbeit angewandte Methodik.

Eine Anmerkung zu der Rechtschreibung in dieser Arbeit: Generell wird die neue deutsche Rechtschreibung verwendet. Zitate und Literaturangaben sowie Namen aus bestimmter Zeit (wie die ‚Internationale Arbeitsgemeinschaft der Rheinschiffahrt') werden jedoch wörtlich, das heißt bisweilen auch in alter Rechtschreibung, wiedergegeben. Der Unterschied ist besonders beim Wort ‚Schifffahrt' augenfällig. Solche Stellen werden nicht extra mit ‚[sic]' gekennzeichnet.

2. Akteure und Organisationen in der Rheinschifffahrt

Dieses Kapitel widmet sich institutionellen Aspekten, also dem Ordnungs- und Handlungsrahmen, der politischen Ordnung und Rechtsordnung der Rheinschifffahrt. Darin agierten verschiedene Akteure oder Akteursgruppen. In diesem Kapitel finden sich jedoch auch Prozesselemente und Inhalte.

2.1. Das 19. Jahrhundert

2.1.1. Vorgeschichte, 1804-1831

Der Verabschiedung der Rheinschifffahrtsakte als offizielle Rheinschifffahrtsordnung mit der Zentralkommission als etabliertem Gremium im Jahr 1831 gingen die Einrichtung einer internationalen Rheinschifffahrtsorganisation (durch den Octroivertrag von 1804) und die Proklamation der Schifffahrtsfreiheit (mit dem Ersten Pariser Frieden 1814) voraus. Diese Ereignisse hatten unmittelbar Einfluss auf die Entstehung der Zentralkommission und der Mainzer Akte.

2.1.1.1. Octroikonvention

Mit dem Friedensvertrag von Campo Formio vom 17. Oktober 1797 und dem Frieden von Luneville vom 9. Februar 1801 erwarb Frankreich die Herrschaft über das linke Rheinufer und plante, die Rheinzölle gemäß den liberalen Gedanken der Französischen Revolution aufzuheben.[50] Auf den Luneviller Beschlüssen aufbauend, wurde dies im Reichsdeputationshauptschluss vom 25. Februar 1803 bestätigt. Die deutschen Fürsten, die ihr Gebiet auf dem linken Rheinufer verloren, sollten entschädigt werden. Dafür reichten die Gebiete auf dem rechten Rheinufer jedoch nicht aus, so

50 Vgl. Kischel, Dieter: Die Geschichte der Rheinschiffahrtsgerichtsbarkeit von 1804 bis in die Gegenwart. Unter besonderer Berücksichtigung der rheinpreußischen Verhältnisse, Josef Eul Verlag, Bergisch Gladbach Köln 1990, S. 5.

dass eine finanzielle Entschädigung erwogen wurde. Folglich wurden die Rheinzölle zwar abgeschafft, aber quasi durch eine neue Abgabe, den Octroi, ersetzt.

Mit dem Octroivertrag vom 15. August 1804 schufen Frankreich und das Heilige Römische Reich Deutscher Nation eine internationale Administration für den Rhein, den sie als einen „fleuve commun entre les deux empires"[51] definierten. Der Vertrag war bilateral und galt nur für den Teil des Rheins zwischen der schweizerischen und der niederländischen Grenze. Die Schifffahrt auf ihm sollte gemeinsamen Regeln unterworfen werden. Der Vertrag regelte vor allem die Neuordnung der Zölle auf dem Rhein: Sämtliche alte Gebühren wurden abgeschafft und fortan galt nur noch der sogenannte Octroi, eine Gebühr, die auf die Ladung erhoben wurde, von der Ware und der Strecke abhängig und nur noch in zwölf Octroibüros entlang des Rheins zu entrichten war. Des Weiteren enthielt der Vertrag Vorgaben zu den Erhebungsstellen, den Gehältern des Personals, dessen Uniform, der Instandhaltung des Flussbettes und der Leinpfade,[52] allgemeine Grundsätze für Handel und Schifffahrt sowie eine Gerichtsbarkeit.

Die Organisation, die durch den Octroivertrag gegründet wurde, bestand im Kern aus einer Generaldirektion mit Sitz in Mainz.[53] Diese wurde gebildet aus einem gemeinsam von Frankreich und dem Deutschen Reich (vertreten durch den Kurerzkanzler in Mainz) ernannten Generaldirektor und vier Inspektoren, von denen je zwei von französischer beziehungsweise von deutscher Seite ernannt wurden. Des Weiteren gab es die bereits erwähnten zwölf Octroibüros, sechs auf dem französischen linken Rhein-

---

51 Oktroivertrag zwischen dem Deutschen Reich und Frankreich, 15. August 1804, in: Zentralkommission für die Rheinschiffahrt (Hg.): Rheinurkunden. Sammlung zwischenstaatlicher Vereinbarungen, landesrechtlicher Ausführungsverordnungen und sonstiger wichtiger Urkunden über die Rheinschiffahrt seit 1803, Erster Teil (1803-1860), Nr. 1-300, Duncker&Humblot, München Leipzig 1918, Dokument Nr. 4, S. 6-25, hier S. 6. Vgl. auch Scherner, Karl Otto: Die Begründung des modernen Rheinschiffahrtsrechts im 19. Jahrhundert, in: Wüst, Günther; Lorenz, Egon; Scherner, Karl Otto; Müller, Walter (Hg.): Probleme des Binnenschiffahrtsrechts V, C.F. Müller Juristischer Verlag, Heidelberg 1988, S. 65-98, hier S. 65.

52 Leinpfade sind Wege am Flussufer, von denen aus Menschen oder Zugtiere Schiffe flussaufwärts ziehen.

53 Siehe hierzu Scherner, Karl Otto: Die Rheinakten von 1831 und 1868. Die Freiheit der Rheinschiffahrt und das Verhältnis von Integration und Privatrecht um die Mitte des 19. Jahrhunderts, in: Zeitschrift für Europäisches Privatrecht, Vol. 5, Nr. 1, 1997, S. 58-85, hier S. 64f.

ufer (Neubourg, Mainz, Andernach, Köln, Homberg und Griethausen) und sechs auf dem rechten Rheinufer (Mannheim, Welmich beziehungsweise Gaupe, Thal beziehungsweise Koblenz, Lintz, Düsseldorf und Wesel). In diesen arbeiteten jeweils ein vom jeweiligen Staat ernannter ‚receveur' und ‚controleur' sowie zwei ‚visiteurs' und ein ‚commis aux écritures', die vom Generaldirektor ernannt wurden. Der ‚receveur' konnte zusätzlich noch drei ‚canotiers' auswählen. Dem Generaldirektor oblagen die Leitung der Generaldirektion sowie die Überwachung der Einhaltung des Vertrags. Die vier Inspektoren waren für die Besichtigung des Flusses sowie der Leinpfade und die Inspektion der Octroibüros zuständig. Darüber verfassten sie Berichte und meldeten diese dem Generaldirektor.

Das Besondere am Octroivertrag war die eingeführte Gerichtsbarkeit, die supranationale Züge aufwies.[54] Als erste Instanz fungierte das Personal der Octroibüros, das berechtigt war, bei Verstößen gegen die Ordnung die Strafzahlungen direkt von den Schiffern einzuziehen. Bei Einspruch gegen eines dieser Urteile ging der Fall in die zweite Instanz, die aus dem Generaldirektor und zwei Inspektoren bestand. Wurde auch gegen dieses Urteil Berufung eingelegt, so wurde der Fall zum endgültigen Richterspruch an die dritte Instanz weitergeleitet. Diese wurde aus je einem französischen und einem deutschen Kommissar sowie einem französischen oder deutschen Rechtsgelehrten gebildet, wobei die Kommissare von den jeweiligen Regierungen und der Rechtsgelehrte von den beiden Kommissaren ernannt wurden. Dieses Gericht tagte einmal im Jahr und entschied ebenso wie die zweite Instanz mit einfacher Mehrheit.

Der Octroivertrag förderte die Schifffahrt, da er einen festen Tarif vorsah, der niedriger als die vorherigen Abgaben war und nur noch an zwölf Octroibüros erhoben wurde. Der Großteil der Gebühren wurde in die Instandhaltung des Flusses und der Leinpfade investiert.[55] Zudem hob der Vertrag die Stapel- und Umschlagsrechte auf.[56] Die einheitliche Ordnung

---

54 Vgl. Thiemeyer, Guido; Tölle, Isabel: Supranationalität im 19. Jahrhundert? Die Beispiele der Zentralkommission für die Rheinschifffahrt und des Octroivertrags 1804-1851, in: Journal of European Integration History, Vol. 17, Heft 2, 2011, pp. 177-196.

55 Vgl. Strauch, Dieter: Die Entwicklung des Rheinschifffahrtsrechts zwischen 1815 und 1868, in: Looz-Corswarem, Clemens von; Mölich, Georg (Hg.): Der Rhein als Verkehrsweg. Politik, Recht und Wirtschaft seit dem 18. Jahrhundert, Verlag Peter Pomp, Bottrop 2007, S. 61-92, hier S. 64.

56 Vgl. dazu auch: Sengpiel, Markus: Das Recht der Freiheit der Schiffahrt auf Rhein und Donau. Eine regimerechtliche Analyse, Binnenschiffahrts-Verlag, Duisburg 1998, S. 21.

kann also als Fortschritt[57] gesehen werden und der Octroivertrag als erste Kodifikation des internationalen Schifffahrtsrechts[58], der „bis zum Inkrafttreten der Mainzer Akte von 1831 neben der Wiener Schlußakte eine der maßgeblichen Rechtsgrundlagen des Rheinschiffahrtsrechts“[59] war.

2.1.1.2. Wiener Kongress

Der Wiener Kongress setzte eine Kommission für die freie Flussschiffahrt ein, die sich generell mit Binnenschifffahrtsfragen beschäftigte und der Delegierte Österreichs, Großbritanniens, Frankreichs und Preußens sowie später auch der Niederlande, Badens, Hessens, Bayerns und Nassaus angehörten. Sie sollte unter anderem eine neue Ordnung für den Rhein beschließen. Die Gleichheit der Staaten wurde nicht angetastet, jeder Staat schickte einen Vertreter.[60] Es gab jedoch Diskussionen zwischen den größeren und den kleineren Staaten, ob die Regelungen des Octroivertrags größtenteils weiter gelten sollten, insbesondere die Zentralgewalt wurde heftig diskutiert.

Die Einsetzung einer Zentralkommission als Gremium, in dem sich die Uferregierungen über Belange der Rheinschifffahrt austauschen konnten, wurde beschlossen.[61] Die Kommission sollte „[…], keineswegs ein über-

57 Gothein, Eberhard: Die Schiffahrt der deutschen Ströme. Untersuchungen über deren Abgabenwesen, Regulierungskosten und Verkehrsverhältnisse. Zweiter Band. Geschichtliche Entwicklung der Rheinschiffahrt im XIX. Jahrhundert, Duncker&Humblot, Leipzig 1903, S. 13.

58 Vgl. Kischel, Dieter: Die Geschichte der Rheinschiffahrtsgerichtsbarkeit von 1804 bis in die Gegenwart. Unter besonderer Berücksichtigung der rheinpreußischen Verhältnisse, Josef Eul Verlag, Bergisch Gladbach Köln 1990, S. 7.

59 Scherner, Karl Otto: Die Rheinakten von 1831 und 1868. Die Freiheit der Rheinschiffahrt und das Verhältnis von Integration und Privatrecht um die Mitte des 19. Jahrhunderts, in: Zeitschrift für Europäisches Privatrecht, Vol. 5, Nr. 1, 1997, S. 58-85, hier S. 64.

60 Vgl. Eysinga, Willem Jan Mari van; Walther, Henri: Geschichte der Zentralkommission für die Rheinschiffahrt 1816 bis 1969, Straßburg 1994, S. 20. Zum Wiener Kongress siehe unter anderem Griewank, Karl: Der Wiener Kongress und die Neuordnung Europas 1814/1815, Koehler&Amelang, Leipzig 1942.

61 Wiener Schlussakte, 9. Juni 1815, in: Zentralkommission für die Rheinschiffahrt (Hg.): Rheinurkunden. Sammlung zwischenstaatlicher Vereinbarungen, landesrechtlicher Ausführungsverordnungen und sonstiger wichtiger Urkunden über die Rheinschiffahrt seit 1803, Erster Teil (1803-1860), Nr. 1-300, Duncker& Humblot, München Leipzig 1918, Dokument Nr. 41, S. 42-50. Vgl. Eysinga, Willem

nationales Organ sein, das in den Fragen seines Zuständigkeitsbereiches entscheiden konnte, wie es die Verwaltung des Octroi getan hatte. Sie sollte vielmehr nur eine Kontrollbefugnis ex post facto haben, die nur dann die Bedeutung einer Entscheidung annehmen konnte, wenn die Kommission als Berufungsgericht in Tätigkeit trat."[62] Die Hauptaufgabe der Zentralkommission hatte die Ausarbeitung eines Reglements zu sein. Weiterhin sollte sie Jahresberichte verfassen, sich mit generellen Fragen zu Schifffahrt und Handel beschäftigen und die Inspektoren kontrollieren.

Am 5. August 1816 versammelte sich die neu eingesetzte Zentralkommission das erste Mal in Mainz und löste die Octroiverwaltung ab, deren Strukturen sie größtenteils übernahm.[63] In die Zentralkommission entsandte jeder Uferstaat einen Kommissar. Die Zentralkommission wählte den Oberinspektor mit einem Mehrheitsbeschluss, allerdings hatten bei dieser Wahl die Staaten unterschiedlich viele Stimmen, ungefähr ihrer Uferlänge entsprechend. Der Oberinspektor, der seinen Sitz in Mainz hatte, sollte als permanente Autorität fungieren und die Sitzungen der Zentralkommission vorbereiten. Die Inspektoren wurden von den Staaten ernannt, und zwar einer von Preußen, einer von den Niederlanden und Frankreich und einer von den kleineren deutschen Staaten. Die Uferstaaten trugen weiterhin dafür Sorge, dass an jeder Erhebungsstelle ein Schifffahrtsgericht eingerichtet wurde, da nicht mehr das dortige Personal wie im Octroivertrag als Richter fungieren sollte. Als zweite Instanz hatten die Schiffer die Wahl zwischen einem höheren nationalen Gericht oder der Zentralkommission als Berufungsinstanz; eine dritte Instanz gab es nicht mehr. Die Gerichte sowie die Inspektoren wurden von den Staaten bezahlt.

2.1.2. Betrachtungszeitraum, 1831-1868

Nach fünfzehnjähriger Aushandlung war es am 31. März 1831 schließlich zur Unterzeichnung der Rheinschifffahrtsakte, auch Mainzer Akte genannt, gekommen.[64] Damit war die Zentralkommission endlich ihrer aus

---

Jan Mari van; Walther, Henri: Geschichte der Zentralkommission für die Rheinschiffahrt 1816 bis 1969, Straßburg 1994, S. 19.

62 Ebd., S. 17.

63 Vgl. Website der Zentralkommission für die Rheinschifffahrt www.ccr-zkr.org/11010100-de.html zuletzt abgerufen am 3. Februar 2015.

64 Rheinschiffahrtsakte zwischen Baden, Bayern, Frankreich, Hessen, Nassau, Niederland und Preussen, 31. März 1831, in: Zentralkommission für die Rheinschif-

den Wiener Kongress-Beschlüssen resultierenden Verpflichtung der Ausarbeitung einer Schifffahrtsordnung für den Rhein nachgekommen. Die Verhandlungen hatten sich unter anderem insbesondere aufgrund von Differenzen zwischen Preußen und den Niederlanden bezüglich des geografischen Geltungsraums der Akte hingezogen.

Die Mainzer Akte war in zehn Titel mit insgesamt 109 Artikeln unterteilt. Der erste Titel (Art. 1-13) beschäftigte sich mit der Schifffahrt auf dem Rhein im Allgemeinen und den verabredeten Anordnungen und Zugeständnissen. Artikel 1 proklamierte die Schifffahrtsfreiheit und Artikel 10 führte die Freihäfen auf. Im zweiten Titel (Art. 14-35) wurden die Rheinschifffahrts-Abgaben behandelt, also die Schiffsgebühr und der Zoll auf die Ladung, die Regelungen zu den Erhebungsämtern, wann und wo der Tarif zu bezahlen war et cetera. Artikel 18 sah die Rheinvermessung und die darauf aufbauende definitive Festsetzung des Rheinzolltarifs vor [siehe dazu das Fallbeispiel ‚tarifärer Standard']. Den einzelnen Uferstaaten wurde es durch Artikel 33 untersagt, den Tarif zu erhöhen. Im dritten Titel (Art. 36-41) ging es um die Steuergesetze der einzelnen Uferstaaten. Der vierte Titel (Art. 42-47) behandelte das Recht, die Schifffahrt auf dem Rhein auszuüben, also die Vorschriften bezüglich der Patente [siehe Fallbeispiel ‚betrieblicher Standard']. Auch löste er die Schiffergilden auf. Um Frachten und Rangfahrten ging es im fünften Titel (Art. 48-52). Der sechste Titel (Art. 53-70) widmete sich polizeilichen Vorschriften zur Sicherheit der Rheinschifffahrt. Darunter fielen Vorschriften zur Tauglichkeit der Schiffe, Sicherheitsvorkehrungen in Häfen, die Instandhaltung der Leinpfade und die Vermeidung von Hindernissen im Fluss, wie zum Beispiel Mühlen [siehe Fallbeispiele ‚rechtlich-administrativer Standard' und ‚technischer Standard']. Der Unterschlagung der Schifffahrtsabgaben war der siebte Titel (Art. 71-80) gewidmet; dieselbe wurde mit einer Geldbuße bestraft. Der achte Titel (Art. 81-88) beschäftigte sich mit den Gerichten und Schifffahrtstreitigkeiten. So schrieb Artikel 81 vor, dass in jedem Erhebungsamt ein Richter vorhanden war, der in erster Instanz bei Verstößen gegen die Ordnung, Streitigkeiten bezüglich der Zahlung von Gebühren, der Behinderung des Leinpfades und Beschädigungen entschied. Eine Berufung war möglich. Die Zusammensetzung der Zentralkommission, ihre

fahrt (Hg.): Rheinurkunden. Sammlung zwischenstaatlicher Vereinbarungen, landesrechtlicher Ausführungsverordnungen und sonstiger wichtiger Urkunden über die Rheinschiffahrt seit 1803, Erster Teil (1803-1860), Nr. 1-300, Duncker&Humblot, München Leipzig 1918, Dokument Nr. 80, S. 212-283.

Befugnisse sowie die des weiteren Personals waren Inhalt des neunten Titels (Art. 89-108). Der zehnte Titel bestand nur aus einem Artikel (Art. 109) und bildete den Schluss des Vertrags, der am 31. Tag nach Auswechslung der Ratifikationsurkunden in Kraft treten sollte.

Dem Vertragstext beigefügt waren mehrere Anhänge, die einzelne Teile näher erläuterten. So ging es in Lit. A. um Handelsartikel, für die in den Niederlanden ein höherer oder niedrigerer Abgabensatz galt als in der Mainzer Akte vorgesehen. Lit. B. präzisierte die Schiffsgebühren. Lit. C. legte die Höhe des Rheinzolltarifs fest und listete die Waren auf, für die reduzierte Tarife galten. Lit. D. schließlich stellte das Beispiel des Manifests des Schiffspatrons oder -führers dar.

Artikel 89 bestimmte zur Vollziehung der Ordnung die Zentralkommission, den Oberaufseher, vier Aufseher sowie andere Beamte und Zolleinnehmer. Jeder Staat entsandte einen Bevollmächtigten in die Zentralkommission, die sich jährlich am 1. Juli in Mainz traf. Der Sitzungsmonat wurde später auf September verschoben und ein Zusatzartikel von 1840 ermöglichte außerordentliche Sitzungen. Per Los wurde für jede Sitzung der Präsident bestimmt. Ein anderer Bevollmächtigter wurde zum Protokollanten gewählt. Die Zentralkommission traf alle Entscheidungen mit absoluter Mehrheit, wobei die Stimme jedes Bevollmächtigten gleich viel galt. Die Beschlüsse waren jedoch nur gültig für die Uferstaaten, die durch ihren Bevollmächtigten zugestimmt hatten. Die Mitglieder der Zentralkommission galten als „Agenten ihrer Uferstaaten“ und daher konnte die Zentralkommission nicht „in ihrem Namen Gesetze oder neue allgemeine Verordnungen erlassen.“[65] Das Votum der Kommissare musste jeweils – vorher oder nachher – von den Regierungen genehmigt beziehungsweise bestätigt werden. Bei Verträgen oder Vertragsergänzungen konnte ein Entschluss erst mit Hinterlegung der Ratifizierungsurkunden bei der Zentralkommission gültig werden. „Eine eigene Gesetzgebungsbefugnis hatte die Zentralkommission nach Art. 94 II nicht, ihr stand jedoch ein gewisses Kontroll-, Erkundigungs- und Empfehlungsrecht zu (Art. 93).“[66]

Die Hauptaufgaben der Zentralkommission sollten laut ebendiesem Artikel 93 sein, Vorschläge für nützliche neue Bestimmungen zu machen, den Jahresbericht über den Zustand der Rheinschifffahrt zu verfassen und in letzter Instanz über bei ihr geführte Streitfälle zu entscheiden.

---

65 Ebd., S. 212-283, hier S. 263.

66 Schluckebier, Ullrich: Internationales Rheinschiffahrtsrecht, Institut für Völkerrecht der Universität Göttingen, Göttingen 1965, S. 20.

Der Oberaufseher wurde von der Zentralkommission ernannt. Hierbei hatten die einzelnen Bevollmächtigten jedoch unterschiedlich viele Stimmen. So entfielen auf den preußischen 24, den französischen und den niederländischen je 12 sowie auf die anderen deutschen Staaten zusammen 24 Stimmen, wovon elf Baden zustanden, Hessen sechs, Bayern vier und Nassau drei. Der Oberaufseher hatte seinen Sitz dauerhaft in Mainz und stand in stetem Kontakt mit den Aufsehern. Ihm oblag es, Beschwerden nachzugehen und gegebenenfalls für Abhilfe zu sorgen sowie die Sitzungen der Zentralkommission vorzubereiten, die Kommission zu informieren und ihr Vorschläge zu machen.

Mit der Mainzer Akte wurde der Rhein in vier statt drei Aufsichtsbezirke eingeteilt, weshalb es vier Aufseher gab. Der erste Bezirk reichte von der Stelle, an der der Rhein schiffbar wurde, bis zur Mündung der Lauter. Der zuständige Aufseher wurde von Frankreich und Baden gemeinsam berufen. Der Aufseher für den zweiten Bereich, der von der Mündung der Lauter bis zur Nahe ging, wurde von Bayern, Hessen und Nassau ernannt. Den dritten Aufseher, zuständig für den Bezirk zwischen Nahe und der niederländischen Grenze, bestimmte Preußen. Der vierte Aufseher schließlich war für den niederländischen Teil des Rheins zuständig und wurde von den Niederlanden eingesetzt. Jeder Staat entlohnte den von ihm gestellten Aufseher. Dieser musste seinen Bezirk zweimal pro Jahr bereisen und dem Oberaufseher sowie den Regierungen, die ihn ernannt hatten, Bericht erstatten. Die weiteren Beamten setzte jeder Staat unabhängig ein.

Die gemeinsame Rheinschifffahrtsordnung wurde von allen Mitgliedstaaten finanziert: Die Kanzleikosten der Zentralkommission galten zusammen mit dem Gehalt (und später der Pension) des Oberaufsehers als gemeinschaftliche Kosten. Hierbei trug bezüglich des Oberaufsehers jeder Staat den Anteil der Kosten, der seinem Stimmgewicht bei der Ernennung entsprach. Zu den Kanzleikosten steuerte jeder den gleichen Teil bei; die Zahlungen erfolgten vierteljährlich. Für die eigenen Kommissare, die Aufseher, Gerichte und das Personal der Erhebungsämter zahlte jeder Staat selbst.

Die sieben Kommissare waren höhere Beamte ihrer Staaten und entstammten meist dem Außen- oder Handelsministerium. Sie konnten von den Regierungen eingesetzt und abberufen werden und wurden von diesen instruiert. Vorschriften zu besonderen Eigenschaften oder Voraussetzungen der Kommissare gab es nicht, obwohl die Zentralkommission teils gesetzgebende oder -vorbereitende sowie rechtsprechende Befugnisse hatte.[67] Die Kommissarsposten wiesen eine hohe personelle Konstanz auf, nicht selten betrug die Dienstzeit mehrere Jahre wenn nicht gar Jahrzehnte.

Tabelle 1: Kommissare in der Zentralkommission in Epoche 1[68]

Uferstaat	Kommissare	Amtszeit
Frankreich	Engelhard Daumarc Goepp	14.09.1830 - 10.03.1852 10.03.1852 - 30.04.1855 30.04.1855 - 12.05.1869
Baden	Büchler von Dusch Fränzinger Freiherr von Andlaw von Kettner Freiherr von Reizenstein Kühlenthal Dietz	26.04.1830 - 28.12.1832 28.12.1832 - 26.06.1835 26.06.1835 - 16.06.1836 16.06.1836 - 26.04.1838 26.04.1838 - 18.07.1844 18.07.1844 - 10.09.1849 10.09.1849 - 07.06.1861 07.06.1861 - 03.10.1870
Bayern	von Nau Alwens von Kleinschrod Weber	18.08.1816 - 02.1845 13.05.1845 - 16.12.1846 16.12.1846 - 02.02.1865 02.02.1865 - 14.11.1879
Hessen	Verdier de la Blaquière Schmitt	31.01.1826 - 01.01.1846 01.01.1846 - 10.10.1871
Nassau (bis 1866)	Ritter von Rößler Freiherr von Zwierlein Freiherr von Gagern Vigelius	07.09.1816 - 04.06.1835 04.06.1835 - 04.06.1844 und 10.08.1851 - 16.07.1859 04.06.1844 - 10.08.1851 16.07.1859 - 1866

67 Vgl. Krause, Gerhard: Die internationalen Stromschiffahrtskommissionen, Rothschild, Berlin 1931, S. 38.

68 Daten aus: Koch, Alexander: Sachregister zu den Protokollen der Zentral-Kommission für die Rheinschiffahrt der Jahre 1868 bis einschließlich 1918 hinsichtlich einzelner wichtiger Verhandlungsgegenstände auch zu den früheren Protokollen, L.C. Wittich'sche Hofbuchdruckerei, Darmstadt 1922. Koch war hessischer Delegierter bei der Zentralkommission.

Preußen	Delius von Schulz Westphal Graf von Unruh von Pommer-Esche von Delbrück Moser Eck Herzog	03.09.1823 - 10.03.1833 10.03.1833 - 28.05.1837 28.05.1837 - 19.06.1841 19.06.1841 - 09.06.1842 09.06.1842 - 11.07.1849 11.07.1849 - 30.07.1860 30.07.1860 - 22.11.1867 22.11.1867 - 19.02.1868 19.02.1868 - 11.10.1871
Niederlande	Bourcourd Ruhr Travers Jonkheer Testa Menton-Bake	vor 1817 - 1832 25.06.1832 - 01.01.1848 01.01.1848 - 15.02.1859 15.07.1859 - 09.02.1868 09.02.1868 - 17.07.1871

War einer der Kommissare verhindert, konnte er sich in der Sitzung von dem Kommissar eines anderen Staates vertreten lassen. Schickte der Staat einen anderen Bevollmächtigten, so musste sich dieser durch eine Ernennungsurkunde ausweisen.

Unterstützt wurden die sieben Kommissare in ihrer Arbeit vom Oberaufseher der Rheinschifffahrt, einem der Zentralkommission untergeordneten Beamten mit vorschlagender und berichtender Funktion ohne eigene Entscheidungsbefugnis. Zum Oberaufseher war der preußische Regierungsrat von Auer jr. berufen worden. Er war bereits vorher Mitglied der subdelegierten Kommission gewesen, die von 1816 bis 1831 die Geschäfte verwaltet hatte. Er blieb bis 1860 im Amt. Sein Nachfolger Bitter, ebenfalls Preuße, war bis 1868 Oberaufseher.

Die Mainzer Akte hatte mindestens eine, höchstens zwei Sitzungsperioden pro Jahr vorgesehen; der Zusatzartikel von 1840 führte außerordentliche Sitzungen ein. Zwischen den Sitzungen korrespondierten die Kommissare rege miteinander und informierten sich über die Positionen und Pläne ihrer Regierungen. Die Zentralkommission war also eine ständige diplomatische Konferenz, die sich als Gremium für Rheinschifffahrtsfragen etablierte. Zwischen den Sitzungen führte der Alterspräsident der Zentralkommission die Geschäfte, nicht der Oberaufseher. Die Sitzungen waren nicht öffentlich. Dem Anschein nach tagten die Kommissare ausschließlich unter sich und ohne die Gegenwart eines Sekretärs.[69] Nur die

69 Vgl. hierzu auch Eysinga, Willem Jan Mari van; Walther, Henri: Geschichte der Zentralkommission für die Rheinschiffahrt 1816 bis 1969, Straßburg 1994, S. 46.

Regierungen erhielten die Protokolle, die jeweils in Deutsch und Französisch abgefasst wurden, von ihren Kommissaren zugeschickt, referiert und teilweise mit eigener Meinung versehen.

Die Mainzer Akte war recht umfangreich und detailgenau und wurde dadurch in vielerlei Hinsicht von der tatsächlichen Entwicklung überholt.[70] Sie war relativ starr[71] und so wurden von 1831 bis 1851 zwanzig Zusatzartikel erlassen, um die Akte an neue Gegebenheiten anzupassen. Dampfschiffe beispielsweise wurden in die Mainzer Akte durch den Vertrag vom 2. September 1845 einbezogen. „Durch ihre gerichtlichen Aufgaben ist die Aufmerksamkeit der Zentralkommission wiederholt auf die Frage der Nützlichkeit einer Neuregelung oder einer Abänderung der bestehenden Verordnungen gelenkt worden“[72], weil dadurch Beispiele aus der Praxis zum Verhandlungsinhalt wurden. [Siehe Beispiel des betrieblichen Standards ‚Patente'.] Die Mainzer Akte hatte die Kommissare als Agenten ihrer Uferstaaten definiert; mit der Zeit gewann die Zentralkommission jedoch an Gestaltungsmacht hinzu: „Diese in der Akte nicht vorgesehene legislative Aufgabe der Zentralkommission wurde jedoch schon seit 1831 unerläßlich, als große Teile der Akte, so die über die Schiffahrtsabgaben, ihre Bedeutung zu verlieren begannen und daher legislative Maßnahmen erforderten, während andererseits zahlreiche neue Gebiete gesetzlich geregelt werden mussten.“[73]

2.1.3. Weiterer Verlauf, 1868-1914

Die legislativen Maßnahmen der Zentralkommission und weitere Änderungen und Ergänzungen der Mainzer Akte waren ein Grund für deren Revision.[74] Die revidierte Rheinschifffahrtsakte, nach dem neuen Sitz der

70 Vgl. Strauch, Dieter: Die Entwicklung des Rheinschifffahrtsrechts zwischen 1815 und 1868, in: Looz-Corswarem, Clemens von; Mölich, Georg (Hg.): Der Rhein als Verkehrsweg. Politik, Recht und Wirtschaft seit dem 18. Jahrhundert, Verlag Peter Pomp, Bottrop 2007, S. 61-92, hier S. 77.

71 Vgl. Eysinga, Willem Jan Mari van; Walther, Henri: Geschichte der Zentralkommission für die Rheinschiffahrt 1816 bis 1969, Straßburg 1994, S. 92.

72 Ebd., S. 86.

73 Ebd., S. 91.

74 Vgl. auch den Vertragstext: Revidierte Rheinschiffahrts-Akte zwischen Baden, Bayern, Frankreich, Hessen, Niederland und Preussen, 17. Oktober 1868, in: Zentralkommission für die Rheinschiffahrt (Hg.): Rheinurkunden. Sammlung zwischenstaatlicher Vereinbarungen, landesrechtlicher Ausführungsverordnun-

Zentralkommission Mannheimer Akte genannt, wurde 1867 und 1868 von einer eigens dafür zusammengerufenen Kommission ausgehandelt. Die Delegierten waren dieselben wie in der Zentralkommission, mit Ausnahme des preußischen und niederländischen Delegierten, die aufgrund anderer Verpflichtungen verhindert waren. Am 17. Oktober 1868 wurde die Mannheimer Akte unterzeichnet und trat am 1. Juli 1869 in Kraft.[75]

Statt der 109 sehr detaillierten Artikel der Mainzer Akte bestand die Mannheimer Akte nur noch aus 48 Artikeln und eher generellen Vorgaben; der Vertrag war auch nicht mehr in verschiedene Titel unterteilt. Die wichtigsten inhaltlichen Änderungen waren die folgenden Punkte: Artikel 1 öffnete die Schifffahrt auf dem Rhein Fahrzeugen aller Nationen, das heißt, dass die Uferstaaten kein Vorrecht mehr hatten. Artikel 3 verbot Abgaben, die sich nur auf die Tatsache der Beschiffung gründeten. Die Schifffahrtsabgaben waren bereits 1866 auf dem gesamten Strom weggefallen, was sich durch mehrere Verträge angedeutet hatte. Die Mannheimer Akte hielt diese Entwicklung vertraglich fest. Die Unterteilung des Rheins in Aufsichtsbezirke wurde beibehalten; die Stelle des Oberaufsehers entfiel jedoch. Artikel 44 legte die jährlichen Sitzungen der Zentralkommission auf den August und ermöglichte außerordentliche Sitzungen. Das Schlussprotokoll zur revidierten Rheinschifffahrtsakte sah vor, dass in dringenden Angelegenheiten Beschlüsse von den Bevollmächtigten im Auftrag ihrer Regierung auf dem Korrespondenzwege gefasst werden konnten.[76]

Interessant ist im Zuge der Revision der Rheinschifffahrtsakte noch ein anderer Aspekt: Die Zentralkommission verdankte ihre Gründung zwar einem fiskalischen Aspekt, nämlich dem Octroi, sie hat ihre Existenz jedoch aus Schifffahrtsinteressen heraus gerechtfertigt. Und diese Interessen

---

gen und sonstiger wichtiger Urkunden über die Rheinschiffahrt seit 1803, Zweiter Teil (1860-1918), Nr. 301-670, Duncker&Humblot, München Leipzig 1918, Dokument Nr. 350, S. 80-106, hier S. 80.

75 Die Zentralkommission war 1860 von Mainz nach Mannheim gezogen.

76 Revidierte Rheinschiffahrts-Akte zwischen Baden, Bayern, Frankreich, Hessen, Niederland und Preussen, 17. Oktober 1868, in: Zentralkommission für die Rheinschiffahrt (Hg.): Rheinurkunden. Sammlung zwischenstaatlicher Vereinbarungen, landesrechtlicher Ausführungsverordnungen und sonstiger wichtiger Urkunden über die Rheinschiffahrt seit 1803, Zweiter Teil (1860-1918), Nr. 301-670, Duncker&Humblot, München Leipzig 1918, Dokument Nr. 350, S. 80-106, hier S. 105.

bestanden nach Abschaffung der Schifffahrtsabgaben weiter.[77] Der Entwicklung der Organisation wurde mit einer Erweiterung der Befugnisse der Kommission durch die Mannheimer Akte Rechnung getragen.[78]

Die Zentralkommission blieb in den folgenden Jahrzehnten das Gremium, in dem über Rheinschifffahrtsfragen beraten wurde. Nach dem deutsch-französischen Krieg von 1870/71 schied Frankreich aus der Organisation aus, welche sich im Folgenden aus Baden, Bayern, Hessen, Elsass-Lothringen, Preußen und den Niederlanden zusammensetzte. Die Protokolle wurden danach statt in Deutsch und Französisch in Deutsch und Niederländisch abgefasst. Ab 1871 unterlag die Schifffahrt nach der neuen Reichsverfassung dem Deutschen Reich, das davon aber beim Rhein keinen Gebrauch machte, so dass bis 1919 verschiedene ‚deutsche' Positionen in der Zentralkommission vertreten waren.[79]

Im 19. Jahrhundert hatte die Zentralkommision weitestgehend unabhängig von politischen Ereignissen getagt. Ihr Aufbau und ihre Zusammensetzung hatten sich seit ihrer Gründung 1816 kaum verändert. Dieser überschaubare Kreis von Delegierten sowie das Uferstaatenprinzip sollten sich nach dem Ersten Weltkrieg ändern. In ihrer alten Zusammensetzung tagte die Zentralkommission 1918 zum letzten Mal in Mannheim.

2.2. Das 20. Jahrhundert

2.2.1. Vorgeschichte, 1919-1950

Der Versailler Vertrag vom 28. Juni 1919 änderte die Zusammensetzung der Zentralkommission grundlegend. Da die Niederlande nicht Unterzeichner des Versailler Vertrags gewesen waren, wurde ihr Status mit dem Protokoll vom 21. Januar 1921 und einem weiteren Protokoll vom 29.

---

77 Vgl. Eysinga, Willem Jan Mari van; Walther, Henri: Geschichte der Zentralkommission für die Rheinschiffahrt 1816 bis 1969, Straßburg 1994, S. 95.

78 Vgl. Website der Zentralkommission für die Rheinschifffahrt www.ccr-zkr.org/11010100-de.html zuletzt abgerufen am 3. Februar 2015.

79 Vgl. Strauch, Dieter: Die Entwicklung des Rheinschifffahrtsrechts zwischen 1815 und 1868, in: Looz-Corswarem, Clemens von; Mölich, Georg (Hg.): Der Rhein als Verkehrsweg. Politik, Recht und Wirtschaft seit dem 18. Jahrhundert, Verlag Peter Pomp, Bottrop 2007, S. 61-92, hier S. 81. Eysinga, Willem Jan Mari van; Walther, Henri: Geschichte der Zentralkommission für die Rheinschiffahrt 1816 bis 1969, Straßburg 1994, S. 126f.

März 1923 geregelt. Die wichtigsten Änderungen, die der Versailler Vertrag für die Zentralkommission brachte, finden sich in Teil XXII „Häfen, Wasserstraßen und Eisenbahnen", Abschnitt II „Schiffahrt", Kapitel IV „Bestimmungen über Rhein und Mosel" (Art. 354-362).[80]

Artikel 355 bestimmte die Zusammensetzung der Zentralkommission neu und veränderte deren Struktur maßgeblich. Das Uferstaatenprinzip wurde aufgegeben, so dass nicht nur die Schweiz, sondern auch Belgien, Großbritannien und Italien in die Arbeit eingebunden wurden.[81] Gerade Großbritannien und Italien sollten als Nichtuferstaaten die Funktion eines völkergemeinschaftlichen Garanten für die Internationalisierung des Rheins erfüllen.[82] Die Gleichheit der Staaten wurde ebenfalls aufgehoben, so dass den Staaten nun unterschiedlich viele Delegierte zustanden.[83] Die Zahl der Stimmen entsprach der der Delegierten, egal wie viele Delegierte bei den Abstimmungen zugegen waren. So verfügte Frankreich über fünf Stimmen, Deutschland über vier, die Niederlande über drei (ursprünglich waren nur zwei Stimmen vorgesehen gewesen), die Schweiz und die drei

80 Der Text des Versailler Vertrags findet sich unter anderem in: Haffner, Sebastian: Der Vertrag von Versailles, Matthes&Seitz Verlag, München 1978, S. 118-377. Artikel 354 stellte zwar klar, dass immer noch die Mannheimer Akte die Rheinschifffahrt regelte, allerdings sagte er auch, dass die Bestimmungen des noch auszuarbeitenden allgemeinen Abkommens vorgehen würden. Dieses allgemeine Abkommen wurde das Statut von Barcelona von 1921. Das Abkommen fand auf dem Rhein jedoch keine Anwendung, da es die meisten Rheinuferstaaten nicht ratifiziert hatten. Vgl. unter anderem Schluckebier, Ullrich: Internationales Rheinschiffahrtsrecht, Institut für Völkerrecht der Universität Göttingen, Göttingen 1965, S. 30.

81 Da die Mannheimer Akte jedoch der entscheidende Vertrag blieb und die Schweiz diese nicht unterzeichnet hatte, wurde ihr Status erst mit Unterzeichnung der Revision der Mannheimer Akte 1963 endgültig geklärt.

82 Vgl. Sengpiel, Markus: Das Recht der Freiheit der Schiffahrt auf Rhein und Donau. Eine regimerechtliche Analyse, Binnenschiffahrts-Verlag, Duisburg 1998, S. 31. Rittmüller, Adalbert: 180 Jahre Zentralkommission für die Rheinschiffahrt. Ein historischer Überblick über das Rheinschiffahrtsregime, in: Auswärtiger Dienst, Heft 1, 1996, S. 79.

83 Des Weiteren erhielt Frankreich durch Art. 358 gewisse Sonderrechte für sein Stromgebiet hinsichtlich der Abzweigung von Wasser aus dem Rhein und der Wasserkraftnutzung. Art. 357 regelte die Abtretung von Schiffen unter anderem Deutschlands an Frankreich. Art. 362 schließlich versagte Deutschland ein Einspruchsrecht gegen etwaige Beschlüsse der Zentralkommission zur Ausdehnung ihrer Zuständigkeit beispielsweise auf Seitenkanäle von Rhein und Mosel. Art. 356 stellte die Schiffe aller Nationen denen der Rheinschifffahrt in Rechten gleich.

Nichtuferstaaten über je zwei Stimmen. Der Sitz der Zentralkommission wurde von Mannheim ins französische Straßburg verlegt und der Vorsitz wechselte nun nicht mehr jährlich: Frankreich stellte permanent den Präsidenten der Zentralkommission und Französisch wurde alleinige Amtssprache.[84]

Neben der äußeren Zusammensetzung der Zentralkommission änderte sich auch die Atmosphäre.[85] In den Diskussionen habe es laut dem niederländischen Kommissar van Eysinga durchaus „Schärfe und Misstrauen"[86] gegeben. Allerdings existierten, wie im 19. Jahrhundert, persönliche Beziehungen zwischen den Delegierten, die oft jahrelang dieselben blieben.[87] So bilanzierte der spätere Generalsekretär Walther: „Diese Beständigkeit [der Delegationen; I.T.] und die langen gemeinsamen Aufenthalte in Straßburg schufen zahlreiche freundschaftliche Bande und trugen zum besseren Kennenlernen und Verstehen der Kommissare untereinander bei, was für das Klima der Beratungen nur von Vorteil war."[88] Informalität blieb also äußerst wichtig.

Die Protokolle waren zwar weiterhin geheim, es wurden jedoch regelmäßig Mitteilungen an die Presse gegeben, Protokolle an den Völkerbund gesandt und mit anderen Flusskommissionen ausgetauscht.[89] Die Zentralkommission tagte etwa zwei bis vier Mal im Jahr. Auch dies war ein Unterschied zum 19. Jahrhundert, wo es nur eine reguläre Sitzungsperiode gegeben hatte. Wichtige verbindliche Beschlüsse wurden meist einstimmig getroffen, obwohl Mehrheitsbeschlüsse vorgesehen waren und die Stimmverteilung ungleich war.[90]

Art. 354 des Versailler Vertrags hatte die Zentralkommission zur Überarbeitung der Mannheimer Akte verpflichtet. Die Arbeiten dazu wurden 1924 begonnen und 1935 abgeschlossen. Da Unstimmigkeiten jedoch bestehen blieben, erfolgte keine Revision. Der als Kompromiss vor allem von der französischen und deutschen Delegation erstellte sogenannte Mo-

---

84 Eysinga, Willem Jan Mari van; Walther, Henri: Geschichte der Zentralkommission für die Rheinschiffahrt 1816 bis 1969, Straßburg 1994, S. 115.

85 Vgl. ebd., S. 116.

86 Ebd., S. 153.

87 Vgl. ebd., S. 154f.

88 Ebd., S. 154.

89 Vgl. ebd., S. 128.

90 Rittmüller, Adalbert: 180 Jahre Zentralkommission für die Rheinschiffahrt. Ein historischer Überblick über das Rheinschiffahrtsregime, in: Auswärtiger Dienst, Heft 1, 1996, S. 79.

dus Vivendi wurde zwar 1936 unterzeichnet (nicht jedoch von den Niederlanden). Deutschland kündigte diesen im November 1936 jedoch einseitig, woraufhin die anderen Staaten, außer Großbritannien und der Schweiz, die Vereinbarung ebenfalls aufkündigten. Deutschland beendete nach seiner Note vom 14. November 1936 seine Mitarbeit in der Zentralkommission. Italien verließ die Kommission kurze Zeit später. Bis 1940 arbeitete die Zentralkommission weiterhin auf Basis des Versailler Vertrags und der Mannheimer Akte. Wegen des Zweiten Weltkriegs trat sie dann nicht mehr zusammen.[91]

2.2.2. Betrachtungszeitraum, 1950-1970

Die beiden wichtigsten internationalen Organisationen für den Betrachtungszeitraum und die Fallbeispiele dieser Arbeit waren die Zentralkommission für die Rheinschifffahrt und die Europäische Wirtschaftsgemeinschaft (EWG), letztere vorrangig vertreten durch ihre Kommission. Dabei handelte es sich zum einen um eine sehr alte Organisation, die 1966 ihr 150-jähriges Bestehen feierte und 1968 die Hundertjahrfeier der Mannheimer Akte beging, und zum anderen um eine ganz junge, neue Organisation.

Nach Ende des Zweiten Weltkriegs entstand eine Vielzahl an internationalen Organisationen und Zusammenschlüssen, wie die Wirtschaftskommission der Vereinten Nationen (UN-ECE), die Organisation für wirtschaftliche Zusammenarbeit in Europa (OEEC), die Europäische Verkehrsministerkonferenz (ECMT)[92] und der Europarat.[93] Zwischen diesen

---

91 Zum Status Deutschlands bleibt zu sagen, dass der Modus Vivendi zwar eine Kündigungsklausel enthielt, die Zentralkommission jedoch die Ansicht vertrat, dass die Mannheimer Akte nicht einseitig gekündigt werden konnte. Daher sei Deutschland weiterhin daran gebunden. Italien hatte nur den Versailler Vertrag, nicht jedoch die Mannheimer Akte unterzeichnet, weshalb die Situation sich hier anders darstellte. Vgl. Eysinga, Willem Jan Mari van; Walther, Henri: Geschichte der Zentralkommission für die Rheinschiffahrt 1816 bis 1969, Straßburg 1994, S. 150.

92 Am 17. Oktober 1953 traf sich die Europäische Verkehrsministerkonferenz (ECMT) das erste Mal. In ihr vertreten waren die Verkehrsminister Deutschlands, Österreichs, Belgiens, Dänemarks, Spaniens, Frankreichs, Griechenlands, Italiens, Luxemburgs, Norwegens, der Niederlande, Portugals, Großbritanniens, Schwedens, der Schweiz, der Türkei, ab 1955 auch Jugoslawiens. Die ECMT bestand aus dem Rat der Verkehrsminister und dem Ausschuss der Stellvertreter

Organisationen bestanden etliche personelle Verflechtungen, so dass sie ein interadministrativ-privatwirtschaftliches Netzwerk begründeten und dadurch geprägt wurden.

2.2.2.1. Zentralkommission

Im Sommer 1945 hatte die französische Regierung in Richtung Belgien, Großbritannien, der Niederlande und der Schweiz angeregt, die Zentralkommission für die Rheinschifffahrt wieder einzuberufen. Im Herbst dieses Jahres fanden dazu Beratungen statt, an deren Ende die Empfehlung stand, „die Zentralkommission für die Rheinschiffahrt als das am meisten geeignete und auch dafür bestimmte Organ aufzufordern, ihre Tätigkeit in der Form einer „Not- und Übergangslösung“ [Hervorhebung im Text]

---

und hatte ihr ständiges Sekretariat in Paris, das verwaltungstechnisch dem Sekretariat der OEEC angeschlossen war. Die Aufgaben der ECMT waren es, Maßnahmen zu ergreifen, die die rationelle Weiterentwicklung des europäischen Binnenverkehrs förderten, sowie die Arbeit der internationalen Behörden zu koordinieren. Die Beschlüsse galten nur in den Ländern, die ihre Zustimmung erteilt hatten; in der Praxis galt meist das Prinzip der Einstimmigkeit. Zur Gründung der ECMT siehe Henrich-Franke, Christian: Mobility and European integration: Politicians, professionals und the foundation of the ECMT, in: Journal of Transport History, Vol. 29, Nr. 1, March 2008, pp. 64-82.

93 Im 1949 gegründeten Europarat waren anfangs Belgien, Dänemark, Frankreich, Großbritannien, Irland, Italien, Luxemburg, die Niederlande, Norwegen und Schweden vertreten. Die beratende Versammlung, die aus Delegierten der Mitgliedstaaten bestand und mit Zweidrittelmehrheit entschied, konnte Empfehlungen an den Ministerrat geben. Dieser bestand aus je einem Minister der Mitgliedstaaten und entschied bei wichtigen Fragen mit Einstimmigkeit.
Bezüglich der Verkehrsthematik wurden Anfang der 1950er Jahre im Europarat, das heißt in der Versammlung, einige Pläne diskutiert. Der Bonnefous-Plan von 1951 schlug die Errichtung einer europäischen Transportbehörde mit Entscheidungsbefugnissen vor und wurde nicht weiter verhandelt. Der ebenfalls 1951 vorgestellte van-de-Kieft-Plan sah die Bildung eines europäischen Transportamtes ohne Entscheidungs-, sondern nur mit Empfehlungsbefugnis vor. Der Lemaire-Plan von 1952 beinhaltete einen Europäischen Transportrat, ebenfalls ohne Entscheidungsbefugnis. Die Pläne wurden jedoch nicht abschließend beraten. Der Europarat gab eine Empfehlung an die OEEC, den Lemaire-Plan zu berücksichtigen, was zur Gründung der ECMT führte. Vgl. Schluckebier, Ullrich: Internationales Rheinschiffahrtsrecht, Institut für Völkerrecht der Universität Göttingen, Göttingen 1965, S. 134f. Kapteyn, Paul J.: Europa sucht eine gemeinsame Verkehrspolitik, De Tempel, Brugge 1968.

wieder aufzunehmen."[94] Infolgedessen trat die Zentralkommission am 20. November 1945 in Straßburg erneut zusammen. Anwesend waren Delegationen Frankreichs, Belgiens, der Niederlande, der Schweiz, Großbritanniens und der USA. Deutschland war durch alliierte Verbindungsoffiziere, nicht jedoch durch eigene Abgeordnete, in der Zentralkommission vertreten. 1949 erging die Einladung an die Bundesrepublik, wieder an den Arbeiten der Zentralkommission mitzuwirken, was ab dem 11. Juli 1950 geschah.

Die Delegierten hielten sich nicht streng an die Bestimmungen des Versailler Vertrags, da sie auf Basis einer „Not- und Übergangslösung" tätig wurden. So erhielten beispielsweise nach dem Krieg alle in der Zentralkommission vertretenen Staaten jeweils eine Stimme und zwar unabhängig von der Delegationszusammensetzung.[95] Das in der Praxis verwendete Einstimmigkeitsprinzip bei Entscheidungen wurde beibehalten.[96] Der andauernde französische Vorsitz bestand bis zur Revision 1963 fort. Das Plenum mit allen Delegierten tagte in der Regel zweimal im Jahr, einmal im Frühjahr und einmal im Herbst. An den Tagungen der Zentralkommission konnten internationale Organisationen mit Beobachterstatus teilnehmen, so zum Beispiel die EGKS oder die EWG. Zahlreiche Ausschüsse und Arbeitsgruppen bereiteten die Beschlüsse des Plenums vor. Es gab einen Ausschuss für die Polizeiverordnung, einen Wirtschaftsausschuss und einen Ständigen Technischen Ausschuss. Der Vorsitz der Komitees wechselte nach dem ‚tour de role' Prinzip.[97] Des Weiteren wurden der Arbeitsablauf flexibilisiert und zahlreiche Ausschüsse eingerichtet, wodurch die Plenarsitzungen verkürzt wurden.[98]

94 Kischel, Dieter: Die Geschichte der Rheinschiffahrtsgerichtsbarkeit von 1804 bis in die Gegenwart. Unter besonderer Berücksichtigung der rheinpreußischen Verhältnisse, Josef Eul Verlag, Bergisch Gladbach Köln 1990, S. 183.

95 Vgl. ebd., S. 184. Walther, Henri: La Révision de la Convention de Mannheim pour la Navigation du Rhin, in: Annuaire Francais de Droit International, Vol. 11, 1965, S. 812.

96 Vgl. Eysinga, Willem Jan Mari van; Walther, Henri: Geschichte der Zentralkommission für die Rheinschiffahrt 1816 bis 1969, Straßburg 1994, S. 157.

97 Vgl. Nationaal Archief, 2.05.118, Nr. 30053, C.C.R. 1953-II-21, Protocole 21, 14. Avril 1953, Rapport du Comité technique permanent, Annexe au Protocole 21. Die Ausschüsse bestanden in der Regel aus mindestens einem (stellvertretenden) Kommissar und den von ihm ernannten Sachverständigen. Arbeitsgruppen bereiteten die Sitzungen der Ausschüsse vor. Die Zusammensetzung der Arbeitsgruppen war inhaltsgebunden und es konnten auch Externe dazu gehören.

98 Vgl. Eysinga, Willem Jan Mari van; Walther, Henri: Geschichte der Zentralkommission für die Rheinschiffahrt 1816 bis 1969, Straßburg 1994, S. 160.

Das Sekretariat und die Delegationen bereiteten die Arbeit der Arbeitsgruppen und Ausschüsse vor; diese wiederum lieferten die Vorarbeit für die Zentralkommissionssitzungen. Das Sekretariat zeichnete für die Tagesordnung, die Niederschriften und die Umsetzung der beschlossenen Maßnahmen verantwortlich und führte Übersetzungen aus. Ihm gehörten unter anderem der Generalsekretär, der stellvertretende Generalsekretär und der Chefingenieur an, die von der Zentralkommission ernannt wurden.

Deutschland hatte 1956 eine Revision der Mannheimer Akte vorgeschlagen,[99] woraufhin 1957 ein Ausschuss mit der Aufgabe betraut wurde.[100] Mit der am 20. November 1963 in Straßburg unterzeichneten sogenannten kleinen Revision der Mannheimer Akte wurde die Schweiz schließlich offizieller Signatarstaat der Mannheimer Akte. Die Permanenz des französischen Vorsitzes wurde zugunsten eines Rotationsprinzips abgeschafft: Nun übernahm im Zweijahresrhythmus ein anderer Delegierter den Vorsitz der Zentralkommission, die Reihenfolge der Länder folgte dabei dem französischen Alphabet. Neu hinzu kam der Posten eines Vizepräsidenten, der dem Präsidenten im Amt nachfolgte.[101] Eine Delegation konnte aus bis zu vier ordentlichen und zwei stellvertretenden Kommissaren sowie einem Sekretär und nationalen Sachverständigen bestehen. Die Posten der Stellvertreter wurden, den Erfahrungen der Praxis folgend, in der Revision das erste Mal definiert.[102] Weitere Änderungen gab es bezüglich des Abstimmungsmodus und der Rechtsprechung: In Anlehnung an die Praxis wurde für das Abstimmungsverfahren grundsätzlich das Prinzip der Einstimmigkeit anerkannt.[103] Damit wurden Unklarheiten beseitigt, hatten doch bis dahin Mehrheitsbeschlüsse nur dort gegolten, wo die Zustimmung erfolgt war. Die Rechtsprechungsbefugnis wurde vollständig

---

99 Sengpiel, Markus: Das Recht der Freiheit der Schiffahrt auf Rhein und Donau. Eine regimerechtliche Analyse, Binnenschiffahrts-Verlag, Duisburg 1998, S. 44.

100 Köppen, Ursula von: Die Geschichte der Kommission und die Rechtsordnung der Rheinschiffahrt, in: Zentralkommission für die Rheinschiffahrt (Hg.): 150 Jahre Zentral-Kommission für die Rheinschiffahrt, Binnenschiffahrts-Verlag, Straßburg 1966, S. 21-29, hier S. 26.

101 Vgl. Walther, Henri: La Révision de la Convention de Mannheim pour la Navigation du Rhin, in: Annuaire Francais de Droit International, Vol. 11, 1965, S. 810-819, hier S. 813.

102 Vgl. ebd., hier S. 812.

103 Vgl. Köppen, Ursula von: Die Geschichte der Kommission und die Rechtsordnung der Rheinschiffahrt, in: Zentralkommission für die Rheinschiffahrt (Hg.): 150 Jahre Zentral-Kommission für die Rheinschiffahrt, Binnenschiffahrts-Verlag, Straßburg 1966, S. 21-29, hier S. 26.

und ausschließlich aus dem Kommissarskreis heraus auf die internationale Berufungskammer übertragen, in der je ein ordentlicher und ein stellvertretender Richter pro Vertragsstaat saßen.[104] Alle vier in der Zentralkommission vertretenen Sprachen (Deutsch, Französisch, Niederländisch, Englisch) wurden nun offiziell Amtssprachen, wenn in der Praxis auch nur Deutsch und Französisch verwendet wurden.[105]

Die Zentralkommission war sozusagen eine permanente diplomatische Regierungskonferenz.[106] Die Delegierten entstammten überwiegend den Verkehrs- und Außenministerien ihrer Länder, so dass sich die Organisation teilweise von einer intergouvernementalen zu einer interadministrativen wandelte. Zusätzlich wurden in die Ausschüsse und Arbeitsgruppen Vertreter der Privatwirtschaft entsandt.

---

104 Vgl. Sengpiel, Markus: Das Recht der Freiheit der Schiffahrt auf Rhein und Donau. Eine regimerechtliche Analyse, Binnenschiffahrts-Verlag, Duisburg 1998, S. 45f. Rittmüller, Adalbert: 180 Jahre Zentralkommission für die Rheinschiffahrt. Ein historischer Überblick über das Rheinschiffahrtsregime, in: Auswärtiger Dienst, Heft 1, 1996, S. 77-83, hier S. 81.

105 Vgl. ebd., hier S. 81.

106 Vgl. Sengpiel, Johannes: Dritter Teil. Geschichte der Zentralkommission von 1969-1995, abgerufen von der Website der Zentralkommission www.ccr-zkr.org/11010200-de.html zuletzt am 3. Februar 2015.

Tabelle 2: Delegierte und Beschäftigte der Zentralkommission in Epoche 2[107]

	Deutschland	Frankreich	Niederlande	Schweiz	Belgien	ZKR
1951	Seiermann Schneider Weiz Ahlers von Köppen (Sekretariat)	Graff Peltier Bonet-Maury (Ersatz) Weirich (Sekretariat)	Schaepman Kiewit de Jonge Koomans Kalhorn (Experte)	Mermi-nod Schaller Oesterhaus (Ersatz) Gottret (Sekretariat)	Charbonnier Coene	Präsident: Thierry Generalsekretär: Walther
1960	Kreutzwald Schneider Ahlers von Köppen (Ersatz) Tätzsch (Sekretariat)	Bonet-Maury Graff Laval Gros/Fouques-Duparc Weirich (Sekretariat)	Schaepman Kiewiet de Jonge Oyevaar Vonk (Experte) Hendrickx (Experte) de Vries (Experte) de Meester (Sekretariat)	Schaller Turrettini Mangold (Ersatz) Oesterhaus (Ersatz) Frey (Experte/Sekretariat) Weingart (Sekretariat)	Coene François Woestijn (Sekretariat)	Präsident: Thierry Generalsekretär: Walther

107 Zusammengestellt anhand der Protokolle der Sitzungen der Zentralkommission. Dies ist nur eine Auswahl. Die Delegierten der USA und Großbritanniens sind nicht aufgeführt, da sie keine große Rolle spielten. Ihre Regierungen entsandten meist nur einen Kommissar und einen Stellvertreter, während die Delegationen der anderen Ländern (vor allem die Deutschlands, die der Niederlande und der Schweiz) meist aus drei oder vier Kommissaren plus Stellvertreter, Experten und Sekretär bestanden.

	Deutschland	Frankreich	Niederlande	Schweiz	Belgien	ZKR
1963	von Haeften von Köppen Huber Kreutzwald (Experte) Bertram (Experte) Bliefert (Sekretariat)	Gros Graff Bonet-Maury Laval Monod Weirich (Sekretariat)	Riphagen Oyevaar Vonk Nieuwenhuijsen (Ersatz) de Vries (Experte) Poser (Experte) Timmermans (Experte) Achmad (Experte)	Schaller Burckhardt Mangold (Ersatz) Oesterhaus (Ersatz) Muller (Experte) Zurbrügg (Experte) Gut (Experte) Frey (Experte/ Sekretariat)	Coene François Devadder (Ersatz) Woestijn (Sekretariat)	Präsident: Fouques Duparc Generalsekretär: Walther

Ausblick:

Mit dem Zusatzprotokoll Nr. 2 zur Mannheimer Akte vom 17. Oktober 1979, das 1985 in Kraft trat, räumte die Zentralkommission der Europäischen Gemeinschaft die Möglichkeit ein, der Mannheimer Akte beizutreten. Eine richtige Zusammenarbeit der beiden Organisationen entwickelte sich erst mit der Intensivierung der Verkehrspolitik der EG in den 1990er Jahren.[108]

Großbritannien trat zum 31. Dezember 1993 aus der Zentralkommission aus, so dass heute Deutschland, die Schweiz, Frankreich, Belgien und die Niederlande Mitglieder der Zentralkommission für die Rheinschifffahrt sind. Die USA hatten die Zentralkommission bereits nach der Revision der Mannheimer Akte 1963 verlassen.

108 1992 nahm die Europäische Kommission das Weißbuch zur künftigen Entwicklung der Gemeinsamen Verkehrspolitik an.

2.2.2.2. EWG-Kommission

Am 25. März 1957 wurden die sogenannten Römischen Verträge von der Bundesrepublik Deutschland, Frankreich, Italien, den Niederlanden, Belgien und Luxemburg unterzeichnet, die die Europäische Wirtschaftsgemeinschaft (EWG) und EURATOM gründeten. 1958 traten die Verträge in Kraft.[109]

Das vertragliche Hauptziel der EWG war die Errichtung eines Gemeinsamen Marktes. Dafür war eine Übergangszeit von zwölf Jahren mit drei Stufen à vier Jahren vorgesehen. Hierbei war für den Verkehr wichtig, dass nach der zweiten Stufe das Einstimmigkeitsprinzip im Rat bei Entscheidungen den qualifizierten Mehrheitsbeschlüssen weichen sollte. Dieser drohende Wegfall der Vetomöglichkeit missfiel den Staaten. Durch den Luxemburger Kompromiss, der die ‚Krise des leeren Stuhls' 1966 beendete, erhielten sie die Möglichkeit, bei Fragen, die ein bedeutsames nationales Interesse betrafen, weiterhin ein Veto im Rat einzulegen.[110]

Die Gemeinschaft hatte ferner laut Vertrag die Aufgabe, eine Gemeinsame Verkehrspolitik auszuarbeiten. Der Verkehr war einer der wenigen Bereiche, für den im EWG-Vertrag eine gemeinsame Politik vorgesehen war (die Agrarpolitik ist vermutlich der bekannteste). Allerdings blieb der diesbezügliche Titel IV (Art. 74-84) des EWG-Vertrags uneindeutig. Der Ministerrat sollte bis zum Ende der zweiten Übergangsperiode gemeinsame Regeln für den Verkehr ausarbeiten und Vorschriften erlassen; die Mitgliedstaaten sollten bis dahin alle Diskriminierungen beseitigen. Der Geltungsbereich der EWG erstreckte sich also unmittelbar auf den Verkehr. Es hatte jedoch nicht nur die Verkehrspolitik der EWG Auswirkungen auf die Rheinschifffahrt, sondern auch die Wettbewerbspolitik. So erklärte die Kommission in ihrem Memorandum vom 12. November 1960, dass die Wettbewerbsregeln auch für den Verkehr galten.

Die EWG hatte in ihrer Organstruktur Ähnlichkeit mit der 1951 gegründeten Europäischen Gemeinschaft für Kohle und Stahl (EGKS): Sie verfügte über einen Ministerrat, eine Versammlung und eine Kommission,

---

109 Sekretariat des Interimsausschusses für den Gemeinsamen Markt und Euratom (Hg.): Vertrag zur Gründung der Europäischen Wirtschaftsgemeinschaft und dazugehörige Dokumente, Sekretariat des Interimsausschusses für den Gemeinsamen Markt und Euratom, Brüssel 1957.

110 Vom 1. Juli 1965 bis zum 30. Januar 1966 war Frankreich nach Differenzen über die Budget- und Agrarpolitik der EWG den Sitzungen ferngeblieben, daher ‚Krise des leeren Stuhls'. Der Rat war in dieser Zeit de facto entscheidungsunfähig.

die der Hohen Behörde entsprach, sowie einen Gerichtshof und zusätzlich noch den Wirtschafts- und Sozialausschuss.

In den Rat (Art. 145-154 EWG-Vertrag) entsandte jede Regierung einen Vertreter. Der Rat entschied mit qualifizierter Mehrheit bei ungleicher Stimmenverteilung und hatte in der EWG die Entscheidungsbefugnis. Für Verkehrsfragen galt hierbei eine Ausnahmeregelung: Bis zum Ende der zweiten Stufe zur Errichtung des Gemeinsamen Marktes entschied der Rat einstimmig. Rat und Kommission erließen Verordnungen, Richtlinien und Entscheidungen und sprachen Empfehlungen und Stellungnahmen aus.

Besonders mit der EWG-Kommission war ein neuer, gewichtiger Akteur für die Rheinschifffahrt entstanden. Sie (Art. 155-163 EWG-Vertrag) bestand aus neun Kommissaren, die für die Amtszeit von vier Jahren (eine Wiederernennung war zulässig) von den Regierungen der sechs Mitgliedstaaten in gegenseitigem Einvernehmen ernannt wurden. Entscheidungen wurden per Mehrheitsbeschluss (mindestens fünf von neun Stimmen) getroffen und dann von der gesamten Kommission, dem Kollegium, nach außen vertreten. Die Kommission wurde als ‚Hüterin der Verträge' und ‚Motor der Integration' bezeichnet. Dies begründete sich in ihrer Verpflichtung aus Artikel 155, für die Anwendung des Vertrages und der von den Organen getroffenen Bestimmungen zu sorgen, ihrem Initiativrecht sowie der Vertretung des Gesamtinteresses. Mittels des Initiativrechts konnte die Kommission Prioritäten setzen. Bei der Kommission selbst gab es einen für den Verkehr zuständigen Kommissar, eine Generaldirektion Verkehr und einen beratenden Ausschuss Verkehr, der zusätzlich zu den Stellungnahmen der Fachgruppe Verkehr des Wirtschafts- und Sozialausschusses gehört wurde. Die Kommission konnte an den Sitzungen der Versammlung teilnehmen und beriet sich mit dem Rat.

Die Europäische Kommission stieß den Entscheidungsprozess an, indem sie einen Verordnungs- oder Richtlinienentwurf vorlegte. Dieser wurde vom Rat, dem Ausschuss der ständigen Vertreter (COREPER)[111] und der Gruppe Verkehr verhandelt. Vorher mussten der Wirtschafts- und Sozialausschuss und die Versammlung ihre Stellungnahmen abgeben. Da diese obligatorisch waren, konnte der Prozess von den beiden Organen er-

111 Die Zusammenarbeit des Rates mit der Kommission wurde vom Ausschuss der ständigen Vertreter koordiniert. Dieser (nach seine französischen Namen meist COREPER abgekürzt) war im EWG-Vertrag nicht vorgesehen gewesen und wurde durch den Fusionsvertrag vom 8. April 1965 formal in die Verträge aufgenommen. Er bereitete die Sitzungen des Rates vor und unterstützte diesen in seiner Arbeit.

heblich verlangsamt werden. In der Praxis wurde die Reihenfolge jedoch häufig nicht eingehalten, so dass die Gruppe Verkehr oft schon vor den Stellungnahmen erste Diskussionen führte. Wenn der Rat schließlich über den Vorschlag abstimmte, hatte er drei Entscheidungsmöglichkeiten: 1) Zustimmung; dadurch erlangte der Entwurf sofort Gültigkeit. 2) Änderungswünsche; in diesem Fall bat der Rat die Kommission um einen neuen Entwurf und der Entscheidungsprozess fing von vorne an. 3) Ablehnung.

Die drei größeren Mitgliedstaaten hatten je zwei Kommissare, die drei kleineren Benelux-Staaten waren mit je einem Kommissar vertreten, so dass ein neunköpfiges Kollegium entstand. De facto entschied jede Regierung, wen sie entsenden wollte und die Nominierung wurde von den anderen fünf Staaten akzeptiert, so dass keiner sein vertraglich verankertes Kontroll- und Vetorecht ausübte.[112] Die Kommissare waren überwiegend hohe Beamte und Politiker ihrer Staaten, vorwiegend Juristen oder Wirtschaftswissenschaftler.[113] Weiterhin gab es neun Generaldirektionen sowie Arbeitsgruppen und einen Übersetzungs- und Dolmetscherdienst. Der Exekutivsekretär wurde von einem stellvertretenden Generalsekretär und einer Kanzlei unterstützt und bildete das Generalsekretariat der Kommission.[114]

Jeweils drei bis fünf Kommissare bildeten eine Arbeitsgruppe für jedes der neun Fachgebiete. Die Arbeitsgruppen bereiteten die Plenumsentscheidungen vor. Der Vorsitzende der Arbeitsgruppe war gleichzeitig verantwortlich für die entsprechende Generaldirektion. Die Arbeitsgruppe Verkehr bestand aus dem Verkehrskommissar sowie zwei weiteren Kommissaren.

---

112 Vgl. Bitsch, Marie-Thérèse; Conrad, Yves: Das Kollegium der Kommissare: ein neuer Behördentyp, in: Dumoulin, Michel (Hg.): Die Europäische Kommission 1958-1972. Geschichte und Erinnerungen einer Institution, Amt für Veröffentlichungen der Europäischen Gemeinschaften, Luxemburg 2007, S. 195-220, hier S. 195.

113 Vgl. ebd., S. 200. Zu den deutschen Kommissaren siehe auch: Rothacher, Albrecht: Die Kommissare. Vom Aufstieg und Fall der Brüsseler Karrieren. Eine Sammelbiographie der deutschen und österreichischen Kommissare seit 1958, Nomos, Baden-Baden 2012.

114 Dumoulin, Michel: Verwaltungsaufbau und Arbeitsweise, in: Dumoulin, Michel (Hg.): Die Europäische Kommission 1958-1972. Geschichte und Erinnerungen einer Institution, Amt für Veröffentlichungen der Europäischen Gemeinschaften, Luxemburg 2007, S. 237-260, hier S. 243.

Tabelle 3: Mitglieder der Arbeitsgruppe Verkehr der EWG im Betrachtungszeitraum[115]

Kommissar	Funktion	Zeitraum
Michel Rasquin (Luxemburg)	Präsident	bis 27.04.1958
Lambert Schaus (Luxemburg)	Präsident Kommissar für Verkehr in den Kommissionen Hallstein I und II	ab 19.06.1958
Robert Lemaignen (Frankreich)	Kommissar für überseeische Entwicklungsfragen in der Kommission Hallstein I	bis 09.01.1962
Henri Rochereau (Frankreich)	Kommissar für überseeische Entwicklungsfragen in der Kommission Hallstein II	ab 10.01.1962
Piero Malvestiti (Italien)	Kommissar für den Inneren Markt in der Kommission Hallstein I	bis 15.09.1959
Giuseppe Caron (Italien)	Kommissar für den Inneren Markt in den Kommissionen Hallstein I und II	09.12.1959 - 15.05.1963
Guido Colonna di Paliano (Italien)	Kommissar für den Inneren Markt in der Kommission Hallstein II	ab 09.09.1964

Das Ressort Verkehr war in der Generaldirektion VII angesiedelt. Im Betrachtungszeitraum war der Kommissar durchgehend Lambert Schaus, ein Luxemburger, und der Generaldirektor ein Italiener: Zu Beginn war dies Giuseppe Renzetti, der vorher für die italienische ‚Ferrovie dello Stato' gearbeitet hatte. 1962 trat Minoletti, Fachmann für Seeverkehrsfragen, Renzettis Nachfolge an. 1965 wurde Paolo Rho, Eisenbahnfachmann, Generaldirektor, nachdem er bereits seit 1958 Abteilungsleiter gewesen

115 Vgl. Bitsch, Marie-Thérèse; Conrad, Yves: Das Kollegium der Kommissare: ein neuer Behördentyp, in: Dumoulin, Michel (Hg.): Die Europäische Kommission 1958-1972. Geschichte und Erinnerungen einer Institution, Amt für Veröffentlichungen der Europäischen Gemeinschaften, Luxemburg 2007, S. 195-220, hier S. 208.

war.[116] Laut dem Organisationsplan der Kommission von 1964 bestand die Generaldirektion VII Verkehr aus einem Generaldirektor und drei Direktionen: A – Organisation des Verkehrsmarktes, B – Beförderungsentgelte und -bedingungen, C – Koordinierung der Investitionen und ökonomische Untersuchungen.[117] Für jeden Verkehrsträger (Straße, Eisenbahn, Binnenschifffahrt) wurde eine eigene Abteilung innerhalb der letzten Direktion geschaffen.

Des Weiteren gab es einen beratenden Ausschuss für Verkehrsfragen aus Sachverständigen bei der Kommission. Die Sachverständigen wurden von den Mitgliedstaaten ernannt. Der Ausschuss wurde von der Kommission je nach Bedarf gehört, konsultiert oder mit der Untersuchung besonderer Aufgaben beauftragt. Jeder Mitgliedstaat entsandte fünf Sachverständige und fünf Vertreter, unter denen jeweils zwei Regierungsbeamte und je ein Sachverständiger für Eisenbahn, Straße und Binnenschifffahrt waren.

Ausblick:

Im Juli 1967 fusionierte die EWG-Kommission mit der Hohen Behörde der EGKS und der EURATOM-Kommission. Erfolge in der Gemeinsamen Verkehrspolitik zeigten sich erst in den 1990er Jahren.[118] Von den anfänglich sechs westeuropäischen Mitgliedern, von denen vier gleichzeitig Mitglied der Zentralkommission für die Rheinschifffahrt waren, hat sich die EWG seit 1973 auf die Europäische Union mit nunmehr 28 Mitgliedstaaten vergrößert.[119]

---

116 Dumoulin, Michel: Der Verkehr – »Bastion nationaler Pfründe«, in: Dumoulin, Michel (Hg.): Die Europäische Kommission 1958-1972. Geschichte und Erinnerungen einer Institution, Amt für Veröffentlichungen der Europäischen Gemeinschaften, Luxemburg 2007, S. 475-488, hier S. 478.

117 Organisationspläne der Kommission (1964, 1968, 1972), in: Dumoulin, Michel (Hg.): Die Europäische Kommission 1958-1972. Geschichte und Erinnerungen einer Institution, Amt für Veröffentlichungen der Europäischen Gemeinschaften, Luxemburg 2007, S. 605-616, hier S. 606.

118 Siehe hierzu: Frerich, Johannes; Müller, Gernot: Europäische Verkehrspolitik. Von den Anfängen bis zur Osterweiterung der Europäischen Union. Bd. 1: Politisch-ökonomische Rahmenbedingungen. Verkehrsinfrastrukturpolitik, Oldenbourg, München 2004.

119 1973 traten das Vereinigte Königreich, Irland und Dänemark der EG bei, in den 1980er Jahren Griechenland, Spanien und Portugal, 1995 folgten Österreich,

Als die EWG die internationale Bühne betrat, existierte die Zentralkommission bereits seit fast 150 Jahren. Die „Gültigkeit der Mannheimer Rheinschifffahrtsakte von 1868 [war; I.T.] im EWG-Vertrag ausdrücklich bestätigt worden. Gerade deswegen entstand ab 1958 ein grundsätzlich konfliktreiches Verhältnis zwischen der Brüsseler EWG-Kommission und der Straßburger Zentralkommission für die Rheinschifffahrt."[120] Beide Organisationen beanspruchten die gleichen Befugnisse für sich. Der EWG-Vertrag erkannte Altverträge wie die Mannheimer Akte an. Dennoch war der Beziehungsaufbau zwischen der EWG und der Zentralkommission schwierig, da beide Befugnisse in der Rheinschifffahrtspolitik beanspruchten. Seit 1961 gab es einen offiziellen Schriftwechsel zwischen dem Präsidenten der EWG-Kommission und dem Präsidenten der Zentralkommission beziehungsweise den Generalsekretären.[121] Beobachter der EGKS und der EWG konnten an den Zentralkommissionssitzungen teilnehmen.[122]

Schweden und Finnland. Die Osterweiterung von 2004 brachte gleich zehn neue Mitgliedstaaten in die EU: Lettland, Litauen, Estland, Polen, Tschechien, die Slowakei, Ungarn, Slowenien, Zypern und Malta. 2007 erfolgte der Beitritt Rumäniens und Bulgariens, im Juli 2013 der Kroatiens. Mit dem Vertrag von Maastricht von 1992 wurde die Europäische Union gegründet, in der die EG aufging.

120 Thiemeyer, Guido: Integration und Standardisierung in der internationalen Rheinschifffahrt nach 1945, in: Ambroius, Gerold; Henrich-Franke, Christian; Neutsch, Cornelius; Thiemeyer, Guido (Hg.): Standardisierung und Integration europäischer Verkehrsinfrastruktur in historischer Perspektive, Nomos, Baden-Baden 2009, S. 137-153, hier S. 140.

121 Vgl. Sengpiel, Markus: Das Recht der Freiheit der Schiffahrt auf Rhein und Donau. Eine regimerechtliche Analyse, Binnenschiffahrts-Verlag, Duisburg 1998, S. 149f. Rittmüller, Adalbert: 180 Jahre Zentralkommission für die Rheinschiffahrt. Ein historischer Überblick über das Rheinschiffahrtsregime, in: Auswärtiger Dienst, Heft 1, 1996, S. 82.

122 Der letzte Briefwechsel erfolgte jedoch 1987. 2003 unterzeichneten die Kommission und die Zentralkommission ein Kooperationsabkommen, das den seit 1961 stattfindenden Briefwechsel ersetzte und unter anderem zwei Koordinationssitzungen zwischen den Organisationen pro Jahr vorsah. Siehe hierzu folgende Pressemitteilung vom 5. März 2003: Europäische Kommission (2003). Binnenschifffahrt: Die Kommission unterzeichnet ein Kooperationsabkommen mit der Zentralkommission für die Rheinschifffahrt. IP/03/315.

2.2.2.3. Andere Organisationen[123]

Die Anzahl an Organisationen stieg. Bezüglich ihrer geografischen und inhaltlichen Reichweite und Zuständigkeit unterschieden sich sie sich. So befasste sich Europäische Verkehrsministerkonferenz (ECMT) mit allen Verkehrsarten, wohingegen sich die Internationale Arbeitsgemeinschaft der Rheinschifffahrt (IAR) ausschließlich mit der Rheinschifffahrt beschäftigte. Gleichzeitig intensivierte sich die Zusammenarbeit zwischen ihnen, da sie meist personell verflochten waren. Die Zentralkommission für die Rheinschifffahrt initiierte die Gründung von oder war Pate bei der Gründung einiger internationaler Organisationen, die sich mit Problemen der Rheinschifffahrt befassten, wie beispielsweise die IAR oder das Internationale Rheinschifffahrtsregister. Insgesamt unterhielt die Zentralkommission Beziehungen zu vielen anderen Organisationen, unter anderem zur UN-ECE, der Internationalen Arbeitsorganisation (ILO), der ECMT und natürlich der EWG.

Internationale Vereinigung des Rheinschifffahrtsregisters (IVR)

Vertreter der Schifffahrt, Versicherer und Werften gründeten am 14. November 1947 in Rotterdam die Internationale Vereinigung des Rheinschifffahrtsregisters (IVR), eine internationale Vereinigung nach niederländischem Recht, unter Schirmherrschaft der Zentralkommission. Es gab drei Gruppen von Mitgliedern: 1) Reeder und Partikulierschiffer und ihre Vereinigungen, 2) Versicherer und ihre Vereinigungen, 3) Schiffsachverständige aus den Uferstaaten und Belgien. Aufgaben der IVR waren unter anderem die Klassifikation der Rheinschiffe, die Führung eines Registers, die Festsetzung von Tarifen für Bergung und die Aufstellung einheitlicher Regeln für Havariefälle. Die Organe der IVR waren ein Verwaltungsrat, der absolute Mehrheitsbeschlüsse fällte, ein Direktions-Ausschuss, der Direktor (dem die Geschäftsführung oblag) und die Generalversammlung.[124]

123 Es werden die für die für die in dieser Arbeit untersuchten Probleme der Rheinschifffahrt bedeutendsten Organisationen kurz vorgestellt. Dabei erfolgt ihre Nennung in Reihenfolge ihres Gründungsjahres.

124 Vgl. ebd., S. 115f.

Europäische Gemeinschaft für Kohle und Stahl (EGKS)[125]

Am 18. April 1951 unterzeichneten Deutschland, Frankreich, Belgien, die Niederlande, Luxemburg und Italien den Vertrag zur Gründung der Europäischen Gemeinschaft für Kohle und Stahl (EGKS). Die Organe der sogenannten Montanunion waren die supranationale Hohe Behörde, der intergouvernementale Ministerrat, die Versammlung und der Gerichtshof. Der Vertrag verbot Diskriminierungen durch unterschiedliche Tarife für den Montangütertransport, weshalb die EGKS Einfluss auf die Rheinschifffahrt hatte.

Am 9. Juli 1957 wurde das Petersberger Abkommen der EGKS-Staaten über Frachten und Beförderungsbedingungen im Verkehr mit Kohle und Stahl auf dem Rhein unterzeichnet und trat im Mai 1958 in Kraft. Dieses stellte einen Kompromiss dar, weil die Staaten eigentlich erklärt hatten, dass sie aufgrund des besonderen Status des Rheins keine Frachtvereinbarungen treffen könnten.[126] Das Abkommen sollte dafür sorgen, dass beim Transport von Kohle und Stahl keiner bevorzugt oder benachteiligt würde. Die Schweiz trat 1959 bei. Die Disparitäten zwischen den nationalen und internationalen Frachten wurden jedoch nicht beseitigt.[127]

Internationale Binnenschiffahrts-Union (IBU)

Am 2. Dezember 1952 gründeten die Dachverbände der Binnenschifffahrtstreibenden Deutschlands, Belgiens, Frankreichs, der Niederlande und der Schweiz in Brüssel die Internationale Binnenschiffahrts-Union (IBU). Der Zweck der IBU waren die Vertretung und Wahrung der Interessen der Binnenschifffahrt auf internationaler Ebene sowie die Mitarbeit in internationalen Gremien.

Der Verwaltungsrat der IBU legte die allgemeinen Richtlinien fest. Jedes Mitglied hatte dort höchstens fünf Delegierte. Der Verwaltungsrat entschied mit absoluter Mehrheit und wählte aus seiner Mitte den Präsiden-

---

125 Zu EGKS, Europarat et cetera siehe auch Kapteyn, Paul J.: Europa sucht eine gemeinsame Verkehrspolitik, De Tempel, Brugge 1968.

126 Vgl. Frerich, Johannes; Müller, Gernot: Europäische Verkehrspolitik. Von den Anfängen bis zur Osterweiterung der Europäischen Union, Band 2: Landverkehrspolitik, Oldenbourg, München 2004, S. 299.

127 Vgl. ebd., S. 300. Schluckebier, Ullrich: Internationales Rheinschiffahrtsrecht, Institut für Völkerrecht der Universität Göttingen, Göttingen 1965, S. 137.

ten. Die Geschäftsführung oblag dem Direktions-Ausschuss, dem ein Delegierter pro Land angehörte. Die Generalversammlung, in der jedes Mitglied eine Stimme und bis zu acht Delegierte hatte, entschied unter anderem über das Budget, das von den Mitgliedstaaten zu gleichen Teilen aufgebracht wurde.

Internationale Arbeitsgemeinschaft der Rheinschiffahrt (IAR)

Die Gründung der Internationalen Arbeitsgemeinschaft der Rheinschiffahrt (IAR) von 48 Rhein-Reedereien am 3. März 1953 in Duisburg war eine direkte Folge der Ersten Wirtschaftskonferenz der Rheinschifffahrt von 1952.[128] [Siehe hierzu auch Kapitel 4.1.] Mitglieder dieser transnationalen Interessenvertretung waren Reedereien und Partikulierschifferverbände. Eine Delegiertenversammlung, ein Verwaltungsrat und ein Präsident waren die Organe der IAR. Die Versammlung entschied mit einfacher Mehrheit, legte die Richtlinien für die Arbeit des Verwaltungsrats fest, wählte die Mitglieder des Verwaltungsrats auf Vorschlag der Staaten und entschied über den Beitritt der IAR zu anderen Organisationen. Der Verwaltungsrat entschied mit einfacher Mehrheit, traf Maßnahmen nach den Richtlinien der Versammlung und konnte Sonderkommissionen einsetzen. Der Präsident wurde aus dem Verwaltungsrat heraus gewählt. Die Kosten der IAR wurden aus Mitgliedsbeiträgen bestritten, deren eine Hälfte sich aus gleich hohen Beträgen pro Delegiertem zusammensetzte und zur anderen Hälfte aus einer Umlage auf die Tonnage und Schleppkraft bestand.

Zu den Aufgaben der IAR zählten: 1) das gemeinsame Interesse der Rheinschifffahrtstreibenden wahren, 2) Maßnahmen prüfen und fördern, welche eine Verbesserung der Leistung der Rheinschifffahrt bewirkten, 3) alle äußeren Einflüsse und Maßnahmen, die das bedrohten, zu bekämpfen und 4) bei allen zuständigen Instanzen dafür einzutreten. So arbeitete die IAR neben der Zentralkommission auch mit der ECMT, der IBU, der EWG und der EGKS zusammen. Die IAR wurde stellvertretend für das Gewerbe der Gesprächspartner der Zentralkommission, arbeitete eng mit der Zentralkommission zusammen und hatte eine beratende Funktion. So schlug sie beispielsweise 1958 eine neue Wirtschaftskonferenz vor. Ferner gab es personelle Verflechtungen.

---

128 Vgl. ebd., S. 88f.

1961 gründeten die IBU und die Arbeitsgemeinschaft für die Rheinschifffahrt einen gemeinsamen verkehrspolitischen Ausschuss. 2001 schlossen sich die beiden zur Europäischen Binnenschifffahrts-Union (EBU) zusammen.

Es gab noch weitere Organisationen und Zusammenschlüsse auf nationaler Ebene, so zum Beispiel Jus et Justitia, die Genossenschaft der Partikuliere, und die Nederlandsche Particuliere Rijnvaart-Centrale. Auch die Handelskammern, besonders die von Köln und Rotterdam, versuchten, Einfluss zu nehmen.[129]

129 Zur Situation der Binnenschifffahrt und den verkehrspolitischen Systemen in den einzelnen Staaten siehe unter anderem Kapteyn, Paul J.: Europa sucht eine gemeinsame Verkehrspolitik, De Tempel, Brugge 1968. Frerich, Johannes; Müller, Gernot: Europäische Verkehrspolitik. Von den Anfängen bis zur Osterweiterung der Europäischen Union. Bd. 1: Politisch-ökonomische Rahmenbedingungen. Verkehrsinfrastrukturpolitik, Oldenbourg, München 2004.

3. Standardisierungsbeispiele im 19. Jahrhundert

Nach jahrelangen Verhandlungen war 1831 die Mainzer Akte verabschiedet worden. Die Jahrzehnte bis zu ihrer Revision 1868 als Mannheimer Akte bilden hier den Betrachtungszeitraum. In dieser Zeit wurde die Rheinschifffahrt, auch im Rhamen der Industrialisierung, mit einigen Neuerungen konfrontiert, zum Beispiel der Dampfschifffahrt, konnte aber auf eine etablierte Institution, nämlich die Zentralkommission, zurückgreifen. Wollte die Zentralkommission in diesen Jahren eine Veränderung in den Regeln zur Rheinschifffahrt einbringen, musste sie oft die teilweise relativ starr gehaltene Rheinschifffahrtsakte von 1831 abändern. In anderen Teilen hatte die Mainzer Akte einige Punkte eher offen formuliert und somit den einzelnen Staaten Spielraum für eigene Regelungen gelassen.

Bereits 1816 war das erste Dampfschiff auf dem Rhein gefahren. Eine regelmäßige Dampfschifffahrt, zuerst im Personen-, später im Güterverkehr, wurde Ende der 1830er Jahre betrieben. Die Dampfschiffe waren vom Wetter unabhängig und bewältigten die gleiche Strecke wesentlich schneller als die Segelschiffe. Sie erforderten anderes Personal, zum Beispiel Maschinisten und Heizer; die ausgebildeten Schiffer waren nicht einsetzbar. Die Dampfschifffahrt veränderte außerdem die Struktur der Rheinschifffahrt, denn bis dato war diese sehr kleinteilig organisiert gewesen. Das Verkehrsaufkommen wuchs und die Dampfschiffe übten mehr Kraft auf Fluss und Ufer aus.[130]

1835 war die erste deutsche Eisenbahnstrecke von Nürnberg nach Fürth eröffnet worden. In den folgenden Jahren wurden Eisenbahnen im Rheinland gebaut, die alle privatwirtschaftlich betrieben wurden und jeweils ihr eigenes Schienennetz und ihre eigenen Wagen und Lokomotiven hatten, wie die 1835 gegründete Rheinische Eisenbahngesellschaft oder die Köln-

130 Zur Einführung der Dampfschifffahrt auf dem Rhein siehe unter anderem: Weber-Brosamer, Bernhard: »Die Weltordnung will weder Stillstand noch Rückschritt«. Zur Einführung der Dampfschifffahrt auf dem Rhein und ihren wirtschaftspolitischen Auswirkungen, in: Looz-Corswarem, Clemens von; Mölich, Georg (Hg.): Der Rhein als Verkehrsweg. Politik, Recht und Wirtschaft seit dem 18. Jahrhundert, Verlag Peter Pomp, Bottrop 2007, S. 93-116.

Mindener-Eisenbahn von 1843.[131] Da Transporte mittels der Eisenbahn preiswerter, schneller und zuverlässiger wurden, hatte diese eine große wirtschaftspolitische Bedeutung. Die Erschließung und Verteilung von Kohle, Eisen und sonstigen Stoffen wurde leichter.[132] Der Rheinschifffahrt erwuchs nicht nur eine Ergänzung, sondern auch eine Konkurrenz.

Die Auswahl der Fallbeispiele ist für die Jahrzehnte (1831-1868) zwischen Mainzer und Mannheimer Akte repräsentativ, da die Beispiele sich mit der weiteren Ausgestaltung des Rheinregimes und der internationalen Standardisierung beschäftigen. Die Mannheimer Akte selbst war das Ergebnis der in diesen Jahren vorgenommenen Änderungen. Die Fallbeispiele für die Standardisierung im betrieblichen und im rechtlich-administrativen Bereich, die Patente und die Polizeiverordnung, waren auch eine Folge der Dampfschifffahrt. Die Rheinschifffahrtspolizeiverordnung war zudem die erste ihrer Art und regelte Inhalte, die in der Mainzer Akte nicht enthalten waren. Das Beispiel des technischen Standards zollt dem Aufkommen der Eisenbahn, ebenfalls typisch für die Zeit Mitte des 19. Jahrhunderts, Rechnung und betrachtet die Verhandlungen zum Bau der ersten festen Eisenbahnbrücke über den Rhein. Das Beispiel für den tarifären Standard stellt einen bedeutenden Teil der Diskussionen um die Gebühren dar, die während der gesamten ersten Hälfte des 19. Jahrhunderts bis 1868 abliefen, nämlich einen Zusatzartikel zur Mainzer Akte.

Es ist noch zu bemerken, dass die überlieferten Protokolle der Zentralkommissionssitzungen den genauen Verlauf und Inhalt einer Besprechung nicht immer wiedergeben. Stattdessen werden diese mit Formulierungen wie „nach ausführlicher Diskussion“[133] oder „nach contradictorischer Er-

---

131 Vgl. Signon, Helmut: Brücken in Köln am Rhein, J.P. Bachem Verlag, Köln 1966, S. 41.

132 Vgl. Breuer, Judith: Die ersten preußischen Eisenbahnbrücken. Dirschau, Marienburg, Köln. Verschwundene Zeugnisse für Fortschrittsglauben und Geschichtsbewußtsein im 19. Jahrhundert. Begleitbuch zur Ausstellung des Ostpreußischen Landesmuseums Lüneburg vom 14. Mai bis 24. Juli 1988, Ostpreußisches Landesmuseum, Lüneburg 1988, S. 7.

133 Vgl. zum Beispiel BayHStA, MA, Nr. 8971, Protocoll No. XIII der Central-Commission für die Rheinschifffahrt vom 9. September 1851, Gemeinsame Grundsätze in Bezug auf Ertheilung der Patente zur Ausübung der Rheinschifffahrt.

örterung“[134] zusammengefasst, was dann nur plausible Vermutungen bezüglich der Diskussionen eines strittigen Punktes zulässt.

3.1. Tarifärer Standard: XVI. Supplementarartikel zur Rheinschifffahrtsakte von 1845[135]

Integrationsbestrebungen im tarifären Bereich konnten am Rhein schon zu Beginn des 19. Jahrhunderts beobachtet werden. Bereits 1804 wurde mit dem Octroivertrag ein deutsch-französisches Abkommen zur Rheinzollerhebung geschaffen, dessen Bestimmungen richtungweisend für die spätere Entwicklung der Rheinzolltarife waren.[136]

3.1.1. Vorgeschichte

Mussten beim Befahren des gesamten schiffbaren Rheins im ausgehenden 18. Jahrhundert noch an 32 Zollstellen Abgaben entrichtet werden, so hatte sich deren Anzahl durch den Octroivertrag und die Mainzer Akte erheblich verringert.

Der Transport von Waren auf dem Rhein war jedoch nach wie vor gebührenpflichtig. Der Rheinzolltarif wurde pro Zentner Ladung für die

---

134 Vgl. zum Beispiel BayHStA, MA, Nr. 9012, Protokoll der Central-Commission für die Rheinschifffahrt, No. XVIII vom 16. September 1844, Allgemeines Polizei-Reglement für die Dampfschifffahrt auf dem Rheine und zu beobachtende Vorschriften, wenn sich Dampfschiffe mit anderen Dampf- oder Segelschiffen während der Fahrt begegnen.

135 Das Beispiel der Rheinzolltarife wurde bereits von der Autorin in einem Aufsatz behandelt. Siehe dazu Ahr, Berenice; Benz, Andreas; Tölle, Isabel: Der Einfluss politischer Akteure auf tarifäre Integrationsbestrebungen einzelner Infrastruktursektoren im 19. Jahrhundert, in: Ambrosius, Gerold; Henrich-Franke, Christian; Neutsch, Cornelius (Hg.): Internationale Politik und Integration europäischer Infrastrukturen in Geschichte und Gegenwart, Nomos, Baden-Baden 2010, S. 9-36.

136 Siehe hierzu unter anderem: Eckert, Christian: Rheinschiffahrt im XIX. Jahrhundert, Duncker&Humblot, Leipzig 1900. Sengpiel, Markus: Das Recht der Freiheit der Schiffahrt auf Rhein und Donau. Eine regimerechtliche Analyse, Binnenschiffahrts-Verlag, Duisburg 1998. Oktroivertrag zwischen dem Deutschen Reich und Frankreich, in: Zentralkommission für die Rheinschiffahrt (Hg.): Rheinurkunden Erster Teil (1803-1860), Nrn. 1-300, Duncker&Humblot, München Leipzig 1918, Dokument Nr. 4, S. 6-25.

Strecke von einem Erhebungsamt zum nächsten berechnet. Dabei gab es je nach Warengruppe unterschiedliche Gebührensätze, die „von allen Gegenständen, welche auf dem Rhein verschifft [...] und die nicht ausdrücklich ausnahmsweise geringer belegt“[137] waren, erhoben wurden. Dabei unterschieden sich sowohl die Beträge für die Strecken zwischen den einzelnen Erhebungsämtern als auch die für die gleiche Strecke stromab- beziehungsweise stromaufwärts. Die Zentralkommission hatte das Recht, die Gebührensätze zu ermäßigen; die Uferstaaten durften die Tarife nicht erhöhen.[138] An den durch die Mainzer Akte festgesetzten Zollstellen mussten die Abgaben jeweils gesondert gezahlt werden.[139] Diese Einnahmen wurden von dem Uferstaat, zu dem die Zollstelle gehörte, „für eigene Rechnung durch Beamte erhoben“[140] und einbehalten. Eine Ausnahme bildete der Fall, wenn „ein und dasselbe Erhebungsamt zweien oder mehreren Uferstaaten angehört[e]“: Hier teilten die Uferstaaten „die Einnahme nach Verhältnisz [sic] der Längenausdehnung ihrer respectiven Uferbesitzungen untereinander.“[141]

Mit der Verabschiedung der Mainzer Akte am 31. März 1831 war hinsichtlich der Tarife und Zölle lediglich ein Provisorium vereinbart worden. Dies lag darin begründet, dass die Bestimmung des Rheinzolltarifs auf den Stromkarten des Rheins fußte, die veraltet beziehungsweise ungenau waren. Artikel 18 der Mainzer Akte sah die Berufung eines Sachverständigen durch die Zentralkommission zur Durchführung der Rheinvermessung vor und, dass „der Tarif demnächst nach dieser Vermessung“ festgesetzt werden sollte.[142] Damit war das Vermessungsergebnis eine nötige Informationsgrundlage für den Rheinzolltarif. Es sollte sich zeigen, dass dessen Festsetzung aber erst vierzehn Jahre nach Verabschiedung der Rheinschifffahrtsakte erfolgen konnte.

---

137 Rheinschiffahrtsakte zwischen Baden, Bayern, Frankreich, Hessen, Nassau, Niederland und Preussen, 31. März 1831, in: Zentralkommission für die Rheinschiffahrt (Hg.): Rheinurkunden. Sammlung zwischenstaatlicher Vereinbarungen, landesrechtlicher Ausführungsverordnungen und sonstiger wichtiger Urkunden über die Rheinschiffahrt seit 1803, Erster Teil (1803-1860), Nr. 1-300, Duncker&Humblot, München Leipzig 1918, Dokument Nr. 80, S. 212-283, hier S. 273.

138 Vgl. Artikel 33 ebd., hier S. 235.

139 Siehe hierzu Artikel 14, 15, 16 ebd., hier S. 226f.

140 Artikel 34 ebd., hier S. 235.

141 Artikel 23 ebd., hier S. 231.

142 Artikel 18 ebd., hier S. 228.

3.1.2. Initiativphase

Problemformulierung und Agenda-Setting

Die Problematik der Rheinzolltarife hatte die Zentralkommission seit ihrer Gründung beschäftigt. Endgültig auf die Tagesordnung kam das Thema des definitiven Rheinzolltarifs mit der Mainzer Akte. In den 1830er Jahren stieg das Verkehrs- und Handelsaufkommen auf dem Rhein.

Bereits 1831, also direkt nach der Verabschiedung der Rheinschifffahrtsakte, beschäftigte sich die Zentralkommission mit dem Thema der Vermessung und hielt fest, dass der preußische Bevollmächtigte eine Person für die Durchführung der Vermessung vorschlagen sollte. Über diesen Vorschlag und die Instruktionen für den Sachverständigen sollte sich noch verständigt werden.[143]

Informationsbeschaffung

Die Stromvermessung stellte sich als problematisch heraus: Die Mainzer Akte hatte die Art derselben nämlich nicht festgelegt. Da verschiedene Vermessungstechniken unterschiedliche Ergebnisse versprachen, folgten intensive Diskussionen.[144] Der Vermessungsart kam eine politisch-wirtschaftliche Bedeutung zu, weil sie direkten Einfluss auf die Einnahmen der Uferstaaten aus der Rheinzolltariferhebung hatte. 1834 favorisierten die einzelnen Bevollmächtigten unterschiedliche Methoden. So befürwortete der preußische Delegierte die Längenvermessung in der Mitte des Stroms,[145] der niederländische Bevollmächtigte hielt dagegen die Vermessung des Fahrwassers für die genauere Methode.[146] 1835 einigte sich die

143 Vgl. HHStAW, Abt. 210, Nr. 9331, 553. Protocole des Séances de la Commission Centrale institutée par le Congrès de Vienne pour l'organisation et l'administration de la navigation du Rhin, le 30 Decembre 1831.

144 Vgl. GStA PK, I. HA Rep. 113, Nr. 293, Protokoll No. XXVII »Rhein-Vermessung« der Zentralkommission vom 31.07.1834. GStA PK, I. HA Rep. 113, Nr. 296, Protokoll No. VI »Rhein-Vermessung« der Zentralkommission vom 23.11.1836. GStA PK, I. HA Rep. 113, Nr. 300, Protokoll No. XVII »Laenge Vermessung des Rheins« der Zentralkommission vom 23.07.1839.

145 GStA PK, I. HA Rep. 113, Nr. 293, Anlage No. 1 und Anlage No. 2 zum Protokoll No. XXVII »Rhein-Vermessung« der Zentralkommission vom 31.07.1834.

146 GStA PK, I. HA Rep. 113, Nr. 293, Anlage No. 4 zum Protokoll XXVII »Rhein-Vermessung« der Zentralkommission vom 31.07.1834.

Zentralkommission und erteilte dem Vermessungskommissar folgende Anweisungen, die einen Kompromiss zwischen den Methoden darstellte: „1) Die Ermittlung der Länge des Rheins von Basel bis resp. Gorcum oder Krimpen geschieht durch Vermessung der Mittellinie des Stromes. 2) Die Mittellinie wird dadurch gefunden, dass die Breite desselben von einem Ufer zum Andern aufgenommen und die erhaltene Grösse geteilt wird. [...] 6) Die Vermessung der Rhein-Strecken unterhalb Gorcum und Krimpen geschieht dem Wasserzuge entlang, welcher auf den vorhandenen Karten angegeben ist."[147]

Informationsbearbeitung

Ein weiteres Problem erschwerte die Gespräche: Hessen wendete ein, dass über die Schiffsladungen, welche von Mainz aus vom Rhein in den Main gingen, erst verhandelt werden könne, wenn die Mainschifffahrtsregulierung beendet sei.[148] Diese hätte jedoch schon längst erfolgen müssen, wie der preußische, der niederländische und der französische Bevollmächtigte mit Unterstützung des bayerischen Bevollmächtigten in Bezug auf Artikel 23 der Rheinschifffahrtsakte von 1831 anmerkten. Die Zentralkommission sei es den Handels- und Schifffahrtstreibenden schuldig, den hohen Zolltarif für die Strecke von Mainz zum Main abzuändern. Artikel 23 bestimmte, dass an einer Zollstelle der ganze Zoll bis zur nächsten Zollstelle gezahlt werden musste, außer das Schiff würde den Rhein in einen Nebenfluss verlassen. In diesem Fall richtete sich der Zolltarif nach der Strecke, welche auf dem Rhein zurückgelegt wurde.[149]

Im Juli 1839 konnte die Zentralkommission feststellen, dass der Sonderbeauftragte für die Vermessung des Rheins seine Arbeit abgeschlossen hatte. Der preußische Bevollmächtigte machte den Vorschlag, die techni-

---

147 HStAD, G 4, Nr. 400, Anlage zum Protokoll No. XXX »Rhein-Strom-Vermessung« der Zentralkommission vom 31.07.1835. Für die niederländische Rheinstrecke unterhalb Gorcums und Krimpens kam, unter anderem auf Wunsch der Niederlande eine andere Vermessungsart zur Anwendung.

148 Vgl. BayHStA, MA, Nr. 9008, Protokoll No. XII »Rheinvermessung« der Zentralkommission vom 17. September 1840.

149 Vgl. Artikel 23 der Rheinschiffahrtsakte zwischen Baden, Bayern, Frankreich, Hessen, Nassau, Niederland und Preussen, 31. März 1831, in: Zentralkommission für die Rheinschiffahrt (Hg.): Rheinurkunden Erster Teil (1803-1860), Nrn. 1-300, Duncker&Humblot, München Leipzig 1918, Dokument Nr. 80, S. 212-283, hier S. 230f.

sche Behörde in Berlin das Vermessungsergebnis überprüfen zu lassen, damit die Kommission 1840 endgültig über dieses Vermessungsergebnis entscheiden könne. Des Weiteren beschloss die Zentralkommission, den Oberaufseher zu beauftragen, nach Eingang des Prüfungsberichts bis zum Frühjahr 1840 eine vergleichende Berechnung „zwischen dem jetzigen Tarif [...], der Convention und dem Ergebnisse der neuen Vermessung aufzustellen.“[150]

Der badische Kommissar äußerte im Sommer 1840 den Wunsch, das Ergebnis einer weiteren Prüfung zu unterziehen, obwohl die technische Behörde das Ergebnis bereits geprüft und als korrekt befunden hatte. 1836 war im Protokoll der Zentralkommission das Recht zur Revision des Vermessungsergebnisses festgehalten worden, von welchem Baden nun Gebrauch zu machen wünschte, da das neue Vermessungsergebnis erheblich von der alten Messung abweiche. Es ging besonders um die Stromlänge an der badisch-französischen Grenze.[151] Frankreich hingegen hatte keine Einwände, ebenso wenig die Niederlande und Preußen. Der hessische Bevollmächtigte verkündete, keinen Einspruch gegen das Vermessungsergebnis einzulegen, sofern die anderen Uferstaaten dies ebenfalls machten. Bayern und Nassau wollten sich erst äußern, wenn sie alle anderen Staaten gehört hatten.

In der Septembersitzung 1841 erkannten schließlich alle Bevollmächtigten das Vermessungsergebnis als richtig an. Die Instruktionen dafür hatten die Bevollmächtigten jeweils von ihrer Regierung, meist durch das Außenministerium, erhalten.[152] Teilweise hatten die Staaten Prüfungen des Messergebnisses vorgenommen, wie beispielsweise Nassau durch seine General-Steuer-Direktion.[153]

Auf Basis dieser Entscheidung und der vom Oberaufseher erstellten Vergleichsrechnung widmete sich die Zentralkommission „der im Art. 18 der Convention vom 31. März 1831 vorgeschriebenen definitiven Festset-

150 GStA PK, I. HA Rep. 113, Nr. 300, Protokoll No. XVII »Laenge Vermessung des Rheins« der Zentralkommission vom 23.07.1839.

151 Vgl. BayHStA, MA, Nr. 9008, Protokoll No. XII »Rheinvermessung« der Zentralkommission vom 17. September 1840.

152 Vgl. BayHStA, MA, Nr. 8915, Brief Außenministerium an von Nau »Die Längen-Vermessung des Rheins betreffend« vom 19.03.1841.

153 Vgl. HHStAW, Abt. 210, Nr. 9331, Herzoglich-Nassauisches Staats-Ministerium an Herzoglichen Bevollmächtigten in Rheinschiffahrtsangelegenheiten, 4ten August 1841.

zung des Rhein-Zoll-Tarifs […].“[154] Die Kommissare beschlossen diese in Form eines Zusatzartikels zur Mainzer Akte vorzunehmen und erstellten einen Entwurf. Diesem XVI. Supplementarartikel zufolge sollte der definitive Rheinzolltarif zum 1. Januar 1843 in Kraft treten und den provisorischen Tarif der Mainzer Akte ersetzen. Inhaltlich unterschied er sich von letzterem durch veränderte Tarifsätze (teils waren diese aufgrund der neuen Stromvermessung erhöht, teils vermindert worden) und eine Änderung beim Erhebungsamt Koblenz, das auf der Strecke zwischen Koblenz und Andernach bei der Bergfahrt durch Andernach ersetzt wurde.

3.1.3. Verhandlungsphase

Konfliktregelung

Auch die Nebenflüsse des Rheins wurden reguliert, das heißt es wurden Konventionen und Absprachen für diese getroffen. Wechselwirkungen zwischen diesen Verhandlungen und jenen zum Rhein erschwerten die Abstimmung zum Rheinzolltarif zusätzlich. So weigerte sich Hessen, die Abgaben für die Strecke zwischen Mainz und der Mainmündung zu vermindern, was Preußen, Frankreich und die Niederlande kritisierten. Dieser Konflikt erschwerte die Einigung in der Zolltariffrage. Im September 1841 erklärte der hessische Bevollmächtigte, der definitiven Festsetzung des Rheinzolltarifs nach dem neuen Vermessungsergebnis zuzustimmen, bezüglich des Übergangs zum Main jedoch noch Vorbehalte zu haben. Daraufhin entgegneten der preußische, der niederländische und der französische Bevollmächtigte unter Bezugnahme auf ihren Kommentar vom Vorjahr, dass die Festsetzung des Rheinzolltarifs für die Zentralkommission eine ideale Möglichkeit gewesen wäre, auch die Bestimmungen betreffend Artikel 23 der Mainzer Akte zu erfüllen und den „wechselseitigen Handelsverkehr zwischen Rhein und Main der schweren Belastung“[155] zu entledigen, welche jetzt noch durch die Rheinzollerhebung in Mainz bestehe. Die Bevollmächtigten forderten Hessen erneut auf, die Zölle für die Strecke zwischen Mainz und der Mainmündung wenigstens zu senken. Hessen

---

154 BayHStA, MA, Nr. 9009, Protokoll No. XVII »Rheinvermessung und definitive Festsetzung des Rheinzoll-Tarifs« der Zentralkommission vom 28. September 1841.

155 Ebd.

beharrte jedoch in Bezug auf das Protokoll der Ratifikationsauswechslung von 1831 darauf, dass die Ermäßigung erst bei Regulierung der Mainschifffahrt in Erwägung gezogen werden sollte und war nicht gewillt, vorher auf diese Einnahmen zu verzichten. Aufgrund dieses Vorbehalts sei der hessische Bevollmächtigte nicht ermächtigt, ein Abkommen einzugehen.[156]

Im September 1842 wünschte der bayerische Kommissar die Übernahme des alten Tarifs für die Erhebungsämter bei Straßburg und Neuburg. Der französische Bevollmächtigte stimmte diesem Wunsch zu, ebenso der niederländische Kommissar. Die Zentralkommission erstellte daraufhin einen abgeänderten Entwurf des XVI. Supplementarartikels. Geändert wurden die Zollerhebungsstellen Straßburg, von der Lauter und Neuburg sowie die dortigen Tarife. Die Kommission beschloss, diesen Entwurf den jeweiligen Regierungen zur Annahme vorzulegen und sich über das Ergebnis auf dem Postwege zu unterrichten. Der 1. Januar 1843 als letzter Geltungstag des provisorischen Termins wurde verschoben, der von der Zentralkommission angestrebte Termin des Inkrafttretens des neuen Tarifs war der 1. Juli 1843.[157]

Im September 1843 musste die Zentralkommission jedoch feststellen, dass Baden und Frankreich mit dem entworfenen XVI. Supplementarartikel nun doch nicht einverstanden waren und diesbezügliche Erklärungen bei der Kommission eingereicht hatten.[158] Die Zentralkommission forderte die beiden Bevollmächtigten daher auf, die Angelegenheit mit ihren Regierungen zu klären und das Ergebnis auf dem Korrespondenzwege mitzuteilen. Die Lösung dieses in erster Linie bilateralen Problems wurde also bewusst von der multilateralen Zentralkommission auf die bilaterale Ebene verlagert. Ein solches Vorgehen war erfolgversprechender und man erhoffte sich eine Zeitersparnis. Baden führte als Erklärung für die Verweigerung der Zustimmung zum entworfenen XVI. Supplementarartikel an, dass Bayern und Frankreich nach der zeitweiligen Verlegung des Erhebungsamtes Neuburg die Erhebung in der Art geändert hatten, dass nicht mehr in Neuburg und Straßburg der Zolltarif erhoben wurde, sondern in Neuburg, Straßburg und von der Lauter. Durch diese von Frankreich ge-

156 Vgl. ebd.

157 Vgl. BayHStA, MA, Nr. 9010, Protokoll No. XI »Rhein-Vermessung und definitive Festsetzung des Rheinzoll-Tarifs« der Zentralkommission vom 09.09.1842.

158 Vgl. BayHStA, MA, Nr. 9011, Protokoll No. XVI »Definitive Festsetzung des Tarifs des Rheinzolls mittelst des XVIten Supplementär-Artikels« der Zentralkommission vom 07.09.1843.

wollte Änderung, welche laut Zentralkommissionsbeschluss von 1836 allerdings nur vorläufig gelten sollte, seien seitens Badens und Frankreichs Einbußen hinsichtlich der Abgaben gemacht worden. Gleichzeitig sei den badischen und französischen Ein- und Ausladeplätzen zwischen der Lauter und Straßburg ein Vorteil zugekommen, der für Frankreich aber wesentlich größer sei als für Baden. Baden sah sich daher als der Staat, der „in freundnachbarlicher Gesinnung Opfer brachte mehr im fremden als im eigenen Interesse“[159] und habe aufgrund des Verhaltens des Straßburger Erhebungsamtes bei der französischen Regierung Beschwerde eingelegt.

Immer wieder beschäftigte sich die Zentralkommission mit der Herabsetzung des Rheinzolltarifs für bestimmte Waren, wobei besonders die Niederlande ein Verfechter einer generellen erheblichen Herabsetzung des Zolls waren, was sie unter anderem mit der Konkurrenz der günstigen Landtransporte begründeten.[160] Der gemeinsame Rheinzolltarif brachte keine generellen Ermäßigungen oder Herabsetzungen. Besonders die kleineren Staaten und hier vor allem Nassau und Hessen wollten an den Gebühren festhalten.[161]

Konsensbildung

Im August 1844 teilte der badische Bevollmächtigte der Zentralkommission in der Sitzung mit, dass die Regierungen von Baden und Frankreich sich hinsichtlich der Zolltarif- und Schiffsgebührerhebung in von der Lauter und Straßburg geeinigt hätten.[162] Der französische Bevollmächtigte fügte dem eine Abschrift der zwischen den beiden Staaten getroffenen Übereinkunft bei.[163]

---

159 BayHStA, MA, Nr. 9011, Anlage zu dem Protokoll No. XVI der Sommer-Session 1843.

160 Vgl. unter anderem BayHStA, MA, Nr. 9011, Protokoll No. XX »Anträge wegen Herabsetzung des Rheinschiffahrtszolls überhaupt” der Zentralkommission vom 12.09.1843. Eine Übersichtstabelle zu den Tarifänderungen zwischen 1831 und 1866 findet sich in Eckert, Christian: Rheinschiffahrt im XIX. Jahrhundert, Duncker&Humblot, Leipzig 1900, S. 320f.

161 Vgl. ebd., S. 303ff.

162 Vgl. BayHStA, MA, Nr. 9012, Protokoll No. XI »Definitive Festsetzung des Rheinzolltarifs und Ausführung des Art. 18 der *Convention*« der Zentralkommission vom 30.08.1844.

163 Siehe auch Abmachung (arrangement) zwischen Baden und Frankreich betr. die Zahlung der Schiffahrtsabgaben an der Großen Rheinbrücke, 26. April 1844, in:

Bei ihren offiziellen Treffen, die in der Regel einmal im Jahr stattfanden, äußerten die Kommissare die Wünsche und Forderungen ihrer Regierungen und tauschten sich darüber aus. Es scheint jedoch, dass die eigentlichen Verhandlungen zwischen den Sitzungen, im persönlichen Gespräch oder auf dem Korrespondenzweg erfolgten.

3.1.4. Entscheidungsphase

Im August 1845 konnte die Zentralkommission auf ihrer Sitzung zum definitiven Rheinzolltarif zwar feststellen, dass einige Staaten dem XVI. Supplementarartikel zugestimmt hatten und die Ratifikationsurkunde vorlegen konnten. Der niederländische Kommissar bemerkte bei Vorlage seiner Ratifikationsurkunde, dass er sich „auf den besonderen Vertrag zwischen Baden und Frankreich nicht einlasse."[164] Als letztes Hindernis galt es noch den preußischen Vorbehalt hinsichtlich der badisch-französischen Abmachung zu überwinden, da Preußen eine Benachteiligung seiner Schiffe befürchtete:[165] Badische Schiffe würden teilweise vom Rheinzoll frei bleiben, preußische dagegen nicht.[166] Der preußische Kommissar hatte seine Kollegen darüber im Vorfeld schriftlich informiert.[167] Das bayerische Außenministerium etwa wies daraufhin seinen Bevollmächtigten an, die Zustimmung Bayerns zum Supplementarartikel zu signalisieren. Die Ausstellung der Ratifikationsurkunde könne jedoch nur erfolgen, wenn Preußen auf den Vorbehalt verzichte oder alle Bevollmächtigten diesen

Zentralkommission für die Rheinschiffahrt (Hg.): Rheinurkunden Erster Teil (1803-1860), Nrn. 1-300, Duncker&Humblot, München Leipzig 1918, Dokument Nr. 208, S. 461f.

164 BayHStA, MA, Nr. 9013, Protokoll No. III »Definitiver Rheinzolltarif« der Zentralkommission vom 19.08.1845.

165 Vgl. ebd.

166 Vgl. Archives diplomatiques, 92, Nr. 99, Pommer-Esche an Engelhardt, 14ten Januar 1845.

167 Vgl. BayHStA, MA, Nr. 8957, Brief von Pommer-Esche an von Nau vom 14.01.1845. Archives diplomatiques, 92, Nr. 99, Pommer-Esche an Engelhardt, 14ten Januar 1845. HHStAW, Abt. 210, Nr. 9331, von Pommer-Esche an von Gagern, 14. Januar 1845. BayHStA, MA, Nr. 25527, Brief von Nau an Außenministerium »16ter Supplementarartikel definitive Festsetzung des Rheinzolltarifs und Ausführung des Artikel 18 der Convention Protokoll No. 11 von 1844 betreffend« vom 24.01.1845.

anerkannten.[168] Auch der hessische Bevollmächtigte schickte seinen Kollegen gleichlautende Nachrichten.[169] Im Juni schrieb der preußische Bevollmächtigte, dass Preußen die Ratifikationsurkunde erst ausstellen würde, wenn die anderen Staaten eine ebensolche Absicht verkündeten. Er schlug vor, dass der als Hindernis angesehene preußische Vorbehalt insofern als erledigt angesehen werden sollte, da alle Uferstaaten dem neuen Tarif zugestimmt hätten.[170] Im Juli informierte von Pommer-Esche seine Kollegen, dass er nun die Zustimmung seiner Regierung zum Zusatzartikel habe.[171]

Der Supplementarartikel enthielt eine Tabelle mit den Tarifen, die an den Erhebungsämtern der einzelnen Rheinstrecken für Waren zu entrichten waren.[172] Zum Tarif von 1831 und dem Entwurf von 1841 hatte sich noch eine Änderung bei den Erhebungsämtern ergeben: Die Strecke zwischen den Erhebungsämtern Straßburg und Neuburg wurde aufgeteilt in Straßburg zur Lauter und von der Lauter nach Neuburg. Der Tarif selbst wurde, wie erwähnt, teilweise erhöht, teilweise gesenkt. Im September 1845 konnten schließlich alle Bevollmächtigten die Ratifikationsurkunden ihrer Regierungen vorlegen. Als Vollzugstermin des XVI. Supplementarartikels, der den provisorischen Tarif ersetzte, wurde der 31. Tag nach dem Tag des Protokolls, also der 16. Oktober 1845, beschlossen.[173]

---

168 Vgl. BayHStA, MA, Nr. 8957, Brief Außenministerium an Alwens »Definitive Festsetzung des Rheinzolltarifs Litt. C betreffend« vom 30.05.1845.

169 Vgl. Archives diplomatiques, 92, Nr. 99, Verdier an Engelhardt, 27. Juny 1845.

170 Vgl. Archives diplomatiques, 92, Nr. 99, von Pommer-Esche an Alwens, 25. Juni 1845.

171 Vgl. Archives diplomatiques, 92, Nr. 99, von Pommer-Esche an Engelhardt, 12. Juli 1845.

172 Vgl. Vertrag zwischen Baden, Bayern, Frankreich, Hessen, Nassau, Niederland und Preussen. Supplementar-Artikel XVI und XVII zur Rheinschiffahrts-Akte vom 31. März 1831 betr. Tarif C (Schiffahrtsabgaben), 27. und 30. August 1845, in: Zentralkommission für die Rheinschiffahrt (Hg.): Rheinurkunden Erster Teil (1803-1860), Nrn. 1-300, Duncker&Humblot, München Leipzig 1918, Dokument Nr. 210, S. 462-464.

173 Vgl. BayHStA, MA, Nr. 9013, Protokoll No. XXI »Ratifications-Acten der Zusatz-Artikel XVI. und XVII.« der Zentralkommission vom 15.09.1845.

3.1.5. Weitere Entwicklung und Standardisierungsfunktion

Bezogen auf die gesamte Entwicklung der Rheinzolltarife im 19. Jahrhundert stellt das hier beschriebene Beispiel nur einen Ausschnitt der Verhandlungen dar, welche sich von der Gründung der Zentralkommission im Jahr 1816 bis zur Revision der Mainzer Akte im Jahr 1868 hinzogen. Die Jahrzehnte waren geprägt von einer ständigen Verminderung des Rheinzolltarifs für einzelne Warengruppen (der provisorische beziehungsweise definitive Rheinzolltarif selbst wurde dabei nicht vermindert, sondern es wurden nur ¼ beziehungsweise 1/20 des Tarifs erhoben oder die Waren wurden sogar als zolltariffrei deklariert), bis die Mannheimer Akte 1868 schließlich alle Zolltarife abschaffte. Der XVI. Supplementarartikel zur Mainzer Akte war ein tarifärer Standard, festgehalten in einem internationalen Vertrag, der das vorherige Provisorium ablöste und die Gebühren für den internationalen Handelsweg Rhein für alle Uferstaaten verbindlich und einheitlich regelte.

3.2. Rechtlich-administrativer Standard: Polizeiverordnung von 1851[174]

Die 1831 unterzeichnete Mainzer Akte enthielt keine polizeilichen Vorschriften über das Befahren des Rheins wie die zwanzig Jahre später in Kraft getretene Rheinschifffahrtspolizeiverordnung. Sie beschäftigte sich zwar in den Artikeln 53 bis 70 mit „polizeilichen Vorschriften zur Sicherheit der Rheinschifffahrt und des Handels“,[175] unter anderem mit dem Nachweis der Tauglichkeit eines Schiffes (Art. 53 und 54) und dem pflichtmäßigen Anbordnehmen von Lotsen oder Steuerleuten an bestimmten Stromstellen (Art. 58 und 60). Die achtzehn Artikel deckten sich inhaltlich jedoch nicht mit der späteren Rheinschifffahrtspolizeiverordnung, zum Beispiel dem Ausweichen oder der Beleuchtung der Schiffe.

---

174 Das Beispiel der Polizeiverordnung wurde von der Autorin bereits in einem Aufsatz behandelt. Thiemeyer, Guido; Tölle, Isabel: Supranationalität im 19. Jahrhundert? Die Beispiele der Zentralkommission für die Rheinschifffahrt und des Octroivertrags 1804-1851, in: Journal of European Integration History, Vol. 17, Heft 2, 2011, pp. 177-196.

175 Rheinschiffahrtsakte zwischen Baden, Bayern, Frankreich, Hessen, Nassau, Niederland und Preussen, 31. März 1831, in: Zentralkommission für die Rheinschiffahrt (Hg.): Rheinurkunden Erster Teil (1803-1860), Nrn. 1-300, Duncker&Humblot, München Leipzig 1918, Dokument Nr. 80, S. 212-283.

3.2.1. Vorgeschichte

Die Zentralkommission hatte sich bereits in den Jahren 1829 und 1830 mit der Frage einer Rheinschifffahrtspolizeiverordnung beschäftigt.[176] 1829 war sogar ein Entwurf erstellt worden, der dann aber nicht weiter verfolgt worden war.[177] Dieser Entwurf enthielt 29 Artikel zum Aneinandervorbeifahren und Ausweichen von Dampf- und Segelschiffen (Artikel 1-10), zu Besonderheiten an bestimmten Stromstellen (Artikel 11-13, 16-17, 27), dem Anbordnehmen oder Vonbordgehen von Passagieren und Gütern (Artikel 14-15), der Beleuchtung und sonstiger Kenntlichmachung der Schiffe bei Nacht und Nebel (Artikel 18-20), zu fliegenden Brücken (Artikel 22-24), Flößen (Artikel 25-26) und Strafbestimmungen (Artikel 28). 1832 und 1833 kam die Zentralkommission erneut auf das Thema zu sprechen, als der preußische Bevollmächtigte seinen Kollegen das 1828 für den preußischen Stromteil erlassene Reglement vorlegte.[178] Preußen kam zusammen mit den Niederlanden, die bereits 1824 und 1826 Reglements mit polizeilichen Vorschriften erstellt hatten, eine Vorreiterfunktion zu, da es die ersten beiden Staaten mit einer solchen Verordnung waren.[179] Diese

---

176 Vgl. HHStAW, Abt. 210, Nr. 9180, 488. Protocole des Séances de la Commission Centrale institué par le Congrès de Vienne pour l'organisation et l'administration de la navigation du Rhin, le 22 Mai 1830.

177 Vgl. Nationaal Archief, 2.05.01, Nr. 3667, 458. Protocole des Séances de la Commission Centrale institué par le Congrès des Vienne pour l'organisation et l'administration de la Navigation du Rhin le 25 Mars 1829 und Anlage zum Protokoll. Vgl. HStAD, G 4, Nr. 318, 458tes Protokoll der durch den Wiener-Congress für die Organisation und Administration der Rheinschifffahrt instituierten Central-Commission, den 25ten März 1829.

178 Vgl. BayHStA, MA, Nr. 9001, Protocoll der Central-Rhein-Schifffahrts-Commission, No. XXV vom 27ten July 1833, Polizeyliche Maassregeln über das Vorbeyfahren der Dampf- und Segelschiffe.

179 Vgl. Preussische Verordnung betr. das an einander Vorbeifahren von Dampfschiffen und Segelschiffen sowie Flössen, 9. Mai 1828, in: Zentralkommission für die Rheinschiffahrt (Hg.): Rheinurkunden Erster Teil (1803-1860), Nrn. 1-300, Duncker&Humblot, München Leipzig 1918, Dokument Nr. 77, S. 212. Niederländischer Königlicher Beschluss das an einander Vorbeifahren von Dampfschiffen, 4. September 1824, in: ebd., Dokument Nr. 65, S. 180ff. Niederländischer Königlicher Beschluss betr. das an einander Vorbeifahren von Dampf- und Segelschiffen, 15. April 1826, in: ebd., Dokument Nr. 69, S. 185ff.

waren unter anderem deshalb erlassen worden, da die Dampfschifffahrt zunahm und andere Regeln für die Rheinschifffahrt nötig wurden.[180]

Die beiden niederländischen Verordnungen von 1824 und 1826 waren sehr kurz und regelten das Aneinandervorbeifahren von Schiffen sowie deren Beleuchtung und Kennzeichnung bei Nacht und Stillliegen. Auch die Bestrafung von Regelverstößen war vorgesehen. Die Bevollmächtigten der Niederlande und Preußens vertraten 1833 in der Zentralkommission die Ansicht, dass ihre Reglements den anderen fünf Uferstaaten als Vorlage überlassen werden und diese dann eigene für ihre Stromstrecken ausarbeiten könnten, anstatt eine neue einzige, für den ganzen Rhein geltende Verordnung zu erstellen. Hierzu betonte der Bevollmächtigte der Niederlande, dass diese Verordnung auf die dortigen Stromverhältnisse zugeschnitten und es daher gefährlich sei, für dort eine neue Verordnung zu erstellen.[181] Infolgedessen beschloss die Zentralkommission, polizeiliche Vorschriften als „Partikulier-Sache der respectiven Uferstaaten“[182] zu betrachten. Die einzelnen Staaten sollten eine eigene Verordnung unter anderem auf der Grundlage des 1829 erstellten Entwurfs ausarbeiten können und der Zentralkommission zur Kenntnis vorlegen. Wegen dieses Beschlusses kam das Thema einer Rheinschifffahrtspolizeiverordnung in den folgenden fünf Jahren in der Zentralkommission nicht zur Sprache.

3.2.2. Initiativphase

Problemformulierung

Als der preußische Bevollmächtigte 1838 seinen Kollegen in der Zentralkommission die neue preußische Verordnung vorlegte, erkundigte er sich nach dem Stand der Dinge in den anderen Uferstaaten.[183] Bayern, Hessen

---

180 Vgl. unter anderem Niederländischer Königlicher Beschluss das an einander Vorbeifahren von Dampfschiffen, 4. September 1824, in: ebd., Dokument Nr. 65, S. 180ff.

181 Vgl. BayHStA, MA, Nr. 9001, Protocoll der Central-Rhein-Schifffahrts-Commission, No. XXV vom 27ten July 1833, Polizeyliche Maassregeln über das Vorbeyfahren der Dampf- und Segelschiffe.

182 Ebd.

183 Vgl. HStAD, G 4, Nr. 318, Protocoll der Central-Rhein-Schifffahrts-Commission, No. XVI vom 24ten July 1838, Polizeyliche Maassregeln das Anhalten und Aneinandervorbeyfahren der Dampf- und Segel-Schiffe betreffend.

und Nassau hatten gemeinsam ein Reglement auf Basis der preußischen Verordnung erarbeitet und waren nun dabei, dieses in Kraft zu setzen.[184] Sie hatten sich abgesprochen, um „auf den einzelnen Uferstaaten von geringerer Ausdehnung eine möglichste Gleichförmigkeit in Bezug auf diese reglementären Bestimmungen zu erzielen."[185] Diese Verhandlungen waren von einem dichten Schriftwechsel begleitet. In ihren Briefen referierten die Kommissare die Ansichten ihrer Regierungen und redigierten Entwürfe der Verordnung.[186] Bei den Verhandlungen dieser Staaten spielte die Zunahme der Dampfschifffahrt, die polizeiliche Regelungen dringender machte, eine Rolle. So schrieb der bayerische Kommissar im Dezember 1838 seinem badischen Kollegen, dass Polizeivorschriften aufgrund der Unfälle auf dem Rhein in diesem Jahr nötig seien, und fragte an, ob sich Baden dem Entwurf der anderen drei Staaten anschließen wolle.[187] Frankreich und Baden hatten eigene Verordnungen ausgearbeitet,[188] welche sich

---

184 Vgl. Hessische Verordnung betr. das Vorbeifahren der Dampf- und Segelschiffe an einander, auch sonstige von beiden und den Flossen bei ihrer Fahrt auf dem Rheine zu beobachtende Polizei-Vorschriften, 9 Mai 1840, in: Zentralkommission für die Rheinschiffahrt (Hg.): Rheinurkunden Erster Teil (1803-1860), Nrn. 1-300, Duncker&Humblot, München Leipzig 1918, Dokument Nr. 165, S. 391-396. Nassauische Verordnung betr. das Vorbeifahren der Dampf- und Segelschiffe an einander, sowie das sonstige Verhalten derselben und der Flosse auf dem Rheinstrom, 5 August 1840, in: ebd., Dokument Nr. 168, S. 400-404. Bayrische Verordnung betr. das Vorbeifahren der Dampf- und Segelschiffe an einander, sowie das sonstige Verhalten derselben und der Flösse auf dem Rheine, 13 August 1841, in: ebd., Dokument Nr. 181, S. 422-425.

185 BayHStA, MA, Nr. 25567, Antrag des Ministeriums des Königlichen Hauses und des Äußern an Seine Majestät den König, 10. August 1841.

186 Der Briefwechsel zwischen dem bayerischen, dem hessischen und dem nassauischen Kommissar aus dem Jahre 1836 bis 1840 über eine Polizeiverordnung findet sich in HHStAW, Abt. 210, Nr. 9259.

187 Vgl. HStAD, G 4, Nr. 318, von Nau an Seine Hochwohlgeboren den Großherzoglich badischen Legations-Rath und Bevollmächtigten bei der Central-Commission, am 24ten Dezember 1838.

188 Vgl. Französisches Reglement de Police pour la navigation des bateaux a vapeur du Rhin, et mesures de précaution à observer lors de la rencontre des-dits bateaux avec d'autres bateaux, soit à vapeur, soit à voiles, 15 Mai 1841, in: Zentralkommission für die Rheinschiffahrt (Hg.): Rheinurkunden Erster Teil (1803-1860), Nrn. 1-300, Duncker&Humblot, München Leipzig 1918, Dokument Nr. 180, S. 417-421. Badische Verordnung betr. die Fahrt der Dampf- und Segelschiffe, so wie der Flösse auf dem Rhein, 14 April 1841, in: ebd., Dokument Nr. 177, S. 411-415.

ebenfalls an der preußischen Verordnung von 1838 orientierten.[189] Damit war also eine gewisse Ähnlichkeit der Reglements bereits geschaffen, ohne dass die Zentralkommission ein gemeinsames entworfen und die einzelnen Uferstaaten dieses umgesetzt oder die Mainzer Akte Regeln vorgeschrieben hatte.[190]

Agenda-Setting

Als der französische Kommissar 1841 die französische Verordnung seinen Kollegen in der Zentralkommission vorlegte, machte er zwei Anmerkungen, die für die Entstehung der gemeinsamen Rheinschifffahrtspolizeiverordnung initiierend waren. Erstens schlug er vor, dass alle Dampfschiffe gewisse Rettungsgeräte an Bord mitführen sollten. Zweitens regte er an, dass die Beleuchtung der Schiffe zur Kenntlichmachung verändert werde und zwar dahingehend, dass nachts bei der Talfahrt zwei rote Laternen und bei der Bergfahrt zwei weiße verwendet werden, die derzeit nötige dritte Laterne bei der Talfahrt zur Unterscheidung also wegbleiben könne. Der französische Bevollmächtigte kommentierte, dass „alle diese Maßnahmen nur dann ausführbar [wären; I.T.], wenn dieselben, als gemeinschaftliche Maasregeln, auf dem ganzen Rheinstrome angeordnet und ausgeführt werden."[191] Damit war die Diskussion um eine gemeinsame Rheinschifffahrtspolizeiverordnung angestoßen. Die Zentralkommission beschloss, dass die einzelnen Bevollmächtigten den französischen Vorschlag ihren jeweiligen Regierungen vorlegen sollten. Des Weiteren beauftragte die Zentralkommission den Oberinspektor, wesentliche Abwei-

189 Vgl. BayHStA, MA, Nr. 9007, Protocoll der Central-Rhein-Schifffahrts-Commission, No. XV vom 16. July 1839, Polizeyliche Maassregeln das Anhalten und Aneinander-Vorbeyfahren der Dampf- und Segelschiffe betreffend. BayHStA, MA, Nr. 9008, Protocoll der Central-Commission für die Rheinschifffahrt, No. VI vom 28. August 1840, Polizey-Maassregeln das Anhalten und Aneinandervorbeifahren der Dampf- und Segelschiffe betreffend. Vgl. auch BayHStA, MA, Nr. 25567, von Kettner an von Nau, 26. April 1841. BayHStA, MA, Nr. 25567, von Nau an das Königliche Ministerium des Königlichen Hauses und des Äußeren, 21. Mai 1841.

190 Eine tabellarische Übersicht aller Polizeiverordnungen und diesbezüglichen Entwürfe der Zentralkommission findet sich am Ende dieses Kapitels (3.2.).

191 BayHStA, MA, Nr. 9009, Protocoll der Central-Commission für die Rheinschifffahrt, No. III vom 7. September 1841, Polizeyliche Maassregeln für das Anhalten und Vorbeifahren der Dampf- & Segelschiffe.

chungen bezüglich der Signale und dem Aneinandervorbeifahren in den verschiedenen Verordnungen herauszuarbeiten und ein Gutachten zur Einführung einer Gleichförmigkeit der Vorschriften zu erstellen.[192]

Informationsbeschaffung

Bereits drei Wochen später lag der Zentralkommission die vom Oberinspektor erstellte Übersicht vor.[193] Der Oberinspektor stellte zu Anfang seines Berichts fest, dass das Bedürfnis nach Vorschriften und Reglements mit Zunahme der Dampfschifffahrt gewachsen sei. Da die Ausarbeitung solcher Reglements jedoch jedem Uferstaate überlassen gewesen war, existierten 1841 sieben einzelne Verordnungen. Diesen Zustand konnte man, so der Oberinspektor, „nicht als eine namentlich für die Schiffscapitaine erwünschte Erscheinung“[194] betrachten. Als Basis seines Vergleichs hatte der Oberinspektor die hessische Verordnung von 1840 verwendet, was er damit begründete, dass diese die zweitälteste sei. Die älteste Verordnung, die niederländische, erachtete der Oberinspektor aufgrund ihrer Einfachheit nicht als Vergleichsgrundlage geeignet. Der schriftlichen Version des Vergleichs hatte der Oberinspektor eine übersichtliche Tabelle beigefügt. Der größte Unterschied zwischen den sieben Verordnungen war die Ausweichseite. Auf dem niederländischen Rhein wichen Schiffe links aus, auf allen anderen Rheinstrecken rechts. Dieser Punkt sollte eine der Hauptstreitfragen und mit das größte Hindernis für eine gemeinsame Rheinschifffahrtspolizeiverordnung werden. Die meisten anderen Unterschiede traten in Detailfragen auf oder bei Punkten, die nicht in allen Verordnungen enthalten waren. Die Verordnungen Hessens, Bayerns, Nassaus und Badens waren nach Vorbild der preußischen erstellt worden und daher mit dieser in vielen Punkten gleichlautend. Der Oberinspektor schloss sei-

---

192 Vgl. ebd.

193 Vgl. BayHStA, MA, Nr. 9009, Protocoll der Central-Commission für die Rheinschifffahrt, No. XVIII vom 28. September 1841, Polizeiliche Maassregeln für das Anhalten und Vorbeifahren der Dampf- & Segel-Schiffe. Und: BayHStA, MA 9009, Anlage zu dem Protocoll No. XVIII der September-Session 1841, Polizeiliche Maasregeln für das Anhalten und Vorbeifahren der Dampf- und Segelschiffe betreffend.

194 BayHStA, MA, Nr. 9009, Anlage zu dem Protocoll No. XVIII der September-Session 1841, Polizeiliche Maasregeln für das Anhalten und Vorbeifahren der Dampf- und Segelschiffe betreffend.

nen Bericht mit der provokanten Frage: „Ist es jetzt nicht wirklich etwas viel verlangt, dass jeder Rheinschiffer diese verschiedenen Verordnungen sich anschaffen, studieren, vergleichen und unterscheiden soll?“[195] Mit dieser Frage wies er auf ein Dilemma hin, in dem sich die Rheinschifffahrt zu der Zeit befand. Ein gemeinsames Reglement würde wegen seiner Universalität die Sicherheit der Rheinschifffahrt, die durch das Aufkommen der Dampfschifffahrt und das durch die Industrialisierung bedingte größere Verkehrsaufkommen komplexer geworden war, erhöhen.

Dem Oberinspektor kam bei der Frage einer gemeinsamen Rheinschifffahrtspolizeiverordnung eine wichtige Funktion zu: Er arbeitete die Entwürfe und Diskussionsvorlagen aus und fungierte zudem als Gutachter. An den Entscheidungen und Verhandlungen war er jedoch nicht aktiv beteiligt, da er nicht stimmberechtigt war. Am Oberinspektor lässt sich die zunehmende Bedeutung externer und supranationaler Experten und Akteure ablesen. Ihnen kam als Detailkennern und Unparteiischen eine Berater- und Gutachterfunktion zu.

1842 diskutierte die Zentralkommission über polizeiliche Vorschriften, indem sie auf den französischen Vorschlag von 1841 bezüglich der Laternen und eines Rettungsapparats zurückkam. Die Meinungen dazu gingen auseinander. Die Niederlande wünschten in der Laternenfrage ein Sachverständigenurteil, wollten die Klärung dieser Frage also Experten überlassen und sie aus dem politischen Diskussionsprozess auskoppeln. In dieser Sitzung der Zentralkommission, die in diesen Fragen nicht weiterkam, war die Erklärung des preußischen Bevollmächtigten wegweisend: „Preussen haelt es für wünschenswerth: dass ein übereinstimmendes allgemeines Reglement über das Anhalten und Vorbeifahren der Dampf- und Segelschiffe auf dem Rhein in den einzelnen Uferstaaten erlassen werde.“[196] Daher bat der preußische Bevollmächtigte seine Kollegen, sich bei den jeweiligen Regierungen dafür auszusprechen. Am Ende der Sitzung stellte die Zentralkommission fest, dass der preußische Kommissar mit der 1841 geäußerten Ansicht des Oberinspektors bezüglich der Zweckmäßigkeit eines allgemeinen Reglements übereinstimme. Daher beauftragte sie den Oberinspektor, einen Entwurf für eine solche allgemeine Verordnung zu

195 Ebd.

196 BayHStA, MA, Nr. 9010, Protocoll der Central-Commission für die Rheinschifffahrt, No. II vom 3. September 1842, Polizeyliche Maassregeln über das Anhalten und Vorbeifahren der Dampf- & Segel-Schiffe.

erstellen und eine Übersicht der für die einzelnen Stromstrecken geltenden Sonderbestimmungen anzufertigen.[197]

Informationsbearbeitung

Der Oberinspektor legte diesen Entwurf einen Monat später vor.[198]

Tabelle 4: Reglements-Entwurf. Die Fahrt der Dampf- & Segelschiffe so wie der Flöße auf dem Rhein betreffend. (Entwurf von 1842)[199]

Artikel	Inhalt
	Allgemeine Bestimmungen
1	Das Stromaufwärts fahrende Dampfschiff soll sich links, das stromabwärts fahrende rechts halten.
2	Das Überholen stromaufwärts wird mit Flagge und Glockenschlägen angekündigt; das zu überholende Dampfschiff hält sich am Ufer beziehungsweise links, das andere fährt (rechts) vorbei.
3	Das Überholen stromabwärts wird mit Flagge und Glockenschlägen angekündigt; das zu überholende Dampfschiff hält sich links und das andere fährt rechts vorbei.
4	Überholen ist nur an gefahrlosen Stellen erlaubt.
5	Dampfschiffe überholen Segelschiffe stromaufwärts auf der dem Leinpfad entgegengesetzten Seite.
6	Bei stromabwärts treibenden Segelschiffen sucht sich das Dampfschiff die Seite zum Überholen aus.
7	Bei stromabwärts fahrenden Segelschiffen weicht das Segelschiff rechts aus.

197 Vgl. ebd.

198 Vgl. BayHStA, MA, Nr. 9010, Protocoll der Central-Commission für die Rheinschifffahrt, No. XXIV vom 1. October 1842, Polizeiliche Maassregeln über das Anhalten und Vorbeifahren der Dampf- & Segelschiffe.

199 Tabellarische Übersicht erstellt auf Basis des Berichts des Oberinspektors. Vgl. BayHStA, MA, Nr. 9010, Protocoll der Central-Commission für die Rheinschifffahrt, No. XXIV vom 1. October 1842, Polizeiliche Maassregeln über das Anhalten und Vorbeifahren der Dampf- & Segelschiffe.

8	Fährt ein Dampfschiff auf- beziehungsweise abwärts und ein Segelschiff entgegengesetzt, so weicht das Segelschiff zum Leinpfad hin aus.
9	Eine Ausnahme ist es, wenn das Dampfschiff zwischen Segelschiff und Leinpfad passieren muss.
10	Dampfschiffe kündigen ihre Ankunft an Anlegestellen durch eine Glocke an.
11	Der Artikel regelt die Signale und Vorgehensweise wenn Waren und/oder Personen vom Dampfschiff auf einen Kahn übergehen.
12	Der Artikel schreibt die Kennzeichnung der Fahrbahn mit Signalstangen sowie Signalfeuer am Ufer bei Nacht und Nebel vor.
13	Es gilt Laternenpflicht für die Fahrt bei Nacht und Nebel: aufwärts zwei weiße, abwärts drei rote.
14	Bei Nebel müssen Dampfschiffe alle fünf Minuten sieben Mal die Glocke schlagen.
15	Nachts im Strom an ungewöhnlicher Stelle liegende Schiffe müssen eine Laterne am Mast befestigen.
16	Flöße müssen bei Fahrten nachts und bei Nebel helle Laternen aufstellen.
17	Beim Begegnen mit kleinen Fahrzeugen sollen Dampfschiffe die Maschinen drosseln oder still halten.
18	Beim Passieren von Schiffen, Flößen, Mühlen et cetera sollen Dampfschiffe Rücksicht nehmen, dass durch den Wellenschlag keine Beschädigung eintritt.
19	Dampfschiffe dürfen eine Schiffbrücke nur mit verminderter Kraft passieren.
20	Zuwiderhandlungen gegen diese Ordnung werden nach Landesgesetz bestraft.

Vor der Diskussion, die im Protokoll der Zentralkommission nicht wiedergegeben ist, wies der badische Bevollmächtigte darauf hin, dass derzeit noch kein „förmlicher Auftrag der Uferstaaten“ vorliege „und es sich daher auch für jetzt nur darum handeln könne, eine vorbereitende Arbeit für den Fall zu liefern, wenn überhaupt die obgedachte Ansicht die Billigung der hohen Regierungen erhalten sollte.“[200] In dieser Aussage zeigte sich

200 Ebd.

die Situation der Zentralkommission: Die Versammlung diplomatischer Delegierter sollte die Einhaltung der Mainzer Akte überwachen und gegebenenfalls Änderungen im Sinne der Rheinschifffahrt vornehmen. Der Erlass einer gemeinsamen Rheinschifffahrtsverordnung überstieg jedoch ihre Kompetenz, sie benötigte dazu den Auftrag der Regierungen. Diesen konnten die einzelnen Bevollmächtigten jedoch herbeiführen, erstatteten sie doch regelmäßig Bericht und machten Vorschläge, wie die Regierung entscheiden möge. Die Zentralkommission erstellte einen Entwurf mit zwanzig Artikeln für eine polizeiliche Verordnung und beschloss, dass sich jeder Bevollmächtigte bis zur nächsten Sitzung diesbezüglich mit Instruktionen versehen lassen sollte.[201] Die Delegierten handelten also in einem gewissen Sinne eigenmächtig und ohne die offizielle Beauftragung seitens der Regierung. Die Art des Vorgehens ist hier interessant: Zuerst wurde der Entwurf erstellt und dann die Genehmigung beziehungsweise der Auftrag eingeholt, nicht umgekehrt. Der bayerische Bevollmächtigte etwa schickte diesen Entwurf an sein Außenministerium mit den Worten: „Aus der Vergleichung des neuen Entwurfs mit der diesseits bestehenden Verordnung geht in der Hauptsache kein wesentlicher Unterschied hervor. Die wenigen neuen Zusätze sind als nützliche Ergänzungen anzusehen.“[202] Er bat daher um die Zustimmung der bayerischen Regierung.

Zu Beginn der nächsten Sitzung ein Jahr später (1843) erklärte der niederländische Bevollmächtigte die Position seines Landes. Es könne „um so weniger von der diesseitigen Regierung verlangt werden, dass sie den Hauptpunkt ihrer Verordnungen, das gegenseitige Ausweichen von Dampf- und Segelschiffen betreffend, nach den viele Jahre später von andern Uferstaaten erlassenen Vorschriften, welche gerade das Gegenteil bestimmen, abändere.“[203] Als unterstützendes Argument führte der niederländische Bevollmächtigte die große Anzahl an Schiffen auf dem niederländischen Rhein an, weshalb eine Veränderung der Regeln dort Gefahren verursachen würde. Dieses Sicherheitsargument verwendete er für seine Position: „Da sich aber wohl niemals auf dem deutschen Rheintheile eine

201 Vgl. ebd. Und: BayHStA, MA, Nr. 9010, Anlage zum Protocoll No. XXIV vom 1ten October 1842, Reglements-Entwurf, Die Fahrt der Dampf- und Segelschiffe so wie der Flösse auf dem Rhein betreffend.

202 BayHStA, MA, Nr. 25568, von Nau an das Königliche Ministerium des Königlichen Hauses und des Äußern, 20. November 1842.

203 BayHStA, MA, Nr. 9011, Protokoll der Central-Commission für die Rheinschifffahrt, No. XXIII vom 18. September 1843, Polizeiliche Maasregeln über das Anhalten und Vorbeifahren der Dampf- und Segelschiffe.

so grosse Zahl Schiffe zusammenfindet, wie unterhalb Gorcum und Krimpen, so erscheint die allgemeine Einführung neuer Maasregeln für jenen Rheintheil viel leichter und gefahrloser, als in den Niederlanden, [...].“[204] Diese Position verhinderte die Möglichkeit einer gemeinsamen Polizeiverordnung für den gesamten Rhein. Das Problem wurde daraufhin erst einmal vertagt: Die Zentralkommission setzte die Diskussion über das Thema polizeiliches Reglement aus und beauftragte den Oberinspektor, ein Gutachten zur Situation der Dampfschleppschifffahrt anzufertigen, die ebenfalls in der Verordnung berücksichtigt werden musste.[205] Der Oberinspektor kam in dem Gutachten, das als Basis weiterer offizieller Verhandlungen dienen sollte, zu dem Schluss, dass die Regeln für die Dampfschiffe auch für die Schleppschiffe gelten konnten.[206]

3.2.3. Verhandlungsphase

Konfliktregelung

Die Zentralkommissionssitzung 1844 begann wieder mit der Problematik des Ausweichens. Der niederländische Kommissar beharrte auf seinem vorjährigen Standpunkt, dass es unmöglich sei, „eine neue, der gegenwärtig bestehenden entgegengesetzte, Observanz einzuführen, während die übrigen Bevollmächtigten es auch ihrerseits für unmöglich hielten, sich mit der auf dem Niederländischen Rheine bestehenden Observanz allseitig zu vereinigen.“[207] Daher war eine Regelung für den gesamten Rhein unmöglich. Um dennoch in diesem für die Sicherheit der Rheinschifffahrt wichtigen Punkte voran zu schreiten, wurden die Verhandlungen flexibilisiert und die Beratungen über den Entwurf eines allgemeinen Reglements fanden nur zwischen den Bevollmächtigten Badens, Bayerns, Frankreichs, Hessens, Nassaus und Preußens statt. Die Rheinschifffahrtsakte sah die

204 Ebd.
205 Vgl. ebd.
206 Vgl. HStAD, G 4, Nr. 319, Der Ober Inspektor der Rheinschifffahrt an die Central-Commission, Mainz den 28ten Juni 1844. BayHStA, MA, Nr. 9012, Protokoll der Central-Commission für die Rheinschifffahrt, No. XVIII vom 16. September 1844, Allgemeines Polizei-Reglement für die Dampfschifffahrt auf dem Rheine und zu beobachtende Vorschriften, wenn sich Dampfschiffe mit anderen Dampf- oder Segelschiffen während der Fahrt begegnen.
207 Ebd.

Möglichkeit von Mehrheitsbeschlüssen vor, deren Ergebnis war dann jedoch nur für die zustimmenden Staaten bindend. Laut Protokoll war der Entwurf „contradictorisch erörtert worden.“[208] Der Verhandlungsverlauf und die Aussagen sind jedoch nicht schriftlich festgehalten; dem Protokoll liegt lediglich der Entwurf bei, der den Regierungen vorgelegt werden sollte. Dieser Entwurf bestand aus zwei Teilen: Der erste enthielt in 21 Artikeln die allgemeinen, für die Rheinstrecke von Basel bis zur niederländischen Grenze geltenden Vorschriften. Diese behandelten unter anderem das Vorbeifahren und Überholen von Schiffen sowie Bestimmungen für die Fahrt bei Nacht und Nebel. Der zweite Teil enthielt die besonderen Vorschriften für die Rheinstrecke von Basel bis Worms, von Worms bis Koblenz und von Koblenz bis zur niederländischen Grenze. Diese Vorschriften betrafen bestimmte Stromstellen, die zum Beispiel sehr eng waren und daher Vorsichtsmaßnahmen in Form von besonderen Signalen benötigten, oder das Passieren von fliegenden Brücken.[209]

Die Möglichkeit, doch noch ein für den ganzen Rhein geltendes Reglement zu erlassen, eröffnete sich 1845 erneut, als der niederländische Bevollmächtigte seinen Kollegen berichtete, dass die Niederlande überlegten, ihre geltenden Bestimmungen zu modifizieren. Für den Punkt des Ausweichens müsse jedoch eine Übergangsfrist eingeräumt werden, da die „Frequenz der Schiffahrt“[210] auf dem niederländischen Rhein so hoch wäre. Die Positionen der einzelnen Regierungen zum Entwurf, der voriges Jahr ausgearbeitet worden war, unterschieden sich voneinander. So war Bayern beispielsweise bereit, den Entwurf unverändert als Verordnung zu veröffentlichen, wenn die anderen Staaten dem auch zustimmten. Frankreich hatte den Entwurf gar bereits als Verordnung publiziert und wendete ihn an. Baden hatte nur einen kleinen Änderungswunsch, Preußen forderte jedoch mehrere Veränderungen, da der Bevollmächtigte der Auffassung war, dass die Regeln der Dampfschifffahrt nicht einfach auf die Dampfschleppschifffahrt übertragen werden könnten. Daher wurde ein weiteres Mal der Oberinspektor von der Zentralkommission beauftragt, unter Berücksichtigung des Entwurfs vom letzten Jahr und dieses Sitzungsproto-

---

208 Ebd.

209 Vgl. BayHStA, MA, Nr. 9012, Anlage zu dem Protokolle Nro. XVIII vom Jahr 1844.

210 BayHStA, MA, Nr. 9013, Protokoll der Central-Commission für die Rheinschifffahrt, No. XX vom 9. September 1845, Polizeiliche Bestimmungen über das Verhalten der Schiffe, insbesondere der Dampfschiffe beim Befahren des Rheins.

kolls zur Frage der Dampfschleppschiffe Stellung zu nehmen.[211] Ihm kam im Fall der Polizeiverordnung eine enorme inhaltliche Definitionsmacht zu, erstellte er doch Gutachten und wurde als Konfliktlöser eingesetzt.

Im September 1846 überreichte der niederländische Kommissar seinen Kollegen in der Zentralkommission die neue niederländische Verordnung, in der nun das Rechts-Ausweichen vorgeschrieben war und die er bereits in einem Schreiben mit dem Vermerk angekündigt hatte, dass die Niederlande eine einheitliche Regelung bezüglich der Polizeivorschriften als wünschenswert betrachteten.[212] Dadurch wurde in diesem Punkt Übereinstimmung auf dem gesamten Rhein erzielt und der Weg für eine entsprechende Verordnung war frei.[213] Die Niederlande brachten sich selbst wieder mit ins Spiel und verschafften sich so die Position, die Verhandlungen aktiv zu mitzugestalten und das Ergebnis mitzubestimmen. Um die Möglichkeit der Mitsprache zu erhalten, machten sie zwar Zugeständnisse, insgesamt war dies jedoch von Vorteil, da ihr Einfluss wuchs.

Der Oberinspektor hatte in der Zeit seit dem letzten Treffen einen Bericht und einen neuen Entwurf erstellt. Dieser wurde nun für den Rhein von Basel bis zum Meer diskutiert und nicht mehr nur wie angedacht von Basel bis zur niederländischen Grenze. Die Diskussion wurde im Protokoll nicht wiedergegeben, aber der Vermerk, dass „die Majorität auf der Nothwendigkeit glaubte bestehen zu müssen, die Vorschriften und den Inhalt eines solchen Reglements thunlichst zu vereinfachen, um dasselbe leicht fasslicher und wo möglich auch analoger dem neuen Niederländischen Reglement zu machen“[214] lässt auf das Aufeinandertreffen unterschiedlicher Meinungen schließen. Dafür spricht auch, was der bayerische Bevollmächtigte nach der Sitzung an sein Außenministerium schrieb: Der „Entwurf des Oberinspectors fand nicht gerade einen allgemeinen Beifall,

211 Vgl. ebd.

212 Vgl. HStAD, G 4, Nr. 320, Commissaire de Pays Bas a Monsieur Schmitt, le 28 Janvier 1846. Archives diplomatiques, 92, Nr. 99, Commissaire de Pays-Bas a Monsieur Engelhardt, le 28 Janvier 1846. Die niederländische Verordnung findet sich in den Rheinurkunden. Niederländischer Königlicher Beschluss betr. das Ausweichen von Dampf- und Segelschiffen, 9 Dezember 1845, Zentralkommission für die Rheinschiffahrt (Hg.): Rheinurkunden Erster Teil (1803-1860), Nrn. 1-300, Duncker&Humblot, München Leipzig 1918, Dokument Nr. 223, S. 478-481.

213 Vgl. BayHStA, MA, Nr. 9014, Protokoll der Central-Commission für die Rheinschifffahrt, No. XXI vom 11. September 1846, Allgemeines Polizei-Reglement und Sicherheitsmaasregeln für die Dampfboote auf dem Rheine.

214 Ebd.

vielmehr sprach sich mehrseitig der Wunsch aus, dass das Reglement der anderen Uferstaaten, nach dem Vorbild des niederländischen, unbeschadet der Vollständigkeit auf eine kürzere und concisere Fassung zurückgeführt werden müsste."[215] Um in der Sache Fortschritte zu machen, ernannte die Zentralkommission den preußischen Bevollmächtigten zum „gemeinschaftlichen Berichterstatter",[216] das heißt bei ihm sollten alle Meinungen zusammenkommen. Alle Bevollmächtigten sollten dem preußischen bis zum 1. Januar 1847 ihre Bemerkungen zum Reglement schicken.[217] Dieser Zeitpunkt lag deutlich vor dem der nächsten Sitzungssession, die immer im Sommer stattfand. Auch dieser Schritt machte eine Flexibilisierung des sonst üblichen Entscheidungsprozesses der Zentralkommission deutlich. Die Vermutung, dass der Vertreter Preußens als in dem Thema erfahren angesehen wurde, liegt nahe, immerhin hatte Preußen als zweiter Staat überhaupt eine Polizeiverordnung eingeführt. Zudem hatte Preußen immer wieder nach den Reglements der anderen Länder gefragt und das preußische war in den 1830er Jahren von den anderen deutschen Staaten als Vorbild genommen worden.

In der Sitzung von 1847 legte der preußische Bevollmächtigte dann in seiner Funktion als Berichterstatter den Entwurf einer Polizeiverordnung sowie die Kommentare dazu vor. Die Bevollmächtigten sollten sich beraten und bis zur nächsten Sitzung in Briefkontakt bleiben. Im Entwurf sah der allgemeine Teil nur noch 18 Artikel vor. Der zweite Teil mit den Sonderbestimmungen umfasste die Artikel 19 bis 26.[218]

---

215 BayHStA, MA, Nr. 25568, Alwens an das Königliche Ministerium des Königlichen Hauses und des Äußern, 26. November 1846.

216 BayHStA, MA, Nr. 9014, Protokoll der Central-Commission für die Rheinschifffahrt, No. XXI vom 11. September 1846, Allgemeines Polizei-Reglement und Sicherheitsmaasregeln für die Dampfboote auf dem Rheine.

217 Vgl. ebd.

218 Vgl. BayHStA, MA, Nr. 9015, Protocoll der Central-Commission für die Rheinschifffahrt, No. XXIII vom 10. September 1847, Polizeiliche Verordnung über das Befahren des Rheins. Und: BayHStA, MA, Nr. 9015, Anlage I zum Protokoll No. XXIII von 1847, Polizeiliche Verordnung über das Befahren des Rheins von Basel bis zur Königlich Niederländischen Gränze bei Spijk. Und: BayHStA, MA, Nr. 9015, Anlage II zu dem Protocolle XXIII von 1847.

Tabelle 5: Polizeiliche Verordnung über das Befahren des Rheins von Basel bis zur Königlich Niederländischen Gränze bei Spijk. (Entwurf von 1847)[219]

Artikel	Erste Abtheilung. Allgemeine Bestimmungen für die ganze Stromstrecke von Basel bis Spijk.
1	Allgemeine Verbindlichkeit zur Verhütung von Beschädigung.
2	Verhalten während der Fahrt. Wahl des Fahrwegs.
3	Vorbeifahren der Schiffe beieinander. a) Allgemeine Bestimmungen.
4	b) Vorbeifahren in entgegengesetzter Richtung.
5	c) in derselben Richtung. *> das überholende Dampfschiff hält sich rechts, das, was überholt wird, weicht nach links aus*
6	d) Vorschriften in Betreff der Dampfschleppzüge.
7	In Betreff der Segelschiffe. aa) wenn sie von Pferden gezogen werden. *> dürfen nur auf der dem Leinpfad entgegengesetzten Seite überholt werden, Ausnahme: Dampfschiffe bei Gefahr*
8	bb) wenn sie zu Tal treiben.
9	cc) wenn sie lavieren.
10	in Betreff der kleinen Fahrzeuge. *> Dampfschiffe dürfen nur mit verminderter Kraft oder stillstehenden Rädern and Fahrzeugen bis 400 Zentner Ladefähigkeit vorbeifahren*
11	Fahren der Schiffe durch Schiffbrücken und bei Fähren.
12	Anhalten der Dampfschiffe zur Personenbeförderung.
13	Verhalten während des Fahrens zur Nachtzeit und bei Nebel. *> stromaufwärts muss jedes Schiff bei Nacht zwei Laternen am Mast befestigen, stromabwärts noch eine zusätzliche Laterne am Bug*

219 Vgl. BayHStA, MA, Nr. 9015, Anlage I zum Protokoll No. XXIII von 1847, Polizeiliche Verordnung über das Befahren des Rheins von Basel bis zur Königlich Niederländischen Gränze bei Spijk. Kommentare der Autorin sind kursiv gehalten. Eine Wahrschau bezeichnet eine Signalstelle beziehungsweise Warneinrichtung für die Schiffer zur Regelung des Verkehrs. Gierponte ist ein anderes Wort für fliegende Brücke und meint ein bis zwei Nachen beziehungsweise ein Podest, das mit einem Seil am Flussufer befestigt ist, von einer Flussseite zur anderen treibt und so Personen, Tiere und Waren befördert.

	> bei Nebel müssen Dampfboote mit verminderter Kraft fahren und regelmäßig die Glocke läuten
14	Verhalten bei hohem Wasserstande.
15	Verhalten beim Festfahren.
16	Verhalten während des Stillliegens.
17	Bestimmungen in Betreff der Bade-Anstalten und sonstigen Anlagen.
18	Strafbestimmung. *> bei Zuwiderhandlung ist eine Geldbuße zu zahlen oder eine Gefängnisstrafe zu verbüßen*
Artikel	Zweite Abtheilung. Besondere Bestimmungen für einzelne Stromtheile.
19	Durchfahrten und Durchstiche. *> an bestimmten Stromstellen müssen Segelschiffe anhalten, wenn sie von einem Dampfschiff überholt werden*
20	,, *> Vorsichtsmaßnahmen für Dampfschiffe, unter anderem Glockenläuten*
21	,,
22	Enge Fahrwasserstellen.
23	Wahrschau. *> an bestimmten Stromstellen müssen Schiffe eine Wahrschau voraus schicken*
24	,,
25	Stromstrecke von St. Goar bis Bingen.
26	Fliegende Brücken und Gierponten.

Im Sommer 1848 berichtete der preußische Bevollmächtigte in der Zentralkommission von einer Besprechung der Vertreter der Dampf- und Segelschifffahrt in Preußen mit dem Oberpräsidenten der preußischen Rheinprovinz über den Polizeiverordnungsentwurf: „Hierbei hat sich theils im Allgemeinen die Nützlichkeit einer solchen Berathung mit den Gewerbetreibenden von neuem bestätigt, theils ist von den vernommenen, der Preussischen Rheinprovinz angehörigen Personen selbst der Wunsch ausgedrückt, es möchte der Beirath der betheiligten Gewerbetreibenden für den ganzen Rhein (nicht bloss für den preussischen) gehört, und es möchten zu dem Ende geeignete Personen aus sämmtlichen [sic]

Rheinuferstaaten nach Mainz berufen werden.“[220] Die Zentralkommission beschloss „nach näherer Erwägung“[221] den Oberinspektor mit der Einberufung und Durchführung einer solchen Besprechung zu beauftragen. Als Basis dieser Besprechung hatten der Entwurf von 1847 sowie die Bemerkungen der Bevollmächtigten zu dienen. Die Teilnehmer sollten alle Gewerbezweige, also Dampf- und Segelschiffer sowie Unternehmer, umfassen und die Zahl der Abgeordneten sollte sich an der Stromlänge des Staates orientieren.[222] Eine solche Versammlung war die erste Beteiligung des Gewerbes an einer Rheinschifffahrtsverordnung.[223] Normalerweise waren die Verhandlungen der Zentralkommission streng von der Öffentlichkeit getrennt. Die Kommissare hielten es sich offen, an der Besprechung teilzunehmen und das Protokoll der selbigen war so bald wie möglich vorzulegen.[224]

Hier zeigte sich, wie Sicherheitsbestrebungen der Rheinschifffahrt mit Praktikabilität und politische Verhandlungen mit praktischen Erfahrungen zusammengingen. Das Expertenwissen der Schiffer diente der Zentralkommission als Informationsquelle, wurde die Rheinschifffahrtspolizeiverordnung doch entworfen, um von ebendiesen Schiffern befolgt zu werden. Man kann hier erste Züge von Lobby-Arbeit sehen. Die Zentralkommission als Diplomatenversammlung benötigte bei komplexen Fragen Unterstützung von Experten.

Konsensbildung

Die Versammlung mit den Vertretern des Rheinschifffahrtsgewerbes fand im September 1848 unter Vorsitz des Oberinspektors von Auer in Mainz statt.[225] Von den Bevollmächtigten bei der Zentralkommission waren nur

---

220 BayHStA, MA, Nr. 9016, Protocoll der Central-Commission für die Rheinschifffahrt, No. XVII vom 3. August 1848, Polizeiliche Verordnung über das Befahren des Rheins.

221 Ebd.

222 Vgl. ebd.

223 Vgl. Orlovius, Volker: 155 Jahre internationale Vorschriften der Zentralkommission für die Rheinschiffahrt, in: Zeitschrift für Binnenschiffahrt, Heft 20, Oktober 1993, S. 10-15, hier S. 10.

224 Vgl. BayHStA, MA, Nr. 9016, Protocoll der Central-Commission für die Rheinschifffahrt, No. XVII vom 3. August 1848, Polizeiliche Verordnung über das Befahren des Rheins.

225 Vgl. BayHStA, MA, Nr. 8956, Verhandelt, Mainz den 25. September 1848.

der hessische und der niederländische Kommissar anwesend. Die Rheinschifffahrtsinspektoren der vier Rheinaufsichtsbezirke waren zugegen und neun Abgeordnete von Handelskammern, drei von Dampfschifffahrtsgesellschaften, acht Vertreter von Dampfschleppschiff-fahrtsgesellschaften und siebzehn Segelschiffer. Diese waren von den Territorialbehörden ernannt beziehungsweise gewählt und legitimiert worden.[226] Die Beratung des Entwurfs einer Polizeiverordnung erfolgte Artikel für Artikel, teils unter Bezugnahme auf das bereits im Juli in Köln stattgefundene Treffen von Vertretern der preußischen Rheinprovinz. Entweder wurde ein Artikel wie entworfen genehmigt, eine andere Fassung wurde vorgeschlagen und genehmigt oder eine Änderung wurde diskutiert und dann genehmigt. An fast allen Artikeln wurde eine Änderung gewünscht. Länger diskutiert wurden das Ausweichen der fliegenden Brücken sowie ein eingeschränktes Fahrverbot für Dampfschiffe, welches als Eingriff in Privatrechte gesehen wurde. Ferner wünschten die Schiffer an manchen Stromstellen Wahrschauen, also Warneinrichtungen. Die Diskussionen wurden nicht im Protokoll des Treffens wiedergegeben. Es lässt sich also nicht klar ausmachen zwischen wem genau diese stattfanden, ob die Schiffer als homogene Gruppe auftraten oder ob es beispielsweise Diskrepanzen zwischen Segel- und Dampfschiffern gab. Die Schifffahrtspraxis lieferte wertvolle Hinweise für die Erstellung des Polizeireglements.

Tabelle 6: Diskussion der Polizeilichen Verordnung über das Befahren des Rheins von Basel bis zur Königlich Niederländischen Gränze bei Spijk.[227]

Artikel	Inhalt	Diskussion des Gewerbes
Erste Abtheilung. Allgemeine Bestimmungen für die ganze Stromstrecke von Basel bis Spijk.		
1	Allgemeine Verbindlichkeit zur Verhütung von Beschädigung.	Wurde genehmigt.
2	Verhalten während der Fahrt. Wahl des Fahrwegs.	Andere Fassung wurde vorgeschlagen und genehmigt.

226 Vgl. BayHStA, MA, Nr. 8956, Den Entwurf einer Polizeiverordnung, die Befahrung des Rhein betreff. vom 1ten October 1848.

227 Tabelle zusammengestellt auf Basis des Sitzungsprotokolls. Vgl. BayHStA, MA, Nr. 8956, Verhandelt, Mainz den 25. September 1848, Anwesend die Herren.

3	Vorbeifahren der Schiffe beieinander. Allgemeine Bestimmungen.	Wurde geändert. Die Schiffer forderten mehr Abstand und Wartezeiten bei engen Stromstellen.
4	b) Vorbeifahren in entgegengesetzter Richtung.	Wurde modifiziert.
5	c) in derselben Richtung.	Änderungen; neue Fassung.
6	d) Vorschriften in Betreff der Dampfschleppzüge.	Erläuterungen.
7	In Betreff der Segelschiffe. Wenn sie von Pferden gezogen werden.	Absatz 1 blieb. Absatz 2 wurde neu formuliert.
8	bb) wenn sie zu Tal treiben.	Kölner Versammlungsvorschlag wurde übernommen.
9	cc) wenn sie lavieren.	Blieb.
10	In Betreff der kleinen Fahrzeuge.	Neu formuliert; die Schiffer definierten kleine Fahrzeuge bis 600 Zentner Tragfähigkeit.
11	Fahren der Schiffe durch Schiffbrücken und bei Fähren.	Absatz 1 blieb. Absatz 2 wurde nach Diskussion neu formuliert. Absatz 3 blieb. Absatz 4 wurde umformuliert.
12	Anhalten der Dampfschiffe zur Personenbeförderung.	Wurde mit Zusatz bezüglich das Abfahrens von Landebrücken versehen.
13	Verhalten während des Fahrens zur Nachtzeit und bei Nebel.	Umformuliert und mit strengeren Vorgaben geändert.
14	Verhalten bei hohem Wasserstande.	Kölner Fassung mit Zusatz, dass Pegelstände von Städten verkündet werden.
15	Verhalten beim Festfahren.	Die Wahrschau vor einem festgefahrenen Schiff soll eine ganze Stunde vorher, nicht nur eine halbe vorher, postiert werden.

16	Verhalten während des Stillliegens.	Absatz 1 und 3 blieben. Absatz 2 und 4 mit Zusätzen.
17	Bestimmungen in Betreff der Bade-Anstalten und sonstigen Anlagen.	Blieb.
18	Strafbestimmung.	Wurde neu formuliert, Änderungen beantragt, vor allem Herabsetzung des Strafmaßes.
Zweite Abtheilung. Besondere Bestimmungen für einzelne Stromtheile.		
19	Durchfahrten und Durchstiche.	Erläuterung: Örtlichkeiten hätten sich verändert; bezüglich Art. 3 konnte Art. 19 daher wegfallen.
20	”	Konnte ebenfalls wegfallen.
21	”	Konnte ebenfalls wegfallen.
22	Enge Fahrwasserstellen.	Konnte ebenfalls wegfallen.
23	Wahrschau.	Weitere Wahrschauen gewünscht.
24	”	Konnte bezüglich Art. 15 und mit zusätzlicher Wahrschau wegfallen.
25	Stromstrecke von St. Goar bis Bingen.	Diskussion, unter anderem über Wasserstand; dann neu formuliert.
26	Fliegende Brücken und Gierponten.	Absatz 3 für alle statt nur für Dampfschiffe.

Im Anschluss an die Beratung verfasste der Oberinspektor einen Bericht, in dem er der Zentralkommission die Kommentare der Schifffahrtstreibenden übermittelte und bereits vorwegnahm: „Der vorliegende Entwurf hat in Folge dessen sehr wesentliche Abänderungen und Modificationen erlitten, und es ist darum nöthig geworden, […] nach Massgabe der angenommenen Vorschläge einen anderweitigen Entwurf im Sinne der Versammlung anzufertigen.“[228] Die Zentralkommission beriet im Dezember

228 BayHStA, MA, Nr. 8956, Den Entwurf einer Polizeiverordnung, die Befahrung des Rhein betreff. vom 1ten October 1848.

1848 über diesen neuen Entwurf,[229] wobei ihr die Erläuterungen des Oberinspektors zu den Veränderungen halfen. Die Rheinschifffahrtsgewerbevertreter wünschten eine Neugestaltung des Gerichtswesens, da sie es für bedenklich hielten, „dass dem Einzelrichter die Erkennung einer so bedeutenden Geldstrafe und selbst Entziehung des Patentes allein überlassen sei."[230] Die Zentralkommission erstellte einen neuen Entwurf, der, sofern er von den Regierungen genehmigt würde, zum 1. Juli 1849 in Kraft treten sollte. In diesem Entwurf waren etliche Anregungen der Gewerbeversammlung übernommen worden, nur gelegentlich fanden die Vorschläge keinen Eingang in den neuen Entwurf. Berücksichtigt wurden die Formulierungen und Meinungen des Gewerbes vor allem bei sicherheitsrelevanten Punkten, so den Vorschriften zum Aneinandervorbeifahren, dem Verhalten beim Passieren von Schiffsbrücken und dem Fahren bei Nacht und den Wahrschauen.[231]

1848 waren die Segelschiffer noch auf eine andere Weise in den Fokus der Aufmerksamkeit gerückt. Das Aufkommen der Dampfschifffahrt hatte die Segelschiffer vor neue Herausforderungen gestellt; besonders die Schleppschifffahrt sahen sie als Bedrohung für ihre Existenz an. Zur Seite standen den Segelschiffern in ihrer Opposition gegen die Dampf(schlepp)schiffe unter anderem auch Uferanwohner, deren Eigentum durch den von den Dampfschiffen verursachten Wellenschlag beschädigt wurde.[232] Auf Klagen, mit denen sich die Zentralkommission be-

229 Vgl. BayHStA, MA, Nr. 9016, Protocoll der Central-Commission für die Rheinschifffahrt, No. XXXV vom 16. December 1848, Polizeiliche Vorschriften über das Befahren des Rheins.

230 BayHStA, MA, Nr. 8956, Den Entwurf einer Polizeiverordnung, die Befahrung des Rhein betreff. vom 1ten October 1848.

231 Vgl. BayHStA, MA, Nr. 9016, Protocoll der Central-Commission für die Rheinschifffahrt, No. XXXV vom 16. December 1848, Polizeiliche Vorschriften über das Befahren des Rheins. Anlage zu Protocoll No. XXXV. von 1848. Polizeiliche Verordnung über das Befahren des Rheins von Basel bis zur Königlich Niederländischen Grenze bei Spijk.

232 Hessen hatte daher 1842 eine Verordnung erlassen, die die Dampfschiffe verpflichtete, immer den größtmöglichen Abstand zum Ufer und anderen Schiffen zu halten und gegebenenfalls die Geschwindigkeit zu drosseln. Vgl. HStAD, G 4, Nr. 320, Verordnung, die Beschädigung an den Rheinufern und den an denselben befestigten oder im Strom vor Anker liegenden Schiffen, Flossen, Mühlen und dergleichen durch das Vorbeifahren der Dampfboote mit voller Kraft betreffend, Darmstadt den 19. Juli 1842.

reits 1842 beschäftigt hatte,[233] folgten im Frühjahr 1848 tätliche Angriffe gegen die Schleppschiffe; so wurde unter anderem das Schleppen der Schiffe durch Häfen verhindert.[234] Sowohl Segel- als auch Dampfschiffer publizierten Denkschriften und wandten sich an die Zentralkommission, die ein weiteres Mal den Oberinspektor mit der Erstellung eines Berichts beauftragte. In diesem stellte er fest, dass es sich „nicht in Abrede stellen"[235] ließe, dass die Segelschiffer und Uferanwohner durch die Dampfschifffahrt Schäden erlitten und die Beschwerden gerechtfertigt seien.[236] Am Ende seines Berichts kam der Oberinspektor auf polizeiliche Vorschriften zu sprechen, von denen in dem 19-seitigen Bericht und auch auf den Anhörungen des Gewerbes zur Polizeiverordnung 1848 keine Rede gewesen war: Polizeiliche Vorschriften sollten Beschädigungen des Ufers durch Dampfschiffe verhindern.[237]

Die Regierungen von Frankreich, Hessen, Bayern und den Niederlanden hatten Bedenken gegen den im Herbst 1848 erstellten Entwurf, der daher nicht in Kraft trat. Stattdessen verhandelte die Zentralkommission 1849 erneut. Die Änderungswünsche wurden sofort besprochen und beschlossen, in einigen Fällen fehlten den Bevollmächtigten jedoch die Instruktionen, weshalb die Entscheidung vertagt werden musste.[238] Diskutiert wurden unter anderem die Regeln zum Vorbeifahren der Schiffe aneinander, das Passieren von Schiffsbrücken und die Bestimmungen in Betreff von fliegenden Brücken, Bädern und sonstigen Anlagen. Der nieder-

---

233 Vgl. HHStAW, Abt. 210, Nr. 9328, Protocoll der Central-Commission für die Rheinschifffahrt No. XXII vom 1ten October 1842, Klagen der Rheinischen Segelschiffer gegen die Concurrenz der Dampfschlepp-Boote.

234 Zu den Protesten der Schiffer siehe auch: Weber-Brosamer, Bernhard: »Die Weltordnung will weder Stillstand noch Rückschritt«. Zur Einführung der Dampfschifffahrt auf dem Rhein und ihren wirtschaftspolitischen Auswirkungen, in: Looz-Corswarem, Clemens von; Mölich, Georg (Hg.): Der Rhein als Verkehrsweg. Politik, Recht und Wirtschaft seit dem 18. Jahrhundert, Verlag Peter Pomp, Bottrop 2007, S. 93-116. Eckert, Christian: Rheinschiffahrt im XIX. Jahrhundert, Duncker&Humblot, Leipzig 1900, hier S. 260ff.

235 Nationaal Archief, 2.05.01, Nr. 3709, Die Störungen der Dampfschleppschifffahrt und die Klagen der Segelschiffer, Schiffsvoranzieher, Schiffshalter und Uferanwohner betreffend vom Oberinspektor der Rheinschifffahrt v. Auer vom 14. Juli 1848.

236 Vgl. ebd.

237 Vgl. ebd.

238 Vgl. BayHStA, MA, Nr. 9017, Protocoll der Central-Commission für die Rheinschifffahrt, No. XI vom 10. October 1849, Polizeiliche Verordnung über das Befahren des Rheins.

ländische Bevollmächtigte hatte zudem erklärt, dass die niederländische Regierung den Entwurf durchaus für den niederländischen Rhein erlassen würde; wenn einige bestimmte Änderungen gemacht würden.[239] Daher nahm der niederländische Kommissar an den Beratungen teil, was die anderen Kommissare begrüßten, da nun die Chance bestand, ein für den ganzen Rhein geltendes Reglement zu erlassen. Der Oberinspektor sollte zu den niederländischen Vorschlägen ein Gutachten erstellen und die Zentralkommission beschloss, den niederländischen Vorschlag bezüglich der farbigen Laternen als Kennzeichnung für die Schiffe bei der Berg- beziehungsweise Talfahrt für die niederländische Strecke ins Reglement mit aufzunehmen, für den restlichen Rhein jedoch nicht. Hier wurde das Verfahren wieder aufgelockert beziehungsweise Ausnahmen erlaubt, um noch eine Gesamtlösung zu erreichen.

Der Entwurf des Polizeireglements, den die Bevollmächtigten zur Entscheidung bringen wollten, bestand aus 21 Artikeln, siebzehn in der ersten und vier in der zweiten Abteilung.[240] Thematisch waren in der ersten Abteilung vier Kategorien enthalten: die allgemeine Verbindlichkeit zur Verhütung von Beschädigungen (Artikel 1), das Verhalten während der Fahrt (Artikel 2 bis 15), das Verhalten während des Stillliegens (Artikel 16) und die Bestimmungen in Betreff der fliegenden Brücken, Gierponten und sonstigen Anlagen (Artikel 17). Die besonderen Bestimmungen in der zweiten Abteilung betrafen die Wahrschau (Artikel 18), Sonderbestimmungen für bestimmte Stromstrecken (Artikel 19 und 20) und die Strafbestimmungen (Artikel 21).[241] Über den jeweiligen Regierungsbeschluss wollten sich die Bevollmächtigten wie gewohnt auf dem Korrespondenzweg informieren.

In der Diskussion über die Bestrafung von Verstößen gegen die polizeilichen Vorschriften kam die Sprache auf einen Supplementarartikel zur Mainzer Akte. Dieser Supplementarartikel „Bestrafung der Contraventionen gegen allgemeine polizeiliche Vorschriften über das Befahren des Rheines“[242] bestand im Entwurf aus elf Punkten, die unter anderem festlegten, dass für Übertretung der Regeln eine Geldstrafe zu zahlen war, das

239 Vgl. ebd.

240 Vgl. BayHStA, MA, Nr. 9017, Anlage III. zu Protokoll Nro. XI. von 1849, Polizeiliche Verordnung über das Befahren des Rheins von Basel bis in die See.

241 Vgl. ebd.

242 Vgl. BayHStA, MA, Nr. 9017, Anlage II. zu Protokoll Nro. XI von 1849, Entwurf zu einem Supplementar-Artikel in Betreff der Bestrafung der Contraventionen gegen allgemeine polizeiliche Vorschriften über das Befahren des Rheines.

Patent entzogen werden konnte und die Verurteilung durch die Rheinzollgerichte stattfand, wenn der zu Verurteilende nicht freiwillig das Urteil des Rheinzollamtes annahm.[243] Die Mitglieder der Zentralkommission waren sich einig, die Verabschiedung des Reglements, das von allen Seiten, auch der der Schiffer, gewünscht wurde, nicht vom Supplementarartikel abhängig zu machen.[244] Die Zentralkommission beschloss am Ende der Sitzung, alle Kommissare hätten, „die Annahme des Entwurfs bei ihren Regierungen dringend und unter Hervorhebung des Gesichtspunktes zu befürworten, dass, bei der gegenwärtigen Lage der Sache, ein jeder Abänderungs-Vorschlag den im allseitigen Interesse wünschenswerthen Erlass einer gemeinschaftlichen Verordnung gewiss um ein Jahr verzögern und vielleicht unmöglich machen würde."[245]

Der bayerische Bevollmächtigte schrieb wegen der Rheinschifffahrtspolizeiverordnung an sein Außenministerium: Die „Rheinschiffahrts-Commission hatte diese Angelegenheit als den Hauptgegenstand ihrer dießjährigen Session betrachtet und war bemüht, denselben in zwei ausführlichen Plenarsitzungen und zahlreichen vertraulichen Besprechungen, unter gleichzeitiger Einberufung und Zuziehung einiger Bezirksinspektoren der Rheinschiffahrt zu vollständiger Vereinbarung zu bringen und hiermit ein seit dem Bestehen der Rheinschiffahrtsordnung gefühltes höchst wesentliches Bedürfniß für die gesammte Rheinschiffahrt seiner endlichen Verwirklichung zuzuführen."[246] Hier findet sich ein Hinweis darauf, dass die Beratungen nicht nur im offiziellen Kreis der Zentralkommission, sondern auch zwischen den Bevollmächtigten stattgefunden haben.

3.2.4. Entscheidungsphase

Außer dem bayerischen hatte kein Bevollmächtigter seine Kollegen schriftlich über die Zustimmung seiner Regierung informiert und so wurde 1850 erneut über das Polizeireglement und doch noch einige Änderungs-

243 Vgl. ebd.

244 Vgl. BayHStA, MA, Nr. 9017, Protocoll der Central-Commission für die Rheinschifffahrt, No. XI vom 10. October 1849, Polizeiliche Verordnung über das Befahren des Rheins.

245 Ebd.

246 BayHStA, MA, Nr. 63522, von Kleinschrod an das Königliche Ministerium des Königlichen Hauses und des Äußern, 22. November 1849.

wünsche diskutiert.[247] Den Artikeln 1 bis 13 und 18 bis 20 stimmten alle zu und kleinere Änderungswünsche beziehungsweise Wünsche, die nur ein Staat hatte, wurden vor Ort diskutiert und schnell entschieden. Ein Wunsch Nassaus bezüglich der Pegel, gegen den nur Preußen sich ausgesprochen hatte, wurde zur Klärung ausgelagert, das heißt Nassau und Preußen sollten sich bilateral beraten und der nassauische Wunsch wurde derweil provisorisch in das Reglement aufgenommen. Bezüglich der Strafbestimmungen wurde festgestellt, dass dem hessischen Wunsch nach einem diesbezüglichen Supplementarartikel wohl nicht entsprochen werden könne, da man sich nicht einigen konnte. Bayern, Hessen und Frankreich waren für einen Supplementarartikel, Baden und Preußen hatten jedoch keine Instruktion und der niederländische Bevollmächtigte erklärte, der Supplementarartikel widerspräche den in den Niederlanden geltenden Regeln.[248] Daher einigte man sich lediglich auf eine neue Fassung des Artikels 21 im Entwurf der Polizeiverordnung, der die Strafbestimmungen enthielt.

Am Ende fasste die Zentralkommission folgenden Beschluss: „Nachdem sämmtliche [sic] im Verlaufe der gegenwärtigen Verhandlungen zur Sprache gebrachten Bemerkungen laut Vorstehendem ihre Erledigung gefunden haben, sieht sich die Central-Commission in den Stand gesetzt, in der Anlage die definitive Fassung der von sämmtlichen [sic] Uferstaaten genehmigten polizeilichen Verordnung über das Befahren des Rheins unter dem Beschlusse beizufügen, dass dieselbe nach ihrem gegenwärtigen Inhalte auf dem ganzen konventionellen Rhein mit Eintritt des 1. Jänners 1851 in Vollzug gesetzt werde."[249]

---

247 Vgl. BayHStA, MA, Nr. 9018, Protocoll der Central-Commission für die Rheinschifffahrt, No. VIII vom 27 September/8 October 1850, Polizeiliche Verordnung über das Befahren des Rheinstromes.

248 Vgl. ebd. Das Thema eines Supplementarartikels wurde 1851 erneut besprochen. Vgl. auch: Nationaal Archief, 2.05.01, Nr. 3712, Protocole No. VIII de la Commission Centrale de la Navigation du Rhin, Règlement général de police, le 6 Septembre 1851.

249 BayHStA, MA, Nr. 9018, Protocoll der Central-Commission für die Rheinschifffahrt, No. VIII vom 27 September/8 October 1850, Polizeiliche Verordnung über das Befahren des Rheinstromes.

Tabelle 7: Polizeiliche Verordnung über das Befahren des Rheins von Basel bis in die See. (endgültiger Entwurf von 1850)[250]

Artikel	Erste Abtheilung. Allgemeine Bestimmungen für den ganzen Strom.
1	I. Allgemeine Verbindlichkeit zur Verhütung von Beschädigung.
2	II. Verhalten während der Fahrt. 1) Im Allgemeinen.
3	2) Vorbeifahren der Schiffe bei einander. A. Allgemeine Bestimmungen.
4	B. Vorbeifahren in entgegengesetzter Richtung.
5	C. In derselben Richtung.
6	D. Vorschriften in Betreff der Dampfschleppzüge.
7	E. In Betreff der Segelschiffe. a) Wenn sie vom Ufer aus gezogen werden.
8	b) Wenn sie zu Thal treiben.
9	c) Wenn sie laviren.
10	F) In Betreff der einzelnen Fahrzeuge.
11	3) Fahren der Schiffe durch Schiffbrücken und bei Fähren.
12	4) Anhalten der Dampfschiffe zur Personenbeförderung.
13	5) Verhalten während des Fahrens zur Nachtzeit und bei Nebel.
14	6) Verhalten bei hohem Wasserstande.
15	7) Verhalten beim Festfahren und Versinken.
16	III. Verhalten während des Stillliegens.
17	IV. Bestimmungen in Betreff der fliegenden Brücken, Gierponten, Brücken und sonstigen Anlagen.
	Zweite Abtheilung. Besondere Bestimmungen.
18	I. Wahrschau.
19	II. Besondere Bestimmungen. 1) Für die Stromstrecke von St. Goar bis Bingen.
20	2) Für die Rheindurchstiche.
21	Strafbestimmung

250 Vgl. GStA PK, I. HA 120 C XV 10b, Nr. 21 Bd. 4, Anlage zu Protocoll No. VIII von 1850, Polizeiliche Verordnung über das Befahren des Rheines von Basel bis in die See.

Schließlich setzten die Mitgliedstaaten der Zentralkommission in den Jahren 1850 und 1851 nach fast zehnjähriger Verhandlungszeit ihre jeweiligen Polizeiverordnungen außer Kraft und die gemeinsame in zug.[251]3.2.5. Weitere Entwicklung und Standardisierungsfunktion

Die Polizeiverordnung stellte für den gesamten Rheinverlauf geltende Regeln auf, vereinheitliche so erstmals die Verkehrsregeln und erhöhte die Sicherheit. Sie war ein Standard im administrativ-rechtlichen Bereich, der vertraglich festgehalten war. Bis heute wird die Rheinschifffahrtspolizeiverordnung bisweilen korrigiert, um sie an Veränderungen anzupassen.

Tabelle 8: Chronologische Übersicht über alle Verordnungen der Staaten und Entwürfe der Zentralkommission[252]

Land	Datum	Verordnung (beziehungsweise Entwurf)	Besonderheiten
Niederlande	04.09.1824	Niederländischer Königlicher Beschluss betr. das an einander Vorbeifahren von Dampfschiffen	Vier Artikel
Niederlande	15.04.1826	Niederländischer Königlicher Beschluss das an einander Vorbeifahren von Dampf- und Segelschiffen	Fünf Artikel

251 Vgl. Polizeiverordnung der Zentral-Kommission für die Rheinschiffahrt über das Befahren des Rheinstromes, 1850, Zentralkommission für die Rheinschiffahrt (Hg.): Rheinurkunden Erster Teil (1803-1860), Nrn. 1-300, Duncker&Humblot, München Leipzig 1918, Dokument Nr. 247, S. 496-516. Vgl. auch: Archives Nationales Paris, F 12, Nr. 6631, Protocole No. VIII de la Commission Centrale de la Navigation du Rhin, Règlement général de police, le 6 Septembre 1851. Ab 1853 verhandelte die Zentralkommission Änderungen der Polizeiverordnung. Vgl. auch Nationaal Archief, 2.05.01, Nr. 3712.

252 Tabelle erstellt auf Basis von: Zentralkommission für die Rheinschiffahrt (Hg.): Rheinurkunden Erster Teil (1803-1860), Nrn. 1-300, Duncker&Humblot, München Leipzig 1918. Und: Protokolle der Zentralkommission.

Preußen	09.05. 1828	Preussische Verordnung betr. das an einander Vorbeifahren von Dampfschiffen und Segelschiffen sowie Flössen	
ZKR	1829	Rheinschifffahrts polizeiliche Verordnung	Entwurf
Hessen	09.05. 1840	Hessische Verordnung betr. das Vorbeifahren der Dampf- und Segelschiffe an einander, auch sonstige von beiden und den Flossen bei ihrer Fahrt auf dem Rheine zu beobachtende Polizei-Vorschriften	22 Artikel, zusammen mit Nassau und Bayern erarbeitet, preußisches Reglement als Vorlage
Nassau	05.08. 1840	Nassauische Verordnung betr. das Vorbeifahren der Dampf- und Segelschiffe an einander, sowie das sonstige Verhalten derselben und der Flosse auf dem Rheinstrom	22 Artikel, zusammen mit Hessen und Bayern erarbeitet, preußisches Reglement als Vorlage
Preußen	16.01. 1841	Preussisches Reglement betr. das Vorbeifahren der Dampfschiffe und anderer Schiffe. Nebst sonstigen Vorschriften, die sowohl von den Dampfschiffen als Segelschiffen bei der Fahrt auf dem Rheine zu beachten sind	27 Artikel
Baden	14.04. 1841	Badische Verordnung betr. die Fahrt der Dampf- und Segelschiffe, so wie der Flösse auf dem Rhein	19 Artikel, preußisches Reglement als Vorlage
Frankreich	15.05. 1841	Französisches Reglement de Police pour la navigation des bateaux a vapeur du Rhin, et mesures de précaution à observer lors de la rencontre des-dits bateaux avec d'autres bateaux, soit à vapeur, soit à voiles	34 Artikel, preußisches Reglement als Vorlage

Bayern	13.08. 1841	Bayrische Verordnung betr. das Vorbeifahren der Dampf- und Segelschiffe an einander, sowie das sonstige Verhalten derselben und der Flösse auf dem Rheine	20 Artikel, zusammen mit Hessen und Nassau erarbeitet, preußisches Reglement als Vorlage
ZKR	01.10. 1842	Reglements-Entwurf, Die Fahrt der Dampf- und Segelschiffe so wie der Flösse auf dem Rhein betreffend	Entwurf
ZKR	16.09. 1844	Allegmeines Polizei-Reglement für die Dampfschifffahrt auf dem Rheine, Anlage zu dem Protokolle Nro. XVIII vom Jahr 1844	Entwurf
Niederlande	09.12. 1845	9 Dezember 1845, Niederländischer Königlicher Beschluss betr. Das Ausweichen von Dampf- und Segelschiffen	16 Artikel, enthält nun das Rechtausweichen wie in den anderen Staaten
ZKR	10.09. 1847	Polizeiliche Verordnung über das Befahren des Rheins von Basel bis zur Königlich Niederländischen Gränze bei Spijk	Entwurf
ZKR	01.10. 1848	Polizeiliche Verordnung über das Befahren des Rheins von Basel bis zur Königlich Niederländischen Grenze bei Spijk	Entwurf
ZKR	10.10. 1849	Polizeiliche Verordnung über das Befahren des Rheins von Basel bis in die See (Entwurf von 1849)	Entwurf
ZKR	27.09. und 08.10. 1850	Polizeiliche Verordnung über das Befahren des Rheins von Basel bis in die See	Endgültiger Entwurf

ZKR	1850	Polizeiliche Verordnung über das Befahren des Rheins von Basel bis in die See	Veröffentlicht von Baden: 08.01.1850 Bayern: 29.12.1850 Frankreich Hessen: 27.04.1851 Nassau: 1851 Niederlande: 08.01. und 12.11.1851 Preussen: 10.06.1851

3.3. Betrieblicher Standard: Gemeinsame Grundsätze zur Patenterteilung von 1852

Die Rheinschifffahrtsakte hatte staatliche Ausführungsverordnungen vorgesehen, die die einzelnen Staaten für die Schifferpatente erlassen sollten.[253] Dies bedeutete jedoch, dass sieben verschiedene Ordnungen auf dem Rhein galten, da jeder der sieben Mitgliedstaaten der Zentralkommission in den 1830er Jahren eigene Vorschriften zur Schifferpatenterteilung erlassen hatte; in den Niederlanden galt beispielsweise eine Verordnung von 1831.[254] Dem wurde durch die 1852 erlassenen Gemeinsamen

253 Rheinschiffahrtsakte zwischen Baden, Bayern, Frankreich, Hessen, Nassau, Niederland und Preussen, 31. März 1831, in: Zentralkommission für die Rheinschiffahrt (Hg.): Rheinurkunden Erster Teil (1803-1860), Nrn. 1-300, Duncker&Humblot, München Leipzig 1918, Dokument Nr. 80, S. 212-283. Darin: Vierter Teil, Artikel 42-47, S. 241-244.

254 Niederländischer Königlicher Beschluss Nr. 16 betr. die Schiffer- und Schiffspatente sowie die Eiche der Rheinschiffe, 9. Juli 1831, in: Zentralkommission für die Rheinschiffahrt (Hg.): Rheinurkunden Erster Teil (1803-1860), Nrn. 1-300, Duncker&Humblot, München Leipzig 1918, Dokument Nr. 82, S. 283-285. Preussisches Regulativ wegen Ausübung der Rheinschiffahrt von diesseitigen Untertanen und wegen des Lootsendienstes auf dem Rheine, 5. August 1834, in: ebd., Dokument Nr. 107, S. 314-321. Hessische Verordnung betr. die Bedingnisse von

Grundsätze zur Patenterteilung Abhilfe geschaffen. Damit hatte die Zentralkommission zwar noch keine einheitliche, für den gesamten Rhein geltende Ordnung erstellt, durch die Gemeinsamen Grundsätze wurden die einzelnen Ordnungen jedoch harmonisiert und wiesen nach 1852 große Ähnlichkeit auf. „Ohne die Uferstaaten rechtlich zu binden, stellte die Kommission [...] Regeln auf, die, wenn sie in den verschiedenen nationalen Ausführungsverordnungen befolgt wurden, ein praktisch einheitliches Regime der Schifferpatente verbürgten.“[255]

3.3.1. Vorgeschichte

Das Beispiel der Rheinschifferpatente weist eine lange Vorgeschichte auf. Diese wird aufgrund der vielen mit diesem Thema zusammenhängenden Teilaspekte hier kurz dargestellt. Die eigentliche Frage nach den Grundsätzen und Regeln, nach denen Schifferpatente ausgestellt werden, ist eng verwoben mit Fragen nach der Ausgestaltung der Schifferpatente. Dies zeigte sich bei der Diskussion um das Signalement (eine Art Personenbeschreibung) sowie die Dienstbücher, also die Form der Dokumente, und die verschiedenen Typen von Rheinschiffern, solche mit eigenen Schiffen und solche, die fremde Schiffe führten, die Setzschiffer.

Exkurs: Dampfschiffskonzession und Setzschiffer

Die Zentralkommission beschäftigte sich in den 1840er Jahren mit zwei der Patentfrage verwandten Themen: dem der Dampfschiffskonzession[256]

---

deren Erfüllung die Erteilung der Patente zum Betrieb der Rheinschiffahrt abhängig ist, 20. November 1834, in: ebd., Dokument Nr. 110, S. 324. Bayern hatte am 28. Dezember 1833 Vorschriften zur Vollziehung des Art. 42 der Rheinschiffahrtsordnung vom 31. März 1831 erlassen.

255 Eysinga, Willem Jan Mari van; Walther, Henri: Geschichte der Zentralkommission für die Rheinschiffahrt 1816 bis 1969, Straßburg 1994, S. 97.

256 Vgl. Vertrag zwischen Baden, Bayern, Frankreich, Hessen, Nassau, Niederland und Preussen, Supplementar-Artikel XVIII zur Rheinschiffahrts-Akte vom 31 März 1831 betr. Art. 52 (Befugnis zur Fahrt mit Dampfschiffen), 2. September 1845, in: Zentralkommission für die Rheinschiffahrt (Hg.): Rheinurkunden Erster Teil (1803-1860), Nrn. 1-300, Duncker&Humblot, München Leipzig 1918, Dokument Nr. 219, S. 474-476. Auswechslung der Ratifikationsurkunden am 30. Mai 1846.

und dem der Setzschiffer.[257] Nach Aufkommen und Erstarken der Dampfschifffahrt in den 1830er Jahren hatte diese die Rheinschifffahrt verändert und eine Anpassung der gängigen Verhaltensweisen und Regeln erfordert [siehe Beispiel der Rheinschifffahrtspolizeiverordnung]. Als Setzschiffer wurden Schiffer bezeichnet, die nicht (Mit-)Eigentümer des von ihnen geführten Schiffes waren. Dieser Umstand war hinsichtlich der Patente problematisch, da in diese der Name des Schiffes eingetragen sein musste, was jedoch schwierig war, wenn ein Schiffer wechselnde Schiffe führte.

Dampfschiffskonzession

Am 2. September 1845 beschloss die Zentralkommission den XVIII. Supplementarartikel zur Rheinschifffahrtsakte von 1831. Dieser Zusatzartikel ersetzte Artikel 52 und behandelte die Erlaubnis, Dampfschiffe auf der ganzen Rheinstromlänge zu fahren. Hierfür wurden das Schifferpatent und die Dampfschiffskonzession benötigt und es oblag den einzelnen Staaten, für ihre Unternehmer die Bedingungen zur Erlangung der Konzession aufzustellen. „Dabei soll jedoch jede irgend vermeidliche Beschränkung und Belästigung unterbleiben und kein Dampfschiff, welches einem anderen Uferstaate angehört, strenger oder ungünstiger als die eigenen Dampfschiffe gleicher Art behandelt werden.“[258]

---

257 Vgl. unter anderem BayHStA, MA, Nr. 8971, Protokoll No. XVI der Central-Commission für die Rheinschifffahrt vom 9. September 1845. BayHStA, MA, Nr. 8971, Außenministerium an Alwens, 30. Dezember 1845. GStA PK, I. HA Rep. 113, Nr. 443, Protocoll No. XIII der Central-Commission für die Rheinschifffahrt vom 26. August 1846. GStA PK, I. HA Rep. 113, Nr. 443, Protocoll No. VII der Central-Commission für die Rheinschifffahrt vom 19. August/3. September 1847. BayHStA, MA, Nr. 8971, Außenministerium an von Kleinschrod, 14. Juli 1848.

258 Vertrag zwischen Baden, Bayern, Frankreich, Hessen, Nassau, Niederland und Preussen, Supplementar-Artikel XVIII zur Rheinschiffahrts-Akte vom 31 März 1831 betr. Art. 52 (Befugnis zur Fahrt mit Dampfschiffen), 2 September 1845, in: Zentralkommission für die Rheinschiffahrt (Hg.): Rheinurkunden Erster Teil (1803-1860), Nrn. 1-300, Duncker&Humblot, München Leipzig 1918, Dokument Nr. 219, S. 474-476.

Setzschiffer

Im Laufe des Sommers 1845 stellte der nassauische Bevollmächtigte den Antrag, „dass mit Aufrechthaltung des Art. 42 der Acte das Institut der Setzschiffer gemeinschaftlich anerkannt, von der Bezeichnung des von denselben zu führenden Schiffes in deren Patente abstrahiert werde und denselben zu gestatten sei, alle im Besitz der Unterthanen von Rheinuferstaaten befindlichen Schiffe ohne Unterschied der Flaggen, sei es pure oder mittelst Vollmacht oder Verhinderungsattest des Schiffseigenthümers, zu führen.“[259] Die Zentralkommission beschloss, diese Frage später erneut zu verhandeln und in der Zwischenzeit die jeweiligen Regierungen zu konsultieren. Ein Jahr später, im August 1846, wurde das Protokoll in der Sitzung der Zentralkommission wieder vorgelegt und die Kommission beschäftigte sich „mit der Frage in Betreff der Setzschiffer, um die Bestimmungen des Artikels 42 mit dem Interesse der Schifffahrt in Einklang zu bringen.“[260] Die Diskussion um die Setzschiffer verlief nicht konfliktfrei, da die einzelnen Staaten unterschiedliche Auffassungen über die Auslegung des Artikel 42 der Rheinschifffahrtsakte hatten und der namentlichen Nennung des Schiffes im Patent ein größerer Nutzen beispielsweise für die Sicherheit zugeschrieben wurde. Nach längerer Beratung beschlossen die Bevollmächtigten drei Vorschläge als Kompromiss: 1) Bei den Setzschiffern für Segelschiffe sollte es genügen, wenn die Polizeibehörde des Einlade- und Abfahrtshafens den Namen des Schiffes in das Patent oder als Anlage zum Patent eintrug. 2) Für die Kapitäne oder Führer von Dampfschiffen sollte die Eintragung des Schiffnamens ins Patent nicht nötig sein. Dieses Vorgehen war in der Praxis bereits angewendet worden und sollte nun als förmlicher Zusatz zum Art. 42 verschriftlicht werden. 3) Art. 42 sollte dahingehend abgeändert werden, dass Uferstaaten auch Ausländern Patente zur Führung von Dampfschiffen ausstellen konnten, wenn diese Angehörige eines anderen Uferstaates waren und die hiesigen Voraussetzungen zum Patenterwerb besaßen sowie die Erlaubnis ihrer Landesregierung vorlegten.[261] Im Sommer 1847 kam das Thema erneut zur Sprache, wobei alle Bevollmächtigten, außer dem französischen, Ände-

---

259 BayHStA, MA, Nr. 8971, Protokoll No. XVI der Central-Commission für die Rheinschifffahrt vom 9. September 1845.

260 GStA PK, I. HA Rep. 113, Nr. 443, Protocoll No. XIII der Central-Commission für die Rheinschifffahrt vom 26. August 1846.

261 Vgl. ebd.

rungswünsche vorbrachten. Die Zentralkommission erarbeitete und beschloss nach ausführlicher Diskussion einen Entwurf für einen Supplementarartikel. Demnach durfte ein Patentinhaber ebenso ein anderes Segelschiff führen, wenn dessen Name von der Polizeibehörde des Einlade- und Abfahrtorts eingetragen wurde. Das Patent zur Erlaubnis ein Dampfschiff zu führen durfte nun auch von einem anderen Uferstaat, als dem des Patentbewerbers, nach den dort geltenden Regeln ausgestellt werden, sofern der Herkunftsstaat einverstanden war. Ein Schiffer konnte das Patent auch in einem anderen Uferstaat beantragen. Im Juli 1848 wurde der Supplementarartikel in der Zentralkommission erneut diskutiert[262] und im Dezember 1848 schließlich veröffentlicht.[263]

Vorgeschichte der Gemeinsamen Grundsätze der Patenterteilung

Die Rheinschifffahrtsakte von 1831 beschäftigte sich in ihrem vierten Teil (Artikel 42-47) mit den Schifferpatenten. Artikel 42 schrieb vor: „Jede Ufer-Regierung wird die nöthigen Maaszregeln [sic] ergreifen, um sich von der Fähigkeit derjenigen zu versichern, welchen sie die Rheinschifffahrt vertrauet.“[264] Die Zentralkommission war also nicht die zuständige Instanz, um Regeln zur Patenterteilung auszuarbeiten; die Akte hatte bloß einen Rahmen geschaffen. Sie hatte zum Beispiel festgesetzt, dass ein Schiffer, wenn er das Patent einmal erworben hatte, seine Fähigkeiten nicht noch einmal unter Beweis stellen musste. Das Patent berechtigte zur

---

262 Vgl. GStA PK, I. HA Rep. 113, Nr. 443, Protocoll No. VII der Central-Commission für die Rheinschifffahrt vom 19. August/3. September 1847, Die Setzschiffer betreffend.

263 Vgl. Vertrag zwischen Baden, Bayern, Frankreich, Hessen, Nassau, Niederland und Preussen. Supplementar-Artikel XIX zur Rheinschiffahrts-Akte vom 31 März 1831 betr. Art. 42 (Schifferpatente). Auswechslung der Ratifikationsurkunden 25 September 1849, 9. Dezember 1848, in: Zentralkommission für die Rheinschiffahrt (Hg.): Rheinurkunden Erster Teil (1803-1860), Nrn. 1-300, Duncker&Humblot, München Leipzig 1918, Dokument Nr. 240, S. 495f. Der Supplementarartikel wurde im Herbst 1848 neu nummeriert: Vgl. Nationaal Archief, 2.05.01. Nr. 3710, Protocoll Nr. XXVII der Central-Commission für die Rheinschifffahrt vom 9. December 1848, Die Setzschiffer betreffend.

264 Rheinschiffahrtsakte zwischen Baden, Bayern, Frankreich, Hessen, Nassau, Niederland und Preussen, 31. März 1831, in: Zentralkommission für die Rheinschiffahrt (Hg.): Rheinurkunden Erster Teil (1803-1860), Nrn. 1-300, Duncker&Humblot, München Leipzig 1918, Dokument Nr. 80, S. 212-283. Darin: Art. 42, S. 241.

Schifffahrt auf dem ganzen Rhein, also von der Stelle, an der er schiffbar wurde, bis ins offene Meer. Des Weiteren schrieb die Rheinschifffahrtsakte vor: „Dergleichen Schifferpatente werden *nur* [Hervorhebung im Text] anerkannten Unterthanen der Rheinuferstaaten ertheilt und die betreffenden Schiffe genau bezeichnet.“[265] Nur der Staat, in dem der Schiffer wohnte, konnte ihm das ausgestellte Patent wieder entziehen. Allerdings konnten andere Staaten, in denen sich der Schiffer gegebenenfalls eines Vergehens schuldig gemacht hat, dessen Heimatstaat um die Entziehung ersuchen.[266] Neben der Berechtigung, den Rhein zu befahren, sah die Rheinschifffahrtsakte weitere Rechte vor, die mit dem Patent einhergingen. So durfte der Schiffer „nirgendwo gezwungen werden, wider seinen Willen zu löschen oder seine Ladung an Bord eines andern Schiffes zu bringen.“[267] Artikel 45 der Rheinschifffahrtsakte berechtigte auch auf den Nebenflüssen des Rheins zugelassene Schiffer zur Fahrt auf dem Rhein, sofern Rheinschiffer zur Fahrt auf ebendiesen Nebenflüssen zugelassen wurden. Wenn ein Schiffer sich nur in den Grenzen des eigenen Landes bewegte oder es sich nur um das Übersetzen von einem Ufer zum anderen handelte, griff die Schifffahrtsordnung der Mainzer Akte nicht.[268] In den Jahren nach Verabschiedung der Rheinschifffahrtsakte erließen die einzelnen Uferstaaten Verordnungen bezüglich der Schifferpatente.[269] Diese füllten den Rahmen, der durch die Rheinschifffahrtsakte vorgegeben war, mit konkreten Vorschriften und Anforderungen aus. Die Schiffer, die sich beispielsweise in den Niederlanden um ein Patent bewarben, mussten un-

265 Ebd. Darin: Art. 42, S. 241.

266 Vgl. ebd. Darin: Art. 47, S. 243f.

267 Ebd. Darin: Art. 43, S. 242.

268 Vgl. ebd. Darin: Art. 46, S. 243.

269 Vgl. Niederländischer Königlicher Beschluss Nr. 16 betr. die Schiffer- und Schiffspatente sowie die Eiche der Rheinschiffe, 9. Juli 1831, in: Zentralkommission für die Rheinschiffahrt (Hg.): Rheinurkunden Erster Teil (1803-1860), Nrn. 1-300, Duncker&Humblot, München Leipzig 1918, Dokument Nr. 82, S. 283-285. Preussisches Regulativ wegen Ausübung der Rheinschiffahrt von diesseitigen Untertanen und wegen des Lootsendienstes auf dem Rheine, 5 August 1834, in: ebd., Dokument Nr. 107, S. 314-321. Hessische Verordnung betr. die Bedingnisse von deren Erfüllung die Erteilung der Patente zum Betrieb der Rheinschiffahrt abhängig ist, 20 November 1834, in: ebd., Dokument Nr. 110, S. 324. Bayern hatte am 28. Dezember 1833 Vorschriften zur Vollziehung des Art. 42 der Rheinschiffahrtsordnung vom 31. März 1831 erlassen.

ter anderem eine ausreichende Zeit auf dem Rhein gefahren sein sowie die niederländische Sprache beherrschen.[270]

Zwar waren die einzelnen Staaten mit der Patenterteilung sowie der Erstellung der Regeln dafür betraut, dennoch beschäftigte sich die Zentralkommission von Zeit zu Zeit mit diesem Thema. So beschloss sie im September 1843 die Aufnahme des sogenannten Signalements (einer Art Personenbeschreibung) in die Patente.[271] Von nun an musste jedes Patent mit der vollständigen Unterschrift des Patentinhabers und einer Beschreibung desselben versehen werden. In bereits bestehenden Patenten sollte das Signalement nachgetragen werden. Es erschwerte den Patentmissbrauch und diente somit der Sicherheit der Rheinschifffahrt. Die Zentralkommission entschied außerdem, dass der Missbrauch nach im jeweiligen Uferstaat geltenden oder noch zu erlassenden Gesetzen bestraft werden sollte. Infolge des Zentralkommissionsbeschlusses verabschiedeten die einzelnen Staaten eigene Verordnungen bezüglich der Aufnahme des Signalements in die Schifferpatente.[272] Dadurch, dass die Zentralkommission dies vorgeschrieben hatte, wurden die Regeln für Patente ein Stück weit angeglichen und harmonisiert. Eine weitere Harmonisierungsmaßnahme stellte der Beschluss von August 1845 dar, der die Führung von Dienstbüchern vorschrieb.[273] Diese dienten Patentbewerbern als Nachweis ihrer Fahrten auf dem Rhein und waren damit eine Kontrollmöglichkeit der Bewerber.

---

270 Vgl. Niederländischer Königlicher Beschluss Nr. 16 betr. die Schiffer- und Schiffspatente sowie die Eiche der Rheinschiffe, 9. Juli 1831, in: Zentralkommission für die Rheinschiffahrt (Hg.): Rheinurkunden Erster Teil (1803-1860), Nrn. 1-300, Duncker&Humblot, München Leipzig 1918, Dokument Nr. 82, S. 283-285.

271 Vgl. HHStAW, Abt. 210, Nr. 7256 und Nr. 9196, Protokoll der Central-Commission für die Rheinschifffahrt No. XII vom 1. September 1843, Schiffer-Patente und Beaufsichtigung der Schiffsmannschaft.

272 Zum Beispiel Bayrische Bekanntmachung betr. die Rheinschifferpatente und die Beaufsichtigung der Schiffsmannschaft, 25. November 1843, in: Zentralkommission für die Rheinschiffahrt (Hg.): Rheinurkunden Erster Teil (1803-1860), Nrn. 1-300, Duncker&Humblot, München Leipzig 1918, Dokument Nr. 206, S. 460f.

273 Vgl. Badische Verordnung betr. Dienstbücher für die Schiffsmannschaften auf dem Rhein, 17 Oktober 1845, in: Zentralkommission für die Rheinschiffahrt (Hg.): Rheinurkunden Erster Teil (1803-1860), Nrn. 1-300, Duncker&Humblot, München Leipzig 1918, Dokument Nr. 220, S. 476. Preussische Verordnung auf Grund eines Beschlusses der Zentral-Kommission für die Rheinschiffahrt betr. die Einführung von Dienstbüchern für die Schiffsleute, 18. Dezember 1845, in: ebd., Dokument Nr. 224, S. 481-484. Bayrische Bekanntmachung auf Grund eines Beschlusses der Zentral-Kommission für die Rheinschiffahrt betr. die Einfüh-

Die Zentralkommission hatte sich bereits 1832, also ein Jahr nach Verabschiedung der Rheinschifffahrtsakte, mit Gemeinsamen Grundsätzen zur Erteilung der Schifferpatente beschäftigt. Damals war sie jedoch zu keinem weiterführenden Ergebnis gekommen. Ein erneuter Impuls, etwas in Richtung Patenterteilung zu unternehmen, wurde 1837 gegeben, als sich das Oberlandesgericht Hamm mit einem Schreiben an die Zentralkommission wandte und beklagte, dass die Behörden über die Anforderungen an die Patenterteilung in den anderen Uferstaaten nicht informiert waren. Der Anstoß zur Harmonisierung kam also aus der Praxis, wenn auch nicht direkt von Schifffahrtstreibenden: Es hatte Probleme bei der Umsetzung von Recht gegeben und deren Behebung wirkte sich auf eine mögliche Standardisierung in diesem Gebiet aus. Um eventuelle Nachteile für den Patentinhaber oder die gesamte Rheinschifffahrt zu verhindern, beschloss die Zentralkommission, dass jeder Bevollmächtigte seinen Kollegen die in seinem Staat geltenden Regeln zur Erteilung des Schifferpatents mitteilte.[274] Dies geschah in den folgenden Monaten. Die Regeln und Formulare wurden unter anderem an die Rheinzollämter weitergeleitet.[275] Eine mögliche Harmonisierung der Regeln zur Patenterteilung war gar nicht thematisiert worden. Mehr als die Information über die jeweiligen Regelungen beschloss die Zentralkommission nicht, daher blieb es bei nationalen Regelungen.

---

rung von Dienstbüchern für die Schiffsmannschaften auf dem Rhein, 6. Januar 1846, in: ebd., Dokument Nr. 226, S. 485f. Nassauische Verordnung auf Grund eines Beschlusses der Zentral-Kommission für die Rheinschiffahrt betr. die Einführung von Dienstbüchern für die Schiffsmannschaften auf dem Rhein, 14. Mai 1846, in: ebd., Dokument Nr. 227, S. 486-489. Hessische Verordnung auf Grund eines Beschlusses der Zentral-Kommission für die Rheinschiffahrt betr. die Einführung von Dienstbüchern für die Schiffsmannschaften auf dem Rhein, 23. März 1847, in: ebd., Dokument Nr. 232, S. 490-492.

274 Vgl. BayHStA, MA, Nr. 9005, Protocoll No. XV der Central-Rhein-Schifffahrts-Commission vom 1ten August 1837, Schiffer-Patente.

275 Vgl. zum Beispiel Archives diplomatiques, 92, Nr. 99, preußischer Bevollmächtigter an den königlich französischen Kommissar für die Central-Kommission für die Rhein-Schiffahrt Herrn Engelhardt, 14ten Janaur 1838.

3.3.2. Initiativphase

Problemformulierung und Agenda-Setting

Im Frühjahr 1851 regte der preußische Bevollmächtigte in einem Schreiben an seine Kollegen bei der Zentralkommission die Diskussion von Gemeinsamen Grundsätzen zur Patenterteilung an und schlug vor, die preußische Verordnung von 1834 als Basis zu nehmen.[276] Diese Verordnung sah folgende Anforderungen an den Bewerber vor: Er hatte per Attest von der Ortsobrigkeit nachzuweisen, dass er preußischer Untertan war, Lesen, Schreiben und Rechnen konnte und dass „seine Führung, besonders auch in Bezug auf Nüchternheit, untadelhaft“[277] war. Ein weiteres Attest von mindestens zwei Schiffsführern sollte die praktische Fähigkeit des Kandidaten belegen. Die Handelskammer musste gefragt werden, ob der Handelsstand etwas gegen die Bewerbung hatte. Eine Kommission in Köln, bestehend aus dem Wasserbauinspektor, einem Mitglied der Kölner Handelskammer, dem Hafen-Kommissar und einem patentierten Schiffer, prüfte diese Angaben und konnte die Prüfung des Bewerbers auf verschiedene praktische Tests ausdehnen.[278] Preußen hatte wie in der Frage der Rheinschifffahrtspolizeiverordnung eine prägende Rolle in diesem Prozess.

Informationsbeschaffung und Informationsbearbeitung

Durch das Schreiben des preußischen Bevollmächtigten im Frühjahr 1851 waren die anderen Bevollmächtigten informiert und erschienen mit Instruktionen von ihren jeweiligen Regierungen in der Sitzung der Zentralkommission. Der bayerische Bevollmächtigte hatte beispielsweise dem

---

276 Vgl. Archives Nationales Paris, F 12, Nr. 6631, Protocole de la Commission Centrale de la Navigation du Rhin, No. XIII le 9 Septembre 1851, Règles communes à observer pour la délivrance des patentes pour l’exercice de la navigation internationale du Rhin. Die preußische Verordnung findet sich in den Rheinurkunden. Preussisches Regulativ wegen Ausübung der Rheinschiffahrt von diesseitigen Untertanen und wegen des Lootsendienstes auf dem Rheine, 5. August 1834, in: Zentralkommission für die Rheinschiffahrt (Hg.): Rheinurkunden Erster Teil (1803-1860), Nrn. 1-300, Duncker&Humblot, München Leipzig 1918, Dokument Nr. 107, S. 314-321.

277 Ebd.

278 Vgl. ebd.

bayerischen Ministerium des königlichen Hauses und des Äußern im Juni 1851 über den preußischen Vorschlag Bericht erstattet, Anweisungen erbeten und gleichzeitig seine eigene Auffassung kundgetan. Er empfahl, den preußischen Vorschlag anzunehmen, wenn auch mit kleineren Änderungen bei den Anforderungen, wie einer zusätzlichen vierjährigen Lehrzeit und der Volljährigkeit.[279] Es scheint, als ob die Bevollmächtigten die Informationen aus ihren Ländern sammelten, diese ihren Kollegen erst schriftlich mitteilten und später in der Zentralkommission diskutierten. Die einzelnen Bevollmächtigten kommunizierten untereinander, der Kommission als Gremium kam die Funktion eines Diskussionsortes zu.

3.3.3. Verhandlungsphase

Konfliktregelung

In der Septembersitzung 1851 einigte sich die Zentralkommission „nach ausführlicher Besprechung der Sache“[280] auf Mindestanforderungen für die Erteilung der Patente, die sich aus Art. 42 und 45 der Rheinschifffahrtsakte ergaben, nämlich die Patente zur Fahrt auf dem ganzen Rhein und seinen Nebenflüssen und nicht die Fahrt auf dem Rhein innerhalb der Grenzen eines Staates. Der Konflikt bei den Verhandlungen bestand in den Unterschieden der einzelnen Ordnungen; jeder Staat wollte Teile seiner eigenen Ordnung in die Gemeinsamen Grundsätze übertragen. Der Hinweis auf „ausführliche Besprechungen“ lässt eine längere Aussprache und Unstimmigkeiten vermuten. Dem Protokoll lag eine Erklärung des bayerischen Bevollmächtigten bei, in der er die Position Bayerns darlegte.[281] Bayern wünschte nicht nur Gemeinsame Grundsätze zur Patenterteilung, sondern ebenso eine gemeinsame Form des Patents.[282] Die Bevoll-

279 Vgl. BayHStA, MA, Nr. 63513, von Kleinschrod an das königliche Staats-Ministerium des königlichen Hauses und des Äußeren, 10. Juni 1851.

280 BayHStA, MA, Nr. 8971, Protocoll No. XIII der Central-Commission für die Rheinschifffahrt vom 9. September 1851, Gemeinsame Grundsätze in Bezug auf Ertheilung der Patente zur Ausübung der Rheinschifffahrt.

281 Eingesehen wurden die preußischen, bayerischen, niederländischen, französischen, hessischen und nassauischen Akten, die jeweils auch Korrespondenz mit Vertretern der anderen Länder enthielten. Die bayerische Position ließ sich als einzige direkt finden.

282 Vgl. BayHStA, MA, Nr. 8971, Anlage zu dem Protocolle Nro. XIII von 1851.

mächtigten bestätigten die bereits in der Rheinschifffahrtsakte von 1831 enthaltene Regel, dass ein Uferstaat nur seinen eigenen Untertanen ein Patent verleihen konnte. Eine Ausnahme hiervon stellten die Patente für Dampfschiffe dar, die im XIX. Supplementarartikel geregelt waren. Folgende Grundsätze waren das Ergebnis der Diskussionen und sollten das Minimum der Anforderungen zum Patenterwerb darstellen: Der Bewerber musste volljährig sein, Lesen, Schreiben und Rechnen können, eine untadelhafte Führung sowie den Besitz des Vertrauens des Handels im betreffenden Hafen nachweisen. Des Weiteren musste der Bewerber eine Lehrzeit von mindestens vier Jahren absolviert haben und eine besondere Prüfung über die Behandlung der Schiffsladung und die Kenntnisse des Fahrwassers ablegen. Die Bevollmächtigen beschlossen, diese Gemeinsamen Grundsätze ihren Regierungen vorzulegen und sich über deren Entscheidung schriftlich zu informieren.[283]

Konsensbildung

Ein Jahr später, im Sommer 1852, beschäftigte sich die Zentralkommission erneut mit den Gemeinsamen Grundsätzen zur Erteilung der Patente, „um solchergestalt für die Zukunft einem völlig gleichförmigen Verfahren bei der Ertheilung von Rheinschifferpatenten in sämmtlichen [sic] Uferstaaten den Weg zu bahnen."[284] In der Zwischenzeit hatten alle Regierungen Erklärungen abgegeben, teils mit einigen Änderungswünschen. Die Bevollmächtigten hatten sich untereinander darüber schriftlich informiert; so etwa schrieb der niederländische dem bayerischen Kommissar im November 1851, dass die Niederlande bereit wären, den Gemeinsamen Grundsätzen zuzustimmen, sich jedoch noch drei Änderungen wünschten: erstens die Hinzufügung der Worte „oder die legale Emanzipation erreicht haben"[285] zur Anforderung der Volljährigkeit. Zweitens erachteten die Niederlande es für ausreichend, dass der Bewerber die praktischen Fähigkeiten haben musste, anstatt den Nachweis von vier Lehrjahren zu fordern.

283 Vgl. BayHStA, MA, Nr. 8971, Protocoll No. XIII der Central-Commission für die Rheinschifffahrt vom 9. September 1851, Gemeinsame Grundsätze in Bezug auf Ertheilung der Patente zur Ausübung der Rheinschifffahrt.

284 BayHStA, MA, Nr. 9019, Protocoll No. V der Central-Commission für die Rheinschifffahrt vom 24. August 1852, Gemeinsame Grundsätze in Bezug auf Ertheilung der Patente zur Ausübung der Rheinschifffahrt betreffend.

285 BayHStA, MA, Nr. 8971, Travers an bayrischen Kollegen, 30. November 1851.

Und drittens sollten auch Teile des Flusses, zum Beispiel Nebenarme, zum Fluss gezählt werden. Preußen erklärte sich dagegen völlig mit den vereinbarten Grundsätzen einverstanden.[286] Nassau war soweit einverstanden und wollte einen kleinen Zusatz zu dem Punkt, dass der Bewerber das Vertrauen des Handelsstandes genießen musste.[287] Der französische Bevollmächtigte teilte das Einverständnis seiner Regierung mit, wünschte aber, dass die letzte Fahrt eines Bewerbers als Lotse oder Steuermann gemacht werden sollte.[288] Der badische Bevollmächtigte erklärte in seinem Schreiben an seine Kollegen, dass Baden prinzipiell einverstanden wäre, jedoch einige Änderungsvorschläge hatte: Baden wünschte statt einer vierjährigen eine sechsjährige Lehrzeit und forderte die Überprüfung der Fähigkeit, ein Schiff zu führen.[289] Der hessische Bevollmächtigte informierte in seinem Schreiben nicht nur über die Zustimmung seiner Regierung, sondern teilte auch gleich das Einverständnis mit den nassauischen und teilweise den niederländischen Wünschen mit.[290] Der Verhandlungsprozess lief also in mehreren Schritten teilweise gleichzeitig in Verhandlungen in Mainz und per Schriftverkehr ab. Auf neue Entwicklungen wurde sofort reagiert, was einzelne Diskussionen aus den Sitzungen der Zentralkommission ausklammerte, diese also vereinfachte. Über die Schreiben der Kollegen informierten die Bevollmächtigten jeweils ihre Regierungen und erbaten sich von diesen Instruktionen.[291] Hier zeigte sich wieder der Charakter der Verhandlungen: Die Zentralkommission diskutierte und erarbeitete eine Zusammenfassung mit Vorschlägen, welche in den einzelnen Staaten beraten wurde. Über das Ergebnis dieser Beratungen informierten sich die Bevollmächtigten schriftlich zwischen den Sitzungen der Zentralkommission, in denen dann wiederum die einzelnen Positionen erörtert wurden.

Im August 1852 wurden von der Zentralkommission vor allem die Punkte der Dauer der Lehrzeit und der Nachweis der praktischen Fähigkeiten kontrovers diskutiert. Das Protokoll dieser Sitzung war etwas aus-

286 Vgl. BayHStA, MA, Nr. 8971, Delius an von Kleinschrod, 5. Dezember 1851.

287 Vgl. BayHStA, MA, Nr. 8971, von Zwierlein an von Kleinschrod, 2ten Novbr 1851.

288 Vgl. BayHStA, MA, Nr. 8971, Engelhardt an von Kleinschrod, 13. Februar 1852.

289 Vgl. BayHStA, MA, Nr. 8971, Kühlenthal an von Kleinschrod, 26. Februar 1852.

290 Vgl. BayHStA, MA, Nr. 8971, Hessischer Rheinschifffahrtsbevollmächtigter an von Kleinschrod, 24. Juni 1852.

291 Vgl. BayHStA, MA, Nr. 8971 und Nr. 63513, von Kleinschrod an Außenministerium, 14. Juni 1852.

führlicher und stellte die einzelnen Meinungen der Bevollmächtigten zu den jeweiligen Vorschlägen ihrer Kollegen dar. Dem niederländischen Vorschlag, den emanzipierten Minderjährigen dem Volljährigen gleichzustellen, stimmten die anderen Bevollmächtigten zu. Nassau hatte eine Änderung bezüglich der Regelung des Vertrauens des Handelsstands gefordert; hier einigte man sich als Kompromiss auf den Handelsstand des Hafens, den die Landesregierung bestimmte. Unstimmigkeiten gab es bei der Dauer der Lehrzeit. Der niederländische Vorschlag, die Bedingung der vierjährigen Lehrzeit abzuschaffen, wurde abgelehnt. Baden hatte vorgeschlagen, diese auf sechs Jahre hochzusetzen. Dem hätten sich Bayern und Hessen zwar angeschlossen, da Frankreich, die Niederlande und Preußen jedoch dagegen waren, blieb es bei den vier Jahren als Kompromiss, der die Bedürfnisse nach Freiheit und Sicherheit beziehungsweise ausreichender Überprüfung vereinbarte. Badens Vorschlag, dass die als Lehrling zu befahrende Rheinstrecke entweder der ganze Rhein oder wenigstens die Strecke, die voraussichtlich künftig befahren würde, sein musste, stimmten fünf der sechs anderen Bevollmächtigten zu. Dem französischen Wunsch nach der Absolvierung der letzten Fahrt als Lotse oder Steuermann wurde widersprochen, weil auf vielen Teilen des Rheins Lotsen- beziehungsweise Steuermannzwang bestand und der Bewerber daher eine Fahrt als solcher gar nicht absolvieren konnte.[292] Baden wünschte zu der Prüfung zum Fahrwasser noch eine zur Kenntnis, ein Schiff zu führen; ein Vorschlag, der, außer von den Niederlanden, angenommen wurde.

Abschließend fassten die Bevollmächtigten die erarbeiteten Gemeinsamen Grundsätze zusammen, um sie ihren Regierungen vorzulegen; die Entscheidungen sollten wieder auf dem Korrespondenzweg mitgeteilt werden. Der Bewerber um ein Schifferpatent hatte folgende Anforderungen zu erfüllen:

- Er musste volljährig oder emanzipiert sein,
- lesen, schreiben und rechnen können,
- ein untadeliges Verhalten haben,
- das Vertrauen des Handelsstandes des Hafens genießen, den die Landesregierung festlegte,

292 Vgl. BayHStA, MA, Nr. 9019, Protocoll No. V der Central-Commission für die Rheinschifffahrt vom 24. August 1852, Gemeinsame Grundsätze in Bezug auf Ertheilung der Patente zur Ausübung der Rheinschifffahrt betreffend.

- einen Nachweis praktischer Übung mit mindestens vier Jahren Lehrzeit auf dem ganzen Rhein oder der voraussichtlich zu befahrenden Strecke erbringen und
- eine Prüfung über Ladung, Führung und Fahrwasser ablegen.[293]

3.3.4. Entscheidungsphase

Der bayerische Bevollmächtigte schickte das Protokoll seiner Regierung und bemerkte dazu: Diese „Vereinbarung über die Erstellung ebenso einfacher als zweckmäßiger Grundsätze für die Ertheilung der Rheinschiffer-Patente dürfte zweifelsohne in Betracht der bisherigen Ungleichförmigkeit der Verfahren in den verschiedenen Uferstaaten als ein erheblicher Fortschritt in den Regierungs-Anordnungen für die Rheinschiffahrt zu betrachten sein."[294] Im Sommer 1853, konnte die Zentralkommission feststellen, „dass die [...] nach erfolgreicher Vereinbarung niedergelegten Grundsätze, welche als Minimum dessen betrachtet werden sollen, was ein Bewerber um ein Schifffahrts-Patent zu erfüllen habe, laut den in der Zwischenzeit von den einzelnen Bevollmächtigten abgegebenen Erklärungen nunmehr die Genehmigung der sämtlichen Uferstaaten erlangt haben."[295] Die Bevollmächtigten waren im Vorfeld von ihren Regierungen ermächtigt worden, das jeweilige Einverständnis bekannt zu geben.[296] Im Anschluss daran informierten sie ihre Kollegen;[297] die Zentralkommissionssitzung war somit der formelle Abschluss der bereits vorher bekannten Positionen. Die eigentliche Entscheidung war per Briefwechsel zwischen Bevollmächtigtem und Außenministerium in den einzelnen Ländern und zwischen den Bevollmächtigten gefallen. Nun musste der Entschluss jeweils noch in Vollzug gesetzt werden.

---

293 Vgl. ebd.

294 BayHStA, MA, Nr. 63513, von Kleinschrod an Außenministerium, 11. September 1852.

295 BayHStA, MA, Nr. 9020, Protocoll No. IV der Central-Commission für die Rheinschifffahrt vom 17. August 1853, Gemeinsame Grundsätze in Bezug auf Ertheilung der Patente zur Ausübung der Rheinschifffahrt betreffend.

296 Vgl. BayHStA, MA, Nr. 8971, Außenministerium an von Kleinschrod, 12. Oktober 1852.

297 Vgl. BayHStA, MA, Nr. 8971, von Kleinschrod an alle Rheinschiffahrts-Commissaire, 6. November 1852. BayHStA MA 8971, Schmitt an von Kleinschrod, 20. Dezember 1852. BayHStA, MA, Nr. 8971, von Zwierlein an von Kleinschrod, 25. Dezember 1852.

3.3.5. Weitere Entwicklung und Standardisierungsfunktion

Die einzelnen Uferstaaten erließen neue, eigene Verordnungen bezüglich der Schifferpatente, welche die Gemeinsamen Grundsätze enthielten.[298] Preußen beispielsweise führte als Neuerung bei sich ein, dass der Bewerber nachweisen musste, wenigstens vier Jahre als Schiffslehrling, Schiffsknecht oder Geselle auf dem Rhein beschäftigt gewesen zu sein und wenigstens zwei Jahre die ganze Rheinstrecke oder die, die er wohl voraussichtlich überwiegend befahren würde, befahren hatte.[299] Der niederländische Beschluss von 1853 schrieb vor, dass dem schriftlichen Antrag auf Erteilung des Patents unter anderem eine Personenbeschreibung sowie eine Erklärung beiliegen musste, dass der Bewerber mündig sei sowie lesen, schreiben und rechnen könne.[300] In der bayerischen Bekanntmachung stand ausdrücklich, dass jede Uferregierung ein Patent verleihen konnte, aber keinem Bewerber, „welcher nicht mindestens den nahstehenden [sic] Forderungen Genüge leistet."[301] Diese Forderungen beinhalteten die Ge-

---

298 Vgl. Preussischer allerhöchster Erlass betr. die Erteilung von Schifferpatenten, 14. März 1853, in: Zentralkommission für die Rheinschiffahrt (Hg.): Rheinurkunden Erster Teil (1803-1860), Nrn. 1-300, Duncker&Humblot, München Leipzig 1918, Dokument Nr. 264, S. 534. Niederländischer Königlicher Beschluss betr. die Schiffer- und Schiffspatente, 1. Juli 1853, in: ebd., Dokument Nr. 267, S. 535f. Bayrische Bekanntmachung betr. Gemeinsame Grundsätze in Bezug auf die Erteilung von Schifferpatenten, 2. August 1853, in: ebd., Dokument Nr. 268, S. 536f. Badische Verordnung betr. die Erteilung von Schifferpatenten, 9. Dezember 1853, in: ebd., Dokument Nr. 269, S. 537. Nassauische Verordnung betr. Gemeinsame Grundsätze in Bezug auf Erteilung der Patente zur Ausübung der Rheinschiffahrt, 30. August 1854, in: ebd., Dokument Nr. 274, S. 539. Hessische Verordnung betr. die Schifferpatente, 1. Dezember 1859, in: ebd., Dokument Nr. 295, S. 570-577.

299 Vgl. Preussischer allerhöchster Erlass betr. die Erteilung von Schifferpatenten, 14. März 1853, in: Zentralkommission für die Rheinschiffahrt (Hg.): Rheinurkunden Erster Teil (1803-1860), Nrn. 1-300, Duncker&Humblot, München Leipzig 1918, Dokument Nr. 264, S. 534.

300 Vgl. Niederländischer Königlicher Beschluss betr. die Schiffer- und Schiffspatente, 1. Juli 1853, in: Zentralkommission für die Rheinschiffahrt (Hg.): Rheinurkunden Erster Teil (1803-1860), Nrn. 1-300, Duncker&Humblot, München Leipzig 1918, Dokument Nr. 267, S. 535f. Oder in BayHStA, MA, Nr. 8971, Nederlandsche Staats-Courant No. 166, 16. Julij 1853.

301 Bayrische Bekanntmachung betr. Gemeinsame Grundsätze in Bezug auf die Erteilung von Schifferpatenten, 2. August 1853, in: Zentralkommission für die Rheinschiffahrt (Hg.): Rheinurkunden Erster Teil (1803-1860), Nrn. 1-300, Duncker&Humblot, München Leipzig 1918, Dokument Nr. 268, S. 536f.

meinsamen Grundsätze der Zentralkommission. Im Sommer 1854 hatte Frankreich den Beschluss noch nicht in Vollzug gesetzt,[302] ein Jahr später jedoch, im Sommer 1855, konnte die Zentralkommission feststellen, „dass die im Protokoll V. von 1852 vereinbarten Grundsätze – soweit es den Rhein betrifft – in sämtlichen Rheinuferstaaten zum Vollzug gebracht worden sind."[303]

Durch die Gemeinsamen Grundsätze zur Patenterteilung wurde in der Praxis ein Standard geschaffen, da sie Mindestanforderungen festgelegt hatten.

Tabelle 9: Verordnungen in Bezug zu den Schifferpatenten[304]

Zentralkommission	*31.03. 1831*	*Rheinschiffahrtsakte zwischen Baden, Bayern, Frankreich, Hessen, Nassau, Niederland und Preussen*
Niederlande	07.07. 1831	Niederländischer Königlicher Beschluss Nr. 16 betr. die Schiffer- und Schiffspatente sowie die Eiche der Rheinschiffe
Preußen	05.08. 1834	Preussischer Regulativ wegen Ausübung der Rheinschiffahrt von diesseitigen Untertanen und wegen des Lotsendienstes auf dem Rheine
Hessen	28.10. 1834	Hessische Verordnung betr. die Bedingnisse von deren Erfüllung die Erteilung der Patente zum Betrieb der Rheinschiffahrt abhängig ist
Zentralkommission	*01.09. 1843*	*Protokoll XII der Zentral-Kommission für die Rheinschiffahrt betr. Aufnahme des Signalements in die Rheinschiffer-Patente und Verhütung des Missbrauchs der Letzteren*
Bayern	25.11. 1843	Bayrische Bekanntmachung betr. die Rheinschifferpatente und die Beaufsichtigung der Schiffsmannschaft

302 Vgl. BayHStA, MA, Nr. 9021, Protokoll No. XVIII der Central-Commission für die Rheinschifffahrt vom 6. September 1854, Gemeinsame Grundsätze in Bezug auf Ertheilung der Patente zur Ausübung der Rheinschiffahrt betreffend.

303 BayHStA, MA, Nr. 9022, Protokoll No. XVII der Central-Commission für die Rheinschifffahrt vom 12. September 1855, Gemeinsame Grundsätze in Bezug auf Ertheilung der Patente zur Ausübung der Rheinschiffahrt betreffend.

304 Aufgeführt sind hier die Verordnungen, die in den Rheinurkunden gelistet sind.

Niederlande	21.04. 1845	Abänderung des Niederländischen Königlichen Beschlusses vom 07.07.1831 betr. die Schiffer- und Schiffspatente sowie die Eiche der Rheinschiffe
Zentralkommission	*02.09. 1845*	*Vertrag zwischen Baden, Bayern, Frankreich, Hessen, Nassau, Niederland und Preussen, Supplementar-Artikel XVIII zur Rheinschiffahrts-Akte vom 31. März 1831 betr. Art. 52 (Befugnis zur Fahrt mit Dampfschiffen). Auswechslung der Ratifikationsurkunden 30. Mai 1846*
Baden	17.10. 1845	Badische Verordnung betr. Dienstbücher für die Schiffsmannschaften auf dem Rhein
Preußen	18.12. 1845	Preussische Verordnung auf Grund eines Beschlusses der Zentral-Kommission für die Rheinschiffahrt betr. die Einführung von Dienstbüchern für die Schiffsleute
Bayern	06.01. 1846	Bayrische Bekanntmachung auf Grund eines Beschlusses der Zentral-Kommission für die Rheinschiffahrt betr. die Einführung von Dienstbüchern für die Schiffsmannschaften auf dem Rhein
Nassau	14.05. 1846	Nassauische Verordnung auf Grund eines Beschlusses der Zentral-Kommission für die Rheinschiffahrt betr. die Einführung von Dienstbüchern für die Schiffsleute auf dem Rhein
Hessen	23.03. 1847	Hessische Verordnung auf Grund eines Beschlusses der Zentral-Kommission für die Rheinschiffahrt betr. die Einführung von Dienstbüchern für die Schiffsmannschaft auf dem Rhein
Niederlande	21.04. 1847	Abänderung des Niederländischen Königlichen Beschlusses vom 7 Juli 1831 und 21 April 1845 betr. die Schiffer- und Schiffspatente sowie die Eiche der Rheinschiffe

Zentral-kommission	*09.12. 1848*	*Vertrag zwischen Baden, Bayern, Frankreich, Hessen, Nassau, Niederland und Preussen. Supplementar-Artikel XIX zur Rheinschiffarhts-Akte vom 31 März 1831 betr. Art. 42 (Schifferpatente). Auswechslung der Ratifikationsurkunden 25 September 1849*
Preußen	14.03. 1853	Preussischer allerhöchster Erlass betr. die Erteilung von Schifferpatenten
Niederlande	01.07. 1853	Niederländischer Königlicher Beschluss betr. die Schiffer- und Schiffspatente
Bayern	02.08. 1853	Bayrische Bekanntmachung betr. Gemeinsame Grundsätze in Bezug auf die Erteilung von Schifferpatenten
Baden	09.12. 1853	Badische Verordnung betr. die Erteilung von Schifferpatenten
Nassau	30.08. 1854	Nassauische Verordnung betr. Gemeinsame Grundsätze in Bezug auf Erteilung der Patente zur Ausübung der Rheinschiffahrt
Hessen	01.12. 1859	Hessische Verordnung betr. die Schifferpatente

3.4. Technischer Standard: Vertrag zum Bau der ersten festen Eisenbahnbrücke in Köln von 1858

Von 1855 bis 1859 wurde in Köln vom preußischen Staat, der Stadt Köln und der Köln-Mindener-Eisenbahngesellschaft die erste feste Eisenbahnbrücke über den Rhein gebaut. Auf Grund ihrer Lage im Stadtbild wurde diese Brücke Dombrücke genannt; an ihrer Stelle befindet sich heute die Hohenzollernbrücke. Der Kölner Raum war damals innerhalb Preußens das am weitesten industrialisierte Gebiet. Dieser war erst mit dem Wiener Kongress preußisch geworden und davor zwanzig Jahre lang französisch gewesen. Das neu gewonnene Köln, ein wirtschaftlicher Gewinn, sollte in das preußische Staatsgebiet integriert beziehungsweise diesem angegliedert werden. Dazu dienten bereits die 1822 errichtete Deutzer Brücke und der ab 1842 weiter gebaute Kölner Dom. Für Preußen war der Dombrückenbau also auch ein Symbol: Eine feste Verbindung vom Rheinland nach Preußen stellte die Zugehörigkeit Kölns zu Preußen dar. Zusätzlich sollte ab 1857 der neue Zentralbahnhof neben dem Kölner Dom gebaut werden. Die Dombrücke war auch in anderer Hinsicht bedeutend: für die

Verkehrsanbindung der Stadt Köln, für den technischen und wirtschaftlichen Fortschritt der Region sowie deren wirtschaftliche und politische Integration, für die Ausbreitung der Eisenbahn, für die Brückenarchitektur und -technik und nicht zuletzt als Beispiel für internationale Standardisierung.

3.4.1. Vorgeschichte

Als 1831 die Rheinschifffahrtsakte unterzeichnet wurde, existierten auf dem Rhein nur fliegende Brücken und Schiffsbrücken. Fliegende Brücken waren seit dem 18. Jahrhundert üblich und bestanden aus ein bis zwei Nachen[305] beziehungsweise einem Podest, das mit einem Seil am Rheinufer befestigt war und von einer Flussseite zur anderen trieb und so Personen, Tiere und Waren beförderte.[306] Im 19. Jahrhundert waren zusätzlich sogenannte Schiffsbrücken aufgekommen. Diese bestanden aus mehreren, miteinander verbundenen Nachen, so dass eine durchgehende, von einem Ufer zum anderen reichende schwimmende Brücke entstand. Ein oder mehrere Nachen konnten aus dieser Brücke ausgefahren werden, so dass Schiffe durch diese Öffnung fahren konnten. Dafür mussten die Schiffer Brückendurchlassgebühren entrichten. In Köln gab es seit 1822 die Deutzer Schiffsbrücke, die aus rund 40 Nachen bestand und 400 Meter lang war.

In Preußen entwickelten sich die Eisenbahnnetze im Vergleich zu den anderen deutschen Staaten am schnellsten, was auch an den Eisen- und Kohlevorkommen an Ruhr, Saar, Sieg und in Oberschlesien lag.[307] Geografisch günstig zu den ersten drei Gebieten lag die Stadt Köln. Die Eisenbahn ermöglichte eine zum Rhein zusätzliche Verkehrsverbindung. So hatte das 1831 unabhängig gewordene Belgien eine Eisenbahnlinie Antwerpen-Köln vorgeschlagen. Dieser Vorschlag wurde von den Unterneh-

305 Ein Nachen ist ein flaches Schiff beziehungsweise ein Schwimmkörper und wird hier wie ein Ponton als schwimmender Brückenbestandteil verwendet.

306 Vgl. Pfennig, Jörg: Über-Brücken, Köln und der Rhein, conMedia Verlag, Köln 1944, S. 51.

307 Vgl. Breuer, Judith: Die ersten preußischen Eisenbahnbrücken. Dirschau, Marienburg, Köln. Verschwundene Zeugnisse für Fortschrittsglauben und Geschichtsbewußtsein im 19. Jahrhundert. Begleitbuch zur Ausstellung des Ostpreußischen Landesmuseums Lüneburg vom 14. Mai bis 24. Juli 1988, Ostpreußisches Landesmuseum, Lüneburg 1988, S. 6.

mern im Rheinland unterstützt, da sie so die Transit- und Zollgebühren der Niederlande auf dem Rhein umgehen konnten.[308]

1851 gab es vier Eisenbahnlinien und drei Bahnhöfe in Köln (zwei in Köln, einen in Deutz). So bestanden Verbindungen nach Antwerpen (ab 1841), Bonn (1844), Krefeld (1855) und über Minden nach Berlin (1855). Die Linien endeten alle in Kopfbahnhöfen in Köln beziehungsweise Deutz. Eine durchgehende Verbindung über den Rhein fehlte. Zur Überquerung des Rheins standen die Schiffsbrücke in Deutz sowie Fähren zur Verfügung. Umgeladen werden musste auf jeden Fall, was umständlich war. Die Schiffsbrücke war zudem nicht zuverlässig, da sie mehrere Stunden am Tag für den Schiffsverkehr geöffnet und damit nicht zur Überquerung nutzbar war, ebensowenig bei Hochwasser und Eis.[309] Das Verkehrsaufkommen der Eisenbahn wuchs jedoch stetig[310] und gerade in Köln wurden viele Linien unterbrochen. So war es eine logische Konsequenz, dass dort die erste Eisenbahnbrücke entstehen sollte.[311]

Ungefähr gleichzeitig mit der Eisenbahn verbreitete sich Eisen als neuer Baustoff und wurde als Gusseisen, schmied-, schweiß oder walzbares Eisen sowie weiterverarbeitet zu Stahl verwendet. Im Zuge der Industrialisierung und des technischen Fortschritts entwickelte sich der Brückenbau weiter, der einer der Hauptnutzer des neuen Werkstoffs Eisen wurde. Eisenbrücken waren stabiler, benötigten weniger Pfeiler und erlaubten größere Brückenspannweiten. Die Eisenbahn und der Brückenbau beeinflussten sich gegenseitig: Da erstere sich immer mehr ausbreitete und Flüsse und Täler überqueren wollte, bedingte sie technische Neuerungen im Brückenbau.[312]

---

308 Vgl. ebd., S. 56.

309 Vgl. Pfennig, Jörg: Über-Brücken, Köln und der Rhein, conMedia Verlag, Köln 1944, S. 77.

310 Die Gesamtleistung im Güterverkehr der Köln-Mindener-Eisenbahn betrug 1850 in 1000 Tonnenkilometern noch 33.041, 1855 bereits 102.993 und 1860 147.350; die der Rheinischen Eisenbahn 1850 15.044, 1855 16.875 und 1860 29.622. Im gesamten deutschen Bahnnetz belief sich die Gesamtleistung in Millionen tkm im Jahr 1855 auf 1.551, und 1860 auf 1.525. Zahlen aus: Fremdling, Rainer; Federspiel, Ruth; Kunz, Andreas (Hg.): Statistik der Eisenbahnen in Deutschland 1835-1989, Scripta Mercaturae Verlag, St. Katharinen 1995, S. 478, 480, 522.

311 Vgl. Pfennig, Jörg: Über-Brücken, Köln und der Rhein, conMedia Verlag, Köln 1944, S. 19.

312 Vgl. Horstmann, Theo: Die Anfänge des Brückenbaus in Dortmund: Julius Weidtman und die Kölner Rheinbrücke von 1855/59, in: Beiträge zur Geschichte Dortmunds und der Grafschaft Mark, Bd. 85/86, Dortmund 1994/95, S. 183-203, hier S. 186f.

Wegweisend war die 1850 in Großbritannien fertig gestellte Britannia-Brücke. Sie bestand aus durch Gitterfachwerk versteiften langen Kästen, die auf Pfeilern ruhten, und hatte schmiedeeiserne Balken als Tragesystem. Das Gitterfachwerk hatte sowohl stabilitätstechnische wie auch finanzielle Gründe.[313] Diese Brücke sollte als Vorbild für weitere Brückenbauten dienen, etwa die preußischen über Weichsel, Nogat und Rhein in Dirschau, Marienburg und Köln.

Ab 1847 bemühten sich die privaten Eisenbahngesellschaften und die Stadt Köln sowie die Kölner Handelskammer um den Bau einer Eisenbahnbrücke.[314] Die Stadt Köln richtete an die preußische Regierung eine dementsprechende Anfrage,[315] bekam aber die Antwort, dass ein derartiges Projekt zurzeit nicht finanziell unterstützt werden könne. Später griff die preußische Regierung das Thema jedoch wieder auf und 1849 fand eine Beratung staatlicher und städtischer Vertreter zur Frage des Standorts der Brücke statt. Die Eisenbahngesellschaften wollten eine Brücke in der Nähe ihrer Bahnhöfe, während die Kaufleute eine Brücke in der Nähe des Heumarkts favorisierten.

Als die preußische Regierung das Projekt des Brückenbaus im Frühjahr 1850 schließlich ausschrieb, bestimmte sie, dass die Mittellinie der Brücke auf die Chormitte des Kölner Doms ausgerichtet sein sollte, was auch vom König unterstützt wurde.[316] Der Text der öffentlichen Ausschreibung vom 30. März 1850 machte konkrete Vorgaben: Die Brücke musste auf die Längsachse des Doms ausgerichtet sein und nur drei Stromöffnungen ent-

---

313 Vgl. Pfennig, Jörg: Über-Brücken, Köln und der Rhein, conMedia Verlag, Köln 1944, S. 24.

314 Vgl. Breuer, Judith: Die ersten preußischen Eisenbahnbrücken. Dirschau, Marienburg, Köln. Verschwundene Zeugnisse für Fortschrittsglauben und Geschichtsbewußtsein im 19. Jahrhundert. Begleitbuch zur Ausstellung des Ostpreußischen Landesmuseums Lüneburg vom 14. Mai bis 24. Juli 1988, Ostpreußisches Landesmuseum, Lüneburg 1988, S. 8. Kierdorf, Alexander: Zwischen Genie und Utopie – Johann Wilhelm Schwedlers vergessener Alternativentwurf für die erste Kölner Rheinbrücke, in: Stahlbau, Jahrgang 80, Heft 3, 2011, S. 198-204, hier S. 198.

315 Anfrage vom 24. Juni 1847. Vgl. Beermann, Fritz: Die Rheinbrücken bei Cöln, M. DuMont Schauberg, Köln 1911.

316 Vgl. Breuer, Judith: Die ersten preußischen Eisenbahnbrücken. Dirschau, Marienburg, Köln. Verschwundene Zeugnisse für Fortschrittsglauben und Geschichtsbewußtsein im 19. Jahrhundert. Begleitbuch zur Ausstellung des Ostpreußischen Landesmuseums Lüneburg vom 14. Mai bis 24. Juli 1988, Ostpreußisches Landesmuseum, Lüneburg 1988, S. 58f. Signon, Helmut: Brücken in Köln am Rhein, J.P. Bachem Verlag GmbH, Köln 1966, S. 42.

halten, wovon die mittlere schmaler war als die beiden äußeren, um den Schiffsdurchlass zu bilden. Des Weiteren war vorgeschrieben, dass beladene Eisenbahnfahrzeuge auf die Brücke gehoben und diese ohne Lokomotive überqueren konnten. Dazu wurden auch bestimmte Belastungskapazitäten gefordert, pro Quadratfuß[317] nutzbare Oberfläche 100 Pfund. Schließlich war eine Kostengrenze bei 1,5 Millionen Talern ohne Fundierung der Mittelpfeiler und Grundentschädigung gesetzt.[318]

Die auf die Ausschreibung des preußischen Handelsministeriums hin eingegangenen Entwürfe sahen alle (Hänge-)Brücken mit Schiffsdurchlass vor.[319] Der zweitplatzierte Entwurf von Moorsom stellte eine Gitterträgerbrücke dar, die eine mit Wasserkraft betriebene Hebevorrichtung beinhaltete. Der siegreiche Entwurf von Johann Wilhelm Schwedler war eine Hängebrücke mit versteiften Querverbindungen. Die Einforderung eines beweglichen Schiffsdurchlasses hatte für die Eisenbahn praktischere und stabilere Vorschläge verhindert.[320] Das Gewicht und die Bewegungsenergie der Eisenbahn stellten neue Herausforderungen an die Stabilität einer Brücke, vor allem wenn ganze Züge mit Lokomotive und nicht nur Waggons die Brücke überqueren sollten. Da die Brücke durch einen beweglichen Schiffsdurchlass erheblich in ihrer Stabilität beeinträchtigt würde, erwog man nun für Köln eine Brücke ohne Durchlass. Damit wurde die Konkurrenz von Eisenbahn und Schifffahrt deutlich sichtbar.

3.4.2. Initiativphase

Problemformulierung

Im September 1850 schrieb der preußische Regierungspräsident Möller an den preußischen Handelsminister von der Heydt, dass man wohl kaum an

---

317 1 preußischer Fuß entspricht 31,38 cm.

318 Vgl. o.V.: Die Concurrenz-Projekte zur Brücke über den Rhein zwischen Cöln und Deutz, in: Zeitschrift für Bauwesen, Heft 1, 1851, Spalte 137f.

319 Die Zeitschrift für Bauwesen sprach 1851 von 61 Entwürfen, der preußische Bevollmächtigte von Delbrück nannte 1855 50 Entwürfe. Vgl. BayHStA, MA, Nr. 9022, Anlage zum Protocoll No. XV von 1855. (Protokoll der Central-Commission für die Rheinschifffahrt, No. XV vom 10./12. September 1855, Den Bau einer stehenden Rheinbrücke bei Cöln betreffend.)

320 Vgl. Kierdorf, Alexander: Zwischen Genie und Utopie – Johann Wilhelm Schwedlers vergessener Alternativentwurf für die erste Kölner Rheinbrücke, in: Stahlbau, Jahrgang 80, Heft 3, 2011, S. 198-204, hier S. 200.

einen beweglichen Durchlass für die Brücke denken würde, wenn es sich nur um preußische Schiffe handeln würde. Möller hielt eine stehende Brücke keineswegs für eine Hemmung, da das Niederlegen der Masten nicht aufwändiger sei als das Passieren einer Schiffsbrücke. Es sei nun aber zu fragen, ob die übrigen Rheinuferstaaten „nicht ein Recht auf eine solche Widersinnigkeit haben",[321] welches höchstens aus Artikel 67 der Rheinschifffahrtsakte von 1831 herzuleiten sei. Artikel 67 verpflichtete die Rheinstaaten unter anderem dafür zu sorgen, dass die Schifffahrt durch Mühlen, Räderwerke, Wehre und sonstige Kunstanlagen niemals gehemmt werde. Bei fliegenden und Schiffbrücken musste die Durchfahrt der Schiffe so schnell wie möglich und ohne hohe Kosten geschehen. Hindernisse im Flussbett, die aus mangelnder Instandhaltung oder Aufsicht herrührten, mussten beseitigt werden.[322]

Der preußische Bevollmächtigte bei der Zentralkommission von Delbrück informierte am 13. Dezember 1850 die Bevollmächtigten der anderen sechs Mitgliedstaaten. Er schrieb, dass seine Regierung bei dem geplanten Brückenbau über den Rhein in Köln bisher eine Brücke mit beweglichem Durchlass avisiert hatte, dieser den Bau und Gebrauch der Brücke jedoch erschweren und verteuern würde. Man habe natürlich an Artikel 67 der Rheinschifffahrtsakte gedacht, aber bezüglich einer stehenden Brücke und dem Senken der Masten vertrat von Delbrück die Meinung, dass „eine solche Unbequemlichkeit, wie die Erfahrung auf vielen Strömen beweist, keineswegs als eine Hemmung der Schiffahrt anzusehen ist [Hervorhebung im Text], sodann das Niederlegen der Masten oder Schornsteine einen geringeren Aufenthalt und Kraftaufwand erheischen, also eine geringere Unbequemlichkeit zur Folge haben dürfte, als das Passieren der, im Fall der Errichtung einer stehenden Brücke fortfallenden Schiffbrücke, endlich daß die Schiffahrt von Entrichtung einer Durchlassgebühr für immer befreit werden würde."[323]

---

321 GStA PK, I. HA Rep. 113, Nr. 446, von Möller an von der Heydt, 19. September 1850.

322 Vgl. Rheinschiffahrtsakte zwischen Baden, Bayern, Frankreich, Hessen, Nassau, Niederland und Preussen, 31. März 1831, in: Zentralkommission für die Rheinschiffahrt (Hg.): Rheinurkunden. Sammlung zwischenstaatlicher Vereinbarungen, landesrechtlicher Ausführungsverordnungen und sonstiger wichtiger Urkunden über die Rheinschiffahrt seit 1803, Erster Teil (1803-1860), Nrn. 1-300, Duncker&Humblot, München Leipzig 1918, Dokument Nr. 80, S. 212-283, hier S. 251f.

323 BayHStA, MA, Nr. 63609, von Delbrück an von Kleinschrod, 13. Dezember 1850.

Nach Erhalt dieser Note erstattete der bayerische Bevollmächtigte bei der Zentralkommission von Kleinschrod seinem Außenministerium Bericht. Er wies dabei darauf hin, dass Artikel 67 zwar nicht von stehenden Brücken spreche, aber sehr wohl auf diese anwendbar sei. Stehende Brücken wären für Schiffe unbequem, es sei denn letztere hätten bewegliche Masten und Kamine, was bei den derzeitigen Rheinschiffen jedoch nicht der Fall war. Des Weiteren betonte von Kleinschrod die gewerbliche, kommerzielle und militärische Bedeutung einer Brücke in Köln. Er empfahl weiterhin, sich vor einer Antwort an Preußen mit den anderen deutschen Uferstaaten des Oberrheins, Baden und Hessen, abzusprechen, „um etwa im gemeinschaftlichen Einverständniß mit beiden ersteren Regierungen die bezügliche Erklärung anzugeben.“[324] Dies sind erste Hinweise auf eine Absprache eines gemeinsamen Vorgehens einiger Staaten vor den offiziellen Verhandlungen. Bayern, Hessen und Nassau, die zusammen einen Rheinaufsichtsbezirk bildeten, arbeiteten ohnehin eng zusammen, so hatten diese drei Staaten Ende der 1830er Jahre ein gemeinsames Rheinschifffahrtspolizeireglement ausgearbeitet.

Der französische Bevollmächtigte hatte seinem Außenministerium im Dezember 1850 über die preußische Note berichtet. In seinem Schreiben empfahl er die Akzeptanz des preußischen Vorhabens, nicht zuletzt weil: „[...] il peut nous convenir un jour, d'établir, pour la communication direct du rail-ways français et allemand, un pont permanent sur le Rhin, entre Strasbourg et Kehl, et d'avoir faire par conséquent la même chose.“[325] Hier zeigten sich deutlich eine langfristige Planung und Taktik der einzelnen Staaten, die ihren eigenen Vorteil bei Verhandlungen natürlich nicht außer Acht ließen.

Der niederländische Kommissar Travers schrieb seinem hessischen Kollegen im Januar 1851, dass seine Regierung erst die Meinungen der Oberrheinstaaten habe abwarten wollen, bevor sie selbst etwas zum Brückenprojekt sagte. Travers wollte wissen, ob sich die hessische Regierung bereits geäußert habe.[326] Die Antworten anderer wurden also bei der eigenen berücksichtigt, Absprachen gefördert und gegebenenfalls die Grundlagen für eine Gruppenbildung oder ein abgestimmtes Vorgehen gelegt.

---

324 BayHStA, MA, Nr. 63609, von Kleinschrod an das Königliche Ministerium des Königlichen Hauses und des Äußern, 16. Dezember 1850.

325 Archives diplomatiques, 92, Nr. 15, Engelhardt à le Ministre des Affaires Etrangères, 15 Décembre 1850.

326 Vgl. HStAD, G 4, Nr. 45, Travers an Hochverehrter Herr Kollege, 29 Januar 1851.

Die Betroffenen in den Niederlanden seien, soweit Travers dies zum Zeitpunkt beurteilen könne, entschieden gegen das Projekt.[327] So gingen in den nächsten Monaten im Innenministerium der Niederlande Schriften von Ingenieuren ein, in denen die Höhe der Brücke und die Auswirkungen auf die drei unterschiedlichen Schifffahrtsarten diskutiert wurden. Dabei wäre vor allem für die großen Segelschiffe die geplante Durchfahrtshöhe ein Problem, auch wenn deren Anzahl von Jahr zu Jahr abnähme. Sollte die Durchfahrtshöhe höher sein als derzeit geplant, wäre die feste Brücke hingegen kein Nachteil.[328]

In der ersten Jahreshälfte 1851 trafen die Antworten der anderen Bevollmächtigten beim preußischen ein. Travers schrieb von Delbrück im Februar 1851: Die niederländische Regierung erachtete das Fehlen eines beweglichen Durchlasses als unüberwindliches Hindernis. Sollten die Schiffe so umgebaut werden, dass sie ihre Masten und Kamine senken könnten, so würde Laderaum verloren gehen. Zudem sei das Niederlegen eine Sicherheitsgefahr für Ladung, Schiff und Besatzung.[329] Hierbei sei angemerkt, dass die Verkehrsmärkte in den Niederlanden und Preußen gänzlich unterschiedlich waren: In den Niederlanden war seit jeher die Binnenschifffahrt das Haupttransportmittel, wohingegen in Preußen die Eisenbahn gefördert wurde.[330]

Der hessische Bevollmächtigte schrieb im März 1851, dass seine Regierung den Rat Sachverständiger eingeholt habe und diese vielfache Bedenken gegen eine Brücke ohne beweglichen Durchlass geäußert hätten. Eine endgültige Ansicht könne er jedoch erst abgeben, wenn Informationen über die Brückenhöhe, den Wasserstand und die Beschaffenheit des Flussbetts in Köln vorlägen.[331]

Auch der bayerische Bevollmächtigte hatte Erkundigungen eingezogen. Das Schiffergewerbe hatte ausgesagt, dass eine Brücke ohne Durchlass

---

327 Vgl. ebd.

328 Vgl. Nationaal Archief, 2.16.99, Nr. 3, De Hoofd Ingenieure in Gelderland Conrad an Zijne Excellentie den Heere Ministere van Binnenlandsche Zaken, 11 Mei 1851.

329 Vgl. GStA PK, I. HA Rep. 113, Nr. 446, Travers an von Delbrück, 1 Februar 1851.

330 Dieser Gegensatz blieb bestehen und zeigte sich auch in den 1950er und 1960er Jahren erneut, als Deutschland und die Niederlande um eine Einigung beim INTAR-Plan und dem UIR-Plan rangen.

331 Vgl. GStA PK, I. HA Rep. 113, Nr. 446, Schmitt an von Delbrück, 3. März 1851.

der Schifffahrt „sehr große Hindernisse“[332] bereiten würde und deren Fortsetzung hinter Köln nahezu unmöglich würde. Das Passieren der Brücke wäre bei höherem Wasserstande vor allem mit Schleppzügen sehr gefährlich und das Senken der Masten und Kamine ein ständiges und erhebliches Hindernis. Mehrere Dampfschifffahrtsgesellschaften[333] hätten bereits bei der Zentralkommission eine Denkschrift eingereicht, in der sie die Nachteile der Anbringung beweglicher Masten und Kamine darlegten. Mit Artikel 67 sei, so der bayerische Bevollmächtigte, der geplante Brückenbau nicht zu vereinbaren und Bayern könne der Brücke daher nur zustimmen, wenn sie mit einem beweglichen Durchlass versehen würde. Letztere seien zudem „längst vielfältig erprobt.“[334]

Der nassauische Bevollmächtigte schrieb im Mai 1851, dass seine Regierung nach Ermittlungen „keine Veranlassung habe, Anstände gegen das fragliche Projekt der Erbauung einer stehenden Brücke über den Rhein bei Köln, auch wenn dieselbe ohne beweglichen Durchlaß errichtet werde, zu erheben.“[335] Einige Jahre später schrieb er jedoch in einem Bericht an sein Staatsministerium im Mai 1855, dass man 1851 auf Basis des Schreibens des preußischen Kollegen davon ausgegangen sei, dass die Schiffsbrücke in Deutz nach Erbauung der stehenden Brücke nicht weiter benutzt werde und die Brückendurchlassgebühren für immer erlassen werden würden. Nun habe man gehört, dass die Schiffsbrücke beibehalten werde, was „allerdings eine Belästigung der Schiffahrt und Flößerei“[336] bedeute.

Als Konsens unter fünf Uferstaaten lässt sich herausstellen, dass sie eine stehende Brücke ablehnten und eine Brücke mit beweglichem Durchlass forderten. Fast alle sahen in der Brücke eine Hemmung der Schifffahrt und daher eine Unvereinbarkeit mit Artikel 67 der Rheinschifffahrtsakte. Zudem wurden bewegliche Masten generell als gefährlich eingestuft. Eine weitere Gemeinsamkeit war die frühe Einbeziehung von Sachver-

---

332 Vgl. GStA PK, I. HA Rep. 113, Nr. 446, von Kleinschrod an von Delbrück, 15. März 1851.

333 Dabei handelte es sich nicht nur um bayerische, sondern auch andere deutsche Dampfschifffahrtsgesellschaften.

334 Vgl. GStA PK, I. HA Rep. 113, Nr. 446, von Kleinschrod an von Delbrück, 15. März 1851.

335 GStA PK, I. HA Rep. 113, Nr. 446, von Zwierlein an von Delbrück, 29. Mai 1851. Beziehungsweise HHStAW, Abt. 210, Nr. 7287, an den Königlich Preußischen Rheinschifffahrts-Bevollmächtigten, 29. Mai 1851.

336 Vgl. HHStAW, Abt. 210, Nr. 7287, An Herzoglich Nassauisches Staats-Ministerium unterthäniger Bericht des Herzoglich Nassauischen Bevollmächtigten in Rheinschifffahrts-Angelegenheiten, 08. Mai 1855.

ständigen und Betroffenen. Die Diskussion über das Brückenbauprojekt fand also zuerst auf dem Korrespondenzwege statt, bevor sich die Zentralkommission in ihren Sitzungen damit beschäftigte. Der Korrespondenzweg war in diesem Falle meist dreistufig: Zuerst beriet sich der Bevollmächtigte eines Staates mit den zuständigen Ministerien beziehungsweise der Regierung, dann sprachen sich die Staaten untereinander ab und drittens erging die Mitteilung an Preußen, meist an den preußischen Rheinschifffahrtsbevollmächtigten.

Verwunderlich ist, dass sich in den Protokollen der Zentralkommission aus diesen Jahren kein Hinweis auf eine Besprechung der Angelegenheit findet. Die offiziellen Verhandlungen setzten erst 1855 ein. Hinweise in Briefen deuten jedoch auf einen informellen Austausch hin, der bereits in den Jahren 1850 bis 1855 stattgefunden hat. Auch in der Korrespondenz des nassauischen Kommissars von Zwierlein mit seinem Staatsministerium finden sich Hinweise auf Besprechungen in den Jahren 1851 und 1852. Dies waren jedoch nur Verweise, Inhalte wurden nicht referiert. Die Zentralkommission habe sich, so von Zwierlein 1853, bereits 1852 mit dem Thema der Brücke befasst.[337] Es sei gewünscht worden, dass der preußische Kommissar seine Kollegen über den Stand der Dinge informiere. 1853 habe von Delbrück von Zwierlein geschrieben, dass „das Projekt einer festen Rheinbrücke bei Cöln [...] noch nicht festgestellt und überhaupt die Ausführung des Baues noch nicht definitiv beschlossen ist.“[338] Die anderen Bevollmächtigten bei der Zentralkommission erhielten ebensolche Schreiben.[339]

In Preußen gingen in der ersten Hälfte der 1850er Jahre die Beratungen über das Projekt des Brückenbaus weiter. Aus einem Schreiben des Ministers für öffentliche Arbeiten an das Außenministerium ist ersichtlich, dass im Mai 1853 die (technische) Ausführung der Brücke noch nicht feststand.[340]

---

337 Vgl. HHStAW, Abt. 210, Nr. 7287, von Zwierlein an das Herzoglich Nassauische Staats-Ministerium, 12. Januar 1858.

338 HHStAW, Abt. 210, Nr. 7287, von Zwierlein an Herzoglich Nassauisches Staats-Ministerium, 3. Juni 1853. Vgl. auch BayHStA, MA, Nr. 63609, von Kleinschrod an das Ministerium des Königlichen Hauses und des Äußern, 3. Februar 1855.

339 Vgl. Archives diplomatiques, 92, Nr. 100, von Delbrück à Doumerc, 31 Mai 1853.

340 Vgl. GStA PK, I. HA 120 C XV 10 b, Nr. 33 Bd. 2, von der Heydt an von Manteuffel, 18. Mai 1853.

Der am 22. Juni 1854 zwischen der Köln-Mindener-Eisenbahngesellschaft und dem Königlichen Eisenbahnkommissariat geschlossene Vertrag über den Bau einer festen Rheinbrücke zwischen Köln und Deutz sowie den Bau einer Eisenbahn von Deutz nach Gießen mit einer Zweigbahn von Betzdorf nach Siegen wurde am 18. April 1855 per Gesetz beschlossen und im Mai 1855 im Preußischen Staatsanzeiger veröffentlicht.[341] Die Konzessionsurkunde wurde im Juli 1855 ausgestellt und einen Monat später veröffentlicht.[342] Dem Vertrag nach übernahm die Eisenbahngesellschaft den Bau der Brücke und weiterer Eisenbahnstrecken und bezuschusste diesen mit zwanzig Millionen Talern, wobei jedoch die Ausführung und Leitung des Baus der Staatsregierung oblag.

Der preußische Wasserbauinspektor Wallbaum hatte die 1850 eingegangenen Entwürfe bearbeitet. Am 4. Dezember 1854 wurde schließlich eine durchgehende Gitterträgerbrücke mit vier doppelten, parallelen Gitterträgern und drei Öffnungen ohne Schiffsdurchlass genehmigt. Dieser Entwurf wurde später jedoch noch von Hermann Lohse verändert und erst 1856, als bereits mit den Fundamentbauten begonnen worden war, lag der endgültige Entwurf vor, der zwei getrennte Brückenzüge vorsah.[343]

In Preußen erörterte man im Februar 1855 die weitere Vorgehensweise, da die Bedenken der anderen Rheinuferstaaten bekannt waren. Aus einem Schreiben des Ministers für öffentliche Arbeiten an den Regierungspräsidenten von Möller in Köln geht hervor, dass Preußen bereits Versuche zum Heben und Senken von Masten und Kaminen durchführen ließ. Die Versuchsergebnisse sowie Statistiken zur Abnahme der Segelschifffahrt auf dem Rhein wollte es für eine Entgegnung an die anderen Rheinuferstaaten verwenden.[344] In seinen Memoiren schrieb der damalige preußische Rheinschifffahrtsbevollmächtigte von Delbrück, dass Preußen die Erfahrungen bei seinen Brücken in Marienburg über die Nogat und in Dirschau über die Weichsel auf die Kölner Brücke übertrug. Dort waren ebenfalls Eisenbahnbrücken ohne beweglichen Schiffsdurchlass errichtet

341 Vgl. BayHStA, MA, Nr. 63609, Königlich Preußischer Staats-Anzeiger No. 104, Berlin, Sonnabend den 5. Mai 1855.

342 Vgl. BayHStA, MA, Nr. 63609, Königlich Preußischer Staats-Anzeiger No. 193, Berlin, Sonntag den 19. August 1855.

343 Vgl. Kierdorf, Alexander: Zwischen Genie und Utopie – Johann Wilhelm Schwedlers vergessener Alternativentwurf für die erste Kölner Rheinbrücke, in: Stahlbau, Jahrgang 80, Heft 3, 2011, S. 198-204, hier S. 202.

344 Vgl. GStA PK, I. HA 120 C XV 10 b, Nr. 33 Bd. 2, von der Heydt an von Möller, 25. Februar 1855.

worden und die Masten der Schiffe wurden durch Kräne ausgehoben und wieder eingesetzt, weshalb von Delbrück fragte: „Das ging ganz gut, warum sollte es auf dem Rhein nicht ebenso gehen?“[345] Allerdings bemerkte er auch: „Es kostete Mühe, die Eisenbahntechniker davon zu überzeugen, daß Einrichtungen, welche für die Weichselschifffahrt bei Dirschau genügten, für die Rheinschifffahrt bei Köln nicht zu brauchen seien, und daß es nicht angehe, die Wasserstandhöhe, bis zu welcher die Schifffahrtsordnung für den Rhein den Schiffsverkehr gestattete, deshalb herabzusetzen, weil die Brückenhöhe so angenommen war, daß Schleppschiffe auch mit niedergelegten Kaminen die Brücke bei erlaubter Wasserhöhe nicht passieren konnten.“[346] An dieser Äußerung werden einerseits der Konflikt zwischen den Verkehrsträgern und die Euphorie für die Eisenbahn sowie andererseits die Diskrepanz zwischen den Diskussionen innerhalb Preußens und der Kommunikation mit den anderen Staaten deutlich. Ebenso zeigt sich der Unterschied zwischen einem nationalen und einem internationalen Strom wie dem Rhein, dessen Schifffahrt sogar durch einen internationalen Vertrag geregelt war.

Die anderen Rheinuferstaaten beobachteten das preußische Vorgehen und blieben ihrerseits zwar abwartend, aber nicht untätig. In den Niederlanden wurde beispielsweise über den Beginn der Bauarbeiten für die Landpfeiler im Frühsommer 1855 berichtet.[347]

Der bayerische Bevollmächtigte erstattete seinem Außenministerium Anfang 1855 Bericht: Er habe sich in der Sitzungssession der Zentralkommission von 1854 vertraulich mit seinen Kollegen aus Hessen, Baden und Nassau über den geplanten Brückenbau unterhalten und das Vorgehen abgestimmt.[348] Der preußische Bevollmächtigte habe auf Anfrage geäußert, dass mit der Köln-Mindener-Eisenbahngesellschaft Verhandlungen liefen, ein definitiver Beschluss jedoch noch nicht gefasst sei. Der bayerische Bevollmächtigte habe auf privatem Wege nähere Informationen über das Brückenprojekt erhalten und teilte dem Außenministerium nun mit, dass eine eiserne Gitterbrücke mit drei Strompfeilern und einer lichten Höhe von 46 Fuß über dem Kölner Pegel geplant sei. Ob eine Drehöff-

345 Delbrück, Rudolph von: Lebenserinnerungen von Rudolph von Delbrück, 1817-1867, Zweiter Band, Duncker&Humblot, Leipzig 1905, S. 84.

346 Ebd., S. 85.

347 Vgl. Nationaal Archief, 2.16.99, Nr. 3, F.I. Van der Berg an L.J.A. Van der Kun, 4 July 1855.

348 Vgl. BayHStA, MA, Nr. 63609, von Kleinschrod an das Ministerium des Königlichen Hauses und des Äußern, 3. Februar 1855.

nung angebracht werden würde, war noch nicht entschieden. Der bayerische Bevollmächtigte betonte, dass die pfälzische Rheinschifffahrt sich gegen bewegliche Masten verwahrt habe, da diese Nachteile und Gefahren beinhalteten. Am Ende seines Berichts erwähnte er, dass, seines Wissens nach, der deutsche Bundestag den Bau einer stehenden Rheinbrücke bewilligen müsse.[349] Darauf erhielt er jedoch vom Außenministerium die Auskunft, dass die Genehmigung des Bundestags für eine stehende Brücke nur für Grenzflüsse erforderlich war, der Rhein in Köln aber kein Grenzfluss war und der Bau Preußen daher nicht untersagt werden könne.[350] (Der Bundestag befasste sich später hingegen mit der Kehler Brücke, da der Rhein dort ein Grenzfluss war.)

Im März 1855 wandte sich der bayerische Rheinschifffahrtsbevollmächtigte erneut an seinen preußischen Kollegen. Er habe mittlerweile erfahren, dass der Bau der Kölner Brücke beschlossen worden sei und erbat nun weitere Informationen vor allem bezüglich der Vereinbarkeit des Baus mit Artikel 67 der Rheinschifffahrtsakte.[351] Über sein Vorgehen hielt der bayerische Bevollmächtigte seine Kollegen auf dem Laufenden: Im April 1855 schrieb von Kleinschrod seinem nassauischen Kollegen und teilte diesem mit, dass er beim preußischen Kollegen mehr Informationen zum Brückenbau erbeten habe, da bis jetzt kaum Informationen vorlägen und das Projekt wohl wirklich durchgeführt werden sollte.[352] Es wird ersichtlich, dass die Bevollmächtigten der kleineren Staaten darauf achteten, untereinander Kontakt zu halten sowie Informationen auszutauschen. Gerade der bayerische Bevollmächtigte war in dieser Angelegenheit sehr umtriebig und es lässt sich vermuten, dass er eine gewisse Blockbildung anstrebte, um die Verhandlungsmacht gegenüber Preußen zu erhöhen.

In der innerbayerischen Korrespondenz lassen sich Hinweise finden, dass ein gemeinsames Auftreten der Rheinschifffahrtsbevollmächtigten als dringend und als im Interesse der Schifffahrt erachtet wurde. Dazu sollten

---

349 Vgl. ebd.

350 Vgl. BayHStA, MA, Nr. 63609, Staatsministerium des Königlichen Hauses und des Äußeren an von Kleinschrod, 1. März 1855. Hierin wies das Staatsministerium von Kleinschrod auf den Bundesbeschluss vom 27. Februar 1832, 8. Bundestagssitzung, 1. Separatprotokoll § 5, hin.

351 Vgl. GStA PK, I. HA Rep. 113, Nr. 446, von Kleinschrod an von Delbrück, 16. März 1855.

352 Vgl. HHStAW, Abt. 210, Nr. 7287, von Kleinschrod an von Zwierlein, 30. April 1855.

sich die Kommissare vor Sitzungsbeginn miteinander absprechen.[353] Diese Absprachen waren gewissermaßen eine Koalitionsbildung, die aus strategischen Gründen betrieben wurde. Sie ermöglichten ein stärkeres, da gemeinsames Auftreten. Das preußische Brückenbauprojekt war etwas, das die anderen Uferstaaten alle ablehnten und daher handelten sie gemeinsam dagegen.

Agenda-Setting

Im Juni 1855 erhielt der hessische Rheinschifffahrtsbevollmächtigte Schmitt in seiner Funktion als Alterspräsident der Zentralkommission eine Denkschrift über „die Nothwendigkeit eines Durchlasses für die Schifffahrt in der zwischen Köln und Deutz zu erbauenden Brücke“[354] zugesandt. Die Denkschrift war von Mitgliedern des Schiffer- und Handelsstandes, rheinischen Dampfschifffahrtsgesellschaften und anderen am Rheinhandel beziehungsweise der -schifffahrt beteiligten Personen nach einer Versammlung in Mannheim ausgearbeitet worden. Der Alterspräsident der Zentralkommission sollte nun die geeigneten Schritte einleiten. Schmitt informierte daraufhin seine Kollegen darüber, dass die geplante Brücke Thema in der diesjährigen Zentralkommissionssitzung sein werde und gab ihnen die Möglichkeit, sich bis zu Beginn der Sitzungssession mit Instruktionen zu versehen.[355] Dies tat beispielsweise der französische Kommissar im Juli 1855, als er sein Außenministerium informierte und kurz die Pläne der preußischen Regierung und den Widerstand der Schiffer referierte und sich Instruktionen für die kommende Sitzung erbat.[356]

---

353 Vgl. BayHStA, Gesandtschaft Paris, Nr. 6728, Staatsministerium des königlichen Hauses und des Äußeren an die königliche Gesandtschaft in Paris, 7. August 1855. BayHStA, Gesandtschaft Darmstadt, Nr. 1005, Staatsministerium des Königlichen Hauses und des Äußeren an von Kleinschrod, 7. August 1855.

354 Vgl. GStA PK, I. HA Rep. 113, Nr. 446, Schmitt an von Delbrück, 24. Juni 1855.

355 Vgl. ebd. Vgl. Archives diplomatiques, 92, Nr. 101, Schmitt an Goepp, 24ten Juni 1855.

356 Vgl. Archives diplomatiques, 92, Nr. 17, Goepp à le Ministre des Affaires Etrangères, 23 Juillet 1855.

Informationsbeschaffung

Die Denkschrift von Juni 1855 wurde, da sie sämtliche Bedenken der anderen Rheinuferstaaten gegen die Brücke beinhaltete, von Preußen intern für die Erörterung genau dieser Einwände verwendet. Dazu trafen sich von Möller vom Eisenbahnkommissariat, der Rheinschifffahrtsbevollmächtigte von Delbrück, Strombaudirektor Nobiling, Rheinschifffahrtsinspektor Butzke und Wasserbauinspektor Lohse im Juli 1855 in Köln. In Betreff der Dampfschifffahrt waren zwei Fragen vorgebracht worden: Beeinträchtigte das Niederlegen beziehungsweise Einschieben des Schornsteins dessen Solidität und die des Kessels? War es für die rheinischen Remorqueurs (das damals gebräuchliche französische Wort für Schleppschiffe) möglich, mit niedergelegten Schornsteinen die Brücke zu passieren? Die Fabrikanten Jacobi, Haniel und Huyshen hätten sich bereiterklärt, Versuche bezüglich des Niederlegens oder Einschiebens der Schornsteine durchzuführen. Auch wenn die Ergebnisse noch nicht vorlagen, sahen die Versammelten keine Probleme hinsichtlich der Solidität. Dies könne man an den schweren Donaudampfschiffen sehen. Der höchste Wasserstand, bei dem in Köln noch gefahren werden könne, betrage 22 Fuß, da die höchste Werft, die zum Ein- und Ausladen benötigt wurde, bei 22,5 Fuß lag. Wenn man von den höchsten Dampfschiffen ausging und einen Fuß Spielraum addierte, so müsste die Brücke 48 Fuß hoch sein. Auch für die größten Personendampfschiffe würde diese Höhe reichen, um die Brücke mit niedergelegtem beziehungsweise eingeschobenem Kamin zu passieren. Wasserbauinspektor Lohse sagte, dass dies brückenbautechnisch möglich sei. Mit größeren Schiffen sei zukünftig nicht zu rechnen, da die neueren Schiffe über Räder mit beweglichen Schaufeln verfügten, die einen geringeren Durchmesser hätten.[357] Für die Segelschiffe stellten die Versammelten fest, dass durch das Niederlegen der Masten kein Laderaum verloren ginge, da die Masten nicht im Schiffsraum, sondern über dem eigentlichen Schiffsdeck abgeschnitten und der niedergelegte Mast auf die höchste zulässige Oberlast gelegt werden sollte, so dass weder im Schiffsraum noch bei der Oberlast Ladekapazität eingebüßt würde. Für die Details der Art der Niederlegungsvorrichtung und die Kosten seien die Versuche abzuwarten. Die Versammelten erkannten ferner die Beschwerde nicht an, dass niedergelegte Masten für Segel von großen Schiffen ein Problem seien.

357 Vgl. GStA PK, I. HA 120 C XV 10 b, Nr. 33 Bd. 2, Möller, von Delbrück, Nobiling, Butzke, Lohse, 19./20. Juli 1855.

Auch hielt man die gewöhnliche Besatzung der Schiffe für ausreichend, um die Masten zu senken und zu heben. Einen Zeitverlust sah man ebenfalls nicht, da stromaufwärts fahrende Segelschiffe anlegen mussten beziehungsweise geschleppt wurden und sich stromabwärts fahrende Schiffe durchtreiben ließen. Als einzigen Einwand erkannten die Versammelten Bedenken an, dass bei Seeschiffen das Niederlegen der Masten die Festigkeit dieser beeinträchtigen könnte; sie stellten aber fest, dass Seeschiffe in der Regel nicht weiter als Köln fuhren. Seeschiffe, die am Oberrhein gebaut wurden, waren bis jetzt immer als Schiffsrumpfe in die Niederlande transportiert worden. Die Sorge, dass der durch den niedergelegten Mast verengte Raum die Schiffsmannschaft behindern würde, nahmen die Versammelten zur Kenntnis, zeigten sich aber überzeugt, dass sich die Mannschaft daran gewöhnen werde. Am Ende ihres Berichts unterstrichen sie, dass eine oben geschlossene Brücke den durchgängigen Schiffsverkehr erlauben würde, eine Brücke mit beweglichem Durchlass hingegen eine Unterbrechung der Schifffahrt zur Folge hätte. So sei auch die Deutzer Schiffsbrücke täglich mehrere Stunden geöffnet.[358]

Von Delbrück berichtete dem preußischen Minister für öffentliche Arbeiten von der Heydt von dieser Sitzung. Er teilte mit, dass er den Rheinschifffahrtsinspektor Butzke beauftragt habe, jedes nicht preußische Dampfschiff, das in Koblenz anlege, zu vermessen, und dass Wasserbauinspektor Lohse die Versuche zum Niederlegen der Masten durchführen werde. Eine Höhe der Brückenunterseite von 43 Fuß habe sich als zu niedrig erwiesen, weshalb das Eisenbahnkommissariat nun prüfe, ob 48 Fuß machbar seien.[359] Für Preußen war die Entschädigung der Schiffer günstiger, als der Einbau eines beweglichen Durchlasses.[360]

Im September 1855 beschäftigte sich die Zentralkommission das erste Mal in einer offiziellen Sitzung mit der geplanten stehenden Eisenbahnbrücke über den Rhein bei Köln.[361] Die über vier Stunden dauernde Sitzung wurde vom preußischen Bevollmächtigten von Delbrück mit einem

358 Vgl. ebd.

359 Vgl. GStA PK, I. HA 120 C XV 10 b, Nr. 33 Bd. 2, von Delbrück an von der Heydt, 22. Juli 1855.

360 Vgl. GStA PK, I. HA 120 C XV 10 b, Nr. 33 Bd. 2, von Pommer-Esche an Möller, 4. August 1855.

361 Vgl. BayHStA, MA, Nr. 9022, Protokoll der Central-Commission für die Rheinschifffahrt, No. XV vom 10./12. September 1855, Den Bau einer stehenden Rheinbrücke bei Cöln betreffend.

Vortrag eröffnet.[362] Dieser war im Vorfeld vereinbart worden, damit die anderen Bevollmächtigten über das Brückenbauprojekt informiert würden, sobald dieses „technisch festgestellt und seine Ausführung definitiv beschlossen sei."[363]

Vom ursprünglichen Plan einer Hängebrücke mit beweglichem Schiffsdurchlass sei man in Preußen abgewichen und habe die anderen Staaten 1850 darüber informiert. Bei der Prüfung der technischen Fragen sei deutlich geworden, dass eine Gitterbrücke für ganze Eisenbahnzüge sowie den Wagen- und Fußverkehr besser sei als eine Hängebrücke. Eine Klappendurchlassvorrichtung für die Schiffe würde mindestens zwei weitere Strompfeiler erfordern, was erstens die Öffnungen verengen würde und daher zweitens zu gefährlichen Eisverstopfungen führen könnte. In den Entwürfen sei kein realistischer Klappendurchlass dargestellt worden. Eine Drehöffnung sei nirgendwo mit diesen Maßen realisiert worden, weshalb auch hier Zweifel vor allem hinsichtlich der Reparaturbedürftigkeit eines solchen Durchlasses gehegt würden. Von Delbrück erklärte, dass sämtliche preußischen technischen Behörden die technischen Gründe, die gegen eine Brücke mit Durchlass sprachen, als entscheidend ansahen. Zu diesen, die als Hauptargument gesehen werden können, gesellte sich ein administrativer: Die bereits in Deutz bestehende Schiffsbrücke musste sechzehn bis achtzehn Mal pro Tag geöffnet werden. Von Delbrück wies auf diesen Umstand hin, da dieser Zeitverlust auch bei der Eisenbahnbrücke mit Durchlass auftreten würde, dann aber wegen der zusätzlichen Nutzung der Brücke durch die Eisenbahn besonders ärgerlich wäre. Preußen habe sich daher dafür entschieden, nicht die Eisenbahn, sondern den beweglichen Durchlass aufzugeben, wobei es keinen Widerspruch zur Rheinschifffahrtsakte von 1831 sehe.[364]

Die anderen Staaten davon zu überzeugen war etwas, was von Delbrück als „keineswegs leichte Aufgabe"[365] bezeichnete. Technische Schwierigkeiten wurden besonders in der internationalen Verhandlung als Grund für eine feste Brücke genannt. In seinen Memoiren räumte von Delbrück aber

362 Vgl. BayHStA, MA, Nr. 63609, von Kleinschrod an das Staatsministerium des Königlichen Hauses und des Äußeren, 10. September 1855.

363 BayHStA, MA, Nr. 9022, Anlage zum Protocoll No. XV von 1855. (Protokoll der Central-Commission für die Rheinschifffahrt, No. XV vom 10./12. September 1855, Den Bau einer stehenden Rheinbrücke bei Cöln betreffend.)

364 Vgl. ebd.

365 Delbrück, Rudolph von: Lebenserinnerungen von Rudolph von Delbrück, 1817-1867, Zweiter Band, Duncker&Humblot, Leipzig 1905, S. 85.

ein: „Diese Entscheidung war technisch begründet, bei der Ausstellung des Bauplanes aber wurde wenig Rücksicht darauf genommen, daß eine Brücke ohne Durchlaß den Betrieb der Schiffahrt sehr empfindlich berühre, und daß dieser Betrieb durch einen Staatsvertrag geschützt sei. Es war eben eine Zeit, wo das Eisenbahninteresse jede andere Rücksicht überwog.“[366]

Die Eisenbahn war ein Novum und sollte eine Zäsur im Verkehrswesen darstellen. Preußen förderte den Eisenbahnbau. Im Gegensatz dazu waren viele Akteure ihr gegenüber jedoch noch skeptisch eingestellt und wollten mit dem neuen Verkehrsträger erst einmal vorsichtig umgehen. Ferner trachteten sie danach, das Bestehende zu bewahren und zu schützen und trauten den Eisenbahnen nicht.

Von Delbrück wies des Weiteren in seinem Vortrag 1855 darauf hin, dass eine Verbindung des Verkehrs von Deutschland nach Belgien und Großbritannien für den rheinischen Handelsstand ohnehin bald äußerst notwendig werden würde. In der Rheinschifffahrtsakte sei an Brückenbauten nicht gedacht worden. Eine Eisenbahnbrücke habe ferner einen anderen rechtlichen Charakter als die in Artikel 67 erwähnten Wehre und Mühlen. Letztere seien Privatinteressen, die Brücke sei jedoch ein öffentliches Interesse. Bei der Frage des Brückenbaus stünden sich also, so von Delbrück, zwei öffentliche Interessen gegenüber, nämlich „das der Schifffahrt und das eines Verkehrs [...], welcher sich nicht auf Preussen beschränkt, sondern ein gutes Stück des nördlichen Europa umfasst.“[367]

Der preußische Bevollmächtigte präsentierte den Vorschlag seiner Regierung: Die Brücke sollte ohne beweglichen Durchlass gebaut werden und die Schiffer ihre Schiffe, sofern nötig, so umbauen lassen, dass die Kamine und Masten gesenkt werden könnten, wofür die preußische Regierung sie entschädigen würde. Nach derzeitigem Planungsstand sollte die Mittelachse der Brücke auf den Chor des Kölner Doms ausgerichtet sein und auf fünf Pfeilern, zwei Land- und drei Strompfeilern, stehen. Die Öffnungen zwischen den Pfeilern sollten jeweils 313 preußische Fuß betragen. Der Überbau der Brücke sollte aus Eisen hergestellt werden, 60 preu-

366 Ebd., S. 84.

367 BayHStA, MA, Nr. 9022, Anlage zum Protocoll No. XV von 1855. (Protokoll der Central-Commission für die Rheinschifffahrt, No. XV vom 10./12. September 1855, Den Bau einer stehenden Rheinbrücke bei Cöln betreffend.)

ßische Fuß breit sein sowie separate Fahrbahnen für die Eisenbahn, den Wagen- und den Fußverkehr aufweisen.[368]

Von Delbrück ging in seinem Nachweisversuch auf die drei verschiedenen Schifffahrtsarten ein. Bei der Dampfschleppschifffahrt sei das Niederlegen der Kamine möglich, dies hätten die Donaudampfschiffe bereits bewiesen, die ähnlich groß und schwer seien wie die rheinischen Dampfschiffe. Es bliebe die Frage, ob die Schiffe die Brücke mit niedergelegten Kaminen auch bei hohem Wasserstand passieren könnten. Die Schleppschifffahrt diene dem Transport von Gütern, der sofort unmöglich würde, sobald die Werften überflutet seien, da dann das Ein- und Ausladen nicht mehr möglich sei. Für die Ermittlung der Höhe der Brückensohle bei 48 Fuß seien extra sechzehn nicht-preußische Schiffe vermessen worden, welche alle niedriger als 20 Fuß gewesen seien. Sollte es dennoch einmal größere Dampfschiffe geben, so hätten sich diese an die Brücke anzupassen, so wie die Brücke sich jetzt an die bestehenden Verhältnisse anpassen musste. Das Niederlegen der Kamine würde bei den Personendampfschiffen ebenso erfolgen wie bei den Schleppschiffen. Preußen habe den laut Polizeiverordnung erlaubten Pegelstand von 25 Fuß als Berechnungsgrundlage genommen, auch wenn in den vergangenen zehn Jahren die Dampfschifffahrt jeweils bei 23 Fuß aufgehört habe. Die höchsten Personendampfschiffe seien 20,5 Fuß hoch, so dass auch diese unter der Brückensohle von 48 Fuß passieren könnten. Zudem, so fügte von Delbrück an, spielte die Personendampfschifffahrt nur eine untergeordnete Rolle, vor allem da zu erwarten sei, dass die Arnheim-Oberhausener Eisenbahn einen großen Teil des Personenverkehrs auf sich ziehen werde.[369]

Die Segelschiffe seien indes die kompliziertesten Schifffahrtstypen hinsichtlich des Brückenbaus. Der preußische Bevollmächtigte beschrieb die Vorrichtung zum Senken und Heben der Schiffsmasten. Diese sollte in einem Köcher stecken und mittels einer Windevorrichtung bis auf ein Stück über dem Schiffsdeck gesenkt werden. In Köln sei eine solche Vorrichtung versuchsweise gebaut worden und die Nutzung sei möglich. Es würden weder Laderaum noch Zeit verloren gehen, da die Masten während der Fahrt gesenkt werden könnten. Aus den Jahresberichten der Zentralkommission ginge hervor, dass die Segelschifffahrt stark abgenommen habe und der Großteil der Schifffahrt mittels Dampf geschehe. Die Segelschifffahrt sei höchstens bis zu einer Pegelhöhe von 22 Fuß möglich, der

368 Vgl. ebd.
369 Vgl. ebd.

Köcher 14 Fuß und das Schiff zehn Fuß hoch, womit auch Segelschiffe unter der Brücke fahren könnten.[370] Bei den Dampfschiffen würden also keine Schwierigkeiten auftreten, bei den Segelschiffen sei das Niederlegen der Masten zugegebenermaßen mit Unbequemlichkeiten verbunden. Dem stünde jedoch der Vorteil gegenüber, dass die Schiffe die Brücke zu jeder Zeit passieren könnten und die Durchlassgebühr wegfiele.[371]

Dieser Vortrag des preußischen Bevollmächtigten wurde von den anderen Bevollmächtigten mit Interesse aufgenommen. Die badischen, bayerischen und hessischen Bevollmächtigten begrüßten den Umstand, dass Preußen seine Pläne vor Ausführung des Projekts offenlegte und lobten die Versuche und Nachweise. Nichtsdestotrotz sahen die drei Bevollmächtigten eine Brücke ohne Durchlass im Widerspruch mit Artikel 67 der Rheinschifffahrtsakte und waren der Ansicht, dass eine solche Brücke den rheinischen Schifffahrts- und Handelsverkehr verkümmern lassen würde. Sie bemerkten, dass selbst über unbedeutendere Flüsse nur Brücken mit Durchlass gebaut wurden. Ferner sei das Bedürfnis einer freien Durchfahrt gerade in Köln besonders groß, da die Rheinschifffahrt sich erstens dort ausdehne und zweitens durch die Konkurrenz anderer Verkehrswege bedroht sei und daher eher geschont werden müsse. Sollte Preußen weiterhin eine Brücke ohne Durchlass bauen wollen, so seien die Bevollmächtigten Badens, Bayerns und Hessens instruiert, Einspruch zu erheben.[372]

Der französische Bevollmächtigte schloss sich den Ausführungen seiner drei Kollegen an. Im Bericht an sein Außenministerium schrieb er jedoch, dass ihm die Erklärung der drei als „trop tranchée“ erschienen sei, als dass er sie annehmen könne. Er habe sich daher entschlossen, ihr beizutreten, aber nur die freie Durchfahrt zu fordern.[373] Die gemeinsame Gegenerklärung war vor der Sitzung von den Bevollmächtigten Bayerns, Badens und Hessens für den Fall vereinbart worden, dass die Erklärung des preußischen Bevollmächtigten die vielerseits geäußerten Bedenken bezüglich der Nachteile für die Schifffahrt bei einer Brücke ohne beweglichen Durchlass

370 1 preußischer Fuß entspricht 31,38 cm.

371 Vgl. BayHStA, MA, Nr. 9022, Anlage zum Protocoll No. XV von 1855. (Protokoll der Central-Commission für die Rheinschifffahrt, No. XV vom 10./12. September 1855, Den Bau einer stehenden Rheinbrücke bei Cöln betreffend.)

372 Vgl. BayHStA, MA, Nr. 9022, Protokoll der Central-Commission für die Rheinschifffahrt, No. XV vom 10./12. September 1855, Den Bau einer stehenden Rheinbrücke bei Cöln betreffend.

373 Archives diplomatiques, 92, Nr. 17, Goepp au Ministre des Affaires Etrangères, 3 Octobre 1855.

nicht zerstreuen konnte. Der französische Bevollmächtige war instruiert worden, sich dieser anzuschließen.[374]

Der nassauische Bevollmächtigte verwies auf die Vereinbarkeit der Brücke mit Artikel 67. Der niederländische Bevollmächtigte schließlich war nur beauftragt, seine Regierung über die Pläne Preußens zu informieren, weshalb er ihr zuerst das Protokoll dieser Sitzung vorlegen wollte. Die abwartende Haltung entsprach der niederländischen Position zum Thema. Als Folge auf die Denkschrift hatten die Niederlande aber in ihrer internen Diskussion zurückhaltend geäußert, dass die Rheinschifffahrt selbst mit einer festen Brücke möglich wäre.[375]

Der preußische Bevollmächtigte reagierte auf die Äußerungen seiner Kollegen mit einem nochmaligen Verweis auf die Breite der geplanten Brücke, die einen beweglichen Durchlass nur schwer möglich mache. Die Zentralkommission beendete die Sitzung mit dem Beschluss, dass alle Bevollmächtigten ihren Regierungen das Protokoll vorlegen sollten.[376] Von Delbrück zog in seinen Memoiren über diese Sitzung eine negative Bilanz; das einzig positive Ereignis sei die Wahrnehmung gewesen, dass Frankreich und die Niederlande nicht entschieden gegen die Brücke waren. Hier findet sich zudem bereits ein Hinweis auf eine weitere Brücke, denn von Delbrück schrieb: Von Frankreich sei kein starker Widerspruch zu erwarten, „weil es eine feste Brücke nach Kehl bauen wollte und dazu unseren guten Willen brauchte."[377]

Absprachen der Bevollmächtigten verraten ein strategisches Vorgehen. Hier spiegeln sich die generellen Beziehungen zwischen den einzelnen Staaten wider. Preußen hatte eine vorherrschende Position inne und die süddeutschen Staaten versuchten, unabhängig zu bleiben (auch oder gerade weil alle im Deutschen Bund waren). Frankreich war zwar in Europa mächtig, bezüglich des Rheins jedoch ein eher kleiner Staat. Bayern erwog im Herbst 1856 ernstlich die Beschwerde beim Bundestag, da sich Preußen „rücksichtslos" verhalte. Dazu hatte von Kleinschrod vertraulich

374 Vgl. BayHStA, MA, Nr. 63609, von Kleinschrod an das Staatsministerium des Königlichen Hauses und des Äußeren, 10. September 1855.

375 Vgl. Nationaal Archief, 2.16.99, Nr. 3, Inspecteur van den Waterstraat aan Zijne Excellentie den Minister van Binnenlandsche Zaken, 9 Augustus 1855.

376 Vgl. BayHStA, MA, Nr. 9022, Protokoll der Central-Commission für die Rheinschifffahrt, No. XV vom 10./12. September 1855, Den Bau einer stehenden Rheinbrücke bei Cöln betreffend.

377 Delbrück, Rudolph von: Lebenserinnerungen von Rudolph von Delbrück, 1817-1867, Zweiter Band, Duncker&Humblot, Leipzig 1905, S. 86.

mit den Bevollmächtigten Badens, Hessens und Nassaus bei einer Zentralkommissionssitzung gesprochen. Die Antworten seien jedoch teils abwartend, teils „unbestimmt und ängstlich“ und daher insgesamt ablehnend gewesen.[378] Überhaupt kam Bayern, nach eigener Ansicht, eine gewisse Führungsrolle bei den deutschen Staaten zu, die, so das bayerische Außenministerium 1856, „sich selbst zu schwach fühlten, durchzudringen, in der Regel die Initiative zu Bayern abgewartet“[379] hätten. Bayern, als einem der größten süddeutschen Staaten, mag es auch um eine Demonstration seiner eigenständigen Macht gegangen sein.

Dass die anderen Uferstaaten durch die preußische Erklärung in der Zentralkommission nicht zufrieden gestellt waren, zeigte sich nicht nur im Schriftverkehr der Bevollmächtigten. Andere diplomatische Kanäle wurden ebenso benutzt. Das bayerische Außenministerium ließ beispielsweise der preußischen Regierung über die bayerische Gesandtschaft in Berlin im Januar 1856 kritische Bemerkungen zukommen, die geplante Brücke stelle durchaus ein Hemmnis der Schifffahrt nach Artikel 67 der Rheinschifffahrtsakte dar und die Höhergewichtung der Eisenbahn- gegenüber der Schifffahrtsinteressen sei nicht gerechtfertigt.[380] Zudem war eine mögliche Umrüstung der Schiffe zur Niederlegung der Masten und Kamine eine technische Herausforderung. So wies der französische Kommissar, als er seinem Außenministerium das Protokoll der Zentralkommissionssitzung im September 1855 übersandte, auf „un grand nombre d'expressions techniques et des difficultés de traduction“[381] hin, die besonders bei den Vorrichtungen zum Senken der Masten und Kamine aufgetreten seien.

378 BayHStA, MA, Nr. 63610, von Kleinschrod an das Staatsministerium des Königlichen Hauses und des Äußeren, 24. November 1856.

379 Vgl. BayHStA, MA, Nr. 63610, Allerunterthänigster Antrag von Seite des Staats-Ministeriums des Koeniglichen Hauses und des Äußeren, Den Bau einer stehenden Rheinbrücke bei Cöln betreffend, 30. Oktober 1856.

380 Vgl. BayHStA, Gesandtschaft Karlsruhe, Nr. 1095, Staatsministerium des königlichen Hauses und des Äußeren an die königliche Gesandtschaft in Berlin, 23. Januar 1856.

381 Archives diplomatiques, 92, Nr. 17, Goepp au Ministre des Affaires Etrangères, 15 Septembre 1855.

Exkurs: der Brückenbau und die Rheinschiffer

Auch außerhalb der diplomatischen Wege wurde das Brückenprojekt diskutiert. Im September 1851 hatten sechs rheinische Dampfschifffahrtsgesellschaften sowie 95 Rheinschiffer eine Eingabe bei der Zentralkommission gemacht.[382] Die Schiffer waren davon ausgegangen, dass eine stehende Brücke errichtet werden sollte, bei deren Passieren den Schiffen, die zum Niederlegen der Masten und Kamine eingerichtet waren, die Brückendurchlassgebühren erlassen werden sollten. Gegen die von ihnen vernommenen Pläne brachten sie mehrere Argumente vor. Die Stadt Köln würde durch die Brücke, die die Durchfahrt behindere, faktisch wieder den gesetzlich abgeschafften Stapel[383] zurückerhalten. Der Umbau der Schiffe zum Niederlegen der Masten und Kamine sei zudem mit erheblichen Kosten und Nachteilen verbunden beziehungsweise teilweise technisch gar nicht ausführbar. Bei Segelschiffen würde durch die Vorrichtung zum Senken viel Laderaum verloren gehen und die Belastung des Schiffes negativ verändert. Viel wichtiger sei jedoch, so die Schiffer, dass der technische Betrieb der Rheinschifffahrt unmöglich würde, da durch das Niederlegen „eine solche Verwirrung auf dem Schiffsdeck" entstünde.[384] Bei Schornsteinen steige zudem die Gefahr des Zerspringens des Dampfkessels durch das häufige Niederlassen. Da die Schifffahrt bei einem Wasserstand von 24 Fuß beim Kölner Pegel bisher betrieben worden sei, müsste die Brücke 100 Fuß über dem Wasserspiegel von 24 Fuß liegen und dürfte höchstens zwei Strompfeiler haben, damit sie die Schifffahrt nicht beeinträchtige. Sähe die Brücke anders aus, habe jeder, so die Schiffer, auf Grund von Art. 67 der Mainzer Akte, das Recht sich zu beschweren und Schadensersatz zu fordern. Schließlich wiesen die Schiffer noch darauf hin, dass, wenn die preußische Regierung nun einmal die Geneh-

---

382 Vgl. HStAD, G 4, Nr. 45, Beschwerde einer Anzahl von Handelsvorständen, Dampfschifffahrts-kooperationen und Schiffern gegen die königlich Preußische Regierung in Betreff der zwischen Köln und Deutz im Baue begriffenen Brücke. Mit Anlagen A-K. Hier Anlage F: Eingabe sechs rheinischer Dampfschifffahrts-Gesellschaften bei der Central-Commission in Mainz vom September 1851.

383 Das Stapelrecht Kölns hatte die Schiffer verpflichtet, die von ihnen transportierten Waren in Köln für eine gewisse Zeit abzuladen und zum Kauf anzubieten.

384 HStAD, G 4, Nr. 45, Beschwerde einer Anzahl von Handelsvorständen, Dampfschifffahrts-kooperationen und Schiffern gegen die königlich Preußische Regierung in Betreff der zwischen Köln und Deutz im Baue begriffenen Brücke. Mit Anlagen A-K. Hier Anlage F: Eingabe sechs rheinischer Dampfschifffahrts-Gesellschaften bei der Central-Commission in Mainz vom September 1851.

migung für eine stehende Brücke erhielte, die anderen Staaten ebenfalls solche Genehmigungen erhalten müssten und dadurch „die Rheinschifffahrt unbedingt zu Grabe getragen wäre.“[385] Daher baten sie die Zentralkommission die „gefährdeten Rechte und Interessen“ zu schützen und zu verhindern, dass ein „einseitiges Vorschreiten den bestehenden Zustand und Besitz beeinträchtigen werde.“[386] Hier wird der Standpunkt einiger Schiffer deutlich, die den Status quo beibehalten wollten und weitere stärkere Konkurrenz durch die Eisenbahn fürchteten. Besonders die Segelschiffer litten seit einigen Jahren unter wirtschaftlichen Schwierigkeiten, was mit dem Aufkommen und der Ausbreitung der Dampfschifffahrt begonnen hatte. Sie waren stärker von der stehenden Brücke betroffen, da die Masten wesentlich höher waren als die Kamine der Dampfschiffe.

Die Denkschrift von Juni 1855 an den Alterspräsidenten der Zentralkommission hatte den Auslöser für die Verhandlung der Thematik in der Zentralkommission gegeben.[387] Auch wenn mit dieser Ausnahme sonst in den offiziellen Zentralkommissionsprotokollen solche Denkschriften nicht erwähnt wurden, versuchten die Rheinschifffahrtsbeteiligten doch noch Einfluss auf das Brückenbauprojekt zu nehmen. Es ist unklar, ob die Beschwerden gehört wurden. Das Endergebnis zeigte nur, dass die Schiffer mit ihren Kernforderungen kaum Erfolg gehabt hatten. Interessant wäre jedoch, inwieweit sie die Stimmung und die Meinungsbildung beeinflussten. Teilweise dienten die Denkschriften als Diskussions- und Informationsgrundlage, wie das Beispiel der preußischen Beratung von Juli 1855 zeigte.

1855 erschien eine weitere „Denkschrift betreffend die Nothwendigkeit eines Durchlasses für die Schifffahrt in der zwischen Köln und Deutz zu erbauenden Brücke“[388], auf die spätere Schriften häufig Bezug nahmen. In

---

385 Ebd.

386 Ebd. Der Oberinspektor der Zentralkommission teilte den Schiffern ein Jahr später mit, dass die Zentralkommission die Brückenangelegenheit schon früher ins Auge gefasst habe und ihr weiterhin Aufmerksamkeit schenken werde. Vgl. HStAD, G 4, Nr. 45, Beschwerde einer Anzahl von Handelsvorständen, Dampfschifffahrtskooperationen und Schiffern gegen die königlich Preußische Regierung in Betreff der zwischen Köln und Deutz im Baue begriffenen Brücke. Mit Anlagen A-K. Hier: Anlage G: Erlaß der Central-Commission vom 15. September 1852.

387 Vgl. GStA PK, I. HA Rep. 113, Nr. 446, Schmitt an von Delbrück, 24. Juni 1855.

388 Vgl. BayHStA, Gesandtschaft Paris, Nr. 6728, Denkschrift betreffend die Notwendigkeit eines Durchlasses für die Schifffahrt in der zwischen Köln und Deutz

der Denkschrift wurde darauf hingewiesen, dass die Förderung einer Interessenseite nicht auf Kosten der anderen gehen dürfe, was der Brückenbauplan aber mache. Ferner verhindere die geplante Brücke das Fahren bei hohem Wasserstande, was aber nach der Polizeiverordnung von 1851 erlaubt sei, und sie behindere weiterhin die zukünftige Entwicklung der Dampfschiffe, da diese dann nicht mehr größer werden könnten. Für die Segelschifffahrt bedeute das Niederlegen der Masten eine Gefahr, zudem einen geringeren Laderaum und eine größere Mannschaft, was zu finanziellen Einbußen führen würde. Der internationale Verkehr müsste in Köln unterbrochen werden, was den Verkehr zwischen dem Binnenland und den Seehäfen störe. Die Rohstofferzeugung in deutschen Ländern würde in Mitleidenschaft gezogen werden, da die Transportmöglichkeit fehlte. Zudem schaffe diese Unterbrechung in Köln wieder einen Umschlag, ein erzwungenes Ent- und Beladen der Schiffe, was bereits die Wiener Kongressakte verboten hatte. Da auch Brücken in Straßburg und Mainz diskutiert würden, sei die Entscheidung für die Kölner Brücke sehr wichtig. Keiner wehre sich gegen die Erbauung einer Brücke, sofern sie im Einklang mit Artikel 67 der Rheinschifffahrtsakte einen beweglichen Durchlass hätte.[389]

Im Dezember 1855 richteten einige preußische Schiffsbesitzer des Rheins und der Ruhr ein Gesuch an den preußischen Handelsminister, in dem sie diesen baten, entweder die Brücke mit einem beweglichen Durchlass zu erbauen oder die Brückensohle auf 70 Fuß anzuheben, so dass die Dampfschiffe ohne Senken der Kamine passieren könnten, und die Schiffer zu entschädigen. Die Schiffsbesitzer schrieben, dass sie gehofft hatten, die Denkschriften und Proteste des Handelsstandes und der Schifffahrtstreibenden der vergangenen Jahre hätten die preußische Regierung zum Umdenken bewegt. Da dies nicht so war, wiesen sie nun erneut darauf hin, dass sie die Vorrichtungen zum Senken der Masten und Kamine als unausführbar, da gefährlich, platz- und zeitraubend, erachteten. So sollten die Masten auf die Ladefläche abgesenkt werden, wozu man erstens Personal benötigte, welches zweitens auch durch das Gewicht des Mastes und die Bewegung desselben von möglichen Verletzungen bedroht war. Schließlich betonten sie noch die Konkurrenz der Eisenbahn, die die Schifffahrt stark bedrängte. Diese Konkurrenzbedingungen würden durch die Kölner

---

zu erbauenden Brücke. Die Denkschrift wurde 1855 von Robert Mohl in Mannheim veröffentlicht.

389 Vgl. ebd.

Brücke, die „als Modell für die übrigen zu Koblenz, Mainz, Mannheim und Straßburg projektirten Brücken dienen wird“[390] noch verschlimmert.

Wie der französische Kommissar Goepp seinem Außenministerium berichtete, unterzeichneten verschiedene Schiffer, Schiffergesellschaften und Handelskammern von September bis November 1857 einen Beschwerdebrief, um Anfang 1858 bei der Köln-Mindener-Eisenbahn-Gesellschaft zu protestieren, da der Brückenbau „des obstacles insurmontables“[391] für die Schifffahrt bedeute.

Anfang 1858 ging bei der Deutschen Bundesversammlung eine Beschwerde von Schiffern, Dampfschifffahrtskorporationen und Handelsvorständen gegen die preußische Regierung und ihren Brückenbau ein. Der Oberinspektor der Rheinschifffahrt informierte die einzelnen Kommissare darüber.[392] Die Kläger erläutern in ihrer Beschwerde, dass sie lange gezögert hätten, den Deutschen Bund einzuschalten.[393] Sie hatten gehofft, mit ihren Bitten bei der preußischen Regierung Gehör zu finden. Ihre Interessen seien zudem von Verträgen geschützt. Die Unterzeichneten seien nicht komplett gegen den Bau einer Brücke, auch wenn jede Brücke die Schifffahrt beeinträchtigen würde. Sie würden sich jedoch aus Vaterlandstreue über ein Bauwerk wie die Kölner Brücke freuen. Bei ihrer Beschwerde beriefen sich die Unterzeichner auf Art. 5 des Ersten Pariser Friedens von 1814, Art. 109, 113, 114, 116 der Wiener Kongressakte, Art. 19 der Deutschen Bundesakte und Art. 67 der Mainzer Akte. In der Beschwerdeschrift wurde ebenfalls darauf hingewiesen, dass die Verhandlungen zwischen den Reaktionen auf die preußische Note vom Dezember 1850 und 1855 ausgesetzt worden seien. Alle Schifffahrtsbeteiligten seien durch das Brückenbauprojekt aufgeregt und besorgt und hätten sich gewünscht, „regelmäßig bei den Verhandlungen der hohen Regierungen vernommen zu werden und immer Kenntnis vom Stande der Sache zu erhalten. Als Sachverständige wären sie ohne Zweifel in der Lage gewesen, nützliche Winke

---

390 Vgl. BayHStA, MA, Nr. 63612, Ganz gehorsamstes Gesuch der Schiffsbesitzer des Rheins und der Ruhr, die Anlegung der festen Rheinbrücke bei Köln betreffend, 6. Dezember 1855.

391 Archives diplomatiques, 92, Nr. 18, Goepp au Ministre des Affaires Etrangères, 20 Janvier 1858.

392 Vgl. HHStAW, Abt. 210, Nr. 7287, von Zwierlein an Herzoglich Nassauisches Staats-Ministerium, 8. März 1858.

393 Vgl. HHStAW, Abt. 210, Nr. 7287, An die Hohe Deutsche Bundesversammlung. Beschwerde einer Anzahl von Handelsvorständen, Dampfschifffahrtskorporationen und Schiffern gegen die Königlich Preußische Regierung in Betreff der zwischen Köln und Deutz im Baue begriffenen Brücke. Mit Anlagen A-K.

zu geben, auf entscheidende Thatsachen aufmerksam machen zu können."[394] Meist seien sie auf „Hörensagen und Muthmaßungen"[395] angewiesen gewesen. Auf die erste, 1851 bei der Zentralkommission eingereichte Denkschrift sei nur eine kurze, nicht hilfreiche Antwort gekommen. Die zweite und dritte Denkschrift habe man 1855 in Berlin abgegeben. Im Anschluss an die Erklärung des preußischen Kommissars in der Zentralkommissionssitzung 1855 waren zwei weitere Denkschriften erstellt worden. Die Unterzeichner schilderten die verschiedenen Brückenmöglichkeiten und gingen auf die Wasserstände und Durchfahrtshöhen ein. Die Personenschifffahrt würde am wenigsten, die Segelschifffahrt am härtesten durch die geplante Brücke betroffen. Eine Vorrichtung zum Legen der Masten müsse folgende Bedingungen erfüllen: Die Brücke müsse beim höchsten erlaubten Wasserstand noch passierbar sein, das Legen sicher und nicht zu zeitaufwändig sein, die Ladungsfähigkeit einschließlich Oberlast nicht beeinträchtigt werden, die Vorrichtung zum Legen auf dem Schiff sein und keine weitere Mannschaft erfordern. Die preußischen Vorschläge erfüllten keine dieser Bedingungen. Die Unterzeichner argumentieren mehrere Seiten lang. Der Brücke müsse „entweder ein Durchlaß oder eine entsprechende Höhe gegeben werden." Dabei sei „die bloße Schwierigkeit der hier gestellten technischen Aufgabe kein Grund, sie nicht zu lösen."[396]

Derweil hatte nach Baubeginn im Juni 1855 am 3. Oktober 1855 die Grundsteinlegung für die Brückenpfeiler stattgefunden, die vom preußischen König vorgenommen wurde. Eine Einigung war da noch in weiter Ferne und so mussten während des Baus nicht zuletzt aufgrund der Verhandlungsergebnisse noch Änderungen am Plan vorgenommen werden. Die Brücke musste zum Beispiel wegen der Schifffahrtsinteressen höher gelegt werden und Wasserbauinspektor Lohse, der auch die Weichselbrücke bei Dirschau gebaut hatte, überarbeitete den Entwurf 1855 dementsprechend. Aber auch die Eisenbahn veränderte ihre Anforderungen: So wurden der ursprünglich vorgesehene Hebeturm in Köln ersetzt und mehrere Gleise statt einer eingleisigen Fahrspur gebaut.[397] Die Verhandlungen hinkten den Tatsachen zwar immer hinterher, der Bau konnte jedoch nicht

394 Ebd., hier S. 13.
395 Ebd., hier S. 14.
396 Ebd., hier S. 44.
397 Vgl. Lohse, Hermann: Die Rheinbrücke bei Köln, in: Zeitschrift für Bauwesen, Berlin, Heft 7, 1857, S. 307-314.

ohne diese errichtet werden. Sie beinflussten sich wahrscheinlich in gewissem Maße gegenseitig. Der Rhein war ein internationaler Fluss, ein einzelner Staat konnte sich nicht komplett gegen die anderen durchsetzen.

Informationsbearbeitung

Im August und September 1856 beschäftigte sich die Zentralkommission erneut mit dem Bau einer stehenden Brücke in Köln. Der preußische Bevollmächtigte erklärte zu Beginn der Sitzung, dass seine Regierung weitere Versuche zum Heben und Senken der Masten und Kamine durchgeführt habe, welche seine Erklärung vom letzten Jahr bestärkten, dass dies ohne Schwierigkeiten und Nachteile durchführbar sei.[398] Von Delbrück verwies erneut auf die Donauschiffe, welche ihre Kamine teils bis fast in die Horizontale absenkten, was jedoch auf dem Rhein meistens nicht nötig sein würde, da der Wasserstand einen Pegel von 16 Fuß kaum überschreite. Bezüglich der Segelschiffe erläuterte der preußische Bevollmächtigte die Konstruktion, welche er letztes Jahr beschrieben hatte. Diese würde auf Ruhr, Mosel, Main und Neckar angewendet und das untere Ende des Mastes als Hebel benutzt. Die andere Möglichkeit, die von Delbrück dann beschrieb, setzte am oberen Ende des Mastes an. Diese Art würde bei den Themseschiffen benutzt. Je nachdem wie stark der Mast gelegt werden musste, reichte eine ganz einfache Vorrichtung. Zur Veranschaulichung hatte von Delbrück zwei Zeichnungen dabei. Die eine Zeichnung zeigte das Schiff Columbus, welches, so von Delbrück, die größte auf dem Rhein nötige und die von den Schiffern in ihren Denkschriften als ausreichend anerkannte Höhe aufwies. Die Columbus sei bereits in Mannheim und Ludwigshafen von Schiffern in Augenschein genommen worden und am 8. August 1856 hätte die Zentralkommission in Mainz das Heben und Senken des Mastes beobachtet.[399] Dabei war das Schiff später als geplant eingetroffen, was der bayerische Bevollmächtigte in seinem Bericht an das bayerische Außenministerium als Absicht der preußischen Regierung bezeichnete, um „die Sache abermals in die Länge zu ziehen."[400] Die Proze-

398 Vgl. BayHStA, MA, Nr. 9023, Protokoll der Central-Commission für die Rheinschifffahrt, No. XVII vom 28. August/15. September 1856, Den Bau einer stehenden Rheinbrücke bei Cöln betreffend.

399 Vgl. ebd. Die Zeichnungen liegen dem überlieferten Protokoll nicht bei.

400 Vgl. BayHStA, MA, Nr. 63610, von Kleinschrod an das Staatsministerium des königlichen Hauses und des Äußeren, 21. August 1856.

dur des Hebens und Senkens dauerte fünfzig Minuten und erforderte drei Personen, wodurch von Delbrück es als bewiesen ansah, dass keine Mannschaftsverstärkung nötig sei.

Die Bevollmächtigten Badens, Bayerns und Hessens erklärten, dass die preußischen Ausführungen ihre Ansicht nicht habe ändern können. Ferner habe der Sachverständige der oberrheinischen Häfen den Versuch mit der Columbus als misslungen erklärt. Die drei Bevollmächtigten wünschten des Weiteren zu wissen, ob Preußen die gesamten Kosten für den Umbau der Schiffe übernehmen würde, sofern eine Vorrichtung zum Niederlegen der Masten und Kamine gefunden würde, die für Schiff, Ladung und Mannschaft sicher sei.[401] Aus dieser Frage lässt sich ableiten, dass Baden, Bayern und Hessen der stehenden Brücke zustimmen würden. Sie lehnten sie nicht mehr komplett ab und verwiesen auch nicht mehr wie im Vorjahr auf die nötige Vereinbarkeit mit Artikel 67. Vermutlich hegten sie entweder bereits eigene Pläne und/oder begannen, die Gründe Preußens einzusehen.

Der französische Bevollmächtigte erklärte, dass die Versuche an der Columbus nach der Meinung von Technikern nicht zufriedenstellend waren, hielt jedoch das Niederlegen der Masten prinzipiell für möglich und sicherte dem preußischen Bevollmächtigten die weitere Auskunft über seine Instruktionen zu.[402]

Der nassauische Bevollmächtigte brachte erneut die Vereinbarkeit der Brücke mit Artikel 67 zur Sprache. Als ebenfalls nicht gelöst betrachtete der niederländische Bevollmächtigte die Frage der Brückenkonstruktion. Er führte mehrere breite Brücken mit beweglichem Durchlass an, etwa eine Eisenbahnbrücke über die Ijssel bei Westervoort. Sachverständige würden behaupten, so der niederländische Bevollmächtigte, dass eine solche Drehöffnung ohne größere technische Schwierigkeiten auch bei der geplanten Kölner Brücke angebracht werden könnte. Ferner glaubte er, dass die Nichtanwendbarkeit von Maßnahmen zum Niederlegen der Masten durch die Versuche an der Columbus bewiesen wurden. Deren Besuch in Rotterdam sei nicht angemeldet gewesen, weshalb sie dort auch nicht hatte begutachtet werden können. Die einzelnen Bevollmächtigten gewichteten

401 Vgl. BayHStA, MA, Nr. 9023, Protokoll der Central-Commission für die Rheinschifffahrt, No. XVII vom 28. August/15. September 1856, Den Bau einer stehenden Rheinbrücke bei Cöln betreffend.

402 Vgl. ebd.

die Probleme unterschiedlich, das heißt ihre Hauptkritikpunkte waren unterschiedlich gelagert.

Der preußische Bevollmächtigte erwiderte auf die Einwände seiner Kollegen, dass seine Regierung wünsche, über die Bedenken zu den Versuchen auf der Columbus unterrichtet zu werden. Die Vorschläge des niederländischen Bevollmächtigten bezüglich der Drehvorrichtungen empfand er als unangebracht. Diese seien unsicher, so habe gerade die Ijsselbrücke die Belastungsprobe nicht bestanden. Die Zentralkommission beschloss, das Protokoll, dem eine Übersicht der Höhen einiger Dampfschiffe beilag, wieder ihren Regierungen vorzulegen.[403]

Exkurs: die Eisenbahnbrücke in der Öffentlichkeit

Die Diskussionen zum Brückenbau in der Öffentlichkeit stellen einen großen Unterschied zu den anderen Fallbeispielen dar: Die Verhandlungen zum Rheinzolltarif, der Polizeiverordnung und der Patenterteilung liefen fast ausschließlich innerhalb der Zentralkommission ab. Lediglich bei den Beratungen zur Polizeiverordnung wurden die Schiffer an einer Stelle befragt und beteiligt. Die Eisenbahn war ein Phänomen ihrer Zeit und faszinierte die Bevölkerung, weshalb über sie berichtet und geredet wurde.

Dass Interessensschwerpunkte unterschiedlich gelagert waren, zeigte sich auch hier: Im Februar 1855 war ein Artikel in der Kölnischen Zeitung erschienen, der eine Benachteiligung der Rheinschiffer nicht bemerkte. Der Artikel wies abschließend darauf hin, „daß alle der Ausführung des Baues bisher entgegengestandenen Bedenken nunmehr überwunden sind.“[404] Im Juli 1855 veröffentlichte die Kölnische Zeitung ein Bild der geplanten Brücke, wobei sie auf den Artikel von Februar verwies.[405] Auch ein Artikel in der Kölnischen Zeitung im Juli 1856 widersprach Kritikpunkten und versuchte, die Bedenken hinsichtlich des Hebens und Senkens der Masten und des Niederlegens der Kamine zu widerlegen. Er beschrieb mögliche Komplikationen einer Brücke mit Durchlass, die bei-

403 Vgl. ebd.

404 Nationaal Archief, 2.16.99, Nr. 3, Beilage zu Nr. 44 der Kölnischen Zeitung. Dienstag, 13. Februar 1855, Ueber den Bau der Rheinbrücke zu Köln.

405 Vgl. Nationaal Archief, 2.16.99, Nr. 3, Extra-Beilage der Kölnischen Zeitung, Ansicht der Rheinbrücke zu Köln nach dem festgestellten Entwurfe. Vergleiche den Artikel über den Bau der Rheinbrücke zu Köln in No. 44 d. Köln. Zeitung v. 13. Febr. 1855.

spielsweise oft repariert werden müsse und dann geschlossen wäre, so dass sich Land- und Flussverkehr behinderten. Daher schloss der Artikel mit der Aussage, dass „auf der einen Seite die Schifffahrt eines beweglichen Durchlasses nicht nur nicht bedarf, sondern durch die Verweisung darauf sogar wesentlich gefährdet werden würde, und daß auf der anderen Seite der Landverkehr durch den Schiffsdurchlaß wesentlich beeinträchtigt werden müsste.“[406]

Im Oktober 1855 war dagegen im Mannheimer Journal ein langer Artikel erschienen, der lediglich der Eisenbahn einen Nutzen an der Brücke zusprach und auf die Erklärung des preußischen Bevollmächtigten in der Zentralkommission verwies. In dem Artikel wurde erläutert, dass, wenn statt drei mehr Strompfeiler gebaut würden, die Schifffahrt nicht behindert und der Einbau eines beweglichen Durchlasses problemlos möglich sei. Aufgrund der Rheinschifffahrtsakte hätten die anderen Uferstaaten das Recht, einen beweglichen Durchlass zu verlangen. Die geplante Gitterbrücke sei zudem für Menschen und Fußgänger unbequem, würde am gemütlichen Spazierengehen hindern, beengen und daher gefährlich sein. In Kriegszeiten sei sie zudem nicht einfach zu unterbrechen.[407]

Die Versuche auf der Columbus waren auch im Mannheimer Journal kommentiert und für unzureichend erachtet worden. Zudem hätten, so der Zeitungsartikel, die Maßangaben für den Mast nicht gestimmt und man fand es unbegreiflich, dass trotz der Proteste mit dem Brückenbau begonnen wurde.[408] In seinen Memoiren räumte von Delbrück ein, dass die Vorrichtung zum Niederlegen der Masten während der Fahrt „anfänglich sehr obenhin“[409] behandelt worden war, weshalb nun, um einen praktischen Beweis zu liefern, ausführlichere Versuche stattfänden.

Der damalige preußische Rheinschifffahrtsbevollmächtigte von Delbrück hielt in seinen Memoiren die Stimmung fest, so wie er sie empfunden hatte: Das „rheinische Publikum, stolz auf seinen Fluß und auf die hochbewimpelten Schiffe, welche ihn belebten, damals sehr wenig für die preußische Regierung eingenommen, betrachtete die Brücke als caudini-

406 GStA PK, I. HA Rep. 113, Nr. 446 »Die Kölner Rheinbrücke und die Schifffahrt«, in: Kölnische Zeitung Nr. 203 vom 23. Juli 1856, Beilage.

407 Vgl. BayHStA, MA, Nr. 63609, »Die feste Brücke bei Köln« in: Mannheimer Journal, No. 255, Freitag, den 26 Oktober 1855.

408 Vgl. BayHStA, MA, Nr. 63610, »Der `Columbus´ mit dem beweglichen Mast«, in: Mannheimer Journal, No. 203, Dienstag, den 26. August 1856.

409 Delbrück, Rudolph von: Lebenserinnerungen von Rudolph von Delbrück, 1817-1867, Zweiter Band, Duncker&Humblot, Leipzig 1905, S. 87.

sches Joch, unter welches rücksichtslose Verfolgung von Sonderinteressen die freie Rheinschiffahrt beugen wollte.“[410]

3.4.3. Verhandlungsphase

Konfliktregelung

Das Protokoll der Sitzung von August 1857 begann mit einer Zusammenfassung des zwischen den Sitzungen 1856 und 1857 erfolgten Schriftverkehrs. Der badische Bevollmächtigte hatte durch eine Note im Februar 1857 mitgeteilt, dass seine Regierung die Einrichtungen der Columbus nicht für größere Rheinschiffe geeignet hielt. Dem hatte sich der bayerische Bevollmächtigte im April 1857 angeschlossen.[411] Der preußische Bevollmächtigte hatte seiner ausführlichen Antwort auf die geäußerten Bedenken und Kritikpunkte von Juni 1857 eine Denkschrift beigelegt, die die weiteren Versuche seiner Regierung mit den Einrichtungen zum Heben und Senken der Masten darstellte.[412] Mit dem Thema der Versuche fuhr der preußische Bevollmächtigte zu Beginn der Sitzung fort. Er erklärte, dass seine Regierung die Einrichtungen auf der Columbus als die sinnvollste erachtete. Da die anderen Rheinuferstaaten dagegen jedoch Einwände erhoben hatten, versuchte Preußen nun, das Problem des Niederlegens der Masten mittels schwimmender Kräne zu lösen, die den Schiffen dabei helfen sollten. Vorerst seien zwei Paar Kräne aufgestellt worden und das Passieren mit Niederlegen der Masten dauere nicht länger als das Passieren der Schiffsbrücke. Preußen sei bereit, die Kräne kostenfrei zur Verfügung zu stellen sowie die Kosten zu übernehmen, die für Vorrichtungen zum Niederlegen der Masten mittels der Kräne nötig seien. Bei dieser Lösung würde Preußen jedoch nur diese Kosten übernehmen, nicht aber die kompletten Umbaukosten falls ein Schiff seinen Mast selbstständig senken wollte, um die Brücke jederzeit selbst passieren zu können. Das wäre, laut von Delbrück, allerdings schneller. Schließlich machte der preußische Be-

---

410 Ebd., S. 86.

411 Vgl. BayHStA, MA, Nr. 9024, Protokoll der Central-Commission für die Rheinschifffahrt, No. XVI vom 29. August 1857, Den Bau einer stehenden Rheinbrücke bei Cöln betreffend.

412 Vgl. GStA PK, I. HA 120 C XV 10b, Nr. 33 Bd. 3, von Delbrück an sämtliche Rheinschifffahrtsbevollmächtigten, 5. Juni 1857.

vollmächtigte noch Vorschläge hinsichtlich der Entschädigungssummen.[413]

Die Bevollmächtigten von Baden, Hessen und Nassau waren noch nicht mit Instruktionen versehen, weshalb sie nicht direkt auf die Äußerungen des preußischen Bevollmächtigten antworteten. Interessant sind die Reaktionen des französischen und des niederländischen Bevollmächtigten: Ersterer wollte erst nach Baden antworten und letzterer wollte erst die Meinung aller deutschen Uferstaaten hören. Die einzelnen Bevollmächtigten stimmten sich also teilweise untereinander ab oder machten ihre Position von der Mehrheit abhängig. Vielleicht spielte auch die besondere Stellung der Niederlande und Frankreichs eine Rolle: Ihre Schiffe befuhren vorrangig den Ober- beziehungsweise den Niederrhein und passierten daher Köln oft nicht. Die Sitzung wurde vertagt, da eine Weiterverhandlung ohne Instruktionen schwierig war. Der eigentliche Prozess wurde sowohl flexibilisiert als auch gleichzeitig lahmgelegt beziehungsweise vertagt. Eine Vertagung aufgrund fehlender Instruktionen war gängig, die Absprachen zeigen sich in diesem Beispiel besonders deutlich.

Etwa drei Wochen später, am 18. und 19. September 1857, setzte die Zentralkommission ihre Sitzung fort.[414] In der Zwischenzeit war auf Wunsch Badens das Schiff Pauline von der Zentralkommission sowie Technikexperten Badens, Bayerns, Hessens und Nassaus in Mainz besichtigt worden. Dabei wurde der Mast zuerst bei still liegendem und unbeladenen Schiff gesenkt und wieder aufgerichtet und dann bei geschlepptem Schiff, wobei das Augenmerk jeweils auf der benötigten Zeit und dem Grad der Absenkung lag.[415] Ebenso wie die diplomatischen Gesandten hatten die technischen Experten ihren Regierungen teilweise Bericht erstattet, unter anderem mit detaillierten Lageplänen.[416] Die Regierungen standen stets in regem Briefkontakt mit den Kommissaren, die berichteten, Stellungnahmen abgaben, Vorschläge machten und Instruktionen erhiel-

413 Vgl. BayHStA, MA, Nr. 9024, Protokoll der Central-Commission für die Rheinschifffahrt, No. XVI vom 29. August 1857, Den Bau einer stehenden Rheinbrücke bei Cöln betreffend.

414 Vgl. BayHStA, MA, Nr. 9024, Protokoll der Central-Commission für die Rheinschifffahrt, No. XVI vom 29. August 1857, Den Bau einer stehenden Rheinbrücke bei Cöln betreffend. Fortgesetzt MAINZ den 18./19. September 1857.

415 Die Experten hatten zu den Versuchen, so geht es aus dem Protokoll hervor, ein Gutachten abgegeben. Dieses liegt dem überlieferten Protokoll jedoch nicht bei.

416 Vgl. zum Beispiel Nationaal Archief, 2.16.99, Nr. 4, de Hoofd Ingenieur van den Waterstraat aan Zijn Exellentie den Heere Minister van Buitenlandse Zaken, 30 Maart 1858.

ten.[417] Der bayerische Bevollmächtigte hatte im Bericht an sein Außenministerium ein äußerst schlechtes Urteil des bayerischen technischen Experten zu den Versuchen auf der Pauline referiert: Es könne „nach sorgfältiger Erwägung der verschiedenen Umstände, welche während der Fahrt eines Schiffes auf dem Rhein vorkommen können, in die ausgeführte Construktion zum Behufe des Senkens und Hebens des Mastes nicht das geringste Vertrauen gesetzt und deren Anwendung in dieser Weise weder begutachtet noch angerathen werden [Hervorhebung im Text].“[418] Das badische Urteil sei noch härter ausgefallen und hätte die gesamte Vorrichtung für „unbrauchbar“[419] erklärt. Die Hauptkritikpunkte an der Versuchsvorrichtung waren dessen nicht gegebene Praktikabilität bei einem fahrenden Schiff, bei Frostkälte sowie bei großen Schiffen. Am gesamten Oberrhein herrsche, so von Kleinschrod, eine Stimme hinsichtlich des preußischen Schiffes. Die oberrheinischen Staaten waren demnach einer Meinung und agierten geschlossen, um ihr Ziel zu erreichen. Sie bildeten auch bei anderen Themen oft eine Allianz; so hatten sie bereits bei der Rheinschifffahrtspolizeiverordnung eng zusammengearbeitet. Es waren relativ kleine Staaten, für die es oft günstiger war, zusammen zu handeln und sich abzustimmen; zudem bildeten drei (Bayern, Hessen und Nassau) von ihnen einen der vier Rheinaufsichtsbezirke, Frankreich und Baden einen zweiten.

Die Bevollmächtigten von Baden, Bayern, Frankreich und Hessen machten während der Diskussion in der Zentralkommission folgende Anmerkungen zum preußischen Brückenprojekt: Das technische Gutachten würde die Höherlegung des unteren Brückenrandes von 48 auf 53 Fuß verlangen, da sonst die von der Polizeiverordnung bis zu einer Pegelhöhe von 25 Fuß zulässige Fahrt für große Schiffe nicht möglich sei. Sie erachteten schwimmende Kräne nicht als allein ausreichend, um den Schiffen das Passieren der Kölner Brücke zu ermöglichen. Dagegen sahen sie die „Herrichtung der Schiffe zum selbstständigen Niederlegen der Maste und Kamine vom Schiff aus [...] im Prinzip als ein zulässiges und im Allgemei-

417 Die bayerische Korrespondenz ist zum Beispiel zu finden in BayHStA, MA, Nr. 63612. Die französische zum Beispiel in: Archives diplomatiques, 92, Nr. 17.

418 BayHStA, MA, Nr. 63610, von Kleinschrod an das Staatsministerium des königlichen Hauses und des Äußeren, 9. September 1856.

419 Ebd.

nen genügendes Mittel“[420] an. Das Gutachten habe die Vorrichtung, die auf der Pauline zum Einsatz kam, prinzipiell als ausreichend bewertet, wenn sie auch noch zu verbessern war. Die Kosten für den Umbau müssten jedoch vollständig von Preußen übernommen werden. Allerdings, so die Bevollmächtigten, sei „von Seiten der weiter zu Rathe gezogenen schifffahrts- und schiffbaukundigen Sachverständigen die Erklärung abgegeben worden, dass diese Einrichtung immerhin noch als eine mangelhafte, die Schifffahrt belästigende, Schiff, Ladung und Mannschaft mit Gefahr bedrohende Einrichtung anzusehen sei.“[421] Wer genau diese Sachverständigen waren, geht aus den Quellen nicht hervor; die Meinungsverschiedenheit wird jedoch deutlich. Die Bevollmächtigten wiesen erneut auf die Notwendigkeit der Verbesserung der Vorrichtung hin und forderten die vollständige Entschädigung für diese. Schließlich unterbreiteten die Bevollmächtigten der Zentralkommission ihre Vorstellungen der Entschädigungssummen für die Schiffer, welche ihre Schiffe nicht von preußischen Technikern in Köln umbauen lassen würden. Abschließend forderten sie noch den Wegfall jeglicher Durchlassgebühren für Flößer und Schiffer, auch wenn die Deutzer Schiffsbrücke weiter bestehen sollte.

Der badische Bevollmächtigte fügte dem noch hinzu, dass er sich die Frage etwaiger Rechtsansprüche badischer Schiffer an den Eigentümer der Brücke bei von den Schiffern unverschuldeten Unfällen noch offenhalten wolle. Gegen diese Idee sprach sich von Delbrück entschieden aus. Der bayerische Bevollmächtigte betonte noch einmal die Notwendigkeit der Höherlegung der Brücke um fünf bis sieben Fuß, da auch die Vorrichtung zum Niederlegen der Masten Höhe beanspruchen würde, wenn sie keine Personalvermehrung nach sich ziehen soll. Die nassauischen und niederländischen Bevollmächtigten waren nach wie vor ohne Instruktion.[422]

Der preußische Bevollmächtigte bekundete sein Bedauern ob der Bedenken der badischen, bayerischen, französischen und hessischen Kollegen. Er stellte jedoch erfreut fest, dass die Vorrichtung zum Niederlegen der Masten, wie sie auf der Pauline ausgeführt wurde, prinzipiell als ausreichend und zulässig anerkannt wurde. Bezüglich der Kräne erklärte er, dass diese nicht als dauerhafte Lösung verfolgt würden, sondern nur in der

---

420 BayHStA, MA, Nr. 9024, Protokoll der Central-Commission für die Rheinschifffahrt, No. XVI vom 29. August 1857, Den Bau einer stehenden Rheinbrücke bei Cöln betreffend. Fortgesetzt MAINZ den 18./19. September 1857.

421 Ebd.

422 Vgl. ebd.

Übergangszeit den noch nicht umgebauten Schiffen helfen sollten. Die vier Bevollmächtigten stellten klar, dass sie die dauerhafte Beibehaltung der Kräne zusätzlich zur Entschädigung forderten, was der preußische Bevollmächtigte jedoch ablehnte. Eine weitere Höherlegung der Brückensohle wollte der preußische Bevollmächtigte zwar mit seiner Regierung besprechen, erklärte aber gleich, dass er sie nicht für nötig erachte, da die Schifffahrt praktisch bei einer Pegelhöhe von 23 Fuß aufhöre.[423]

Der bayerische Bevollmächtigte hatte in diesen Sitzungen einen Antrag gestellt: Die Diskussion über die Eisenbahnbrücke sei das Produkt der vergangenen zwanzig Jahre und daher schlösse die Rheinschifffahrtsakte von 1831, wenn sie in Artikel 67 von sonstigen Anlagen als möglichen Hindernissen sprach, auch Eisenbahnbrücken mit ein. Daran wünschte der bayerische Bevollmächtigte etwas zu ändern, da das Bedürfnis, den Rhein mit der Eisenbahn zu überqueren, bereits in Köln und demnächst auch an anderen Rheinstellen sichtbar war beziehungsweise werden würde. Er schlug deshalb vor, dass die Zentralkommission beschließen möge, den Bau von Eisenbahnbrücken zu erlauben, sofern die anderen Rheinuferstaaten dem Bau zustimmten und die Schiffer entschädigt würden.[424] Bei diesem Antrag Bayerns zeigt sich, dass die anderen Rheinuferstaaten ebenfalls Interesse am Verkehrsträger Eisenbahn hatten. So war die Kehler Brücke in Frankreich und Baden bereits ein Thema und die badischen und französischen Techniker hätten sich, so berichtete der preußische Bevollmächtigte seinem Ministerium, im Sommer 1857 weitgehend hinsichtlich der Konstruktion geeinigt.[425] Nun wurde eine Möglichkeit gesucht, die Interessen der Eisenbahn mit denen der Rheinschifffahrt zu verbinden und möglicherweise sogar den Weg für eigene Brücken zu ebnen. Hier wird deutlich, dass die preußische Brücke nicht mehr abgelehnt wurde, es ging um die Aushandlung der Details und den Abschluss einer für alle Beteiligten vorteilhaften Einigung. Der badische Bevollmächtigte kommentierte den bayerischen Vorschlag positiv, da er eine Lücke der Rheinschifffahrtsakte auszugleichen versuche, was im Interesse aller Rheinuferstaaten läge. Er formulierte den Vorschlag in präziserer Form neu, was den Zuspruch des bayerischen Kollegen fand. Auch der preußische Bevollmäch-

423 Vgl. ebd.

424 Vgl. BayHStA, MA, Nr. 9024, Protokoll der Central-Commission für die Rheinschifffahrt, No. XVI vom 29. August 1857, Den Bau einer stehenden Rheinbrücke bei Cöln betreffend. §. II. MAINZ, den 29. August/18. September 1857.

425 Vgl. GStA PK, I. HA 120 C XV 10b, Nr. 33 Bd. 3, von Delbrück an von Manteuffel, 31. August 1857.

tigte begrüßte den Vorschlag. Der Antrag entspräche „vollkommen der Auffassung, von welcher die Regierung des Bevollmächtigten bei den, durch die Anlage der Cölner Brücke veranlassten Verhandlungen geleitet“[426] wurde, nämlich den Interessen der Eisenbahn und der Rheinschifffahrt. Die Zentralkommission beschloss daher, den bayerischen Antrag in der badischen Formulierung den Regierungen vorzulegen und sich die Entschlüsse auf dem Korrespondenzwege mitzuteilen.[427]

Am 7. Mai 1858 beriet die Zentralkommission weiter über diesen Vorschlag Bayerns. Die Bevollmächtigten Hessens, Nassaus und der Niederlande lehnten ihn ab, die Badens und Frankreichs waren ohne genaue Instruktionen. Nur der preußische Bevollmächtigte war bereit, den Vorschlag zu verhandeln. Daraufhin bedauerte der bayerische Bevollmächtigte, dass die Zeit noch nicht reif war für einen Supplementarartikel zu Artikel 67 der Rheinschifffahrtsakte von 1831.[428] Der bayerische Vorschlag wurde auf die nächste Sitzungssession vertagt, in den nächsten Jahren aber nicht aufgegriffen. In seinem Bericht äußerte sich der französische Bevollmächtigte kritisch über den Vorschlag: „Je ne sais pas pour quels motifs la Bavière insiste sur cette proposition qui évidemment n'a pas les sympathies des Gouvernements riverains et qui a peu des chances de réussir [...].“[429] Obwohl der Antrag hier negativ beschieden wurde, zielte er doch in die Richtung, die die Standardisierung bei diesem Fallbeispiel nehmen würde.

Exkurs: Pläne anderer Staaten

In der Zentralkommission war bis 1858 nicht von anderen Eisenbahnbrücken die Rede. Die Denkschriften der Schiffer erwähnten solche jedoch bereits in den Jahren davor, sie müssen also bekannt gewesen sein.

Der französische Kommissar berichtete seinem Außenministerium von einem am 4. Oktober 1855 in der Kölner Zeitung erschienenen Artikel

---

426 BayHStA, MA, Nr. 9024, Protokoll der Central-Commission für die Rheinschifffahrt, No. XVI vom 29. August 1857, Den Bau einer stehenden Rheinbrücke bei Cöln betreffend. §. II. MAINZ, den 29. August/18. September 1857.

427 Vgl. ebd.

428 Vgl. BayHStA, MA, Nr. 9025, Protocole de la Commission Centrale pour la Navigation du Rhin, Session extraordinaire de 1858, No. VI le 7 Mai 1858.

429 Vgl. Archives diplomatiques, 92, Nr. 18, Goepp à Ministre des Affaires Étrangères, 14 Mai 1858.

über einen von Frankreich geplanten Brückenbau zwischen Straßburg und Kehl. Dieser Artikel sei in weiteren deutschen Zeitungen wieder abgedruckt worden. Frankreich hielte am Brückenbauplan fest, die Zustimmung Badens sei jedoch noch nicht gegeben, „aus Rücksicht auf die deutsche Bundesgesetzgebung."[430] Es sei nämlich zweifelhaft, dass die deutsche Bundesversammlung dem Bau einer stehenden Brücke zustimmen würde, weil dieselbe am 27. Februar 1832 auf Antrag des Bundestagsausschusses in Militärangelegenheiten den Beschluss gefasst hatte: „Aus Gründen der Sicherheit des Bundes-Gebietes sollen über Gränzflüsse [sic], welche den Deutschen Bund vom Auslande und von Staaten scheiden, die keinen Bundesgliedern angehören, keine stehenden Brücken ohne vorgängige Prüfung ihrer Zulässigkeit aus dem militärischen Gesichtspunkte und ohne Zustimmung des Bundes angelegt werden."[431] Der französische Kommissar referierte nur den Artikel und erwähnte nicht, inwieweit dieser mit eventuellen tatsächlichen Planungen übereinstimmte.

Im Dezember 1857 hatte der französische Kommissar Goepp seinem Außenministerium von den Plänen Hessens berichtet, in Mainz eine Eisenbahnbrücke zu errichten. Des Weiteren erwähnte er Pläne für eine solche Brücke bei Koblenz. Erstere werde, so Goepp, bestimmt 1858 in der Zentralkommission besprochen, da die Hessische Ludwigseisenbahn auf eine schnelle Ausdehnung ihres Schienennetzes dränge.[432]

Nur Nassau und die Niederlande avisierten zu dem Zeitpunkt keine eigenen Brücken, was ihren abwartenden Stand in den Verhandlungen erklärt.[433] Frankreich beschwerte sich beispielsweise Anfang 1858 bei Nassau, dass es sich noch nicht entschieden habe.[434] So schrieb der französische Gesandte in Hessen an den nassauischen Staatssekretär im Februar 1858: „Votre Excellence sait tout le prix que le Gouvernement de l'Empereur attache à voir commencer le plus tôt possible les travaux du Pont de Kehl et par conséquent l'interêt direct qu'il a à ce que la question

430 Archives diplomatiques, 92, Nr. 17, Goepp au Ministre des Affaires Etrangères, 6 Octobre 1855.

431 Archives diplomatiques, 92, Nr. 17, Gazette de Cologne, Jeudi 4 Octobre 1855.

432 Archives diplomatiques, 92, Nr. 17, Goepp au Ministre des Affaires Etrangères, 28 Décembre 1857.

433 Vgl. HHStAW, Abt. 210, Nr. 7287, von Zwierlein an Herzoglich Nassauisches Staats-Ministerium, 2. März 1858.

434 Vgl. HHStAW, Abt. 210, Nr. 7287, Legation de France dans le Grand Duche de Hesse a Son Excellence Monseigneur le Prince Wittgenstein, Ministre Secrétaire d'Etat au Dep. des Affaires Etrangères, 6 février 1858.

du Pont de Cologne soit décidé sans retard entre les Membres de la Commission de Mayence.“[435] Des Weiteren bat der Gesandte den nassauischen Staatssekretär im Außenministerium um die baldmöglichste Mitteilung der nassauischen Entscheidung zum Kölner Brückenbau. Nassau wiederum wollte gerne vorher die niederländische Meinung hören.[436]

Aus einem Bericht des bayerischen Bevollmächtigten an das bayerische Außenministerium geht hervor, dass Baden und Frankreich der Kölner Brücke zustimmen würden, da Preußen seine Einwände gegen die Kehler Brücke zurückgezogen hatte.[437] Dies wirft noch ein etwas anderes Licht auf die Verhandlungen, da die Staaten durchaus auch egoistisch agierten. Als der französische Bevollmächtigte seinem Außenministerium im April 1858 die Zustimmung Preußens zur ausgearbeiteten Übereinkunft übermittelte, schrieb er auch, dass er den preußischen Kommissar bitten wolle, nach Berlin zu schreiben, „d'obtenir le plutôt possible la promesse formelle de son Gouvernement de ne faire aucune opposition à l'exécution immédiate du pont projeté à Kehl et des ouvrages qui en dépendent et nous avons, l'un et l'autre, subordonné à cette promesse notre adhésion à l'acte qui doit régler l'affaire de Cologne.“[438] Der badische Kommissar würde eine inhaltlich ähnliche Note an den preußischen Kollegen richten. Dem preußischen Kommissar schrieb Goepp dann, dass, wenn kein formelles Versprechen erfolge, „il ne se croit pas autorisé à signer l'arrangement qui vient d'être convenu au sein de la Commission centrale de Mayence concernant le pont de Cologne [...].“[439] Es wurde also als ‚Geben und Nehmen' verhandelt, der eine stimmte dem zu, dafür bekam der andere das. Um Paketverhandlungen handelte es sich offiziell jedoch nicht; die einzelnen Brücken wurden in den Verhandlungen streng getrennt.

435 Ebd.

436 Vgl. HHStAW, Abt. 210, Nr. 7287, von Zwierlein an Herzoglich Nassauisches Staats-Ministerium, 2. März 1858.

437 Vgl. BayHStA, MA, Nr. 63612, von Kleinschrod an das Staatsministerium des Königlichen Hauses und des Äußeren, 22. April 1858.

438 Archives diplomatiques, 92, Nr. 18, Goepp à Ministre des Affaires Étrangères, 3 Avril 1858.

439 Archives diplomatiques, 92, Nr. 18, Goepp à Matzerath, 3 Avril 1858. Archives diplomatiques, 92, Nr. 101, Goepp à Matzerath, 2 avril 1858.

Konsensbildung

Für 1858 hatte der preußische Bevollmächtigte Matzerath eine außerordentliche Sitzung einberufen, da die Frage des Brückenbaus in Köln immer noch nicht gelöst war, der Bau aber fortschritt.[440] Zusätzlich finden sich in der Korrespondenz Hinweise, dass Preußen die Genehmigung der Kölner Brücke schnell erhalten wollte, da nun auch andere Staaten mit Brückenbauten begannen.[441] So versammelten sich die Bevollmächtigten im März 1858 unter dem Vorsitz des Alterspräsidenten in Mainz. Anwesend waren zudem ein bis zwei technische Experten pro Land, meist Architekten oder Ingenieure, die die Zentralkommission unterstützen sollten.[442] Auffällig ist weiter, dass Baden und Preußen außerordentliche Kommissare schickten, also nicht die Herren Kühlenthal und von Delbrück mit am Verhandlungstisch saßen. Die beiden hatten im Frühjahr andere Verpflichtungen, tagte die Zentralkommission doch sonst nur im August und September.

Der nassauische Bevollmächtigte stellte die Forderungen seiner Regierungen dar: Die Schiffsbrücke in Deutz solle entfernt, die Brückendurchlassgebühren wegfallen und die Brücke höher gelegt werden als bisher geplant. Der niederländische Bevollmächtigte äußerte sich sehr lange und ausführlich zu der Diskussion. Er bedauerte die Richtung, die die Diskussion aufgrund der badisch-bayerisch-französisch-hessischen Erklärung Ende der vergangenen Sitzung genommen hatte, da doch eigentlich eine Brücke ohne beweglichen Durchlass als unzulässig erachtet worden sei. Ferner beschwerte er sich beim preußischen Bevollmächtigten, dass Preußen mit dem Bau der Brücke vorangeschritten sei, ohne auf die Bedenken der anderen Rheinuferstaaten zu hören, so dass die Brücke ohne beweglichen Durchlass nun ein „fait accompli“[443] darstelle. Die niederländische Regierung sah eine solche Brücke jedoch immer noch als im Widerspruch zu Artikel 67 stehend und forderte einen beweglichen Durchlass. Zudem

---

440 Vgl. HHStAW, Abt. 210, Nr. 7287, von Zwierlein an Herzoglich Nassauisches Staats-Ministerium, 2. März 1858. Archives diplomatiques, 92, Nr. 18, Goepp au Ministre des Affaires Etrangères, 2 Mars 1858.

441 Vgl. HHStAW, Abt. 210, Nr. 7287, von Zwierlein an Herzoglich Nassauisches Staats-Ministerium, 2. März 1858.

442 Vgl. BayHStA, MA, Nr. 9025, Protocole de la Commission Centrale pour la Navigation du Rhin, Session extraordinaire de 1858, No. 1 le 16 Mars 1858, Construction d'un pont fixe a Cologne.

443 Ebd.

erachteten die niederländischen Spezialisten die Vorrichtung auf der Pauline als gefährlich und unbrauchbar für größere Schiffe. Die Spezialisten forderten auch die Höherlegung der Brücke auf mindestens 53 Fuß, eine Forderung, in der der niederländische Bevollmächtigte mit den anderen Bevollmächtigten übereinstimmte.[444]

Der preußische Wasserbauinspektor Lohse gab zum Urteil der Sachverständigen zur Pauline seinerseits ein Gutachten ab, in dem er den Äußerungen teilweise widersprach. Man sei von unterschiedlichen Ansichten ausgegangen, beispielsweise bezüglich des verbleibenden Abstands zwischen Schiff und Eisenbahnrücke. Damit wäre einer der Hauptkritikpunkte ausgeräumt, da Schiffe die Brücke so auch bei einem Wasserstand von 18 Fuß passieren könnten.[445]

Zwei Tage später traf sich die Zentralkommission erneut. Der preußische Bevollmächtigte eröffnete die Sitzung. Das öffentliche Interesse an einer konstanten Verbindung vom Westen des Kontinents zum Nordosten sei stetig gewachsen. Daher habe Preußen „non pas dans un intérèt purement prussien ou seulement au point de vue national, mais plutôt dans un intérèt européen“[446] gehandelt. Zudem habe man anfangs eine Brücke mit beweglichem Durchlass geplant, dieses Projekt aber aus verschiedenen Gründen, vor allem technischen, aufgeben müssen, da die Brücke wegen der Fahrbahnen für die Eisenbahn und Wagen sehr breit würde. Preußen habe den Wunsch nach Höherlegung der Brücke erörtert, der preußische Bevollmächtigte konnte nun aber nur eine Erhöhung um zwei Fuß, also von 48 auf 50 Fuß, zugestehen. Er erklärte, dass eine weitere Höherlegung, die seiner Meinung für die Rheinschifffahrt nicht notwendig sei, erhebliche Nachteile für die Eisenbahn und den Fuhrverkehr haben würde. Ferner könne die preußische Regierung unmöglich sowohl Kräne zur Verfügung stellen als auch die Schiffer für den kompletten Umbau entschädigen. Es ginge nur das Eine oder das Andere. Der preußische Bevollmächtigte schlug vor, dass die Schiffer bis zu einem bestimmten Tag in Köln vorbeigefahren sein müssen, um entschädigungsberechtigt zu sein. Er lehnte den badisch-bayerisch-französisch-hessischen Vorschlag vom September 1857 ab, die Entschädigung nach der Mastenhöhe zu berechnen, da

---

444 Vgl. ebd.

445 Vgl. Nationaal Archief, 2.16.99, Nr. 4, Anlage A. zu dem Protokoll vom 16. September 1857, An die Herren Techniker, berufen zur Beurtheilung der Einrichtungen des Schiffes »Pauline«, 14. September 1857, Lohse.

446 BayHStA, MA, Nr. 9025, Protocole de la Commission Centrale pour la Navigation du Rhin, Session extraordinaire de 1858, No. II le 18 Mars 1858.

diese zu leicht zu manipulieren sei. Die einzig verlässliche Größe sei die Ladekapazität. Der von diesen Bevollmächtigten vorgeschlagene Betrag sei zudem viel höher, als der von Preußen angebotene. Der preußische Bevollmächtigte betonte, dass es ein „sacrifice collectif"[447] sei, dass Preußen die erste Eisenbahnbrücke erbaute. Daher sei es nur fair, wenn die anderen Staaten, sobald sie eine solche Brücke über den Rhein bauten, einen Teil der Entschädigungskosten an Preußen zurückerstatten würden; er schlug die Hälfte der Summe bei der zweiten Brücke und ein Drittel bei der dritten Brücke, zahlbar an Preußen und den Staat, der die zweite Brücke gebaut haben würde, vor. Auf Durchlassgebühren sowohl für die Eisenbahn- wie auch für die Schiffsbrücke wolle man verzichten. Die anderen Bevollmächtigten entschieden, die technischen Experten nach Köln zu entsenden, damit diese sich ein Bild von der aktuellen Lage des Brückenbaus, der Eisenbahn und der Lokalitäten verschaffen konnten. Der niederländische Bevollmächtigte bat die Gutachter, zu der Frage Stellung zu nehmen, ob es noch möglich sei, einen beweglichen Durchlass einzufügen. Die Bevollmächtigten Badens, Bayerns, Frankreichs, Hessens und der Niederlande wünschten des Weiteren von den Gutachtern zu erfahren, wie hoch die Brücke über den Wasserstand angehoben werden könne, mit Rücksicht auf die Lokalitäten und die Eisenbahn. Auch zur Entschädigungssumme sollten die Gutachter Stellung beziehen. Nach ihrer Rückkehr sollte die nächste Sitzung stattfinden.[448] Die technischen Experten spielten also durchweg und vor allem in der Verhandlungsphase eine bedeutende Rolle, da die Verhandlungen sich an ihrem Urteil orientierten.

Keine zehn Tage später versammelte sich die Zentralkommission, um über den Bericht der Experten zu beraten.[449] Dem Protokoll lag die Antwort der sechs technischen Kommissare bei, wie die Sachverständigen der Rheinuferstaaten auch genannt wurden.[450] Die Frage des Durchlasses beantworteten die Sachverständigen recht kurz; eine solche Einrichtung sei zwar noch möglich, aber unter den gegebenen Kölner Verhältnissen erach-

---

447 Ebd.

448 Vgl. ebd.

449 Vgl. BayHStA, MA, Nr. 9025, Protocole de la Commission Centrale pour la Navigation du Rhin, Session extraordinaire de 1858, No. III Construction d'un pont fixe à Cologne, le 27 Mars 1858.

450 Vgl. BayHStA, MA, Nr. 9025, Pièce à joindre au Protocole No. III de la Session extraordinaire de 1858. Antwort der technischen Commissäre auf die von den Bevollmächtigten der Uferstaaten bezüglich des Baus der Rheinbrücke bei Cöln gestellten Fragen.

teten sie diese als „in dem Falle nicht mehr zweckmässig und entsprechend“, da die freie Durchfahrt mit einer „unbedeutenden Belästigung durch Legen der Masten statthaft bleiben kann.“[451] Ein beweglicher Durchlass wurde von den Sachverständigen sogar als für alle Beteiligten nachteilig bewertet, da dessen Öffnung und Schließung störend und gefährlich sei. Damit bestätigte man die preußische Argumentation. Hinsichtlich der zweiten Frage schlossen sich die Sachverständigen dem Urteil der technischen Experten an, die 1857 die Versuche auf der Pauline beobachtet hatten: Eine komplette Senkung des Mastes sei zu nachteilig, eine halbe Senkung dagegen zulässig und leicht durchführbar. Auf Basis der Maße der Pauline ergebe sich eine erforderliche Höhe des unteren Brückenrandes von 53 Fuß, wenn „es für unerlässlich gehalten wird, noch zwei Fuss Spielraum zwischen Mast und Gitter“[452] zu belassen. Auch für die Dampfschiffe sei eine solche Höhe nötig, da diese doch etwas höher als ursprünglich angenommen sein würden (26 bis 27 Fuß anstatt 25). Insgesamt sahen die Sachverständigen diese Höhe als erforderlich, wenn „der Schifffahrt noch all die Rechnung und Rücksicht getragen werden soll, die ihr gebührt und gerechte Beschwerden fern gehalten werden sollen.“[453] Die Sachverständigen hatten nach Begehung der Lokalitäten in Köln keine Gründe gefunden, warum eine Höherlegung der Brücke nicht möglich sein sollte. Lediglich auf dem rechten Rheinufer „scheinen sich einige Schwierigkeiten ergeben zu wollen.“[454] Hier sei die Steigung der Auffahrtsrampe für die Eisenbahn bereits hoch; es wäre also ratsam, die Rampe zu verlängern, um die Steigung zu verringern. Wenn dies nicht ginge, da die Verlängerung in die Befestigungsanlagen der Stadt hineinreichen würde, so müsste die Eisenbahn jedoch auch die steilere Rampe befahren können, da bereits in der ursprünglichen Planung zusätzliche Zugmaschinen vorgesehen waren. Bei der Frage nach der Höhe der Entschädigungszahlungen nahmen die Sachverständigen größtenteils den preußischen Vorschlag für die Segelschiffe an, führten jedoch mehr Abstufungen ein und erhöhten die Entschädigungszahlung für Schiffe von großer Ladekapazität (950 Taler für 10.000 Zentner und mehr) und auch für die Dampfschiffe machten sie Vorschläge.[455]

---

451 Ebd.
452 Ebd.
453 Ebd.
454 Ebd.
455 Vgl. ebd.

Die Bevollmächtigten Badens, Bayerns, Frankreichs, Hessens, Nassaus und der Niederlande fühlten sich bestätigt, da das Gutachten die Forderung nach einer Höherlegung der Brücke auf 53 Fuß rechtfertigte, und drückten ihre Hoffnung aus, dass Preußen nun in dieser Frage nachgeben würde. Sie wollten wegen des Urteils der Sachverständigen auf die Errichtung permanenter Kräne verzichten. Provisorische Kräne sollten in der Übergangszeit, die bis Ende 1860 dauern würde (die Brücke sollte Ende 1859 vollendet sein), aufgestellt und die Schiffer für den Umbau entschädigt werden. Auf Basis des Gutachtens wünschten die Bevollmächtigten einige kleinere Änderungen am preußischen Vorschlag für die Art der Erstattung. Dass die Ladungsfähigkeit anstelle der Mastenhöhe zur Berechnung herangezogen würde, erkannten die Bevollmächtigten als sinnvoll an. Den preußischen Vorschlag der teilweisen Erstattung der Entschädigungskosten der anderen Staaten an Preußen, wenn diese eine Eisenbahnbrücke bauen würden, lehnten die Bevollmächtigten komplett ab. Dazu läge weder in der Rheinschifffahrtsakte noch im politischen Recht eine Begründung. Zudem sei die Brücke aus vorrangig preußischem Interesse auf preußischen Boden erbaut worden und es würde noch eine lange Zeit dauern, bis andere Staaten solche Brücken bauen würden. Ein solcher finanzieller Ausgleich würde die Staaten des Oberrheins wegen der Anzahl der Schiffe und des Pegelstandes massiv benachteiligen.[456] Dies war, wie sich bald zeigen sollte, ganz und gar nicht der Fall; auch die anderen Rheinuferstaaten bauten Eisenbahnbrücken. Teilweise planten sie diese bereits. Jeder war auf seinen eigenen Vorteil bedacht. Preußen hatte also insofern Pech, weil es der erste Staat war, der eine stehende Brücke erbaute. Der preußische Bevollmächtigte gab bekannt, die gemeinsame Erklärung der anderen Bevollmächtigten seiner Regierung zur Beratung vorlegen zu wollen. Hier zeigt sich, dass die Bevollmächtigten zwar in Mainz verhandelten, allerdings in einem ihnen von ihren Regierungen gesetztem Rahmen; die heimatlichen Instruktionen definierten den Spielraum, den ein Bevollmächtigter hatte.

Im April 1858 lag dem preußischen Bevollmächtigten die Stellungnahme seiner Regierung vor, so dass sich die Zentralkommission zu einer erneuten Beratung – immer noch in der außerordentlichen Sitzungssession – versammelte. Der preußische Bevollmächtigte zeigte sich erfreut über die

456 Vgl. BayHStA, MA, Nr. 9025, Protocole de la Commission Centrale pour la Navigation du Rhin, Session extraordinaire de 1858, No. III Construction d'un pont fixe à Cologne, le 27 Mars 1858.

Konformität des Gutachtens mit der preußischen Meinung, dass für die Umstände eine Brücke ohne beweglichen Durchlass geeigneter sei. Der Höherlegung der Brückenunterseite auf 53 Fuß stimmte er schließlich zu, aber erst nachdem er diese als „une prétention abstraite qu'à un besoin réel de la navigation"[457] bezeichnet hatte, was er erneut vom Wasserstand ableitete. Dieser sei an höchstens drei Tagen im Jahr so hoch, dass diese Brückenhöhe nötig wäre. Anschließend erging der preußische Bevollmächtigte sich ausführlicher in Ausführungen zu den Entschädigungszahlungen. Er kritisierte, dass die anderen Staaten sich einer „association en communauté pour indemniser les bateliers"[458] verschlossen, obwohl Preußen es als eine gerechte Gegenleistung erachtete, dass die anderen Staaten, nachdem Preußen der Höherlegung der Brücke zugestimmt hatte, ihm in dieser Frage entgegenkämen. Dieser Vorschlag beinhaltete im Prinzip eine internationale Gemeinschaftskasse, die in diesem Fall für einen der Beteiligten günstiger gewesen wäre. Dagegen verwahrten sich die anderen. Der preußische Bevollmächtigte wies explizit darauf hin, dass Baden und Hessen Vorschläge zum Bau von Brücken für Kehl und Mainz in ihren Abgeordnetenkammern vorgebracht hätten, entgegen der im Vorjahr getätigten Äußerung der anderen Bevollmächtigten, weitere Brückenbauten lägen in ferner Zukunft. Schließlich erklärte er jedoch, dass Preußen die Entschädigungszahlungen komplett alleine übernehmen würde.

Abschließend schlug er im Auftrag seiner Regierung die Ausarbeitung einer Konvention über den diskutierten Brückenbau vor. Die Bevollmächtigten Badens, Bayerns, Frankreichs und Hessens willigten ein, da ihre Forderungen nun erfüllt waren. Der niederländische Bevollmächtigte war ohne Instruktion seiner Regierung und enthielt sich somit einer Aussage, worauf der nassauische Bevollmächtigte erklärte, dass er der Konvention beitreten werde, sofern die Niederlande dies auch täten.[459] Dem Protokoll lag ein Entwurf einer Konvention mit sechs Artikeln bei.[460]

---

457 BayHStA, MA, Nr. 9025, Protocole de la Commission Centrale pour la Navigation du Rhin, Session extraordinaire de 1858, No. IV le 8/16 Avril 1858.

458 Ebd.

459 Vgl. ebd.

460 Vgl. BayHStA, MA, Nr. 9025, Pièce à joindre au IVe Protocole de la Session extraordinaire de 1858. Convention concernant la construction du pont fixe de Cologne. Convention concernant le construction du pont fixe de Cologne.

3.4.4. Entscheidungsphase

Zu Beginn der Zentralkommissionsversammlung Anfang Mai 1858 erklärte der niederländische Bevollmächtigte, dass die Niederlande der Konvention nur beiträten, wenn die Brückenunterseite tatsächlich 53 Fuß hoch sei, denn ansonsten müsse man auf einem beweglichen Durchlass bestehen, der mit Artikel 67 konform sei. Der Bevollmächtigte unterstrich die Konkurrenz der zwei Verkehrsträger und wies die anderen Bevollmächtigten nachdrücklich darauf hin, dass die nun gewählte Lösung die Eisenbahn begünstige. Der preußische Bevollmächtigte widersprach dem niederländischen Kommissar, denn Artikel 67 würde keineswegs den Bau von stehenden Brücken verbieten. Alle Bevollmächtigten erklärten, dass sie bereit seien, eine Konvention zu unterzeichnen. Die letztens entworfene Konvention wurde daraufhin überarbeitet und von den Bevollmächtigten unterzeichnet, so dass sie zur Ratifikation fertig war und dem Protokoll beilag.[461]

Der siebte und letzte Artikel der Konvention legte fest, dass sie durch „ministerielle Urkunden“[462] ratifiziert werden solle, um die Wirkung eines Staatsvertrags zu erhalten. Diese Ratifikationsurkunden sollten am 11. Juni 1858 bei der Zentralkommission hinterlegt werden. Die fünf ursprünglichen Artikel blieben weitestgehend identisch. Artikel 1 untersagte weiterhin die Erhebung jeglicher Brückendurchlassgebühr. Artikel 2 sicherte den Eigentümern der zur Fahrt auf dem Rhein zugelassenen Segel- und Dampfschiffe eine Entschädigung für den Umbau zu, die auch gleichzeitig als Entschädigung für die Stillliegezeit während des Umbaus, die „etwaige Erschwerung des Dienstes auf dem Schiffe“, „die eventuelle Beschränkung des nutzbaren Laderaums“[463] und für alle anderen möglichen notwendigen Änderungen galt. Wichtig war bei den Entschädigungszahlungen, dass „alle vom Tage der Vollziehung dieses Vertrags ab neu zu bauenden Schiffe [...] keinen Anspruch auf Entschädigung“[464] hatten. Artikel 3 legte die Höhe der Entschädigungszahlungen fest, die sich an der Ladungsfähigkeit der Schiffe orientierte. Bei Dampfschiffen gab es drei Ka-

461 Vgl. BayHStA, MA, Nr. 9025, Protocole de la Commission Centrale pour la Navigation du Rhin, Session extraordinaire de 1858, No. V le 6/7 Mai 1858.

462 BayHStA, MA, Nr. 9025, Pièce jointe au Protocole No. V. de la Session extraordinaire de 1858. Übereinkunft unter den Rheinuferstaaten, den Bau der stehenden Rheinbrücke zu CÖLN betreffend.

463 Ebd.

464 Ebd.

tegorien, große Dampfschlepper erhielten 350 Reichstaler, kleine Dampfschlepper und große Personenboote 250 Reichstaler und kleine Dampfboote schließlich 100 Reichstaler. Für die Segelschiffe gab es acht Stufen. Die kleinen Schiffe mit höchstens 800 Zentner Tragfähigkeit erhielten 25 Reichstaler, die größten mit 10.000 Zentner oder mehr 950 Reichstaler. Die Höhe des Betrags wurde durch das Königlich Preußische Eisenbahn-Kommissariat in Köln festgestellt und zwar „endgültig unter Ausschluss jedes Rekurses."[465] Artikel 4 regelte die Geltendmachung des Entschädigungsanspruchs. Die Schiffseigner hatten sich bis spätestes 31. Dezember 1858 beim Eisenbahn-Kommissariat in Köln unter Vorlage des Patents und des Eichscheins anzumelden. Des Weiteren mussten sie nachweisen, spätestens drei Monate nach Hinterlegung der Ratifikationsurkunden mindestens einmal in Köln vorbeigefahren zu sein. Die Brücke in Köln musste dann erneut, spätestens bis Ende 1860, mit dem umgebauten Schiff passiert werden. Erst danach wurde dem Schiffseigentümer die Entschädigungssumme ausgezahlt. Artikel 5 regelte nach wie vor die entgeltfreie Bereitstellung der provisorischen Kräne. In Artikel 6 erklärten die Regierungen von Baden, Bayern, Frankreich, Hessen, Nassau und den Niederlanden, dass sie ihre früheren Bedenken gegen die Kölner Brücke als erledigt betrachteten und Preußen alle Interessen der Schifffahrtsfreiheit berücksichtigt habe. Auch verpflichteten sie sich bei Brückenbauten ihrerseits, diese Interessen zu wahren.[466]

Am 11. Juni 1858 wurden, wie geplant, die Ratifikationsurkunden aller sieben Uferstaaten für die Übereinkunft unter den Rheinuferstaaten den Bau einer stehenden Rheinbrücke bei Köln betreffend bei der Zentralkommission hinterlegt.[467] Als sich die Zentralkommission während der regulären Session von 1858 im September versammelte, konstatierte sie, dass die Übereinkunft in den einzelnen Staaten im Juni beziehungsweise

465 Ebd.

466 Vgl. ebd. Vertrag zwischen den Rheinuferstaaten betr. den Bau einer festen Brücke zu Cöln, 7. Mai 1858, in: Zentralkommission für die Rheinschiffahrt (Hg.): Rheinurkunden Erster Teil (1803-1860), Nrn. 1-300, Duncker&Humblot, München Leipzig 1918, Dokument Nr. 290, S. 553-558.

467 Vgl. BayHStA, MA, Nr. 9025, Protocole de la Commission Centrale pour la Navigation du Rhin, Session extraordinaire de 1858, No. VII le 11 Juin 1858. Oder: Nationaal Archief, 2.16.99, Nr. 4, Protokoll der Central-Commission für die Rheinschiffard, Aus.ordentliche Session von 1858 No. VII den 11 Juny 1858.

Juli 1858 in den jeweiligen Amts- beziehungsweise Regierungsblättern publiziert und damit in Vollzug gesetzt worden war.[468]

3.4.5. Weitere Entwicklung und Standardisierungsfunktion

Im Oktober 1858 wies man von preußischer Seite die Kollegen darauf hin, dass unter den Schiffern wohl die Ansicht verbreitet sei, die Brückenstelle 1859 noch normal passieren zu können, der Bau aber schon weit fortgeschritten sei. In einem Schreiben wurden die Bevollmächtigten gebeten, bekannt zu machen, dass mit Eröffnung der Schifffahrtssaison 1859 die Stelle nur noch mit niedergelegten Masten und Kaminen zu passieren sei.[469]

Im September 1859 besprach die Zentralkommission den aktuellen Stand des Kölner Brückenbaus und war vor allem an den Erfahrungen mit den Vorrichtungen zum Niederlegen der Masten und Kamine interessiert.[470] Nun erläuterte der preußische Bevollmächtigte, dass die Brücke im Oktober 1859 dem Verkehr übergeben werde. Das Heben und Senken der Masten und Kamine werde, „wie die tägliche Beobachtung zeigt, vom Schiffe aus sehr leicht und ohne Aufenthalt gehandhabt. Klagen oder Bemerkungen sind in dieser Hinsicht nicht zur diesseitigen Kenntnis ge-

---

468 Vgl. BayHStA, MA, Nr. 9025, Protokoll der Central-Commission für die Rheinschifffahrt, No. XI vom 7. September 1858, Den Bau einer stehenden Rheinbrücke bei Cöln betreffend. Baden, 14. Juni 1858 im Regierungsblatt XXVIII vom 22. Juni 1858. Bayern, 20. Juli 1858 im Amtsblatt der Pfalz Nr. 56. Frankreich, 30. Juni 1858 im Präfectur-Blatt für den Niederrhein Seite 219 und den 22. Juli 1858 im Präfecturblatt für den Oberrhein Seite 203. Hessen, 02. Juli 1858 im Regierungsblatt Nr. 20. Nassau, 24. Juni 1858 im Verordnungsblatt für das Herzogthum. Niederlande, 17. Juni 1858 im Staatsblad Nr. 53. Preussen, 02. Juli 1858 in der Gesetz-Sammlung Nr. 28.

469 Vgl. HStAD, G 4, Nr. 45, an den Großherzoglich Hessischen Rheinschifffahrts-Bevollmächtigten und Geheimen Rath Schmitt, 9. October 1858. Im März 1859 hatte die preußische Regierung Bestimmungen für die Schiffe und Flöße auf dem Rhein bei Köln verändert, was durch die Brücke notwendig geworden war. Darüber informierte Preußen die Kommissare der anderen Länder und schlug diesen vor, die Veränderungen zu publizieren. Vgl. HStAD, G 4, Nr. 45, an den Großherzoglich Hessischen Rheinschifffahrts-Bevollmächtigten und Geheimen Regierungs-Rath, Ritter pp Herrn Schmitt, 12. März 1859.

470 Vgl. BayHStA, MA, Nr. 9026, Protokoll der Central-Commission für die Rheinschifffahrt, No. XVII vom 16. September 1859, Den Bau einer stehenden Rheinbrücke bei Cöln betreffend.

kommen.“[471] Im März 1859, so berichtete der preußische Bevollmächtigte, seien zwei schwimmende Kräne aufgestellt worden, da ab dem 24. März 1859 die Masten gesenkt werden mussten. Ohne die Dampfschiffe passierten im März 794 Schiffe die Brücke, wovon pro Tag aber nur maximal fünf die Hilfe der Kräne bräuchten. Die übrigen Schiffe waren bereits zum selbstständigen Niederlegen der Maste ausgestattet. Die anderen Monate bestätigten diese Messungen, es passierten insgesamt sogar weniger Schiffe die Brücke. Bisher waren 910 Schiffe als entschädigungsberechtigt anerkannt worden, die meisten davon preußische (486 Schiffe) und niederländische (258 Schiffe).[472] Hier zeigt sich, dass die Kritikpunkte der süddeutschen Staaten und Frankreichs stark politisch motiviert gewesen waren. Ihre Schiffer waren, diesen Zahlen nach, nicht mit Nachteilen, wie sie in den Diskussionen beschrieben worden waren, konfrontiert.

Ganz reibungslos verliefen Umrüstung der Schiffe und Entschädigung der Schiffer aber nicht. So beschwerte sich der badische Bevollmächtigte im Oktober 1859 bei seinem preußischen Kollegen, dass einigen badischen Schiffern die Entschädigung trotz rechtzeitiger Anmeldung verwehrt worden war. Begründet worden sei die Ablehnung damit, dass die Schiffe bereits zum Ausheben der Masten hergerichtet gewesen seien, was, so der badische Bevollmächtigte, aber im Prinzip auf fast alle Rheinschiffe zuträfe und zudem hätten die Schiffe in ihrem ursprünglichen Zustand – der auf die Bedingungen des Neckars ausgerichtet war – die Kölner Brücke nicht passieren können.[473] Eine ähnliche Beschwerde kam vom hessischen Bevollmächtigten.[474] Insgesamt wurden 913 Schiffe mit einer Summe von rund 330.000 Talern entschädigt.[475]

Dem Verkehr übergeben wurde die Kölner Brücke am 3. Oktober 1859 im Beisein des preußischen Regenten. Sie war eine Gitterkastenbrücke/durchlaufender Gitterträger (das heißt eigentlich zwei Brücken, die auf denselben Pfeilern ruhten) mit fünf Pfeilern und vier Stromöffnungen,

471 Ebd.

472 Vgl. ebd.

473 Vgl. GStA PK, I. HA Rep. 113, Nr. 447, Kühlenthal an von Delbrück, 8. Oktober 1859.

474 Vgl. GStA PK, I. HA Rep. 113, Nr. 447, Schmitt an von Delbrück, 23. November 1859.

475 Vgl. Lohse, Hermann: Die Rhein-Brücke bei Köln, in: Zeitschrift für Bauwesen, Berlin, Heft 13, 1863, S. 175-196, hier S. 181. Vgl. Pfennig, Jörg: Über-Brücken, Köln und der Rhein, conMedia Verlag, Köln 1944, S. 80.

die jeweils 103,2 Meter breit waren.[476] Die Brückenunterseite war 16,63 Meter über dem Pegel und 8,80 Meter über dem höchsten schiffbaren Wasserstand.[477] Die Eisenbahnbrücke war 8,47 Meter breit und hatte zwei Gleise, die Straßenbrücke war 7,53 Meter breit. Insgesamt waren fast 5000 Tonnen Stahl verbraucht worden,[478] durch rechtwinkelig miteinander vernietete schräge Eisenbänder wurde die Konstruktion stabil. Die Stadt Köln und die Rheinische Eisenbahn hatten die Brücke mit jeweils 250.000 Talern kofinanziert, die gesamten Baukosten betrugen 2,93 Millionen Taler.[479] Mit der Aufstellung der Reiterstandbilder der preußischen Könige, die im neugotischen Stil gehalten waren und sich damit am Kölner Dom orientierten, war der Brückenbau 1867 vollendet. 1886 befuhren täglich 168 Züge die Brücke, 1894 waren es 186 und 1907 sogar bis zu 400 Züge pro Tag.[480] Von 1907 bis 1911 wurde die Dombrücke schließlich durch die Hohenzollernbrücke ersetzt, da sie für das Verkehrsaufkommen zu klein geworden war.

Wie bereits erkennbar wurde, planten einige der anderen Uferstaaten durchaus eigene Eisenbahnbrücken über den Rhein. Sie hatten sich in der Übereinkunft zur Kölner Brücke verpflichtet, die Interessen der Schifffahrt in einem solchen Falle zu wahren.

1858 hatte die Diskussion in der Zentralkommission über die Eisenbahnbrücke zwischen Kehl und Straßburg begonnen, die Baden und Frankreich zu erbauen beabsichtigten. Die beiden Staaten teilten mit, dass die Konstruktion mit Artikel 67 vereinbar sei.[481] Baden und Frankreich hatten zu Protokoll gegeben, dass die Brücke mit zwei beweglichen Teilen gebaut werden würde und somit die Passage ohne Niederlegen der Masten

---

476 »Insgesamt wurden für den eisernen Oberbau der Rheinbrücke 11 Millionen Pfund Eisen und Stahl verbaut. Bei den Kosten von 3,66 Millionen Talern für das Gesamtbauwerk entfielen allein 1,33 Millionen Taler auf den eisernen Überbau.« Horstmann, Theo: Die Anfänge des Brückenbaus in Dortmund: Julius Weidtman und die Kölner Rheinbrücke von 1855/59, in: Beiträge zur Geschichte Dortmunds und der Grafschaft Mark, Bd. 85/86, Dortmund 1994/95, S. 200.

477 Vgl. Beermann, Fritz: Die Rheinbrücken bei Cöln, M. DuMont Schauberg, Köln 1911, S. 3.

478 Vgl. Signon, Helmut: Brücken in Köln am Rhein, J.P. Bachem Verlag GmbH, Köln 1966, S. 137. Vgl. Pfennig, Jörg: Über-Brücken, Köln und der Rhein, con-Media Verlag, Köln 1944, S. 80.

479 Vgl. Signon, Helmut: Brücken in Köln am Rhein, J.P. Bachem Verlag GmbH, Köln 1966, S. 41ff.

480 Vgl. ebd., S. 46.

481 Vgl. GStA PK, I. HA 120 C XV 10b, Nr. 33 Bd. 3, von Delbrück an von Manteuffel, 7. September 1858.

und Kamine möglich sei.[482] In der Korrespondenz war bis 1858 auch meist noch von einer Brücke mit „travées mobiles" die Rede. In seinem Bericht an das Außenministerium erklärte der preußische Bevollmächtigte, dass gegen den Bau der Kehler Brücke eigentlich nichts einzuwenden sei, vor allem da die preußischen Verkehrsinteressen dadurch nicht berührt würden. Dies könnte jedoch bei einer Brücke an anderer Stelle, etwa Mainz, anders sein. Daher empfahl von Delbrück eine Mitteilung, dass Preußen solche Brücken an anderen Stellen des Rheins nicht befürworte.[483] Hier zeigt sich eine taktische Haltung, die zwar die Regeln einhielt, sie aber zu ihrem eigenen Nutzen auslegen oder den eigenen Vorteil und Nutzen vergrößern wollte. Die Kehler Eisenbahnbrücke beschäftigte 1858 auch die deutsche Bundesversammlung beziehungsweise deren Militärcommission.[484] Die französische und die badische Regierung hatten eine gemeinsame Erklärung zur Kehler Brücke ausgearbeitet, die die beiden Bevollmächtigten im Herbst 1858 in der Zentralkommission vortrugen.[485] Nach der Zentralkommissionssitzung berichtete der französische Kommissar nach Hause: „Je crois donc qu'on peut regarder l'affaire du pont de Kehl terminée ici, d'autant plus que la navigation au-dessous de Strasbourg est trop insignifiant pour provoquer des plaintes sérieuses et que d'ailleurs les deux Etats directement intéressés dans la question sont d'accord entre eux."[486] Die Eisenbahnbrücke zwischen Straßburg und Kehl wurde dann von 1858 bis 1861 als durchlaufender Gitterträger errichtet.

Im August 1859 befasste sich die Zentralkommission mit einem Projekt Hessens für eine stehende Brücke in Mainz.[487] Im März 1859 hatte das hessische Innenministerium den hessischen Kommissar Schmitt instruiert,

---

482 Vgl. Nationaal Archief, 2.05.01, Nr. 3713, Protocole de la Commission Centrale pour la Navigation du Rhin, No. VI le 2 Septembre 1858, Construction d'un pont fixe sur le Rhin entre Kehl et Strasbourg.

483 Vgl. GStA PK, I. HA 120 C XV 10b, Nr. 33 Bd. 3, von Delbrück an von Manteuffel, 7. September 1858.

484 Vgl. HHStAW, Abt. 210, Nr. 7287, Separatprotokoll der 18. Sitzung der Deutschen Bundesversammlung. Geschehen Frankfurt a. M. den 05. Juni 1858.

485 Vgl. Archives diplomatiques, 92, Nr. 18, Goepp à Ministre des Affaires Étrangères, 31 Juillet 1858.

486 Archives diplomatiques, 92, Nr. 18, Goepp à Ministre des Affaires Étrangères, 8 Septembre 1858.

487 Vgl. BayHStA, MA, Nr. 9026, Protokoll der Central-Commission für die Rheinschifffahrt, No. XIV vom 22. August 1859, Den Bau einer stehenden Rheinbrücke bei Mainz betreffend.

eine außerordentliche Sitzungssession der Zentralkommission zu veranlassen, um die Verhandlungen über die Brücke zu beschleunigen. Auch sollte Schmitt die vorläufig genehmigte Höhenlage der Brücke von 55,4 Fuß „mit aller Entschiedenheit“[488] verteidigen. In diesem Schreiben wird ersichtlich, dass sich Hessen die Übereinkunft zum Kölner Brückenbau etwa für die Entschädigungen der Schiffer als Beispiel nahm. Am 30. Juni 1859 hatte der hessische Bevollmächtigte seine Kollegen über die Pläne seines Landes informiert, dass die Hessische Ludwigs-Eisenbahn oberhalb der Mainmündung in Mainz eine Brücke bauen wolle, um eine feste Verbindung zur Main-Rheinbahn zu haben. Diese Brücke sollte ohne beweglichen Durchlass, mit vier gleich breiten Öffnungen und einer Höhe der Brückenunterseite von 13,85 Metern über dem Nullpunkt des Pegels gebaut werden. Die Höhe wäre damit geringer als die der Kölner Brücke, was der hessische Bevollmächtigte jedoch mit den günstigeren Pegelverhältnissen in Mainz rechtfertigte. Daher würden die gleichen Dimensionen wie bei der Kölner Brücke gelten. Bei der Entschädigung der Schiffer, deren Schiffe noch nicht zum Senken der Masten und Kamine ausgestattet und welche noch nicht für die Kölner Brücke von Preußen entschädigt worden waren, sollte „nach Massgabe der hinsichtlich des Cölner Brückenbaus deshalb vereinbarten Bestimmungen“[489] verfahren werden.

Einige Wochen später setzte die Zentralkommission diese Beratungen fort. Dabei erklärte der badische Bevollmächtigte, dass er erst eine technische Prüfung vor Ort abwarten wolle, dann aber zustimmen würde, sofern Hessen die sich gegebenenfalls aus der Prüfung ergebenen Forderungen erfülle und auf Brückendurchlassgebühren verzichte. Dies war eine Forderung, die auch der nassauische und der preußische Bevollmächtigte stellten, wobei letzterer für die Übergangszeit noch Kräne zur Unterstützung der Schiffe verlangte.[490] Der bayerische Bevollmächtigte wünschte ebenfalls die Begutachtung des Projekts von technischen Experten. Ferner erklärte er, dass durch die Brücke bei Mainz und die Verbindung zweier so großer Eisenbahnnetze die Handels- und Verkehrsinteressen eines großen

488 HStAD, G 4, Nr. 27, Das Großherzogliche Ministerium des Innern an Großherzoglichen Geheimen Regierungsrath Schmitt zu Mainz, 4ten März 1859.

489 BayHStA, MA, Nr. 9026, Protokoll der Central-Commission für die Rheinschifffahrt, No. XIV vom 22. August 1859, Den Bau einer stehenden Rheinbrücke bei Mainz betreffend.

490 Vgl. BayHStA, MA, Nr. 9026, Protokoll der Central-Commission für die Rheinschifffahrt, No. XIV vom 22. August 1859, Den Bau einer stehenden Rheinbrücke bei Mainz betreffend. § II. den 1./14. September 1859.

Teils des bayerischen Staatsgebiets beeinträchtigt würden und forderte daher die Zustimmung der anderen Uferstaaten. Sollten diese der hessischen Brücke zustimmen, so erbat er sich diese auch zum gemeinsam mit Baden geplanten Bau einer Eisenbahnbrücke zwischen Ludwigshafen und Mannheim.[491] Ein wechselseitiger Vorteil beziehungsweise ein Kompromiss mit Vorteilen für alle wurde meist geschaffen. Der französische Bevollmächtigte erklärte als einziger ohne weitere Forderungen seine Zustimmung zum Brückenbau in Mainz. Die Stellungnahme des niederländischen Bevollmächtigten ist besonders interessant, da darin sowohl eine Standardisierung als auch eine weitere Förderung der Rheinschifffahrt deutlich wurden: Er verwies erstens auf die Übereinkunft zum Kölner Brückenbau, in deren Artikel 1 sich Preußen verpflichtete, auf die Erhebung von Brückendurchlassgebühren zu verzichten. Daher müsse Hessen das bei der Mainzer Brücke ebenfalls tun. Weiter betonte er, dass die Niederlande mit ihrer Zustimmung zum Brückenbau ihr Bestreben „zur gedeihlichen Entwicklung des Handels der Uferstaaten“[492] erneut bewiesen hatten. Daher erwarteten sie sich „eine entsprechende Reciprocität [sic]“ und hofften, dass die hessische Regierung „der endlichen Aufhebung der Rheinschifffahrts-Abgaben zustimmen“[493] werde, um auch den Nachteilen der Rheinschifffahrt im Verhältnis zur Eisenbahn abzuhelfen. Zum bayerischen Wunsch des Brückenbaus äußerten sich die anderen Bevollmächtigten nur insoweit, dass prinzipiell der Bau einer Brücke auf dem eigenen Staatsgebiet nicht von anderen genehmigt werden müsse. Des Weiteren beschlossen sie, jeder einen technischen Beirat/Experten zur Begutachtung der Mainzer Brücke zu bestellen.

Die Sachverständigen legten der Zentralkommission am 16. September 1859 ihr Gutachten vor. Die Kölner Brücke wurde dabei als Vorbild genommen und die Maße der Mainzer Brücke (Höhe der Unterkante und lichte Weite der Öffnungen) wurden mit denen der Kölner Brücke verglichen und mussten ihnen entsprechen. So würde die Brückenunterseite zwar tiefer liegen als die der Kölner Brücke, dafür war aber der Abstand zwischen Kante und Nullpunkt des Mainzer Pegels größer. Im Falle der Mainzer Brücke wünschten die Gutachter eine gleichzeitig oder vor dem

491 Diese Brücke wurde dann als Fachwerkbalkenkonstruktion von 1865 bis 1867 erbaut.

492 BayHStA, MA, Nr. 9026, Protokoll der Central-Commission für die Rheinschifffahrt, No. XIV vom 22. August 1859, Den Bau einer stehenden Rheinbrücke bei Mainz betreffend. § II. den 1./14. September 1859.

493 Ebd.

Brückenbau stattzufindende Strombegradigung, damit die Öffnungen der schräg im Fluss stehenden Brücke für Flöße breit genug und durchfahrbar wären.[494]

Im April 1860, auch dies eine außerordentliche Sitzungssession, unterzeichneten die Bevollmächtigten die Übereinkunft zum Bau der Mainzer Brücke. Die Ratifikationsurkunden der Regierungen sollten am 1. Mai 1860 übergeben werden.[495] Im Text der Übereinkunft wird die Vorbildfunktion der Kölner Brücke deutlich. Die zehn Artikel behandelten in der gleichen Reihenfolge die Inhalte der Konvention zur Kölner Brücke. Artikel 1 erklärte den Verzicht auf Brückendurchlassgebühren, Artikel II bis VII regelten die Entschädigungen. Der Anspruch musste, wie in Köln, geltend gemacht werden und die Brücke dann mit umgebautem Schiff bis zu einer bestimmten Frist (ein Jahr später) passiert werden. Die Höhe der Entschädigungssumme wurde, wie in Köln, an der Ladungsfähigkeit der Schiffe festgemacht. In der Mainzer Übereinkunft gab es zusätzlich noch Regeln für Schiffe, die bereits umgebaut waren und nun verändert werden mussten. Artikel VIII verpflichtete Hessen zur gebührenfreien Aufstellung von Kränen für ein Jahr. In Artikel IX erkannten die anderen sechs Staaten an, dass Hessen mit dieser Übereinkunft und der Regulierung des Rheins allen Forderungen genügte. Artikel X sah schließlich die Ratifikation vor.[496]

Der Bau der Mainzer Brücke hatte 1859 noch nicht begonnen, im Gegensatz zur Kölner Brücke wurde also eine Einigung abgewartet. Allerdings drängte Hessen auf diese, weil es wünschte mit dem Bau „le plutôt

494 Vgl. Nationaal Archief, 2.05.01, Nr. 3714, Première Pièce jointe au protocole No. XIV de 1859, Pro Memoria den Bau der Eisenbahnbrücke über den Rhein oberhalb Mainz betreffend.

495 Vgl. Nationaal Archief, 2.05.01, Nr. 3714, Protocole de la Commission Centrale pour la Navigation du Rhin, Session extraordinaire de 1860 No. III le 3 Avril 1860. Am 1. Mai 1860 lag die Ratifikationsurkunde Frankreichs noch nicht vor. Als sie ein paar Tage später eintraf, gab es geringfügige Abweichungen zum Originaltext (Frankreich stand nun an erster Stelle der Aufzählung der Staaten), weshalb die anderen Bevollmächtigten erst noch einmal bei ihren Regierungen nachfragten, ob dies akzeptabel sei. Schließlich wurde die Ratifikationsurkunde zu den anderen ins Zentralkommissionsarchiv gelegt. Vgl. Nationaal Archief, 2.05.01, Nr. 3714, Protocole de la Commission Centrale pour la Navigation du Rhin, No. VI le 21 Aout 1860.

496 Vgl. Nationaal Archief, 2.05.01, Nr. 3714, Pièce jointe au Protocole No. III de la Session extraordinaire de 1860. Uebereinkunft unter den Rheinuferstaaten, den Bau einer stehenden Brücke bei Mainz betreffend.

possible"[497] zu beginnen. Gebaut wurde dann eine Linsenträgerbrücke, keine Gitterträgerbrücke,[498] von 1860 bis 1862 am Rheinstromkilometer 496,38.

Für den Brückenbau auf dem Rhein wirkte die Übereinkunft zur Kölner Brücke somit standardisierend, da sie den rechtlichen Verlauf des Verfahrens beim Bau einer Eisenbahnbrücke über den Rhein vorgab und die Maße für die weiteren Brückenbauten als Referenz genommen wurden.

3.5. Inner-Epochen-Vergleich und Fazit für Epoche 1

Vorbemerkung[499]

Der synchrone Vergleich basiert auf den drei Dimensionen von Politik: Struktur, Prozess und Inhalt. So werden zuerst die Wege und Formen der einzelnen Standardisierungen gegenübergestellt, das heißt die Rahmenbedingungen und die Beteiligung der verschiedenen Akteure (Regierungen, Ministerien, Unternehmen, Organisationen, Verbände et cetera) und Akteursebenen (gouvernementale und nicht-gouvernementale, staatliche und nicht-staatliche, administrative und privatwirtschaftliche). Der Strukturenvergleich arbeitet heraus, welchen Einfluss einzelne Akteure oder -gruppen auf die internationale Standardisierung hatten, das heißt mit welcher Entscheidungsmacht und welcher Intensität sie an den Prozessen beteiligt waren. Es geht um die Beziehungen der Akteure untereinander sowie die Anzahl und fachliche Qualifizierung der Akteure.

Anschließend werden beim Vergleich der Prozesse die drei Phasen (Initiativ-, Verhandlungs- und Entscheidungsphase) anhand der drei Kriterien Dauer, Akteure und Verlauf betrachtet und dabei herausgearbeitet, in welcher Phase welche Akteure und Akteursebenen besonders Einfluss nah-

497 Vgl. Archives diplomatiques, 92, Nr. 18, Goepp à Ministre des Affaires Étrangères, 29 Septembre 1859.

498 Vgl. Kierdorf, Alexander: Zwischen Genie und Utopie – Johann Wilhelm Schwedlers vergessener Alternativentwurf für die erste Kölner Rheinbrücke, in: Stahlbau, Jahrgang 80, Heft 3, 2011, S. 198-204, hier S. 198.

499 Teilergebnisse dieser Arbeit, besonders der beiden Inner-Epochen-Vergleiche und der Analyse, wurden bereits vorab im Synopseband des Gesamtforschungsprojekts veröffentlicht. Vgl. Ambrosius, Gerold; Henrich-Franke, Christian: Integration von Infrastrukturen in Europa im historischen Vergleich – Band 1: Synopse, Nomos, Baden-Baden 2013.

men, wie hoch der Grad der Informalität war, ob Experten beteiligt waren und ob der Prozess eher von Konflikten geprägt war oder harmonisch ablief. An dieser Stelle sei an die idealtypische Phaseneinteilung erinnert: In der Initiativphase fanden die Problemformulierung, das Agenda-Setting sowie die Informationsbeschaffung und -bearbeitung statt. In die Verhandlungsphase fielen Konfliktregelung und Konsensbildung und in die Entscheidungsphase die Entschlussfassung und Ergebnisfixierung.

Schließlich wird beim Vergleich der Inhalte geschaut, was für eine Art von Standard vorlag. Der Standardisierungsgrad, das heißt der Umfang des Standards, fließt ebenso wie die Ziele, die die Akteure mit der Integration verfolgten, in die Betrachtung mit ein. Der erreichte Standardisierungsgrad ergibt sich dabei aus dem Vergleich der Standards untereinander und der Definition von Integration als der Vereinbarung neuer oder der Angleichung alter Standards im technischen, tarifären, betrieblichen, administrativen und rechtlichen Bereich zwecks Koordinierung der Netze und Dienste an den nationalen Außengrenzen (Interkonnektivität) und/oder einer Verschmelzung der nationalen Infrastrukturen (Interoperabilität).

Gegenstand der Epochenfazits ist es nicht, die einzelnen Fallbeispiele noch einmal inhaltlich zusammenzufassen. Gleichwohl werden bei allen drei Vergleichen eingangs kurz Besonderheiten der einzelnen Fallbeispiele genannt.

Der Wiener Kongress von 1815 hatte nicht nur das Ziel proklamiert, eine liberale Ordnung für die Schifffahrt auf allen Flüssen zu verwirklichen, sondern auch – neben dem Octroivertrag von 1804 – den Grundstein für das internationale Rheinregime gelegt. Mit der Zentralkommission für die Rheinschifffahrt schuf er eine intergouvernementale Organisation, die sich in Epoche 1 mit Standardisierung beschäftigte. 1831 verabschiedete sie die Rheinschifffahrtsakte, auch Mainzer Akte genannt, die Regeln zu verschiedensten Bereichen der Schifffahrt enthielt. Während des Betrachtungszeitraums wurde sie mehrfach ergänzt, da unter anderem die Dampfschifffahrt die Verkehrsbedingungen grundlegend verändert hatte, und schließlich 1868 als Mannheimer Akte novelliert.

Betrachtet wurden vier Fallbeispiele für Standardisierung in unterschiedlichen Bereichen. Anhand der Verhandlungen zum XVI. Supplementarartikel zur Rheinschifffahrtsakte wurde die Einigung auf einen Standard im tarifären Bereich nachgezeichnet. Mit diesem Zusatzartikel wurde die in der Rheinschifffahrtsakte provisorisch vereinbarte Regelung zum Rheinzolltarif überarbeitet und endgültig verabschiedet. Standardisierung im administrativ-rechtlichen Bereich erfolgte beispielsweise mit der

Rheinschifffahrtspolizeiverordnung, in der erstmals für den gesamten Rheinverlauf geltende Bestimmungen hinsichtlich der Verkehrsregeln getroffen wurden. Die Gemeinsamen Grundsätze zur Patenterteilung dienten als Fallbeispiel für die Standardisierung im betrieblichen Bereich. Mit ihnen wurden die Voraussetzungen, die zur Führung eines Schiffes gefordert wurden, auf internationaler Ebene harmonisiert. Der Vertrag zum Bau der ersten festen Eisenbahnbrücke über den Rhein zeigte Standardisierung im technischen Bereich, wo ein Kompromiss zwischen den Bedürfnissen der Schifffahrt und denen der Eisenbahn gefunden wurde.

3.5.1. Vergleich der Strukturen

Der Betrachtungszeitraum von 1831-1860 stellte eine relativ homogene Phase im 19. Jahrhundert dar. Der Rhein wurde seit dem Wiener Kongress als internationaler Fluss von der Zentralkommission der Rheinschifffahrt, in der alle sieben Uferstaaten des schiffbaren Rheins vertreten waren, verwaltet. Im Betrachtungszeitraum lag bereits ein etabliertes und erprobtes System vor. Die dreißig Jahre waren politisch relativ stabil, es gab keine größeren Kriege. Ob die Rheinkrise 1840[500] die Zentralkommission beeinflusste, lässt sich höchstens vermuten, da bei den Verhandlungen zum XVI. Supplementarartikel zwischen Frankreich und Baden Unstimmigkeiten ein Hindernis darstellten. Generell schienen außenpolitische Ereignisse keinen oder kaum einen Einfluss auf die internationale Kooperation hinsichtlich des Rheins und die Arbeit in der Zentralkommission gehabt zu haben.[501] Auswirkungen gingen jedoch von technischen Neuerungen aus, so zum Beispiel von der Dampfschifffahrt. Sie trugen wesentlich zur Veränderung der Mainzer zur Mannheimer Akte hin bei.

Die Begriffe Regierungen, Ministerien, Verwaltungen wiesen zwischen den einzelnen Ländern Unterschiede auf. Ein Vergleich zwischen den heterogenen Gebilden ist nur bedingt möglich. Differenziert wird daher zwischen der Regierung der einzelnen Länder, wozu auch die Außenministerien gehörten, und der Zentralkommission (gouvernementale Ebene) so-

---

500 Der Begriff Rheinkrise beschreibt eine diplomatische Krise zwischen Frankreich und dem Deutschen Bund in den Jahren 1840 und 1841, in der es um den Rhein als mögliche Ostgrenze Frankreichs ging.

501 Vgl. Eysinga, Willem Jan Mari van; Walther, Henri: Geschichte der Zentralkommission für die Rheinschiffahrt 1816 bis 1969, Straßburg 1994, S. 103. Nur in den Jahren 1866, 1870, 1914 und 1919 tagte die Zentralkommission nicht.

wie den Ministerien, wobei zu bemerken ist, dass es in Epoche 1 noch keine Verkehrsministerien gab (ministerielle Ebene). Verwaltungen und Behörden sind der administrativen Ebene zuzurechnen und weitere privatwirtschaftliche Akteure der nicht-gouvernementalen Ebene. Die Bevollmächtigten in der Zentralkommission hatten eine Doppelfunktion: Sie waren Delegierte ihrer Länder und agierten selbstständig als Zentralkommission.

Obwohl die nationalstaatlichen Verhandlungen nicht Teil der Untersuchungen dieser Arbeit sind, sei hier kurz erwähnt, dass innerhalb der einzelnen Länder verschiedene Ministerien involviert waren. So schrieb der bayerische Kommissar beispielsweise stets dem Außenministerium und erhielt von diesem seine Instruktionen im Namen des Königs. Der niederländische Kommissar hingegen korrespondierte vor allem mit dem Innenministerium.

Standardisierung im tarifären Bereich

Die Verhandlungen fanden innerhalb der Zentralkommission statt. Die Kommission selbst hatte sich den Auftrag dazu in der Rheinschifffahrtsakte von 1831 gegeben. Der Supplementarartikel arbeitete immer noch die Reste des alten Zollsystems auf, in dem jeder Staat Beförderungsgelder und Abgaben erheben durfte. Dies war für die Schiffer ein zeitliches und finanzielles Hindernis, da sie ihre Fahrt häufig unterbrechen mussten.

Tarife waren eine sensible Frage und alle Staaten waren darauf bedacht, nicht benachteiligt zu werden. Damit waren die Interessen der Finanzministerien berührt, obgleich die Außenministerien stärker involviert waren. Die gesamten Verhandlungen waren intergouvernemental.

Beteiligte Akteure waren in diesem Beispiel die sieben Regierungsbevollmächtigten sowohl einzeln als auch in ihrer Gesamtheit als Zentralkommission, einzelne Ministerien der Länder (vor allem das Außen- und das Finanzministerium) sowie der von der Zentralkommission beauftragte Sachverständige. Im Beispiel der tarifären Standardisierung agierte demnach der nur um einen Sachverständigen erweiterte Akteurskern. Am meisten Einfluss übten die Bevollmächtigten als Vertreter ihrer Regierungen aus, da sie weitestgehend selbstständig und unabhängig von ihren Regierungen unter sich tagten und verhandelten und sich nur zwischendurch bei ihren Regierungen rückversicherten oder instruieren ließen.

Standardisierung im rechtlich-administrativen Bereich

Die Unterteilung des Rheins in vier Aufsichtsbezirke spielte hier eine besondere Rolle: Der zweite Bezirk bildete den Rahmen für eine Standardisierung, die zeitlich vor der für den ganzen Rhein erfolgte. Es fanden bereits Verhandlungen vor den formellen Gesprächen im Rahmen der Zentralkommission statt. Dies kann als Standardisierung über den ‚politischen Markt', wenn auch kooperativ und durch Verhandlungen, betrachtet werden. Ohne politische Verhandlungen auf höherer Ebene glichen sich die einzelnen Verordnungen an, da bestehende in Absprache bearbeitet und übernommen wurden.

Der Akteurskern wurde bei den Verhandlungen zum rechtlich-administrativen Standard erheblich erweitert: Der Oberinspektor der Zentralkommission sowie die Bezirksinspektoren und Abgeordnete des Gewerbes beeinflussten die Standardisierung. Die gouvernementale Ebene, repräsentiert durch die Bevollmächtigten, dominierte zwar die Verhandlungen, da sie die Entscheidungen traf, die administrative Ebene (der Oberinspektor) beeinflusste diese jedoch ebenfalls stark. Zusätzlich spielte hier die nicht-gouvernementale Ebene (die Schiffer und Handelskammervertreter) eine Rolle, wenn auch nur, weil die gouvernementale sie einbezog.

Die große Gestaltungsmacht, die dem Oberinspektor hier zukam, erleichterte die Verhandlungen. Die Zentralkommission entwickelte eine starke Eigendynamik und erstellte ohne expliziten Auftrag einen Verordnungsentwurf. Es stellt sich die Frage, ob sie sich diese Freiheit herausnahm, weil administrative Standards nicht so sensibel waren wie etwa tarifäre, und der Oberinspektor diese bearbeiten durfte. Das Expertenwissen der Schiffer war eine wertvolle Informationsquelle für die Zentralkommission, wurde die Rheinschifffahrtspolizeiverordnung doch entworfen, um von eben diesen Schiffern befolgt zu werden. Man kann hier erste Züge von Lobby-Arbeit sehen, obwohl das Gewerbe – soweit dies aus den Quellen hervorgeht – vor der Einberufung der Versammlung die Arbeit der Zentralkommission nicht aktiv beeinflusste beziehungsweise zu beeinflussen versuchte.

Standardisierung im betrieblichen Bereich

Für betriebliche Standards waren oft noch die einzelnen Staaten zuständig. So oblag es auch ihnen, die Schifferpatente auszustellen, das heißt die

Fahrerlaubnis für den Rhein. Die somit geltenden verschiedenen Regeln sorgten bisweilen für Verwirrung. Daher kam hier die Standardisierungsanregung aus der Praxis: Ein Gericht wollte Klarheit hinsichtlich der Patentregelungen.

Der Standardisierung im betrieblichen Bereich reichte der Akteurskern; sie erfolgte damit intergouvernemental.

Standardisierung im technischen Bereich

In die Rahmenbedingungen gingen bei diesem Beispiel die (privatwirtschaftlichen) Eisenbahngesellschaften und -commissariate mit ein. Eisenbahnen waren neu, daher bestand hier noch viel Regelungsbedarf. Zudem stellten sie eine Konkurrenz für die Schifffahrt dar. Der Konflikt zwischen den Verkehrsträgern und die Euphorie für beziehungsweise die Angst vor der Eisenbahn spielten eine große Rolle. Es gab eine Diskrepanz zwischen den Diskussionen innerhalb Preußens und der Kommunikation mit den anderen Staaten. Ebenso zeigte sich ein Unterschied zwischen einem nationalen und einem internationalen Strom wie dem Rhein, dessen Schifffahrt sogar durch einen internationalen Vertrag geregelt war. Zusätzlich spielte die Öffentlichkeit eine Rolle, was jedoch mehr an dem Umstand, dass die Eisenbahnen involviert waren, als an der Natur des technischen Standards lag. Von den Verhandlungen der Zentralkommission bekam die Öffentlichkeit jedoch kaum etwas mit, da diese geheim waren. Stattdessen diskutierte sie in Zeitungsartikeln und Denkschriften.

In diesem Beispiel trat eine recht hohe Anzahl an Akteuren verschiedener Ebenen in Erscheinung. Zusätzlich zum Akteurskern waren das Gewerbe, diverse Experten und die Öffentlichkeit involviert. Die Entscheidung oblag der gouvernementalen Ebene, die jedoch ohne die administrative Ebene, nämlich die Experten, nicht hätte weiterarbeiten können. Die Experten beeinflussten also maßgeblich nicht nur den Verhandlungsverlauf, sondern auch dessen Inhalt. Der direkte Einfluss der nichtgouvernementalen Ebene, in diesem Fall der Öffentlichkeit, lässt sich nur in einem Fall belegen, nämlich als Preußen eine Denkschrift verwendete.

Vergleich

Betrachtet man die Rahmenbedingungen aller vier Beispiele, so fallen starke Gemeinsamkeiten auf: Alle Standardisierungen erfolgten – mit einigen kleineren Abweichungen – auf dem Weg über die Politik in kooperativer Form innerhalb einer formalen Organisation und schließlich mittels Verträgen. Eine auffallende Ausnahme bildete hier der Integrationsweg über den politischen Markt, der bei der Rheinschifffahrtspolizeiverordnung zu beobachten war: Bevor in der Zentralkommission verhandelt wurde, hatte eine Standardisierung bereits in einer Art wettbewerblicher und kooperativer Form stattgefunden, da die Staaten des zweiten Rheinaufsichtsbezirks (Hessen, Nassau, Bayern) die preußische Verordnung als Vorbild nahmen und eine gemeinsame aushandelten.

Die Zentralkommission bestand bereits seit 1816, also seit mehr als zwei Jahrzehnten und hatte sich als Verhandlungsgremium etabliert. Das Vorhandensein einer internationalen Organisation bot den formellen Rahmen für die Verhandlungen. Dies zeigte sich bereits beim zeitlich frühesten Fallbeispiel, dem tarifären Standard, als auch beim zeitlich spätesten Beispiel, dem technischen Standard. Bei letzterem wandte sich der preußische Delegierte ganz selbstverständlich an seine Kollegen, um die Frage des Brückenbaus zu erörtern. Die kontinuierliche Zusammenarbeit in der Zentralkommission verlieh den Strukturen und Prozessen Stabilität.

Der Hauptakteur in allen vier Fallbeispielen war die Zentralkommission für die Rheinschifffahrt, bestehend aus den Bevollmächtigten der sieben Uferstaaten. Die Regierungsbevollmächtigten verhandelten in den Sitzungen der Zentralkommission direkt, korrespondierten jedoch in der Zwischenzeit miteinander und mit ihren Regierungen. In Ergänzung zum Hauptakteur variierten jedoch bei den einzelnen Beispielen die anderen Beteiligten: der Oberaufseher, ein Beauftragter für die Vermessung oder technische Experten.

Zusammen mit der Zentralkommission bildeten die Regierungen und hier vor allem die Außenministerien den Akteurskern. Im Falle der Standardisierung im betrieblichen Bereich agierte ausschließlich der Akteurskern. Bei der Beteiligung weiterer Akteure lassen sich Unterschiede beobachten. So wurde im Beispiel der tarifären Standardisierung der Akteurskern durch einen von der Zentralkommission berufenen Sachverständigen beziehungsweise Experten ergänzt, der zwar nicht mit verhandelte, aber wichtige Verhandlungsgrundlagen, in diesem Falle die Messdaten, lieferte. Komplexere Akteurskonstellationen zeigten sich in den Beispielen zur rechtlich-administrativen und zur technischen Standardisierung. Im Falle der Einigung auf eine Rheinschifffahrtspolizeiverordnung agierte die Zentralkommission vermutlich in gewissem Maße selbstständig, das heißt unabhängig von den nationalen Regierungen und ihren Instruktionen. Dies zeigte sich in der eigenständigen Ausarbeitung von Verordnungsentwürfen ohne expliziten Auftrag der Regierungen. Zwischen der internationalen Organisation und den nationalen Akteuren (den Regierungen und Ministerien) bestand somit ein gewisses Spannungsfeld hinsichtlich der Kompetenz und Initiative. Die Akteurskonstellation im Beispiel zur Standardisierung im technischen Bereich war die komplexeste der vier Beispiele, nämlich deutlich erweitert. Im Unterschied zu den anderen Beispielen lässt sich hier genau zwischen den Außen- sowie den Handels- und Finanzministerien unterscheiden. Ebenso vertrat die Öffentlichkeit eine Meinung. Dies bildet einen großen Unterschied zu den anderen Fallbeispielen. Lediglich bei den Beratungen zur Polizeiverordnung wurden die Schiffer befragt und beteiligt. Die Eisenbahn war ein Phänomen ihrer Zeit und faszinierte die Bevölkerung, über sie wurde berichtet und geredet. Augenfällig sind bei diesem Beispiel die Bildung von Koalitionen und das Vorhandensein eines dominanten Akteurs. Preußen sah sich während der Verhandlungen alleine den sechs anderen Uferstaaten gegenüber. Absprachen und Taktiken waren während der Verhandlungen von immenser Bedeutung. Besonders in der Schlussphase scheint das Prinzip ‚quid pro quo' eine große Bedeutung gehabt zu haben.

Experten spielten in drei von vier Fällen eine Rolle. Bei der Standardisierung im rechtlich-administrativen Bereich war der Oberinspektor Gutachter, Konfliktlöser und Agendasetter. Auch wenn er keine Entscheidungsbefugnis hatte, so besaß er doch eine immense inhaltliche Definitionsmacht, die die Machtsymmetrie verschob. Durch sein Wissen und seine Neutralität brachte er als Externer beziehungsweise als Sachverständiger die Verhandlungen voran. Ferner wurde erstmals das Schifffahrtsgewerbe befragt und konnte so Einfluss auf die Inhalte nehmen. Es steuerte Expertenwissen bei. Beim Beispiel der technischen Standardisierung war die Bedeutung von Expertise deutlich zu sehen: Ohne sie hätten die Diskussionen so nicht stattfinden und eine Einigung hätte nicht erzielt werden können. Die Experten waren als Konfliktlöser, Kompromissfinder und Sachverständige für den Diskussionsverlauf von herausragender Bedeutung, obwohl sie bei der eigentlichen Diskussion nicht zugegen waren und kein Stimmrecht besaßen.

Die Zentralkommission war eine multilaterale Organisation, die allerdings weiter bilaterale Absprachen und Verträge zuließ. Zu sehen war dies unter anderem im Falle der Standardisierung im tarifären Bereich. Das multilaterale Gefüge wurde auch im Falle der Standardisierung im rechtlich-administrativen Bereich verändert: Die Verhandlungen blieben zwar stets multilateral, die Anzahl der beteiligten Staaten variierte jedoch.

In Absprachen, die ebenfalls in anderen Beispielen zu beobachten waren, spiegeln sich die generellen Beziehungen zwischen den einzelnen Staaten wider. Preußen hatte eine vorherrschende Position inne und die süddeutschen Staaten versuchten unabhängig zu bleiben (auch oder gerade weil alle im Deutschen Bund waren). Frankreich war zwar in Europa mächtig, bezüglich des Rheins jedoch ein eher kleiner Staat. Die oberrheinischen Staaten bildeten oft eine Allianz; so hatten sie bei der Rheinschifffahrtspolizeiverordnung eng zusammengearbeitet. Es waren relativ kleine Staaten, für die es oft zweckmäßiger war, zusammen zu handeln und sich abzustimmen; zudem bildeten drei (Bayern, Hessen und Nassau) von ihnen einen der vier Rheinaufsichtsbezirke, Frankreich und Baden einen zweiten.

In allen Fällen spielte Informalität neben den formalen Zentralkommissionssitzungen eine große Rolle. Die Entscheidungsstruktur in der Zentralkommission, das heißt die offiziellen Gespräche während der jährlichen Treffen, wurde durch Korrespondenz und Gespräche begleitet und ergänzt. Die überschaubare Zahl von sieben Zentralkommissionsdelegierten förderte informelle Absprachen, da die Delegierten meist über Jahre Kommissare ihres Landes blieben und sich daher gut kannten. In den Memoiren des preußischen Kommissars von Delbrück finden sich beispielsweise Notizen, dass er den nassauischen Bevollmächtigten von Zwierlein privat besuchte und sie „sehr gute Freunde“[502] wurden. Besonders stark war die Informalität im Beispiel zur Standardisierung im betrieblichen Bereich: Die formale Entscheidungsstruktur in der Zentralkommission wurde durch starke informelle Elemente ergänzt. So wussten die Bevollmächtigten meist bereits vor der offiziellen Sitzung über die Positionen der anderen Bescheid, da sie in regem Briefwechsel miteinander standen. Die jährlichen Sitzungen der Zentralkommission waren also nicht zwingend alleiniger Ort für einen Austausch. Die Tagungen der Zentralkommission fanden während Epoche 1 in einem kleinen Personenkreis statt. Mehrheits-entscheidungen waren möglich, in der Praxis wurde aber so lange verhandelt, bis ein Konsens gefunden war.

502 Delbrück, Rudolph von: Lebenserinnerungen von Rudolph von Delbrück, 1817-1867, Erster Band, Duncker&Humblot, Leipzig 1905, S. 232.

Tabelle 10: Zusammenfassende Darstellung des Strukturenvergleichs für Epoche 1

	Bereich der Standardisierung			
	tarifär	*rechtlich-administrativ*	*betrieblich*	*technisch*
Weg	über Politik, kooperativ über Verhandlungen	über Politik, kooperativ über Verhandlungen	über Politik, kooperativ über Verhandlungen	über Politik, kooperativ über Verhandlungen
Form	formelle Zusammenarbeit, intergouvernemental	formelle Zusammenarbeit, intergouvernemental (interadministrativ)	formelle Zusammenarbeit, intergouvernemental	formelle Zusammenarbeit, intergouvernemental (interadministrativ)
Akteure	Kommissare, ZKR, (Ministerien), Sachverständiger	Kommissare, ZKR, Oberinspektor, Schiffer	Kommissare, ZKR	Kommissare, ZKR, (Ministerien), Experten, Schiffer, Öffentlichkeit
Akteur(e) mit stärkstem Einfluss	Kommissare/ ZKR	Kommissare/ ZKR, Oberinspektor	Kommissare/ ZKR	Kommissare/ ZKR, Experten
Anzahl Akteure und Experten	leicht erweiterter Akteurskern, ein Experte	erheblich erweiterter Akteurskern, mehrere Experten	Akteurskern	erheblich erweiterter Akteurskern, viele Experten
Akteursebenen	gouvernementale, ministerielle, administrative	gouvernementale, administrative, privatwirtschaftliche	gouvernementale, administrative	gouvernementale, ministerielle, administrative, privatwirtschaftliche

3.5.2. Vergleich der Prozesse

Initiativphase

Standardisierung im tarifären Bereich

Die Thematik der Rheinzolltarife hatte die Zentralkommission seit ihrer Gründung beschäftigt. Auf die Tagesordnung kam sie endgültig mit der Rheinschifffahrtsakte von 1831, in der sich die Zentralkommission den Auftrag gab, einen endgültigen Tarif auszuhandeln (Art. 18).

Die Initiativphase war an sich recht lang, sie dauerte von 1831 bis 1839, also acht Jahre. Zusätzlich ging ihr eine sehr lange Vorgeschichte voraus, weshalb es auch nicht möglich ist, einen Initiator auszumachen. Das gleiche gilt für das Agenda-Setting. An dem ständigen Vorhandensein des Themas wird jedoch der stete Austausch der Kommissare untereinander deutlich, also die konstante Kooperation, die den Prozess insgesamt prägte. Auch die Informationsbeschaffung und -bearbeitung dauerten, da dies (die Neuvermessung des Rheins) die Grundlage für die Festlegung des Tarifs war und diese Frage ein höchst sensibles Thema berührte.

Es agierten die Bevollmächtigten und der beauftragte Sachverständige, wobei die gouvernementale Ebene dominierte, die jedoch auf die nichtgouvernementale als Informationslieferant angewiesen war. Mit dem Sachverständigen war ein Experte beteiligt.

Der Austausch erfolgte vor allem im formalen Rahmen, das heißt in den jährlichen Sitzungen. Informalität spielte in der Initiativphase keine Rolle. Konflikte traten durchaus auf, konnten jedoch stets beigelegt werden.

Standardisierung im rechtlich-administrativen Bereich

Bei diesem Standardisierungsbeispiel gab es eine lange Vorgeschichte, denn die Zentralkommission hatte sich bereits 1829 und 1830 mit der Frage einer gemeinsamen Rheinschifffahrtspolizeiverordnung beschäftigt. Dies war jedoch vorerst ergebnislos geblieben.

Die eigentliche Initiativphase dauerte fünf Jahre (1838 bis 1843), also relativ lang. Eine Problemformulierung und ein Agenda-Setting sind nicht klar auszumachen, auch weil das Thema schon länger schwelte. Zu Beginn des Gedankenaustauschs 1838 war es zudem unklar, ob eine gemeinsame Verordnung überhaupt das Verhandlungsziel war oder ob ein Austausch genügen würde. Auch deshalb war kein Zeitplan erstellt worden.

Gleichwohl lässt sich der Zeitpunkt, zu welchem das Thema auf die Tagesordnung kam und zum Diskussionspunkt wurde, exakt bestimmen: In der Septembersitzung von 1841 machte der französische Kommissar diesbezüglich zwei Vorschläge. Interessant ist, dass zum Zeitpunkt, an dem das Thema in der Zentralkommission wirklich zur Sprache kam, bereits auf Teilen des Rheins, nämlich im zweiten Reinaufsichtsbezirk, eine gemeinsame Polizeiverordnung in Anwendung war. Die Phasen der Informationsbeschaffung und -bearbeitung sind deutlich ausgeprägt.

Die gouvernementale Ebene dominierte hier, denn die Diskussion fand in der Zentralkommission, das heißt zwischen den Regierungsbevollmächtigten, statt. Ab der Informationsbeschaffung bekam jedoch die administrative Ebene starkes Gewicht, denn diese Aufgaben oblagen dem Oberinspektor. Er kann demnach durchaus als Experte gelten.

Die Initiativphase verlief recht harmonisch und hatte die Atmosphäre eines freundlichen Austausches. Es wurde nur in den offiziellen Sitzungen gesprochen, Informalität spielte in dieser Phase keine Rolle.

Standardisierung im betrieblichen Bereich

Dieses Beispiel weist nicht nur eine lange Vorgeschichte auf, sondern auch stark verwandte Beispiele, in denen ebenfalls Standardisierungen erfolgten, nämlich die Dampfschiffskonzession und die Regeln für Setzschiffer.

Die Initiativphase ist in diesem Beispiel sehr kurz, wie überhaupt der gesamte Prozess. Die einzelnen Unterphasen sind in der Initiativphase schwer auszumachen. Alle vier erfolgten zwischen Frühjahr und Spätsommer 1851.

Die gouvernementale Ebene dominierte die Initiativphase; ganz zu Beginn, vor der eigentlichen Initiative, war jedoch bereits ein Anstoß aus der nicht-gouvernementalen Ebene gekommen. Dieser war jedoch erst einmal verlaufen.

Informalität spielte insofern eine Rolle, als dass es scheint, dass die Kommissare ihren Kollegen die in ihren Ländern gesammelten Informationen erst schriftlich mitteilten und dann in der Zentralkommission formal darüber diskutierten. Die Phase zeigte sich als harmonischer Informationsaustausch im kleinen Kreis.

Standardisierung im technischen Bereich

Bei diesem Beispiel hinkten die Verhandlungen immer ein Stückchen den geschaffenen Tatsachen hinterher. So hatte Preußen den Brückenbau 1850 beschlossen, international auf die Agenda kam das Thema der Standardisierung des Baus von Eisenbahnbrücken über den Rhein aber erst ein paar Monate später, als die anderen Länder informiert wurden. Der Vertrag zum Brückenbau und die Grundsteinlegung erfolgten bevor die Verhandlungen auch nur ansatzweise ein Ergebnis gebracht hatten. Die Unterphasen der Informationsbeschaffung und -bearbeitung sind deutlich ausgeprägt und wiederholten sich später nochmals. Daher ist ein konkreter Übergang von der Initiativ- zur Verhandlungsphase schwierig auszumachen, das Jahr 1856 ist aber wahrscheinlich.

Der Austausch erfolgte intergouvernemental, die ministerielle Ebene spielte ebenfalls eine Rolle, allerdings innerhalb der einzelnen Länder, nicht so sehr international. Auch die nicht-gouvernementale Ebene in Form von Experten war bereits beteiligt, da Sachverständigenrat und die Meinung des Gewerbes eingeholt wurden. Experten spielten eine große Rolle als Informationslieferanten (sie führten zum Beispiel Versuche durch), da die gouvernementale Ebene allein nicht verhandeln konnte. Dies geschah zuerst erst auf jeweils nationaler Ebene. Die nicht-gouvernementale Ebene in Form der Öffentlichkeit und des Gewerbes versuchte Einfluss auf die Zentralkommission und Preußen zu nehmen, hatte aber keinen Erfolg. Die Denkschriften dienten jedoch als Diskussionsgrundlage, formten den Prozess also mit. Die Rolle der administrativen Ebene in Form des Oberinspektors beschränkte sich auf Antwortschreiben der Zentralkommission.

Die Initiativphase fand vor allem auf dem Korrespondenzwege und informell statt. Bevor das Thema offiziell auf die Tagesordnung kam, waren gut vier Jahre vergangen. Es gab einen regen Austausch auf intergouvernementaler Ebene. Starke Konflikte traten bereits hier hervor. Aufgrund der Blockbildung der anderen Staaten sah sich Preußen beinahe isoliert.

Verhandlungsphase

Standardisierung im tarifären Bereich

Die Verhandlungsphase war relativ lang, sie dauerte von 1839 bis 1845. Die Kommissare trafen sich einmal jährlich in ihren Zentralkommissionssitzungen. Es scheint jedoch, dass die eigentlichen Verhandlungen zwischen den einzelnen Sitzungen in persönlichen Gesprächen stattfanden oder auf dem Korrespondenzweg.

Es diskutierten nur noch die Kommissare, der Experte hatte seine Arbeit getan, das heißt der Prozess wurde hier komplett von der gouvernementalen Ebene betrieben.

Die Verhandlungsphase war von vielen kleineren und größeren Konflikten geprägt, die aus mit dem Thema zusammenhängenden Fragen resultierten. Informalität spielte in der Verhandlungsphase eine Rolle.

Standardisierung im rechtlich-administrativen Bereich

Konfliktregelung und Konsensbildung erfolgten zusammen mit einer erneuten Informationsbeschaffung und -bearbeitung in der von 1844 bis 1849 dauernden Verhandlungsphase. Innerhalb dieser hatte es ein paar Mal bereits so ausgesehen, als ob eine Einigung erzielt worden sei, was dann jedoch nicht geglückt war, so dass weiter diskutiert wurde.

Die Verhandlungen fanden überwiegend auf gouvernementaler Ebene statt, die administrative und die privatwirtschaftliche waren allerdings als Informationslieferanten von hoher Bedeutung. Ohne sie wären die Verhandlungen nicht vorangeschritten. Experten waren beteiligt, da sie gehört wurden und ihre Meinung zählte. Die gouvernementale Akteursebene diskutierte, was ihnen die administrative (der Oberinspektor und die Bezirksinspektoren) und nicht-gouvernementale (das Gewerbe) vorlegte. Das Expertenwissen der Schiffer war eine wichtige Informationsquelle, lieferte es doch Hinweise aus der Praxis für die Erstellung der Verordnung.

Informelle Elemente wurden in den Prozess eingebunden. So übernahm die Zentralkommission die in Preußen bereits stattgefundene Gewerbebefragung. Erste Züge von Lobbyarbeit waren hier zu erkennen. An der Gewerbebefragung konnten die Kommissare teilnehmen, mussten es aber nicht und es taten schließlich nur einige. Weitere informelle Elemente, zum Beispiel Gespräche und Treffen zwischen den Kommissaren außerhalb der Sitzungen oder zwischen den Ministerien, lassen sich nicht nachweisen. Gleichwohl gab es höchstwahrscheinlich den üblichen Briefwechsel zwischen den Bevollmächtigten.

Die Verhandlungen waren von Meinungsverschiedenheiten geprägt, die teilweise zu Konflikten wurden, da zunächst keine Einigung erzielt werden konnte. Dank einer Flexibilisierung des Prozesses, in diesem Fall eines Fernbleibens der Niederlande an den Verhandlungen, konnte jedoch fortgefahren werden. Daher existierten Konflikte zwar, wurden aber in harmonischer Weise gelöst.

Standardisierung im betrieblichen Bereich

Die Verhandlungsphase ging von September 1851 bis August 1852 und fiel damit sehr kurz aus. Die gouvernementale Ebene war die allein agierende.

Informelle Briefwechsel zwischen den Sitzungen spielten eine große Rolle zum Informations- und Meinungsaustausch. Diese Schriftwechsel verkürzten den Prozess. Trotz unterschiedlicher Meinungen erfolgten die Konfliktregelung und Konsensbildung harmonisch.

Standardisierung im technischen Bereich

Die Verhandlungsphase dauerte ungefähr zwei Jahre und wurde durch die gleichzeitige Schaffung von Tatsachen beschleunigt.

Experten ergänzten die gouvernementale Ebene weiterhin. Die Verhandlungen orientierten sich an ihrem Urteil. Sie beeinflussten nicht nur den Prozess, sondern auch den Inhalt und die Struktur.

Die formalen Sitzungen in der Verhandlungsphase wurden durch viel Korrespondenz ergänzt. Zudem gab es außerordentliche Sitzungen. In dieser Phase, die von Konflikten geprägt war, wurden Koalitionen gebildet und Absprachen getroffen.

Entscheidungsphase

Standardisierung im tarifären Bereich

Die Entscheidungsphase dauerte von 1845 bis 1846 und verlief im Verhältnis zu Initiativ- und Verhandlungsphase zügig.

In der Entscheidungsphase wird die Dominanz der gouvernementalen Ebene noch einmal besonders deutlich. Der Standard wurde als Zusatzartikel zur Rheinschifffahrtsakte verabschiedet, das heißt er brauchte die Ratifikation durch die Regierungen.

Kurzfristig auftretende Konflikte sorgten für eine kleine Verlängerung der Phase. Die Konfliktregelung erfolgte informell und außerhalb des formalen Rahmens der Zentralkommissionssitzungen.

Standardisierung im rechtlich-administrativen Bereich

Die Entscheidungsphase beanspruchte lediglich die Sitzungssession von 1850. Es wurden noch einige Änderungswünsche diskutiert bevor schließlich die endgültige Verordnung verabschiedet wurde, die dann 1850 und 1851 umgesetzt wurde. Die Sitzung des Jahres 1849 bildete den Übergang zwischen Verhandlungs- und Entscheidungsphase.

Die gouvernementale Akteursebene war die einzige in der Entscheidungsphase.

Trotz einiger kleinerer Streitpunkte kann man von harmonischen Verhandlungen sprechen, da diese recht einfach beigelegt werden konnten. Interessant sind die Auslagerung eines Problems auf die bilaterale Ebene, also heraus aus dem formellen Rahmen, und die provisorische Aufnahme des Diskussionspunktes in die Verordnung. Es zeigt sich also, dass Informalität und Flexibilität den Prozess förderten.

Standardisierung im betrieblichen Bereich

Die Entscheidungsphase fiel in das Jahr 1853; insgesamt dauerte der Prozess also nur von 1851 bis 1853, ohne Berücksichtigung der Vorgeschichte.

Es agierte allein die gouvernemenale Ebene.

Die eigentliche Entscheidung beziehungsweise Verabschiedung der Ergebnisse der Verhandlungen erfolgte wieder auf dem Korrespondenzweg, so dass die Sitzung ein Jahr später nur den formalen Abschluss bildete.

Standardisierung im technischen Bereich

Die Entscheidung wurde relativ schnell innerhalb weniger Monate in 1858 herbeigeführt.

In der Entscheidungsphase konzentrierte sich alles auf die gouvernementale Ebene, es wurde ein Vertrag mit Ratifikationsurkunden verabschiedet.

Auch in dieser Phase waren noch Konflikte zu bewältigen.

Phasenübergreifender Vergleich

Betrachtet man die Dauer des Prozesses, sticht die Standardisierung im betrieblichen Bereich heraus. Die Diskussionen verliefen in diesem Fallbeispiel recht zügig, wenn man die lange Vorgeschichte unberücksichtigt lässt. Vom Vorschlag 1851 verging nur ein Jahr bis zur Verabschiedung der Gemeinsamen Grundsätze und innerhalb dreier Jahre hatten alle Staaten die Beschlüsse umgesetzt. Der Verhandlungszeitraum war bei den anderen drei Beispielen recht lang, das zeitlich kürzeste Beispiel ist das des technischen Standards. Auffallend ist jedoch, dass, wenn Probleme als dringend erachtet wurden, Sondersitzungen einberufen wurden (so etwa beim Beispiel technischer Standard). Bei den anderen zogen sich die Verhandlungen über Jahre hin, teils, weil die Angelegenheit nicht so sehr drängte (wie beim Beispiel des rechtlich-administrativen Standards) oder weil alle zustimmen mussten und stark gefeilscht wurde (so beim Beispiel des tarifären Standards). Eine Besonderheit bei der Standardisierung im technischen Bereich war, dass der Verhandlungsprozess der Realität hinterherhinkte, da bereits Tatsachen geschaffen worden waren. Die Zentralkommission musste sich erst mit der neuen Situation arrangieren.

Die gouvernementale Akteursebene dominierte den Prozess, was aber in der Natur der Sache begründet lag: Die Zentralkommission bestand aus sieben Regierungsbevollmächtigten. Eine Beteiligung der anderen Ebenen in der Initiativ- und besonders der Verhandlungsphase war jedoch zu beobachten, nur die Entscheidungsphase blieb intergouvernemental.

Bei allen Beispielen zur Standardisierung fanden die Verhandlungen vorrangig in der Zentralkommission und per Briefwechsel zwischen den Bevollmächtigten statt. Die Konferenzdiplomatie der Zentralkommission prägte den Prozess, wobei davon auszugehen ist, dass de facto vieles auf dem Korrespondenzwege geklärt oder vorbesprochen wurde. Bei der Standardisierung im technischen Bereich trat der Konferenzdiplomatiecharakter besonders deutlich hervor. Allerdings fanden jedoch aufgrund des Zeitdrucks außerordentliche Sitzungen statt. Die Korrespondenz zwischen den Sitzungen war wieder unabdinglich für Absprachen, den Austausch sowie die Entscheidungsfindung. Im Falle der tarifären Standardisierung wurden einzelne Inhalte aus der Konferenzdiplomatie ausgelagert. Im Falle der rechtlich-administrativen Standardisierung (Polizeiverordnung) wurde die Zentralkommission durch zahlreiche informelle Treffen sowie neue Diskussionsrunden erweitert, ergänzt sowie mit Informationen versorgt. Die spezifischen Inhalte der Polizeiverordnung wurden aus dem Gremium der Zentralkommission als Botschafterkonferenz heraus zum

Oberinspektor oder in die Gewerbeanhörung verlegt. Auch bei der Standardisierung im betrieblichen Bereich (Grundsätze zur Patenterteilung) zeichnete sich der Prozess insgesamt durch eine Verlagerung der Diskussionen in die Korrespondenz und weniger Gremienarbeit aus. Durch Befragung von Schiffern et cetera wurden die Prozesse transnationaler; die gouvernementale Ebene gab Einfluss ab.

Die Phasen des ‚policy-cycle' wiesen in allen vier Beispielen Rückkopplungen auf, wiederholten sich teilweise oder tauchten gar nicht auf. Besonders die Unterphase der Informationsbeschaffung fand oft, so etwa bei der rechtlich-administrativen Standardisierung, wiederholt statt. Der ablaufende Prozess wurde also bei Bedarf flexibilisiert und der Idealtypus durch aktuell bedingte Schritte ergänzt. Durch nationales Taktieren, zum Beispiel bei der rechtlich-administrativen Standardisierung, wurde der Prozess nicht unter- oder gar abgebrochen, sondern flexibilisiert und verändert.

Tabelle 11: Zusammenfassende Darstellung des Prozessevergleichs für Epoche 1

		Bereich der Standardisierung			
		tarifär	*rechtlich-administrativ*	*betrieblich*	*technisch*
Initiativphase	Dauer	8 Jahre	5 Jahre	weniger als 1 Jahr	4,5 Jahre
	Akteure; Akteursebenen	ZKR, Sachverständiger; gouvernementale, administrative	ZKR, Oberinspektor; gouvernementale, administrative	ZKR, (Gericht); gouvernementale	ZKR, (Experten, Ministerien, Öffentlichkeit); gouvernementale, ministerielle
	Verlauf	formell, konfliktreich	formell, harmonisch	formell und informell, harmonisch	vor allem informell, konfliktreich

Verhandlungsphase	Dauer	6 Jahre	5 Jahre	1 Jahr	2 Jahre
	Akteure; Akteurs-ebenen	ZKR; gouver-nementale	ZKR, Oberin-spektor, Schif-fer; gouver-nementale, administra-tive, privat-wirtschaftli-che	ZKR; gouver-nementale	ZKR, Experten; gouvernemen-tale, adminis-trative
	Verlauf	formell und informell, konfliktreich	formell und informell, konfliktreich	formell und informell, wenig kon-fliktreich	formell und informell, sehr konflikt-reich
Entscheidungsphase	Dauer	1 Jahr	1 Jahr	weniger als 1 Jahr	weniger als 1 Jahr
	Akteure; Akteurs-teurs-ebenen	ZKR; gouvernemen-tale	ZKR; gouvernemen-tale	ZKR; gouvernemen-tale	ZKR; gouvernemen-tale
	Verlauf	formell und informell, konfliktreich	formell und informell, wenig kon-fliktreich	formell und informell, harmonisch	formell, konfliktreich

3.5.3. Vergleich der Inhalte

Standardisierung im tarifären Bereich

Beim XVI. Supplementarartikel zur Mainzer Akte handelte es sich um einen formellen, rechtlich kodifizierten Standard mit distributiver Funktion.

Es wurde die höchst mögliche Standardisierung erreicht, da der Standard in Form eines Zusatzartikels zur Rheinschifffahrtsakte verabschiedet und von allen beteiligten Staaten ratifiziert wurde. Interoperabilität wurde geschaffen.

Es lassen sich drei Ziele der Akteure ausmachen: Erstens der Wunsch nach einer gemeinsamen Regelung für den internationalen Verkehr, zweitens die damit einhergehende Gleichbehandlung und somit auch ein eigener Vorteil, drittens sollte die wirtschaftliche Konkurrenzfähigkeit der Binnenschifffahrt gefördert werden. Es überwogen wirtschaftliche Ziele, was im Wunsch zum Einheitstarif und einem ausgeglichenen und fairen System deutlich wurde.

Standardisierung im rechtlich-administrativen Bereich

Die Rheinschifffahrtspolizeiverordnung war ein formeller und rechtlich kodifizierter Standard, der in Form einer gemeinsamen Verordnung beschlossen wurde. Er war regulativ und verhinderte negative externe Effekte durch Verbote.

Der Standardisierungsgrad war hoch, da die Verordnung in allen Mitgliedstaaten galt, der Standard machte die Rheisnchifffahrt über die Grenzen hinweg ineteroperabel.

Das gemeinsame Ziel aller Akteure war die Vereinheitlichung der nationalen Verordnungen. Dieser Wunsch war jedoch dem übergeordneten Ziel nach Sicherheit in der Schifffahrt unterzuordnen. Zusätzlich lässt sich der Wunsch nach einfacheren und einheitlichen Regeln als Ziel einiger Akteure (hier vor allem des Oberinspektors und der Schiffer) ausmachen.

Standardisierung im betrieblichen Bereich

Die Gemeinsamen Grundsätze zur Patenterteilung waren eher ein de facto Standard mit regulativer Funktion. Bei den Patenten handelte es sich nicht um eine internationale Vereinbarung, die umgesetzt werden musste, sondern um Vorgaben, die national ähnlich umgesetzt werden sollten. Dieses Fallbeispiel hat eine besondere Form der Standardisierung gezeigt: Die in der Zentralkommission vertretenen Staaten gelangten „zu einem einheitlichen Regime […] *durch nationale Verordnungen* [Hervorhebung im Text], über deren Inhalt man sich jedoch zuvor innerhalb der Zentralkommission verständigt hatte […].“[503] Es entstand also de facto ein einheitliches Regime, auch wenn es keine gemeinsame Verordnung gab.

Der Standard im betrieblichen Bereich erreichte nur einen mittleren Standardisierungsgrad, da er in Form von Gemeinsamen Grundsätzen verabschiedet wurde. So gab es zwar internationale Vorgaben, aber vonei-

---

503 Eysinga, Willem Jan Mari van; Walther, Henri: Geschichte der Zentralkommission für die Rheinschiffahrt 1816 bis 1969, Straßburg 1994, S. 97.

nander in Details abweichende nationale Ausführungen. Hier kann von Interkonnektivität gesprochen werden.

Die Gleichbehandlung aller Rheinschiffer, also die Abschaffung von Diskriminierung, war ein Ziel aller Akteure.

Standardisierung im technischen Bereich

Der Vertrag zum Bau der ersten festen Eisenbahnbrücke in Köln war ein rechtlich kodifizierter Standard mit koordinativer Funktion, der positive externe Effekte in Form von Selbststeuerung erzeugte, so war er ein Vorbild für weitere Brückenbauten.

Diese Vorbildfunktion spiegelte sich auch in dem niedrigen bis mittleren Standardisierungsgrad wider, der mit dem Standard erreicht wurde.

In diesem Beispiel wurden viele Absichten verfolgt, die sich teilweise widersprachen und somit Konflikte hervorriefen. Preußen wünschte, das Rheinland fester an sich zu binden und sah in dem Bau der festen Eisenbahnbrücke eine Manifestationsmöglichkeit, was klar als politisches Ziel gesehen werden kann. Die wirtschaftlichen Motive, die Prosperität der Eisenbahn zu fördern und weiteren Schaden von der Rheinschifffahrt abzuwenden, trieben fast alle Akteure an. Im Laufe der Verhandlungen entstand als gemeinsames Ziel der Wunsch, mit der Einigung ein Vorbild und Regeln für den Bau weiterer Brücken zu schaffen.

Vergleich

Bei den Standards traten auch Mischformen auf, eine klare Abgrenzung auf einen Bereich war oft schwierig. So spielten vor allem betriebliche und administrative sowie rechtliche und administrative Themen ineinander, was etwa bei der Rheinschifffahrtspolizeiverordnung sichtbar wurde. Meist handelte es sich um de jure Standards, nur im betrieblichen Bereich war es ein de facto Standard.

Die Standards unterschieden sich sowohl in ihrem Standardisierungsgrad als auch in ihrem rechtlichen Status. Im rechtlich-administrativen und tarifären Bereich war der Standardisierungsgrad höher als im betrieblichen und technischen Bereich, wahrscheinlich, weil sensiblere Themen berührt wurden.

Neben wirtschaftlichen waren technische Ziele bedeutsam, gerade im 19. Jahrhundert, in dem mit der Industrialisierung eine Technikbegeisterung aufkam. Auf Neuerungen musste reagiert werden; daher bedingte sich Infrastrukturintegration meist aus der aktuellen Situation und wurde nicht langfristig geplant. Die Akteure verfolgten ebenso finanzielle und nationale Ziele.

Tabelle 12: Zusammenfassende Darstellung des Inhaltevergleichs für Epoche 1

	Bereich der Standardisierung			
	tarifär	*rechtlich-administrativ*	*betrieblich*	*technisch*
Art des Standards und Funktion	de jure/ rechtlich kodifiziert und distributiv	de jure/ rechtlich kodifiziert und regulativ	de facto und regulativ	de jure/ rechtlich kodifiziert und koordinativ
Grad der Standardisierung	hoch	hoch	mittel	niedrig bis mittel
Ziele der Akteure	Gleichbehandlung, wirtschaftliche Konkurrenzfähigkeit der Rheinschifffahrt	Vereinheitlichung der Regeln, Sicherheit der Schifffahrt	Gleichbehandlung und Abschaffung von Diskriminierung	politische Ziele (Preußen), Verbindung von Förderung der Eisenbahn und Schutz der Rheinschifffahrt, Vorbild für weitere Bauten

4. Standardisierungsbeispiele im 20. Jahrhundert

In den Jahren nach dem Zweiten Weltkrieg war die Rheinschifffahrt mit dem Wiederaufbau der Flotte und der Räumung der Fahrrinne beschäftigt. Der Krieg hatte erhebliche Teile der in der Zwischenkriegszeit gewachsenen Schiffsflotte zerstört. Durch Wiederauf- und Neubauten wuchs diese nach 1945 jedoch wieder stark an.[504] Die Rheinschifffahrt sah sich mit strukturellen Problemen konfrontiert: In den 1950er Jahren kam es zu Überkapazitäten, von denen ein starker Frachtendruck ausging. Angebot und Nachfrage deckten sich nicht, die Verkehrsnachfrage war stromaufwärts generell höher als stromabwärts und so gab es häufig Leerfahrten. Die vorhandene Kapazität wurde nicht immer ausgenutzt, wodurch ein Druck auf die Preise entstand. Dies kollidierte mit der Notwendigkeit, die Kosten zu decken. Zusätzlich befand sich die Rheinschifffahrt Mitte des 20. Jahrhunderts im intermodalen Wettbewerb mit den anderen Binnenverkehrsträgern: der Eisenbahn und den Lastkraftwagen. Gerade die Eisenbahn und hier besonders die Deutsche Bundesbahn wurden von der Rheinschifffahrt als Konkurrenz empfunden.[505] Dieser Wettbewerb übte ebenfalls einen enormen Druck auf die Frachten aus.

Im ersten Jahrzehnt nach Ende des Zweiten Weltkrieges entstanden zahlreiche internationale Organisationen, die sich zum Teil auch mit der Rheinschifffahrt beschäftigten. Obwohl die Zentralkommission die einzige sich exklusiv mit dem Rhein befassende Organisation blieb, nahm etwa

504 Vgl. unter anderem Rohde, Dieter: Methoden und Wirkungen der Integration im innerkontinentalen westeuropäischen Verkehr, Dissertation an der Uni Mainz, Mainz 1957, S. 87ff. Zahlen und Statistiken zur Rheinschifffahrt in den 1950er Jahren finden sich beispielsweise in: Böcking, Werner: Die Geschichte der Rheinschiffahrt. Schiffe auf dem Rhein in drei Jahrtausenden. Textband, August Steiger Verlag, Moers 1980. Strukturprobleme der Rheinschiffahrt, Beitrag von Herrn Vonk, Mitglied der holländischen Delegation, in: Zentralkommission für die Rheinschiffahrt (Hg.): 150 Jahre Zentral-Kommission für die Rheinschiffahrt, Binnenschiffahrts-Verlag, Straßburg 1966, S. 65-83. Panzel, Burkhard: Der Rheinverkehr nach dem 2. Weltkriege, Binnenschiffahrts-Verlag, Duisburg-Ruhrort 1961.

505 Siehe unter anderem Schaefer, Hans Ulrich: Aktuelle Fragen der Rheinschiffahrt, Vortrag in der Sitzung am 14. Dezember 1950, Wissenschaftlicher Verein für Verkehrswesen, Heft 10, 1950.

die 1952 gegründete EGKS Einfluss auf die Rheinschifffahrt. Im Frühjahr 1957 kam es mit Unterzeichnung der Römischen Verträge zur Gründung der EWG. Der Präsident der Zentralkommission Adrien Thierry schrieb deswegen im April 1957 an die Außenministerien der Signatarstaaten der Römischen Verträge, dass die Zentralkommission an den Verhandlungen und Arbeiten beteiligt werden müsse, um die Vorgaben des Vertrags für den Verkehr im Gemeinsamen Markt und die Gemeinsame Verkehrspolitik umzusetzen.[506] Diese Ansicht wiederholte die Zentralkommission im Oktober 1957 in einer Resolution, nach der sie an den Beratungen der von der EWG zu gründenden Expertengruppe zum Verkehr beteiligt werden sollte.[507] Mit der EWG kam es im folgenden Jahrzehnt für die Zentralkommission zu Kompetenzstreitigkeiten, die sich negativ auf die Integration auswirken sollten.

Die Rheinschifffahrt und die Zentralkommission waren demnach Mitte des 20. Jahrhunderts in einer gänzlich anderen Situation als hundert Jahre zuvor. Wirtschaftliche Fragen traten in den Vordergrund und bald wurde von einer Krise gesprochen.

Die Auswahl der Fallbeispiele ist für die 1950er und 1960er Jahre repräsentativ, da sie sich mit einem Kernproblem der damaligen Zeit beschäftigen: der Krise der Rheinschifffahrt, die vom intermodalen Wettbewerb und der Konkurrenz zwischen internationalen Organisationen begleitet wurde. Das Rheinregime sollte geschützt und die Wirtschaftlichkeit der Rheinschifffahrt gestärkt werden. Die Beispiele stellen Paketverhandlungen dar, das heißt die einzelnen Standardisierungsbereiche wurden zusammen verhandelt. Innerhalb der Paketverhandlungen lassen sich die einzelnen Bereiche nicht immer klar voneinander trennen, auch wenn bisweilen eine Dominanz betrieblich-tarifärer Standards sichtbar ist. In beiden Fällen wurde auf die äußeren Bedingungen mit einer Konferenz der Zentralkommission und des Rheinschifffahrtsgewerbes reagiert und mittels einer neu zu gründenden Organisation versucht, Standards zu setzen.

Angemerkt sei an dieser Stelle noch, dass die Protokolle den Diskussionsinhalt nicht immer vollständig wiedergeben, so dass Verhandlungsverlauf und -inhalte sich teilweise aus dem Zusammenhang ergeben.

---

506 Vgl. Nationaal Archief, 2.16.33, Nr. 43, Lettre aux Ministres des Affaires Etrangères des Etats signataires du Traité instituant la Communauté économique européenne, 5 avril 1957.

507 Nationaal Archief, 2.16.33, Nr. 43, Doc. 1124, 5 octobre 1957, Résolutions adoptées au cours de la deuxième Session de 1957.

4.1. Paketstandard I: Plan zur Internationalen Arbeitsgemeinschaft der Rheinschiffahrt (IAR)

4.1.1. Rahmenbedingungen

Nationale Märkte waren für den innerstaatlichen Verkehr oft stark reguliert, abgeschottet und mit einer behördlichen Preiskontrolle versehen. International versuchten Reedereien durch Preis- und Mengenkartelle Einfluss zu nehmen. Nach 1945 hatten die einzelnen Staaten bisweilen Maßnahmen ergriffen, die ihre eigenen kleinen Anbieter, also besonders die Partikuliere, vor internationaler Konkurrenz schützen sollten und nicht unbedingt mit der Mannheimer Akte konform waren. Ein Beispiel dafür war der deutsche Kabotagevorbehalt,[508] um den heftig gestritten wurde.[509] Dieser war 1949 von den Alliierten eingerichtet worden und hatte die ausländischen Flotten vom innerdeutschen Rheinverkehr ausgeschlossen, was vor allem die an Überkapazität leidenden niederländischen und schweizerischen Schiffer verstimmte, die argumentierten, dass der Vorbehalt der Mannheimer Akte und der Wiener Schlussakte widerspräche.

Die Zentralkommission beschäftigte sich nach 1945 mit den Themen Überkapazität, Konkurrenz und vermehrt mit wirtschaftlichen Fragen, denn laut Artikel 45 der Mannheimer Akte war sie mit der ‚Prosperität der Rheinschifffahrt' beauftragt. 1949 richtete sie einen Wirtschaftsausschuss ein, der die wirtschaftliche Lage der Rheinschifffahrt im Auge behalten und darüber berichten sollte.[510] Diesem Ausschuss sollte in den folgenden Jahren eine zentrale Bedeutung bei der Untersuchung von Problemen und der Diskussion von Lösungsmöglichkeiten zukommen.

---

508 Beim Kabotagevorbehalt schließt ein Staat ausländische Verkehrsunternehmer von der Erbringung der Verkehrsdienstleistung auf einer bestimmten nationalen Strecke aus. Vgl. Rohde, Dieter: Methoden und Wirkungen der Integration im innerkontinentalen westeuropäischen Verkehr, Dissertation an der Uni Mainz, Mainz 1957, S. 93.

509 Es wurden auch Rechtsgutachten dazu erstellt sowie diverse weitere Schriften. Siehe zum Beispiel: Scheuner, Ulrich, Das internationale Recht der Rheinschiffahrt und der nationale Binnenverkehr (Cabotage), Rhein-Verlagsgesellschaft, Duisburg 1954.

510 Vgl. Eysinga, Willem Jan Mari van; Walther, Henri: Geschichte der Zentralkommission für die Rheinschiffahrt 1816 bis 1969, Straßburg 1994, S. 176.

4.1.2. Zentralkommission

4.1.2.1. Vorgeschichte

Anfang der 1950er Jahre wurde die Situation zunehmend kritisch gesehen und man sprach von einer Krise der Rheinschifffahrt.[511] Der Wirtschaftsausschuss der Zentralkommission diskutierte in seinen Sitzungen im Sommer 1951 den „état de crise qui a un caractère de permanence latente“,[512] weswegen die Rheinschifffahrtstreibenden besorgt in die Zukunft blickten. Die Gründe für die Krise würden sich zum Teil in den nationalen wirtschaftlichen Strukturen der einzelnen Länder finden, aber auch im internationalen Bereich. Die nationalen Frachten waren angesichts der Umstände annehmbar, Probleme existierten vor allem im internationalen Verkehr und dort besonders wegen der ungeordneten Konkurrenz und der mangelnden Nachfrage. Der internationale und latente Charakter der Krise rechtfertigte nach Ansicht des Wirtschaftsausschusses eine Untersuchung der Problemursachen durch die Zentralkommission, denn Lösungsmöglichkeiten könnten nur Erfolg haben, wenn sie länderübergreifend beschlossen würden.[513] Bei solchen Abschlüssen müssten sämtliche Schifffahrtstreibenden gleich behandelt werden und ein Ziel sollte die Erreichung eines stabilen Frachtenniveaus sein. Unterstützend würde eine Einflussnahme auf die Größe der Flotten wirken, da deren Vergrößerung verhindert würde. Der Wirtschaftsausschuss war hierbei der Ansicht, dass keine „mesures rigoureuses“[514] zu treffen, sondern ein gemeinsames Programm zu entwerfen war. Dazu sollten Repräsentanten der Rheinschifffahrt befragt werden. Dies bildete den Anfang der Wirtschaftskonferenzen: ein enges Geflechts zwischen Regierungs- und Gewerbevertretern sowie das verstärkte Sichtbarwerden des Bedeutungs- und Einflussgewinns der Experten bei Standardisierungen. Die Strukturen der Rheinschifffahrt würden Mitte des 20. Jahrhunderts maßgeblich dadurch ge-

511 Siehe zum Beispiel Schaefer, Hans Ulrich: Aktuelle Fragen der Rheinschiffahrt, Vortrag in der Sitzung am 14. Dezember 1950, Wissenschaftlicher Verein für Verkehrswesen, Heft 10, 1950. Schaefer, Hans Ulrich: Die internationale Konsolidierung der Rheinschiffahrt, Vortrag in der Sitzung am 10. Dezember 1952, Wissenschaftlicher Verein für Verkehrswesen, Heft 22, 1952.

512 Nationaal Archief, 2.03.01, Nr. 2185, Réunion du Comité économique, Genève, 29 et 30 juin 1951.

513 Vgl. ebd.

514 Ebd.

kennzeichnet werden.[515] Der Krisenbegriff sollte in den kommenden Jahren häufig verwendet werden und nicht unstrittig bleiben.

4.1.2.2. Initiativphase

Im Juli 1951 beschloss die Zentralkommission die Einberufung einer Wirtschaftskonferenz. Dieser stellten sich drei große Aufgaben: 1) Die Diskussion von Maßnahmen, die bei einem Überangebot von Frachtraum einen Ausgleich zwischen Angebot und Nachfrage wieder herstellen könnten, 2) die Untersuchung der Möglichkeiten zur besseren Zusammenarbeit der Rheinschifffahrt mit anderen Verkehrsmitteln sowie 3) die Auswirkungen des Schumanplans und die Beratung über sonstige Maßnahmen, die der Rheinschifffahrt bei der Bewältigung der Krise helfen könnten.[516] Die Regierungen wurden aufgefordert, Delegationen mit sechs Personen pro Staat bestehend aus Vertretern der Regierungen und des Rheinschifffahrtsgewerbes zu benennen.[517] Nach einer Diskussion und einem Meinungsaustausch im November 1951 verschob sich der Beginn der Konferenz um drei Monate und die Zentralkommission beschloss, die Wirtschaftskonferenz unter Vorsitz ihres Präsidenten für den 19. Februar 1952 nach Straßburg einzuberufen.[518] Die Regierungsvertreter sollten sich bereits einen Tag vorher treffen, um das Reglement der Konferenz zu besprechen. Verzögerungen waren, wie sich im nächsten Jahrzehnt immer wieder zeigen sollte, durchaus normal.

Die Wirtschaftskonferenz trat im Februar 1952 das erste Mal zusammen. Den Vorsitz hatte der Präsident der Zentralkommission, der Franzose Thierry. Zu Vizepräsidenten wurden der Schweizer Schaller (der auch Regierungsvertreter seines Landes war) und der Niederländer Elshout (er gehörte zu den niederländischen Gewerbevertretern) bestimmt. Die Konfe-

---

515 Vgl. zur Rolle der Experten auch Henrich-Franke, Christian; Tölle, Isabel: Historical Developments of Infrastructure Governance and Policies, in: Network Industries Quarterly, Vol. 11, Nr. 2, 2009, pp. 7-10.

516 Vgl. Die Wirtschaftskonferenz der Rheinschiffahrt und ihre Ergebnisse, Bericht der Schweizer Delegation, in: Zentralkommission für die Rheinschiffahrt (Hg.): 150 Jahre Zentral-Kommission für die Rheinschiffahrt, Binnenschiffahrts-Verlag, Straßburg 1966, S. 51-60, hier S. 51ff.

517 Vgl. Nationaal Archief, 2.05.118, Nr. 30051, C.C.R. 1951-II-2, 12 juillet 1951, Conditions économiques de la navigation.

518 Vgl. Nationaal Archief, 2.05.118, Nr. 30051, C.C.R. 1951-III-2, Protocole 2, 8 novembre 1951, Conditions économiques de la navigation.

renz setzte vier Kommissionen zur Diskussion der Aufgaben ein. In diese entsandte jede Delegation einen Regierungsvertreter und zwei Gewerbevertreter.[519] Die Arbeitsaufträge der vier Kommissionen lauteten:

Kommission I behandelte betrieblich-rechtliche Standards: „Wann werden die heute noch bestehenden Schranken zur Wiederherstellung der Freiheit der Schiffahrt im Sinne der Mannheimer Akte beseitigt werden, als Voraussetzung einer wirtschaftlichen Zusammenarbeit der Rheinreedereien und der Partikuliere?“[520] Der Vorsitzende der Kommission I war der belgische Regierungsvertreter Leemanns.

Betrieblich-tarifäre Standards waren Thema der Kommission II: „Sind Frachtverständigungen auf privatwirtschaftlicher Grundlage ein geeignetes Mittel um Krisenerscheinungen in der Rheinschiffahrt zu vermeiden? Welcher Art sollen diese Verständigungen sein? (Konventionen, Pool, Verkehrsteilungen, unter anderem)“[521] Den Vorsitz hatte der niederländische Gewerbevertreter Jonker.

Kommission III befasste die sich mit betrieblich-administrativen Standards und kapazitativen Fragen: „Bestehen Möglichkeiten ausserhalb von Frachtverständigungen um eine Krise in der Rheinschiffahrt zu vermeiden auf dem Wege der Beschränkung des Angebots von Transportmitteln? (Abeichungen, Stillegung, Baubeschränkung und so weiter).“[522] Der deutsche Gewerbevertreter Geile war Vorsitzender.

Die Kommission IV beriet betrieblich-administrativ-rechtliche Standards: „Ist eine ständige Organisation der Rheinreedereien und der Partikuliere, zur Vermeidung von wirtschaftlichen Krisenerscheinungen in der Rheinschiffahrt auf privatwirtschaftlicher Grundlage möglich und wie soll sie organisiert werden? Anwendungsmassnahmen der Beschlüsse der drei ersten Ausschüsse; Wahrung der Interessen der Rheinschiffahrt; Koordinierung der verschiedenen Transportmittel, namentlich im Zusammenhang mit dem Schumanplan und den internationalen Organisationen.“[523] Vorsitzender der Kommission IV war der französische Gewerbevertreter Brousse.

In der Initiativphase fanden nur die Problemformulierung und das Agenda-Setting statt. Informationsbeschaffung und -verarbeitung wurden

519 Vgl. Nationaal Archief, 2.03.01, Nr. 2185, Conférence de la Navigation Rhénane. Schlussfolgerungen I. Foto 51742.

520 Ebd.

521 Ebd.

522 Ebd.

523 Ebd.

in die Verhandlungsphase verlegt. Es liegt nahe, dass dies bewusst geschah, da die Wirtschaftskonferenz einberufen wurde, um die Meinung des Gewerbes, also des Informationslieferanten, zu hören.

4.1.2.3. Verhandlungsphase

Der generelle Verlauf der Ersten Wirtschaftskonferenz

Die Sitzungen der Zentralkommission und der Wirtschaftskonferenz wurden kontinuierlich von den Delegierten in ihrer eigenen Delegation und mit Delegierten anderer Delegationen beziehungsweise auf dem offizielleren Weg von Briefwechseln zwischen den Ministerien diskutiert. Dabei wurden Einzelfragen besprochen oder klargestellt, Nachfragen gestellt und beantwortet sowie Feinheiten und Vorgehensweisen abgesprochen.[524]

Die Erste Wirtschaftskonferenz hatte vom 19. bis 21. Februar 1952, vom 23. bis 25. April 1952, am 26. und 27. Mai, vom 9. bis 13. September, am 26. September und am 13. und 14. Oktober 1952 getagt.[525] Die drei Hauptversammlungen der Wirtschaftskonferenz im Februar, Mai und Oktober waren mit rund 60 Teilnehmern jeweils vergleichsweise groß. Die einzelnen Kommissionen tagten dazwischen und erstellten je einen Abschlussbericht. Mit dessen Verabschiedung als Gesamtabschlussbericht am 14. Oktober 1952 endete die Erste Wirtschaftskonferenz der Rheinschifffahrt.[526]

---

524 Zum Beispiel den Briefwechsel im November/Dezember 1952 zwischen dem niederländischen Delegierten Schaepman und seinem französischen Kollegen Gros sowie dem niederländischen Wirtschaftskonferenzdelegierten Jonker (Nederlandsche Rijnvaartvereeniging) und van Gunsteren (DAMCO); zu finden in: Nationaal Archief, 2.05.118, Nr. 30107.

525 Vgl. Nationaal Archief, 2.05.118, Nr. 30107, Commission Centrale de la Navigation du Rhin. Conférence Economique de la Navigation Rhénane 1952.

526 Der Bericht der Kommission I befand sich auf den Seiten 4-8 des Abschlussberichts, der der Kommission II auf den Seiten 9-19 inklusive dreier Annexe, der der Kommission 3 auf den Seiten 20-28 inklusive dreier Annexe und der der Kommission IV auf den Seiten 29-30 mit einem Annex auf Seite 31.

Betrieblich-rechtliche Standards: Beratungen der Kommission I der Ersten Wirtschaftskonferenz

Kommission I diskutierte unter anderem nationale Beschränkungen, etwa die Nichtteilnahme von deutschen Schiffen am Baseler Verkehr und die Teilnahme ausländischer Flotten am deutschen Binnenverkehr, also den deutschen Kabotagevorbehalt. Thema waren auch die jeweiligen Zwangsmitgliedschaften für alle in Frankreich gemeldeten Schifffahrtsunternehmen in der Communauté de navigation française rhénane, für Partikuliere in Deutschland und für Partikuliere und Reeder in den Niederlanden.

Kommission I ermittelte einige Fälle, in denen gegen den Freiheitsgrundsatz der Rheinschifffahrt verstoßen wurde. Der prominenteste war der deutsche Kabotagevorbehalt (hierüber herrschte in der Konferenz geteilte Meinung zwischen Deutschland und den anderen Staaten), aber auch zum Beispiel die Zollabfertigung an der deutsch-niederländischen Grenze.

Gleich zu Beginn ihres Abschlussberichts stellte die Kommission I klar, dass es in der Natur der Sache läge, dass nicht in allen Punkten Einstimmigkeit erzielt werden konnte.[527] Die Mehrheit der Delegierten war jedoch der Ansicht, dass derzeit Hindernisse für die Freiheit der Schifffahrt bestünden. Des Weiteren hatten sich die Delegierten Belgiens, der Niederlande und der Schweiz dahingehend ausgesprochen, dass eine staatliche Festsetzung der Frachten einen Eingriff in die Schifffahrtsfreiheit darstelle, wobei sich die deutsche Delegation einer Äußerung enthalten hatte und die französische der Auffassung war, dass eine staatliche Frachtfestsetzung auf nationaler Ebene in Ordnung sein könnte.[528]

Betrieblich-tarifäre Standards: Beratungen der Kommission II der Ersten Wirtschaftskonferenz

In den Verhandlungen der Kommission II um privatwirtschaftliche Frachtenvereinigungen wurde klar festgehalten, dass der Begriff ‚Uferstaat' Belgien einschloss.[529] Es folgte eine Aufzählung der Frachtenregulierun-

527 Vgl. Nationaal Archief, 2.05.118, Nr. 30107, Commission Centrale de la Navigation du Rhin. Conférence Economique de la Navigation Rhénane 1952, S. 4.

528 Vgl. ebd., S. 8.

529 Vgl. ebd., S. 10.

gen, die bereits auf dem Rhein existierten. So gab es im innerdeutschen Verkehr staatliche Vorgaben und die sogenannten Duisburger Frachten für den Transport vom und zum Meer zwischen zwei Uferstaaten. Man schlussfolgerte: „En résumé, la Commission estime qu'effectivement l'apparition de crises dans la navigation rhénane pourrait être réduite dans une large mesure au moyen d'une extente au sujet des frets entre navigateurs, soit par des conventions, soit par des pools, des répartitions de trafic etc."[530]

Kommission II wollte den Frachtenmarkt durch eine Organisation der Transportleistungsanbieter mittels betrieblich-tarifärer Standards ordnen. Diese Art der Kapazitätspolitik sollte auf privatwirtschaftlicher Grundlage geschehen und die internationale Zusammenarbeit jedem Schifffahrtstreibenden eine gewisse Mindesteinnahme sichern.

Betrieblich-administrative Standards: Beratungen der Kommission III der Ersten Wirtschaftskonferenz

Kommission III erarbeitete die Empfehlung, in bestimmten Zeiten einen Teil der Rheinflotte zur Vermeidung von Überkapazität stillzulegen sowie die Neu- und Umbauten zu überwachen.[531] Als unabdingbar wurde diesbezüglich festgehalten, dass die Transportmittel des Rheinverkehrs in Einklang mit der Verkehrsentwicklung gebracht werden müssen.[532] Die Flotte und Tonnage richtete sich nach dem höchstmöglichen Nachfragestand, weshalb es in schwächeren Nachfragezeiten zu massiver Unterbeschäftigung kam. Falls man diese Form der Krise vermeiden wollte, müsste man diesen Zustand verhindern, beispielsweise durch organisierte Stilllegung.[533] Ein weiterer Vorschlag zur Krisenvermeidung war es, eine Statistik zu erstellen, die die Zusammensetzung und das Alter der unterschiedlichen Rheinflotten beinhaltete. Die Delegierten waren sich einig, dass ein arbeitsrechtliches Komitee die Vereinbarungen zum Neubau von Schiffen, zur organisierten Stilllegung und zur Stilllegungskasse vor deren Unter-

530 Ebd., S. 13.

531 Vgl. Rohde, Dieter: Methoden und Wirkungen der Integration im innerkontinentalen westeuropäischen Verkehr, Dissertation an der Uni Mainz, Mainz 1957, S. 99ff.

532 Vgl. Nationaal Archief, 2.05.118, Nr. 30107, Commission Centrale de la Navigation du Rhin. Conférence Economique de la Navigation Rhénane 1952, S. 20.

533 Vgl. ebd., S. 20.

zeichnung nochmals überprüfen solle.[534] Die drei Anlagen zum Bericht der Kommission III enthielten je einen Abmachungsentwurf zu den drei Vorschlägen. So sollte etwa für eine gewisse Zeitspanne auf Neubauten von Schiffen verzichtet werden, um ein Anwachsen der Flotte zu verhindern. Für die organisierte Stilllegung war die Gründung einer extra Kommission vorgesehen. Dieser Vorschlag sollte sich später auch bei den Plänen zur INTAR und UIR finden.

Betrieblich-administrativ-rechtliche Standards: Beratungen der Kommission IV der Ersten Wirtschaftskonferenz

Die Kommission IV kam in ihren Beratungen zu dem Schluss, die Gründung einer internationalen Organisation auf privatwirtschaftlicher Basis zu empfehlen, welche die von den Kommissionen II und III angeratenen Maßnahmen praktisch umsetzen und die Standardisierung damit durchführen sollte.[535] Mit der Gründung der Internationalen Binnenschiffahrtsunion IBU am 25. September 1952 sei der Notwendigkeit einer Organisation des Gewerbes schon teilweise entsprochen worden, da die IBU die Interessen der Binnenschifffahrt auf internationaler Ebene vertreten sollte. Allerdings verringere die IBU die Notwendigkeit einer Organisation für den Rhein zur Interessenwahrung der Rheinschiffer nicht.[536] Kommission IV hatte bereits einen Entwurf der angedachten ‚Internationalen Arbeitsgemeinschaft der Rheinschifffahrt', die sich nicht mit der IBU widersprechen sollte, erstellt und im Anhang ihres Abschlussberichts beigefügt.

Die deutsche Delegation hatte die Gründung einer internationalen Organisation in den Beratungen der Kommission IV befürwortet, wie aus internen Vermerken des Bundesverkehrsministeriums hervorgeht.[537] Im Bericht des niederländischen Delegierten Schaepman an seinen Ministerpräsidenten wird hingegen deutlich, dass sich die niederländische Delegation in den Beratungen der Kommission IV anfänglich stark gegen die Einrich-

534 Vgl. ebd., S. 22.
535 Vgl. ebd., S. 29.
536 Vgl. ebd., S. 30.
537 Vgl. BArchK, B 108, Nr. 13475, BVM vom 16.04.1952.

tung einer internationalen Organisation der Rheinschifffahrt gewehrt habe, dem aber nichts mehr entgegenzuhalten gewesen wäre.[538]

Zentralkommission für die Rheinschifffahrt

Die Zentralkommission tagte regulär während der Dauer der Wirtschaftskonferenz. Dabei wurde sie durch Berichte stets auf den neuesten Verhandlungsstand gebracht. Personell waren Kommission und Konferenz stark verflochten: Die Regierungsvertreter der Länder waren auch Delegierte bei der Zentralkommission und die Zentralkommission war durch weitere Abgeordnete vertreten. Zudem fungierte sie als Mittler und als Verbindungsglied zwischen dem Gewerbe und den Regierungen. So liefen die Entscheidungen letztendlich über die Zentralkommission, auch wenn sie schließlich nur die Ausarbeitungen der Wirtschaftskonferenz annahm und an die Regierungen weiterleitete.

4.1.2.4. Entscheidungsphase

Auf der letzten Vollversammlung der Ersten Wirtschaftskonferenz am 14. Oktober 1952 wurde der finale Bericht verabschiedet, der aus den Abschlussberichten der vier Kommissionen bestand und 32 Seiten umfasste.[539]

Der prominenteste Streitpunkt bei den Verhandlungen war der des deutschen Kabotagevorbehalts, um den insbesondere Deutschland und die Niederlande rangen. Weiterhin lässt sich feststellen, dass die Niederlande und die Schweiz gemeinhin stärker für eine freie, privatwirtschaftliche Ordnung plädierten und die Schifffahrtsfreiheit proklamierten, wohingegen Frankreich und Deutschland auch staatliche Eingriffe erwogen und gegebenenfalls guthießen. Die Verkehrssysteme der Staaten unterschieden sich und die generelle verkehrspolitische Bedeutung der Binnenschifffahrt war ebenfalls nicht die gleiche.

538 Vgl. Nationaal Archief, 2.03.01, Nr. 2185, Verslag van de derde economische Rijnvaartconferentie gehouden te Straatsburg op 13 en 14 october 1952, 23 October 1952, S. 4.

539 Vgl. Nationaal Archief, 2.05.118, Nr. 30107, Commission Centrale de la Navigation du Rhin. Conférence Economique de la Navigation Rhénane 1952.

Am Ende der Vollversammlung machte der Niederländer Schaepman im Namen seiner Delegation noch die folgende Bemerkung, die dann im Abschlussbericht der Wirtschaftskonferenz gesondert am Ende aufgeführt wurde.[540] Die Konferenz habe festgestellt, dass zurzeit noch Einschränkungen der Schifffahrtsfreiheit bestünden. Die niederländische Delegation erwarte, dass diese aufgehoben würden. Des Weiteren schrieb Schaepman, dass der schweizerische Delegierte Schaller diese Erklärung sehr begrüßt habe und die Ansicht teile. Die Schweiz und die Niederlande waren die beiden Länder, die am stärksten gegen den deutschen Kabotagevorbehalt vorgingen. Die Person des Delegierten Schaller blieb auch in den darauffolgenden Jahren wichtig, ebenso der niederländische Delegierte des Gewerbes van Gunsteren. Bei den späteren UIR-Verhandlungen bildeten diese oft eine Minderheit mit abweichender Meinung.

Der Generalsekretär der Zentralkommission Walther schrieb fünfzehn Jahre später über die Wirtschaftskonferenz: „Es muß bemerkt werden, daß bei den Teilnehmern nur selten Einstimmigkeit über die Schlußfolgerungen der Konferenz bestand.“[541]

Meinungsverschiedenheiten wurden an die Zentralkommission weitergegeben, die die Arbeit der Konferenz besprach. In der Novembersitzung der Zentralkommission,[542] so ist es dem niederländischen Bericht über die Sitzung zu entnehmen, stellte die Konferenz den wichtigsten Punkt auf der Tagesordnung dar.[543] Die Abschlussberichte aller vier Kommissionen lagen der Zentralkommission zu diesem Zeitpunkt vor.

Der Vizepräsident der Wirtschaftskonferenz, der schweizerische Delegierte Schaller, bemerkte zum Bericht der Kommission I, dass die Schlussfolgerungen nicht von allen Delegationen gut geheißen worden seien. Die Zentralkommission solle die deutsche Regierung auffordern, die restriktiven Maßnahmen einzustellen. Über den deutschen Kabotagevorbehalt wurde dann auch in dieser Zentralkommissionssitzung diskutiert. Im internen niederländischen Bericht wurde das niederländische Missfallen an der festen deutschen Meinung deutlich. Der deutsche Delegierte Seiermann hätte sich in einer endlosen Debatte von seiner „häss-

540 Vgl. ebd. Die niederländische Erklärung findet sich auf Seite 32 des Berichts.

541 Eysinga, Willem Jan Mari van; Walther, Henri: Geschichte der Zentralkommission für die Rheinschiffahrt 1816 bis 1969, Straßburg 1994, S. 177f.

542 Vgl. Nationaal Archief, 2.05.118, Nr. 30052, C.C.R. Protocole 2, 6 novembre 1952, Conférence économique de la navigation rhénane.

543 Vgl. Nationaal Archief, 2.03.01, Nr. 2185, Verslag over de Najaarszitting van de Centrale Commissie voor de Rijnvaart te Straatsburg (3-8 Nov. 1952), S. 1.

lichsten“ Seite gezeigt und klar gemacht, dass die Deutschen ihre Behinderungen der freien Fahrt nicht abschaffen wollten.[544] Resigniert fasste der niederländische Berichterstatter zusammen, dass die deutschen Auffassungen sich nun einmal fundamental von denen der anderen Staaten unterschieden. Die übrigen Delegationen hätten den niederländischen Standpunkt geteilt, auch wenn sie ihre Meinung nicht so scharf geäußert hätten.[545] Der britische Delegierte Sir Osborne Mance gab zu bedenken, ob die Vorschläge der Wirtschaftskonferenz alle der Mannheimer Akte entsprächen. Die Standardisierung im rechtlich-betrieblichen Bereich spielte hier in Form von Plänen zur Stilllegung und Frachtenverständigung sowie einer internationalen Organisation eine große Rolle.

Ein weiterer Diskussionspunkt war der Vorschlag des niederländischen Delegierten Schaepman, die Wirtschaftskonferenz latent weiterbestehen zu lassen. In seinem diesbezüglichen Resolutionsentwurf schlug Schaepman der Zentralkommission erneut vor, die Regierungen aufzufordern, sämtliche Beschränkungen der Schifffahrtsfreiheit aufzuheben und die Wirtschaftskonferenz mit der regelmäßigen Berichterstattung der wirtschaftlichen Lage zu beauftragen.[546] Es ist hier besonders interessant, dass ein niederländischer Delegierter diesen Vorschlag machte, da die Niederlande später beim UIR-Plan die strikte Position gegen staatliche Eingriffe vertraten. Diese Idee erntete allerdings heftigen Widerspruch. So war Schaller der Ansicht, dass diese der Zentralkommission eine Möglichkeit der permanenten Kontrolle böte. Allgemein war man der Auffassung, dass „toute l’organisation de la batellerie et du marché doit rester du domaine du droit privé.“[547] Der Deutsche Seiermann unterbreitete den Kompromissvorschlag, die Mandate für die Konferenz bestehen zu lassen.

„Après discussion“[548] wurde eine Resolution verabschiedet: Die Zentralkommission nahm den Bericht der Wirtschaftskonferenz an, bat die Delegationen, diesen ihren Regierungen vorzulegen und das Augenmerk auf die bestehenden Einschränkungen der Schifffahrtsfreiheit zu lenken. Ferner stellte die Zentralkommission fest, dass die Wirtschaftskonferenz ihre Arbeiten beendet hatte, aber behielt sich das Recht vor, sie gegebenenfalls erneut einzuberufen.

---

544 Ebd., S. 4.

545 Vgl. ebd., S. 5f.

546 Vgl. ebd., S. 2.

547 Nationaal Archief, 2.05.118, Nr. 30052, C.C.R. Protocole 2, 6 novembre 1952, Conférence économique de la navigation rhénane.

548 Ebd.

Als Ergebnisse der Ersten Wirtschaftskonferenz konnten schließlich folgende Empfehlungen festgehalten werden:

1) Im Bereich der betrieblich-rechtlichen Standardisierung: Die bestehenden Beschränkungen in der Rheinschifffahrt sollten baldmöglichst aufgehoben werden, hier war vor allem der deutsche Kabotagevorbehalt gemeint.
2) Im Bereich der betrieblich-tarifär-administrativen Standardisierung: Die behördliche Einschränkung der Frachten wurde von den Konferenzteilnehmern als Eingriff in die Freiheit der Schifffahrt gesehen und daher sollten Frachtverständigungen auf privatwirtschaftlicher Grundlage eine Lösung herbeiführen, was die Verteilung der Massenguttransporte, die Neu- und Umbauten von Schiffen und die Vermeidung von Überkapazitäten sowie die Einrichtung einer Stilllegungskasse meinte.
3) Im Bereich der betrieblich-rechtlich-administrativen Standardisierung: Die Zusammenarbeit der Rheinschifffahrtstreibenden sollte durch die Gründung der Arbeitsgemeinschaft der Rheinschifffahrt gefördert werden.

Die Zentralkommission leitete die Ergebnisse an die Regierungen weiter und empfahl die Umsetzung der Vorschläge. Insgesamt sollten durch Pools, Konventionen und Quotierungen, also mittels betrieblich-tarifär-administrativer Standards, ein Marktgleichgewicht, höhere Frachten und eine Stabilisierung der Transportpreise auf einem hohen Niveau sowie eine faire Verteilung der Lasten/der Nachfrage erreicht werden.[549]

4.1.3. Weitere Entwicklung und Standardisierungsfunktion

In Folge der Empfehlungen der Ersten Wirtschaftskonferenz kam es Mitte der 1950er Jahre zur Gründung einer Reihe von Pools und Konventionen zur Frachtenverständigung, wenn auch nicht zu einem einheitlichen Ordnungskonzept. Betrieblich-tarifäre Standards wurden somit nur im Kleinen geschaffen. Bereits 1951 war die Duisburger Frachtenkonvention beschlossen worden, die von 71 Rheinschifffahrtsunternehmen unterzeichnet wurde und feste Frachtsätze für den grenzüberschreitenden Stückgutver-

549 Zu Pools und Konventionen siehe: Seidenfus, Hellmuth Stefan: Organisationstendenzen auf dem Rheinschiffahrtsmarkt, Vandenhoeck & Ruprecht, Göttingen 1957.

kehr zwischen den Benelux- und den westdeutschen Rhein- und Kanalhäfen festsetzte.[550] Die Rheinfelder Poolvereinbarung von 1954, ersetzt 1955 durch die Schweizer Rheinschiffahrts-Konvention, legte die Frachten durch Quoten für den Verkehr von und nach der Schweiz fest. Der 1955 abgeschlossene Tankerpool beeinflusste die Frachten für den Transport von flüssigen Brennstoffen und Mineralölen in die Schweiz. Die Straßburger Konvention von 1955 regelte den Verkehr von und nach Straßburg mit Quotisierungspool und als Frachtenkonvention. Der Kettwiger Pool von 1955 vereinbarte einheitliche Frachtsätze und Transportquoten für den Kohletransport von den Beneluxhäfen nach Deutschland. Auch der innerdeutsche Kohletransport wurde ein Jahr später durch den Kettwiger Pool geregelt, der aufgrund der Bedeutung des Kohletransports für die Rheinschifffahrt von großer Bedeutung war.[551] Die Rheinschiffahrts-Konvention Getreide von 1955/56 setzte die Frachtsätze und Transportquoten für den Getreideverkehr von den Beneluxhäfen nach Deutschland und Straßburg sowie von den Oberrheinhäfen zu deutschen Binnenhäfen fest. Der Erfolg der Pools und Konventionen blieb umstritten. Übermäßige Preisschwankungen wurden zwar eingedämmt. Da die Abkommen jedoch nicht verbindlich waren, wurden sie zuweilen von Kleinbetrieben unterlaufen, die teilweise Leistungen sogar unter den Selbstkosten anboten, um überhaupt beschäftigt zu sein. Zusätzlich bestand die Konkurrenz der Eisenbahn, zum Beispiel die deutschen Ausnahmetarife für die Nordseehäfen. In den 1950er Jahren existierten eine freie Preisbildung und Wettbewerbsfreiheit, wie sie die Mannheimer Akte vorgab, aufgrund privater Absprachen und staatlicher Eingriffe nur bedingt.[552] Generell waren die Binnenfrachten zumeist Festfrachten und die internationalen Frachten nach der Mannheimer Akte frei.[553]

Im Mai 1956 schließlich wurde nach jahrelangen Streitereien, insbesondere zwischen der Schweiz und den Niederlanden einerseits und der

---

550 Vgl. Rohde, Dieter: Methoden und Wirkungen der Integration im innerkontinentalen westeuropäischen Verkehr, Dissertation an der Uni Mainz, Mainz 1957, S. 101. Seidenfus, Hellmuth Stefan: Organisationstendenzen auf dem Rheinschiffahrtsmarkt, Vandenhoeck & Ruprecht, Göttingen 1957.

551 Vgl. Rohde, Dieter: Methoden und Wirkungen der Integration im innerkontinentalen westeuropäischen Verkehr, Dissertation an der Uni Mainz, Mainz 1957, S. 103. Mitte der 1950er Jahre entfielen 45% des Rheinverkehrs auf Montangüter (Vgl. Rohde, S. 162).

552 Vgl. ebd., S. 107.

553 Vgl. ebd., S. 135.

Bundesrepublik andererseits, der deutsche Kabotagevorbehalt aufgehoben,[554] eine Standardisierung im betrieblich-rechtlichen Bereich also erreicht. Hierzu hatte es informelle Absprachen gegeben, die von ‚quid pro quo' Vereinbarungen zeugen: So teilte Devries Seiermann in einem geheimen Telegramm mit, dass er nach Prüfung der Lage in niederländischen Rheinschifffahrtskreisen – bei dieser Stellungnahme seien „hollaendische behoerden offiziell in keinerlei weise partei" – sagen könne, dass die IAR und die Verwirklichung der Ziele der Wirtschaftskonferenz mit vollster Unterstützung niederländischerseits rechnen können, sofern „mit Hinsicht auf den innerdeutschen Verkehr Voraussetzungen gegeben sind."[555]

Die Gründung der Internationalen Arbeitsgemeinschaft der Rheinschifffahrt (IAR)

Die Gründung der Internationalen Arbeitsgemeinschaft der Rheinschiffahrt erfolgte am 3. März 1953 in Duisburg. Die französischen und die belgischen Rheinschifffahrtstreibenden traten der Arbeitsgemeinschaft geschlossen bei, von deutscher und niederländischer Seite fehlten 1953 noch einige wenige. Die schweizerischen Reedereien blieben dagegen wegen Streitigkeiten fast ganz außen vor. In ihrem Tätigkeitsbericht für das Jahr 1953/54 führte die Arbeitsgemeinschaft elf belgische Mitglieder, 48 deutsche, acht französische, elf niederländische, und zwei schweizerische. Die von der IAR erfasste Tonnage und Schleppkraft entspräche somit 80 Prozent der gesamten Rheinschifffahrtstonnage.

Vorsitzender der IAR, die ihren Sitz in Duisburg hatte, wurde der Franzose Brousse, der bereits Vorsitzender der 1952 gegründeten Internationalen Binnenschifffahrtsunion IBU war und während der Wirtschaftskonferenz den Vorsitz der Kommission IV geführt hatte. Der deutsche Kandidat

554 Siehe hierzu unter anderem: Nationaal Archief, 2.03.01, Nr. 2186, Verslag van de Voorjaarszitting 1953 van de Centrale Commissie voor de Rijnvaart, gehouden te Straatsburg 12-17 April 1953, S. 3ff. Nationaal Archief, 2.05.118, Nr. 30053, C.C.R. 1953-IV-4, Protocole 4, 4 novembre 1953, Recommandations de la Conférence économique de la navigation Rhénane. Nationaal Archief, 2.05.118, Nr. 30053, C.C.R. 1954-III-4, Protocole 4, 27 Octobre 1954, Recommandations de la Conférence Economique de la Navigation Rhénane.

555 Nationaal Archief, 2.03.01, Nr. 2186, Afschrift. Geheim. bundesverkehrsministerium bonn. fuer dr. seiermann. (ohne Datum, wahrscheinlich 1953)

Geile konnte sich gegen den niederländischen Protest nicht durchsetzen und wurde dann von 1955 bis 1957 der zweite Präsident der IAR, gefolgt von dem Niederländer van Houten. Dütemeyer (Deutschland) wurde Geschäftsführer der IAR und blieb dies über viele Jahre hinweg, zusätzlich zu seinen Tätigkeiten beim Verband deutscher Rheinreeder und dem Verein zur Wahrung der Rheinschiffahrtsinteressen.[556] Hier zeigt sich wieder deutlich die starke personelle Verflechtung in der Rheinschifffahrt. In verschiedenen Organisationen agierten dieselben Personen miteinander und schufen so die für die Strukturen charakteristischen Kooperationsgebilde und Akteursgemeisnchaften.

Die Arbeitsgemeinschaft bildete Kommissionen und Ausschüsse, die spezielle Fragen in kleinerem Kreise beraten sollten, zum Beispiel die Kommission I ‚Schumanplan' und die Arbeitsgruppe ‚Tonnage'. Ansonsten bestand die Arbeitsgemeinschaft aus einer Delegiertenversammlung, dem Verwaltungsrat und dem Präsidenten, der die Geschäfte leitete. Im Verwaltungsrat waren je zwei Mitglieder der Uferstaaten und Belgiens vertreten und Beschlüsse wurden mit einfacher Mehrheit gefasst. Die Delegiertenversammlung entschied ebenfalls mit einfacher Mehrheit (Art. 6-9). Die Ziele der IAR waren „sans but lucratif",[557] stattdessen galt es, die Interessen der Rheinschifffahrt im Sinne der Mannheimer Akte zu wahren sowie sich mit Maßnahmen zur Verbesserung der Situation zu beschäftigen (Art. 3). Die Mitgliedsbeiträge (Art. 14) berechneten sich aus gleichen Anteilen pro Delegiertem und pro Mitglied sowie einem verhältnismäßigen Anteil nach der Tonnage eines Mitglieds. Das Statut der IAR bestand aus 18 Artikeln und konnte nur mit einer Dreiviertelmehrheit aller Delegierten verändert werden (Art. 18).[558]

Die Grundzüge der Organisationsstruktur sollten sich später bei den Entwürfen zur INTAR und zur UIR wiederfinden und waren bereits in der IBU vorhanden gewesen. Im Vorfeld zur Gründung der IBU hatte die niederländische Delegation als einzige Änderungswünsche hinsichtlich des

556 Es lässt sich eine starke personelle Konstanz im Betrachtungszeitraum ausmachen. Dieselben Personen waren oft Vertreter in mehreren Organisationen oder Gremien und blieben dies auch über eine längere Zeit hinweg.

557 Nationaal Archief, 2.05.118, Nr. 30053, C.C.R. 1953-II-3, Protocole 3, 14 avril 1953, Recommandations de la Conférence économique de la navigation du Rhin, Annexe 2, Consortium de la Navigation Rhénane, Statuts, Article 3.

558 Vgl. Nationaal Archief, 2.05.118, Nr. 30053, C.C.R. 1953-II-3, Protocole 3, 14 avril 1953, Recommandations de la Conférence économique de la navigation du Rhin, Annexe 2, Consortium de la Navigation Rhénane, Statuts.

Statuts geäußert, die nach „langdurige discussies“[559] auch angenommen wurden: So war dann das Sekretariat permanent und Präsident und Sekretär durften nicht die gleiche Nationalität haben.

In der Frühjahrssitzung 1953 der Zentralkommission, die teils in Plenarsitzungen, teils in kleineren Gruppen stattfand,[560] nahm die Zentralkommission offiziell Kenntnis von der Gründung und den Statuten der beiden Organisationen IBU und IAR und bat diese, sie über ihre Aktivitäten auf dem Laufenden zu halten.[561] Dem Protokoll der Zetralkommission beigefügt waren ein Brief des Präsidenten der IAR Brousse und das Statut der IAR. In seinem Schreiben an die Zentralkommission stellte Brousse klar, dass die Mitgliedschaft in der IAR nicht zur verpflichtenden Übernahme der Vorschläge dieser Organisation führte: „En particulier, l'adhesion a un pool ou une convention de frets ne peut pas etre tendue obligatoire du fait de l'existence du Consortium chacun restant libre comme actuellement, de sa decision.“[562] Des Weiteren würde die IAR die Beschlüsse und Empfehlungen der Experten der Wirtschaftskonferenz zwar berücksichtigen, ihre Entscheidungen jedoch unabhängig treffen. Brousse schloss mit dem Wunsch, alle Reedereien und Partikuliere würden der IAR beitreten, da sie so größere internationale Autorität gewinnen würde. Diesbezüglich äußerte der deutsche Delegierte Seiermann, dass die Arbeit der IAR nicht so schnell wie erhofft erfolge und sie noch nicht vollständig arbeite. Er schlug daher vor, dass die Zentralkommission „déclare que tous les armateurs et bateliers particulières du Rhin doivent adhérer a cette communauté pour pouvoir mettre en vigueur les décisions de la Conférence économique.“[563] Diese Äußerung war insofern verwunderlich, da sie von ‚müssen' sprach, die Mitgliedschaft aber freiwillig sein

---

559 Nationaal Archief, 2.16.33, Nr. 42, Brief des Rheinschifffahrtsattaché Kalhorn an das Ministerie van Verkeer en Waterstraat, 30 September 1952, Onderwerp: Union Internationale Fluviale.

560 Vgl. Nationaal Archief, 2.03.01, Nr. 2186, Verslag van de Voorjaarszitting 1953 van de Centrale Commissie voor de Rijnvaart, gehouden te Straatsburg 12-17 April 1953, S. 1.

561 Vgl. Nationaal Archief, 2.05.118, Nr. 30053, C.C.R. 1953-II-3, Protocole 3, 17 avril 1953.

562 Nationaal Archief, 2.05.118, Nr. 30053, C.C.R. 1953-II-3, Protocole 3, 14 avril 1953, Recommandations de la Conférence économique de la navigation du Rhin, Annexes au Protocole 3, Communication du Président du Consortium de la Navigation Rhénane, 7 avril 1953.

563 Nationaal Archief, 2.05.118, Nr. 30053, C.C.R. 1953-II-3, Protocole 3, 14 avril 1953, Recommandations de la Conférence économique de la navigation du Rhin.

sollte. Interessant ist sie jedoch, weil später bei INTAR und UIR die Zwangsmitgliedschaft eine große Rolle spielte, da man glaubte, nur so wirksame Maßnahmen ergreifen und umsetzen zu können. Der Präsident der Zentralkommission stellte daraufhin klar, dass die Kommission lediglich „un vœu“[564] äußern könne, da sie keinerlei Möglichkeit habe, Zwang auf die Schifffahrtstreibenden auszuüben. Im März 1954 klang in einer Zentralkommissionssitzung an, dass die IBU eine größere Bedeutung gewonnen habe als anfangs gedacht, vor allem deshalb, weil die IAR sich noch nicht auf alle Uferstaaten erstrecke.[565]

Mit der 1952 gegründeten IBU arbeitete die IAR eng zusammen.[566] Sie sprachen sich unter anderem dahingehend ab, dass die IAR der Ansprechpartner des Gewerbes für die Zentralkommission sein sollte. Die IBU war die Dachorganisation der nationalen Binnenschifffahrtsverbände und vertrat deren Interessen bei internationalen Organisationen wie der UN-ECE oder der EGKS. Daraufhin stellte die IAR im Januar 1957 einen Antrag auf regelmäßige Beteiligung an den Ausschusssitzungen der Zentralkommission. Dies war zwar bereits sporadisch so und verstärkte sich nicht zuletzt durch die Wirtschaftskonferenzen – auch weil Expertenwissen immer wichtiger wurde – aber der Antrag stieß dennoch nicht auf vorbehaltlose Unterstützung. Das deutsche Bundesverkehrsministerium etwa sah die Verantwortung für die Zentralkommission ausschließlich bei den Regierungen, da es sich um eine Diplomatenkonferenz handele: „Eine unmittelbare regelmäßige Fühlungsnahme zwischen der Zentralkommission auch in ihren Ausschüssen und dem international vertretenen Gewerbe würde demnach ein Novum darstellen.“[567] Gleichwohl wuchsen die Bedeutung und die Rolle der Experten, so nahm beispielsweise eine Delegation der IBU und der IAR im November 1956 an einer Sitzung des Wirtschaftsausschusses der Zentralkommission teil.[568] Bei diesem Treffen wurde der Wunsch laut, die Zentralkommission möge die Wirtschaftskonferenz erneut einberufen. Dies war motiviert von der immer wiederkehrenden Erkenntnis der IAR, dass die Harmonisierung der Frachten ein Hauptgrund

564 Ebd.

565 Vgl. Nationaal Archief, 2.05.118, Nr. 30053, Protocole 4, 3 mars 1954, Recommandations de la Conférence Economique de la Navigation Rhénane.

566 2001 schloss sich die IAR mit der IBU zur European Barge Union (EBU) zusammen.

567 BArchK, B 108, Nr. 13475.

568 Vgl. Nationaal Archief, 2.05.118, Nr. 30056, C.C.R. 1956-III-3, Protocole 3, 27 novembre 1956, Recommandations de la Conférence économique 1952.

der Krise sei. Die von der Wirtschaftskonferenz 1952 empfohlenen Pools und Konventionen hätten sich allmählich gegründet und würden größtenteils gute Ergebnisse bringen. Zudem hatte der Verwaltungsrat der Arbeitsgemeinschaft im April 1954 den Entschluss gefasst, die Rheinschifffahrtstreibenden aufzufordern, ein Jahr lang keine Aufträge für Neubauten zu vergeben.[569]

Die Gründung der IAR war das Ergebnis der Ersten Wirtschaftskonferenz, das dauerhaft Bestand haben sollte. Damit wurde eine Standardisierung im betrieblich-rechtlich-administrativen Bereich erzielt, wenn auch in einem geringeren Umfang. Die Pools und Konventionen, Ausdruck der betrieblich-tarifären Standardisierung, verloren dagegen nach einigen Jahren ihren Einfluss, unter anderem weil sich die Unternehmen nicht mehr binden wollten.[570] Ein ständiger neuer Akteur war geschaffen, die IAR, und ein neues Diskussionsgremium, die Wirtschaftskonferenz, erprobt worden. Da die Impelementation der Standards nachfolgend nicht gelang, erfolgte keine langfristige Linderung der Krise mittels rechtlich-betrieblich-administrativer-tarifärer Standardisierung.

4.2. *Paketstandard II: Plan zur Internationalen Arbeitsgemeinschaft der Rheinschiffahrt (INTAR)*

4.2.1. Rahmenbedingungen

Am 1. Januar 1958 traten die am 27. März 1957 in Rom zur Gründung der Europäischen Wirtschaftsgemeinschaft und der EURATOM unterzeichneten Verträge in Kraft. Artikel 3 des EWG-Vertrags erklärte die Verkehrspolitik zu einem wichtigen Tätigkeitsbereich der Gemeinschaft. Im Gegensatz zu den anderen beiden im Vertrag genannten wichtigen Politikfeldern, nämlich der Agrar- und der Handelspolitik, fehlten für die Verkehrspolitik jedoch konkrete Vorgaben und Implementierungsvorschriften, da man sich im Vorfeld nicht hatte einigen können. Der Hauptgrund dafür war die Frage, ob es sich beim Verkehr um einen normalen oder einen besonderen Wirtschaftssektor handelte und ob die Regeln des Gemeinsamen Marktes für den Verkehr ebenso galten oder nicht. Die Experten der Ver-

---

569 Vgl. BArchK, B 108, Nr. 13475.

570 Vgl. Eysinga, Willem Jan Mari van; Walther, Henri: Geschichte der Zentralkommission für die Rheinschiffahrt 1816 bis 1969, Straßburg 1994, S. 178.

kehrsministerien wollten eine Sonderregelung für den Verkehr, die Vertreter der Außenministerien dagegen nicht.[571] Der EWG-Vertrag ließ es schließlich offen und hatte „Kompromißcharakter"[572] in den entsprechenden Artikeln des Vertrages (Art. 74 bis 84).

Die EWG-Kommission war beauftragt, eine Gemeinsame Verkehrspolitik auszuformulieren. Für sie gehörten Binnenschifffahrt, Straße und Eisenbahn als Binnentransporte zusammen. Die EWG-Kommission erachtete sich aufgrund ihres Initiativrechts als unabhängig und wollte eine eigene Verkehrspolitik formulieren, ohne Zusammenarbeit mit bestehenden Organisationen. Die Mannheimer Akte wurde nach Art. 234 des EWG-Vertrags als Altvertrag anerkannt. Allerdings erhielt der Artikel einen Passus, der eine Neuformulierung der Abkommen erlaubte, sofern diese dem Gemeinsamen Markt zuwider liefen. Das Verhältnis zwischen EWG-Vertrag und Mannheimer Akte blieb daher ungeklärt.

Die EWG war nicht nur ein neuer Akteur, sondern viele Mitgliedstaaten der Zentralkommission waren auch Mitglied der EWG. Die Niederlande beispielsweise waren einer liberalen gemeinsamen Verkehrspolitik zugeneigt. Bei den Verhandlungen in diesem Fallbeispiel wird der Gegensatz zwischen den Niederlanden mit ihrer liberalen Verkehrspolitik sowie Deutschland und Frankreich, wo es durchaus staatliche Regulierungen gab, deutlich geworden.

Die Beziehungen zur EWG blieben für die Zentralkommission in den nächsten Jahren ein wichtiges Thema und so produzierte sie teilweise seitenlange Sitzungsprotokolle über diese Frage, allerdings ohne weiterführendes Ergebnis. Anfang 1959 hatte die Zentralkommission in zwölf Punkten die wesentlichen den Verkehr betreffenden Passagen des EWG-Vertrags zusammengefasst und dabei hervorgehoben, dass dieser weder den Verkehr mit Drittstaaten erwähnte noch Maßnahmen auf dem Gebiet der Preise und Verkehrsbedingungen ausschloss.[573] Im Juli 1958 hatte in

---

571 Zur Entstehung der Gemeinsamen Verkehrspolitik der EWG siehe: Henrich-Franke, Christian: Gescheiterte Integration: Die Europäische Wirtschaftsgemeinschaft und die Formulierung der gemeinsamen Verkehrspolitik (1958-1967), in: Journal of European Integration History, Heft 2, 2009, S. 125-147.

572 Vgl. Frerich, Johannes; Müller, Gernot: Europäische Verkehrspolitik. Von den Anfängen bis zur Osterweiterung der Europäischen Union. Bd. 1: Politisch-ökonomische Rahmenbedingungen. Verkehrsinfrastrukturpolitik, Oldenbourg, München 2004, S. 30.

573 Vgl. Nationaal Archief, 2.05.118, Nr. 29961, Rev.Doc.9, 18 février 1959, Le Traite de Rome et la Convention de Mannheim (1).

Brüssel ein Gespräch einer Abordnung der Zentralkommission mit dem Franzosen Gros als Wortführer und dem Verkehrskommissar der EWG Schaus stattgefunden.[574] Im April 1959 traf sich wiederum eine Delegation der Zentralkommission mit einer Delegation der EWG-Kommission, unter anderem mit dem Verkehrskommissar Schaus und dem Generaldirektor für Verkehr Renzetti. Schaus erschien es dabei „prématuré d'établir des contacts très officiels“[575] zwischen der Zentralkommission und der EWG.

Zu Beginn einer Zentralkommissionssitzung im Mai 1960 stellte der Präsident fest, dass in der Frage der Beziehung zwischen den beiden Organisationen leider kein Fortschritt erzielt worden sei. Der schweizerische Delegierte Schaller wollte wissen, wie diese Beziehungen aussehen sollten – permanente Beratungen oder Gelegenheitstreffen? Zudem sprach er von einer Einmischung in Rheinangelegenheiten. Der französische Delegierte Graff präzisierte die Frage, ob die Zentralkommission sicher sein könne, dass die EWG keine rheinrelevanten Entscheidungen treffe, ohne die Zentralkommission zu konsultieren. Graff hielt die Normalisierung der Beziehungen für nötig und hatte daher im Rahmen der Revisionsverhandlungen der Mannheimer Akte die Einladung der EWG zu einem permanenten Sitz in der Zentralkommission vorgeschlagen. Auch Franzosen und Briten schlugen die Einladung eines permanenten Abgesandten der EWG in die Zentralkommission vor, was die Deutschen ablehnten. Die Niederländer hielten offizielle Beziehungen für Zeitverschwendung und plädierten dafür, die EWG einfach einzuladen. Am Ende der Beratungen wurde beschlossen, dass der Wirtschaftsausschuss die Möglichkeiten von Beziehungen der Zentralkommission zur EWG untersuchen sollte.[576] Der Wirtschaftsausschuss war in der Zentralkommission der Ort beziehungsweise die Gruppe, die alle wichtigen Entscheidungen und Beratungen wenigstens vorab diskutierte und vorformulierte. Er war kleiner als die gesamte Zentralkommission und ermöglichte effizientere Unterredungen, zumal in ihm oft die langgedienten Zentralkommissionsabgeordneten saßen.

---

574 Vgl. Nationaal Archief, 2.05.118, Nr. 30032, Samenvatting van hetgeen op de tweede zitting der Centrale Commissie voor de Rijnvaart, van 27-30 oktober 1958 gehouden te Straatsburg, wird behandeld, met commentaar van Mr. K.D.J.

575 PA AA, B 57-405, Nr. 17, Doc. 1252, 5 mai 1959, Entretien de la Délégation de la Commission Centrale avec la Commission de la Communauté Economique Européenne à Bruxelles le 28 avril 1959.

576 Vgl. Nationaal Archief, 2.05.118, Nr. 30060, Protocole 3, 1 mai 1960, Relations avec la Communauté Economique Européenne.

Der Wirtschaftsausschuss traf sich Anfang Juni 1960 zur Besprechung der Beziehungen der Zentralkommission zur EWG. Einig waren sich alle Delegierten darin, dass die EWG eingeladen werden sollte, „à se faire représenter aux travaux de la Commission Centrale“[577] und um einen Informationsaustausch zu etablieren. Uneinigkeit herrschte jedoch hinsichtlich der Art dieser Vertretung: Die französische Delegation schlug vor, der EWG einen Sitz mit Stimmrecht in der Zentralkommission anzubieten. Gegen den französischen Vorschlag wurden einige Einwände erhoben, da dieser dem Charakter der Zentralkommission widerspräche, in der nur Regierungen Mitglieder waren. Die deutsche Delegation schlug dagegen eine Vertretung in Form eines Beobachters vor, was allgemein als ungenügend bewertet wurde. Die niederländische Delegation sah als einzige in der Frage nach der Teilnahme eines EWG-Repräsentanten an den Arbeiten der Zentralkommission gewisse Probleme. Der Ausschuss arbeitete einen Resolutionsentwurf aus, der den Regierungen vorgelegt werden sollte. Die deutsche Delegation erklärte jedoch gleich, dass sie die Resolution so nicht annehmen könne, da erst die Interpretation der Mannheimer Akte geregelt werden müsse. Die Mehrheit der anderen Ausschussmitglieder war der Meinung, dass die permanenten Beziehungen zur EWG und die Revision der Mannheimer Akte zwar miteinander verbundene Fragen seien, aber die Beziehungen bereits provisorisch geknüpft werden könnten. Im Resolutionsentwurf wurde auf Artikel 229 des EWG-Vertrags Bezug genommen, der die Kooperation vorsah. Die Zentralkommission solle die Regierungen der Länder, die Mitglied der EWG waren, auffordern, die EWG-Kommission zur Benennung eines Vertreters einzuladen, der an den Zentralkommissionsarbeiten teilnahm.[578]

Der Beziehungsstatus blieb ungeklärt. Im Vorfeld der Zweiten Wirtschaftskonferenz 1959/60 gedachte die Zentralkommission, die Beobachter der EWG, EGKS et cetera nur an den Plenarsitzungen der Konferenz teilnehmen zu lassen, „um sie nicht Zeugen der internen und vielleicht scharfen Auseinandersetzungen zwischen den Delegationen in den Kommissionen werden zu lassen.“[579] Diese Äußerung ist interessant, da der Deutsche Kreutzwald, von dem diese Aussage stammt, und scheinbar auch

577 Archives Nationales de Fontainebleau, 77 770, Nr. 015, Doc. 1322, 8 juin 1960, Réunion du Comite Economique du 2 juin 1960 a Paris.

578 Vgl. ebd., Annexe, Projet de résolution.

579 PA AA, B 81, Nr. 138, Generalkonsul a.D. Dr. Kreutzwald, Bonn, den 6. Juli 1959, Vermerk.

einige andere Delegierte von hitzigen Meinungsverschiedenheiten ausgingen.

4.2.2. Zentralkommission

4.2.2.1. Vorgeschichte

Die deutsche Delegierte von Köppen schrieb 1959 in einem Artikel in der Zeitschrift für Binnenschiffahrt von einer gewissen „Unsicherheit, ja Unruhe innerhalb der Reedereien und der Partikuliergruppen.“[580] Sie bemerkte, dass die Pools und Konventionen seit Monaten einem wachsenden Druck von Außenseitern unterlagen, eine umfassende planvolle Neubaupolitik nicht verwirklicht werden konnte und die Bildung einer Stilllegekasse an der Haltung der Partikuliergruppen und der „Störtätigkeit“ anderer Außenseiter gescheitert war sowie das Partikulierproblem nicht gelöst werden konnte. Von Köppen resümierte daher: „Der 1951/1952 im Schoße der ZK entstandene, später zuweilen bespöttelte Begriff der latenten, permanenten Krise der Rheinschiffahrt scheint daher eines tieferen Sinnes nicht zu entbehren.“[581]

4.2.2.2. Initiativphase

Am 25. September 1958 formulierte der Präsident der Arbeitsgemeinschaft für die Rheinschifffahrt van Houten in einem Schreiben an den Präsidenten der Zentralkommission Thierry den Antrag der IAR, die Wirtschaftskonferenz erneut einzuberufen. Die IAR war der Auffassung, „dass die zwischenzeitlichen Erfahrungen und mannigfachen Veränderungen der verkehrspolitischen und verkehrswirtschaftlichen Lage die Ueberprüfung [sic] der damals durchgeführten Untersuchungen und erteilten Empfehlungen notwendig machen.“[582] Van Houten schlug dabei gleich vor, dass

580 Köppen, Ursula von: Warum und wozu Wirtschaftskonferenz der Rheinschiffahrt, in: Zeitschrift für Binnenschiffahrt, Heft 6, Juni 1959, S. 196-201, hier S. 196.

581 Ebd., hier S. 199.

582 Nationaal Archief, 3.17.17.04, Nr. 2163, Arbeitsgemeinschaft der Rheinschiffahrt an den Präsidenten der Zentralkommission, 25. September 1958.

man die auf der Konferenz zu besprechenden Punkte gemeinsam von Delegationen der IAR und der Zentralkommission abstimmen lassen könnte.

Die teilweise eingeführten Standards der 1950er Jahre, vor allem die Pools und Konventionen im betrieblich-tarifären Bereich, hatten die wirtschaftlich angespannte Situation der Rheinschiffahrt nicht bessern können, die zudem nicht zuletzt wegen der Pläne der EWG dem intermodalen Wettbewerb ausgesetzt war.

Nicht alle waren jedoch vom Sinn einer zweiten Wirtschaftskonferenz überzeugt. So notierte etwa der Niederländer Vonk im Oktober 1958, dass es ihm noch nicht deutlich sei, welchen genauen Zweck das Gewerbe mit der Konferenz verfolge.[583] Seiner Meinung nach sei diese Bitte ein Ausdruck von Unbehagen und über die Zentralkommission würde sich das Gewerbe an die Regierungen wenden. Auch im niederländischen Gewerbe, das nicht vollständig Mitglied der IAR war, wurde der Vorschlag für eine zweite Wirtschaftskonferenz diskutiert. So lehnte der Niederländer van Gunsteren, der bei der DAMCO Scheepvaart-Maatschappij und ein Mitglied der IAR war, die Wirtschaftskonferenz in einem Brief an die Handelskammern im Dezember 1958 ab. An der Konferenz müsse er jedoch teilnehmen, da man die Konferenz von 1952 wieder einberufen wolle. Er berichtete außerdem von einem Besuch des Deutschen Geile, der keinen Zweifel daran gelassen habe, dass es unter anderem das Ziel der deutschen und französischen Delegation sei, internationale Festfrachten auf dem Rhein und Zwangsorganisationen für Partikuliere zu vereinbaren.[584] Van Gunsteren sah nun den Konflikt zwischen Marktmechanismus und Tarif, also zwischen freien und festen Frachten. Eine Standardisierung im tarifären Bereich mit allokativer Funktion wurde hier zum Streitpunkt.

Die Befürchtung war in den Niederlanden weit verbreitet: Der niederländische Delegierte Kiewiet de Jonge regte in seinem Bericht über die Herbstsitzung 1958 an, in der sich die Zentralkommission mit dem Vorschlag der IAR beschäftigt hatte, in den Niederlanden zeitig eine Besprechung der Zweiten Wirtschaftskonferenz zwischen dem Gewerbe und den Autoritäten abzuhalten. Er mahnte, dass diese von niederländischer Seite mit äußerster Vorsicht zu behandeln sei. Die Gespräche könnten vielleicht in die Richtung einer mangelhaften oder gar vollständigen Unbrauchbarkeit des Grundgedankens der Selbstwirksamkeit der Rheinschifffahrt füh-

583 Vgl. Nationaal Archief, 3.17.17.04, Nr. 2163, Vonk aan Pel, 24 oktober 1958.

584 Vgl. Nationaal Archief, 3.17.17.04, Nr. 2163, van Gunsteren aan de Heeren Delprat en van der Mandele, 11 December 1958.

ren und damit könnte die Schifffahrtsfreiheit der Mannheimer Akte angetastet werden.[585] Diese war den Niederländern jedoch äußerst wichtig.

Hier treten deutlich die übergeordneten Konfliktlinien dieser Zeit hervor: Die Zentralkommission und die EWG konkurrierten einerseits um die Kompetenz, eine internationale Rheinschifffahrtspolitik zu formulieren. Andererseits waren diese Organisationen keine homogenen Blöcke. So konkurrierten in der Zentralkommission die Niederlande mit Deutschland und Frankreich um den richtigen Ansatz: staatlich reguliert oder liberal-marktwirtschaftlich.

Der Präsident der Zentralkommission schrieb am 30. Oktober 1958 an van Houten, dass die Kommission den Vorschlag der IAR für eine erneute Wirtschaftskonferenz akzeptiere und bereit sei, die nötigen Maßnahmen zu ergreifen.[586] Bevor jedoch die Tagesordnung erstellt werde, bat die Zentralkommission darum, über die Beratungen der IAR auf den neuesten Stand gebracht zu werden. Ende Dezember 1958 übermittelte die IAR der Zentralkommission die Punkte, die ihrer Ansicht nach von der Wirtschaftskonferenz besprochen werden sollten. Seit 1952 wären einige Empfehlungen verwirklicht worden, so eine ständige Organisation des Gewerbes in Form der IAR. Private Frachtenverständigungen in Form von Pools und Konventionen wurden weiterhin als geeignetes Mittel angesehen, „dem Zerfall der Frachten Einhalt zu gebieten"[587] und wurden zum Teil verwirklicht. Zudem hätten die meisten Rheinreeder am 1. April 1958 eine Vereinbarung getroffen, für die Dauer eines Jahres keine Neubauaufträge zu vergeben, um die Erweiterung der Transportkapazität einzudämmen. Allerdings gab es privatwirtschaftliche Frachtenverständigungen nicht auf allen Gebieten, was zum Teil an dem Scheitern des freiwilligen Zusammenschlusses der Partikuliere in den Rheinuferstaaten lag. Ebensowenig ließe sich die Stilllegung von Schiffsraum auf freiwilliger Basis verwirklichen. Gesprächsbedarf sah die IAR wegen der Neuerungen seit 1952, zum Beispiel der Erhöhung des Schiffsraums, eines neuen Wettbewerbs aufgrund der Schiffsbauförderung in den einzelnen Uferstaaten, des Wettbewerbs durch Schiffe aus anderen Wassernetzen, der Einflussnahme der

585 Vgl. Nationaal Archief, 2.05.118, Nr. 30032, Samenvatting van hetgeen op de tweede zitting der Centrale Commissie voor de Rijnvaart, van 27-30 oktober 1958 gehouden te Straatsburg, wird behandeld, met commentaar van Mr. K.D.J.

586 Vgl. Nationaal Archief, 2.05.118, Nr. 30032, Thierry an Monsieur le Président du Consortium de la navigation Rhénane, 30 octobre 1958.

587 Nationaal Archief, 2.05.118, Nr. 30108, Doc. 1231, Lettre du Consortium de la navigation rhénane, van Houten an den Präsidenten, 27. Dezember 1958.

EGKS. Wegen der Steigerung der Transportkapazität empfahl die IAR „jegliche Förderung der Schiffsneubauten durch von Staats wegen eingeräumte Vergünstigungen“[588] unterbleiben zu lassen. Zusätzlich sollte privatwirtschaftlich versucht werden, alten Schiffsraum aus dem Verkehr zu nehmen. Es sei aber fraglich, ob die Stilllegung, die besonders beachtet werden sollte, auf freiwilliger Basis möglich sei. Privatwirtschaftliche Einigungen unter den Schiffern würden durch den Frachtendruck von Schiffern aus anderen Wasserstraßen erschwert. Die IAR schlussfolgerte: „Es wird nur nach einem Gesamtüberblick über die heutige Lage in der Rheinschiffahrt möglich sein, zu beurteilen, ob das Rheinschiffahrtsgewerbe in der Lage sein wird, allenfalls auftauchende Schwierigkeiten aus eigener Kraft zu meistern. Aus diesem Grunde ist es auch nicht denkbar, dass seitens der Schiffahrttreibenden heute schon Vorschläge gemacht werden, ob und in welcher Weise eine staatliche Unterstützung der privaten Bestrebungen notwendig sein wird.“[589] Für sich selbst wünschte sich die IAR eine über ihren Aufgabenbereich hinausgehendene Tätigkeit und eine Stärkung ihrer Stellung. Van Houten schloss mit dem Satz, dass es der IAR mit der Bitte nach einer Wirtschaftskonferenz fernläge, „eine Verstärkung des staatlichen Einflusses auf dem Gebiet der Rheinschiffahrt herbeizuführen.“[590] Hier wird die Gratwanderung des Gewerbes sichtbar: Einerseits wollte es eine starke Eigenständigkeit, andererseits wünschte es eine helfende Unterstützung. Interessant ist, dass van Houten Niederländer war. Wie an der obigen Äußerung van Gunsterens ersichtlich ist, waren die Delegierten in der IAR nicht immer einer Meinung.

Auf die Standards bezogen ließ sich feststellen, dass es nach Beschluss in der Umsetzung im betrieblich-tarifären Bereich zu keinen erfolgreichen Standardisierungen gekommen war und auch bei den betrieblichen/kapazitativen Standards fehlten überzeugenden Ergebnisse in der Implementation. In allen Bereichen ließen sich lediglich ‚weiche’ Standardisierungen feststellen, wie zum Beispiel die Pools, aber keine ‚harten’ Standards, die mit größerem Umfang in die Praxis eingegriffen hätten.

Zur Erstellung der Tagesordnung für die Zweite Wirtschaftskonferenz hatte die Zentralkommission die IAR eingeladen, mit einer Delegation an

588 Ebd.
589 Ebd.
590 Ebd.

der Sitzung des Wirtschaftsauschusses im März 1959 teilzunehmen.[591] Zu diesem Treffen kamen schließlich zwölf Abgesandte der IAR. Die Informationssammlung erfolgte hier zusammen mit dem Gewerbe. Die IAR vertrat wie bereits zuvor die Ansicht, dass die Tagesordnung nicht zu detailliert sein sollte, damit sie Diskussionen in der Wirtschaftskonferenz nicht vorwegnähme und die Möglichkeit offen ließe, alle aufkommenden Fragen zu erörtern. Weiterhin ging die IAR davon aus, dass die Konferenz wie 1952 arbeiten sollte, also mit derselben Organisation, den gleichen Kommissionen et cetera und verlangte nicht, „à etre représenté comme tel par une délégation“[592] – indirekt war sie aber über die Gewerbevertreter dabei.

Die Zentralkommission und die IAR arbeiteten bei der Vorbereitung der Zweiten Wirtschaftskonferenz eng zusammen in der bereits erwähnten Konstellation des Informationslieferanten und -empfängers. Einen Monat nach dem Treffen schickte die IAR der Zentralkommission wie beauftragt eine Aufstellung der nach 1952 verwirklichten Maßnahmen und Empfehlungen für die Bildung von vier Kommissionen auf der Konferenz.[593] Neben einer Kommission zur Prüfung der Gründe der Verschärfung der Krise sollte es eine Kommission für die Bestimmung der Möglichkeiten zur Beeinflussung der Marktlage durch Regulierung des Schiffsraumangebots, eine Kommission für die Bestimmung der Möglichkeiten einer Beeinflussung der Marktlage durch Verständigungen zwischen den Schifffahrtstreibenden und eine Kommission zur Prüfung der Auswirkungen der EGKS und der EWG auf die wirtschaftliche Lage der Rheinschifffahrt geben.[594]

In der Tagesordnung hatten sich die Standards nicht widergespiegelt, bei den Kommissionen und ihren Arbeitsaufträgen wurden sie jedoch wieder sichtbar. Die zweite und dritte Kommission sollten sich mit betrieblichen Standards mit regulativer Funktion beschäftigen. Typisch für diese Zeit war, dass man über das Ganze redete, weshalb insgesamt in den Gesprächen viel zu Strukturen und teilweise weniger zu konkreten Inhalten und Standards gesagt wurde.

---

591 Vgl. Archives Nationales de Fontainebleau, 77 770, Nr. 015, Doc. 1238, 9 mars 1959, Communication du Consortium de la Navigation Rhénane, 5 mars 1959, van den Houten.

592 Nationaal Archief, 2.05.118, Nr. 30108, Doc. 1240, 26 mars 1959, Réunion du Comite Economique du 24 mars 1959 a Strasbourg, Compte rendu du Secrétariat.

593 Vgl. Nationaal Archief, 2.05.118, Nr. 30108, Doc. 1251, 29. Avril 1959, Communication du Consortium de la navigation rhénane, 24 avril 1959, Goossens.

594 Vgl. ebd., Anlage 2.

In ihrer Frühjahrsitzung im Mai 1959 berichtete der Präsident der Zentralkommission, der gleichzeitig Präsident des Wirtschaftsausschusses war, dass die Zweite Wirtschaftskonferenz für den 2. und 3. Juli 1959 einberufen werden sollte. Dieses Treffen diene insbesondere der Organisation und dem „mise en train“.[595] Einen Tag vorher würde in einem Treffen der Regierungsvertreter die Tagesordnung verabschiedet werden. Der Präsident der Zentralkommission sollte unter anderem die EGKS und die EWG über die Einberufung der Wirtschaftskonferenz informieren und fragen, ob diese Organisationen durch einen Repräsentanten vertreten sein wollten.[596] Der französische Delegierte Graff erinnerte daran, dass der EWG-Kommissar Schaus keine offiziellen Beziehungen zur Zentralkommission wünschte, jedoch den Kontakt beibehalten würde. Die Wirtschaftskonferenz sei bestimmt eine Gelegenheit dazu. Die Zentralkommission behielt die Konkurrenz immer im Auge, so konstatierte der Wirtschaftsausschuss, dass sich die Zentralkommission in der aktuellen Situation kein „certificat de carence qui pourrait être exploite contre elle en d'autres lieux“[597] geben könnte.

Im Bericht über die Maisitzung 1959 der Zentralkommission kommentierte der niederländische Berichterstatter die Einberufung der Wirtschaftskonferenz damit, dass es in der Weltwirtschaft deutliche „aanwijzingen van een herstel der depressie“[598] gebe und die Abhängigkeit der Rheinschifffahrt von der Weltwirtschaft ja bekannt sei. Ein großer Teil des niederländischen Gewerbes sei gegenüber der Konferenz nicht positiv eingestellt, was die niederländische Delegation auch im Wirtschaftsausschuss geäußert hatte.[599] Bereits im Januar 1959 hatten sich einige Niederländer (unter anderem Schaepman, Vonk, van Gunsteren, Elshout) mit zwei schweizerischen Delegierten (Schaller, Jacquet) in Scheveningen zu einer informellen Besprechung getroffen. Anlass des Treffens war das Schreiben der IAR bezüglich einer zweiten Wirtschaftskonferenz von De-

---

595 Nationaal Archief, 2.05.118, Nr. 30059, C.C.R. 1959-I-5, Protocole 5, 13 mai 1959, Convocation de la Conférence économique de la navigation rhénane.

596 Vgl. ebd.

597 Nationaal Archief, 2.05.118, Nr. 30108, Doc. 1259, 15 juin 1959, Comité économique. Réunion du 12 mai 1959.

598 Nationaal Archief, 2.05.118, Nr. 30033, Verslag van de Voorjaarszitting van de Centrale Commissie voor de Rjnvaart, gehouden te Straatsburg van Maandag 11 mei tot zaterdag 16 mei 1959.

599 Vgl. Nationaal Archief, 2.05.118, Nr. 30108, Doc. 1259, 15 juin 1959, Comité économique. Réunion du 12 mai 1959.

zember 1958 gewesen. Der niederländische Teilnehmer Kiewiet de Jonge schilderte in seinem Bericht nachher die Ansicht, dass die Schweizer und Niederländer bezüglich des Rheinregimes am saubersten in der Lehre seien, das heißt die Bestimmungen der Mannheimer Akte sehr ernst nahmen.[600] Im Inhalt des Schreibens der IAR sahen die Niederlande eine Gefahr für die Mannheimer Akte. Gemeinsam wurde die deutsche Position als Problem gesehen, besonders die Kabotage. Die Schweizer waren optimistischer als die Niederländer, auch was die eigene Verhandlungsposition anging. Gegen Ende des Treffens beschloss man, dass die schweizerischen Delegierten ein vertrauliches Gespräch mit den Belgiern und Franzosen suchen sollten, um sie „van de noodzaak van een gemeenschappelijk "vrijheids-front" [Hervorhebung im Text] op een eventuele a.s. Economische Conferentie onder auspiciën der C.C.R."[601] zu überzeugen. Hier zeigte sich also eine Blockbildung gegen Deutschland. Ebenso beachtlich ist, dass bereits erste informelle Vorverhandlungen stattfanden, obwohl noch gar nichts passiert war, womit die hohe Bedeutung des Themas Rheinschifffahrt in den Niederlanden und der Schweiz deutlich wird.

An den Zusammensetzungen der Delegationen für die Zweite Wirtschaftskonferenz zeigte sich eine Verwobenheit von Politik und Wirtschaft, welche typisch für die Binnenschifffahrt war. In der deutschen Delegation war neben von Köppen, die zum Bundesverkehrsministerium gehörte, Ahlers vom Unternehmen Haniel&Cie. als zweiter Regierungsvertreter aufgestellt worden.[602] Aus Deutschland kam die untere Ebene des Verkehrsministeriums, es gab keine personellen Bezüge zur EWG. Die Niederlande entsandten zum Teil die gleichen Vertreter wie auch zur EWG und schickten als Regierungsvertreter Schaepman (Außenministerium), Kiewiet de Jonge (Verkehrsministerium) und Vonk (Handelsmarine). Die EWG entsandte als Beobachter Noel-Mayer und Krauss, also den Generalsekretär und den Referenten.[603] Viele Delegierte bekleideten mehrere Positionen, so etwa der französische Delegierte Brousse, der gleichzeitig IBU-Präsident war.

600 Vgl. Nationaal Archief, 2.05.118, Nr. 30033, Hoofdindrukken ener informele en orienterende Rijnvaartbespreking tussen einige Nederlanders en twee Zwitsers op zaterdag 31 januari 1959 in het Kurhaus te Scheveningen.

601 Ebd.

602 Vgl. PA AA, B 81, Nr. 138, Seiermann an den Präsidenten der Zentralkommission für die Rheinschiffahrt, 10. Juni 1959.

603 Vgl. PA AA, B 81, Nr. 138, Doc. 1261, 26 juin 1959, Conférence Economique de la Navigation.

4.2.2.3. Verhandlungsphase

Der generelle Verlauf der Zweiten Wirtschaftskonferenz

An der Wirtschaftskonferenz nahmen nicht nur die eigens dafür zusammengestellten Delegationen teil, sondern auch Mitglieder der Zentralkommission, mindestens ein Kommissar pro Land. So waren die USA und Großbritannien ebenfalls vertreten. Zu Vizepräsidenten wurden die Schweizer Schaller (der dies bereits 1952 gewesen war) und Jacquet bestimmt.[604]

Zu Beginn erfolgte die Arbeit der Konferenz in drei Kommissionen, wobei die Kommissionen II und III jeweils drei Unterkommissionen bildeten. Insgesamt wurde kaum über Standards gesprochen, da die Krise viele Inhalte blockierte.

- Kommission I beschäftigte sich mit den Ursachen für die Unwirksamkeit der Maßnahmen und der Ursachensuche für die Verschärfung der Krise der Rheinschifffahrt.
- Kommission II befasste sich mit dem Problem des mangelnden Gleichgewichts (Unterkommission IIa), den Problemen im Zusammenhang mit EGKS und EWG (IIb) und der Nationalität der Schiffe (IIc).
- Kommission III behandelte die Themen der Frachtenbildung (IIIa), der Kapazität (IIIb) und der Organisation des Gewerbes (IIIc).
- Am 12. April 1960 kam auf der vierten Vollversammlung noch eine Kommission hinzu: die Kommission IV, die aus den Unterkommissionen IIIb und IIIc hervorging und auf Basis der Berichte der anderen Kommissionen konkrete Empfehlungen zur Frachtenbildung, Pools und Konventionen, Kapazitätsbeeinflussung und zur neuen Organisation der Rheinschifffahrt sowie Betriebsgemeinschaften ausarbeiten sollte. Vorsitzender der Kommission IV wurde der Deutsche Dix.[605]

Am 22. Juni 1960 nahm der Verwaltungsrat der IAR vom Stand der Arbeiten der Wirtschaftskonferenz Kenntnis und begrüßte, dass durch die

---

604 Vgl. Nationaal Archief, 2.05.118, Nr. 30108, Doc. 1263, 9 juillet 1959, IIe Conférence Economique de la Navigation Rhénane.

605 Vgl. Nationaal Archief, 2.05.118, Nr. 30110, Conf.Ec.Doc. 79, 22 avril 1960, Conférence Economique de la Navigation Rhénane, Compte rendu du Secrétariat, 4e session: 12 avril 1960. BArchK, B 108, Nr. 19736, Doc. 1392, 20 avril 1961, Texte approuve du compte rendu de l'activité de la Commission Centrale en 1960.

Beratungen Fragen der Kapazitätsbeeinflussung und der Organisation des Schifffahrtsgewerbes gefördert wurden.[606] Allerdings erwartete die IAR, dass die Beratungen zu Anträgen führten, „die eine Verwirklichung der tatsächlichen Zusammenarbeit in der internationalen Schiffahrt zur Folge haben können. Dabei wurde davon ausgegangen, dass die Organisation der Schiffahrt die Gesamtheit der Schiffahrttreibenden umfassen muss und dass, falls eine qualifizierte Mehrheit derselben in einem Rheinuferstaate einschl. Belgien für eine Zusammenarbeit bereit sind, Aussenstehende von Staats wegen angehalten werden können, einer Organisation mit genau umschriebenen Zielen beizutreten."[607] Hier brachte die IAR interessanterweise einen staatlichen Einfluss und sogar einen staatlichen Zwang ins Spiel, den sie bisher abgelehnt hatte. Dennoch beendete sie ihre Entschließung mit den Worten: „Der Grundsatz der Freiheit und der Gleichbehandlung der Schiffahrttreibenden darf nicht angetastet werden."[608] Das Gewerbe befand sich also, wie bereits erwähnt, auf einer Gratwanderung zwischen Freiheit und Staatshilfe. Die IAR wurde rückwirkend über die Arbeiten informiert, für deren Informationsgrundlage sie gesorgt hatte. Von großen Interesse waren betriebliche Standards.

Die Kommission I der Zweiten Wirtschaftskonferenz (Ursachen für die Unwirksamkeit der Maßnahmen und Ursachensuche für die Verschärfung der Krise der Rheinschifffahrt)

Kommission I, in die je ein Regierungsvertreter und drei Gewerbevertreter sowie ein oder zwei Ersatzdelegierte pro Land entsandt wurden, war gleich am 2. Juli eingesetzt worden und sollte die Ursachen der Krise untersuchen.[609] Nach dem ersten Treffen hielt das deutsche Bundesverkehrsministerium fest, dass sich noch nicht sagen lasse, ob eine einheitliche Grundlage für eine Wirtschaftsführung der Schifffahrtsunternehmen und -betriebe gefunden werden könne. Immerhin war man sich einig darüber, dass die Lage „unbefriedigend" und der „Nachweis für eine akute Krise" noch zu führen sei, die Rheinschifffahrt weiterhin versuchen wolle,

606 Vgl. Nationaal Archief, 2.05.118, Nr. 30110, Entschliessung des Verwaltungsrates der Arbeitsgemeinschaft der Rheinschiffahrt, 22.6.1960.
607 Ebd.
608 Ebd.
609 Vgl. Nationaal Archief, 2.05.118, Nr. 30108, Doc. 1263, 9 juillet 1959, IIe Conférence Economique de la Navigation Rhénane.

„allein ihre Probleme zu bewältigen“ und das „Verhältnis zwischen angebotenem und nachgefragtem Raum“[610] untersucht werden müsse, ebenso die Marktverhältnisse in der internationalen Rheinschifffahrt. Schweizer und Niederländer hätten versucht, nicht die Kapazitätsfrage, sondern die Preisbildung in den Mittelpunkt der Erörterungen zu stellen. Die Äußerungen seien dabei, so Berichterstatterin von Köppen, „recht unqualifiziert“[611] gewesen. Insgesamt sei „der Auftakt zur neuen Wirtschaftskonferenz nicht ungünstig“[612] gewesen. Von Köppen lobte die Haltung der deutschen Gewerbevertreter und hob hervor, dass die deutsche Delegation „sich über interne Meinungsverschiedenheiten hinwegsetzend auf einer Linie gefunden hat“,[613] die auch von der französischen Delegation verfolgt werde. In den Diskussionen der Kommission I seien die deutsche und die niederländische Delegation erneut aneinandergeraten. Dabei sei es unmöglich gewesen, eine einheitliche Meinung darüber zu bilden, „ob nicht gegenwärtig von einer Überkapazität der Rheinschiffahrt gesprochen werden“[614] müsste. Die Niederländer und Schweizer hätten die unterschiedlichen Preisbildungsverfahren im nationalen und internationalen Verkehr „für alle Störungen verantwortlich gemacht.“[615] Jacquet habe die Meinung vertreten, dass die innerdeutschen Festfrachten „Anlaß und Ursache der Krisenerscheinungen im internationalen Rheinfrachtenmarkt“[616] seien. Die Deutschen waren dagegen der Meinung, dass auch die Empfehlungen von 1952 letztlich an einer rechtzeitigen Regelung der Kapazität gescheitert waren. Eine Blockhaltung der Niederlanden und der Schweiz auf der einen Seite und Deutschland und Frankreich auf der anderen Seite wird hier sichtbar. Dabei prallten auch die unterschiedlichen Ansichten bezüglich einer Kapazitäts- (vertreten von Deutschland) und einer Preispolitik (vertreten von den Niederlanden) aufeinander. Den Niederlanden kam eine entscheidende Position zu: Der Gegensatz zwischen Tarif- und Kapazitätspolitik bestimmte auch die Konkurrenz zwischen Zentralkommission und EWG. Die Niederlande waren in beiden Organisationen Mitglied und

---

610 PA AA, B 81, Nr. 138, Der Bundesminister für Verkehr, Bonn, den 14. Juli 1959, Betr. Wirtschaftskonferenz der Rheinschiffahrt; 1. Sitzung vom 1. bis 3. Juli.

611 Ebd.

612 Ebd.

613 Ebd.

614 Ebd., Anlage 1, Bonn, den 9. Juli 1959, Verlauf der Sitzungen der Wirtschaftskonferenz vom 1. bis 3. Juli 1959.

615 Ebd.

616 Ebd.

in einer mächtigen Verhandlungsposition. In den Arbeiten der Kommission I wurde diskutiert, dass betrieblich-tarifäre Standardisierungen einen größeren Umfang haben müssten als bisher, um wirksam zu sein.

Im September 1959 traf sich die Kommission I der Wirtschaftskonferenz erneut. Dabei stellte sie Folgendes fest: Auf freiwilliger Basis konnte man den Frachtenmarkt durch Pools und Konventionen nicht ordnen, auch wenn Pools und Konventionen sinnvolle, aber eben nicht allein wirksame Mittel blieben. Ein Streitpunkt war nach wie vor – unabhängig vom Streit um die Kabotage – die Sonderregelung im innerdeutschen Verkehr, nämlich die Erschwerung der Beteiligung der ausländischen Flagge. Obgleich dieser Gegensatz zwischen Deutschland und den anderen Staaten ein Hauptdiskussionspunkt der Septembertagung war, nahm die Schärfe der Auseinandersetzung ab. Die Frachtenbildung wurde des Weiteren durch die Teilnahme am Rheinverkehr von Schiffen, die nicht zum Rhein gehörten, gestört. Die staatlichen Maßnahmen, die den Schiffbau gefördert hatten, waren zwar zum Wiederaufbau nach dem Krieg notwendig gewesen, gingen nun aber zu weit. Die IAR habe trotz aller Anstrengungen die in sie gesetzten Erwartungen nicht erfüllen können. Gegen Ende des Berichts der Kommission I wurde festgestellt, dass Maßnahmen der EWG und der EGKS „in der Vergangenheit keine bis jetzt erkennbaren Störungen auf dem Gebiet der Rheinschiffahrt gebracht haben."[617]

Der deutsche Delegierte bei der Zentralkommission, Kreutzwald, der auch an der Wirtschaftskonferenz teilnahm, hielt im September 1959 über diese fest, dass die Delegationen über die Art der „latenten und permanenten Krise" sowie über deren Ursachen „ein widersprechendes Votum"[618] abgaben. Trotz dieser unterschiedlichen Meinungen konstatierte Kreutzwald: „Die Atmosphäre war besser als früher. Die deutsche Delegation sah sich nicht mehr so sehr wie früher einer einheitlichen Front der anderen Uferstaaten gegenüber."[619] Hier zeigte sich dennoch wieder der Antagonismus zwischen Deutschland auf der einen und den Niederlanden und der Schweiz auf der anderen Seite. Der Ton der beiden letzteren sei aber, so Kreutzwald „gemäßigter" geworden. Hauptdiskussionspunkte der Sep-

617 Nationaal Archief, 2.05.118, Nr. 30110, Doc. no 13 Commission I, 23 septembre 1959, Tagung vom 17., 18. und 19. September 1959, Bericht über die Gründe der teilweisen Unwirksamkeit der Empfehlungen der Wirtschaftskonferenz 1952 und der Gründe welche eine Verschärfung der Krise in der Rheinschiffahrt verursacht haben.

618 PA AA, B 57-405, Nr. 17, Kreutzwald, Mailand 29.9.59, Aufzeichnung.

619 Ebd.

tembertagung der Konferenz seien deutsche Sonderregelungen für den Inlandsverkehr gewesen. Diese wurden von der Schweiz und den Niederlanden kritisiert. Frankreich und Deutschland sprachen sich für Frachtenordnungen aus.[620]

Zu den Verhandlungen der Kommission I reichten die einzelnen Delegationen Papiere, sogenannte ‚observations' ein. Die deutsche Delegation äußerte beispielsweise, dass die IAR zwar eine fruchtbare Arbeit getan habe, aber „trop faible"[621] sei, um die Probleme, die sich ihr stellten, zu lösen. Zusätzlich habe die IAR zu wenig Macht und Kompetenzen hinsichtlich des ihr angeschlossenen Gewerbes. Die Situation der Rheinschifffahrt verschlimmert habe unter anderem der starke Anstieg der Flotte, der durch staatliche Fördermaßnahmen und auswärtige Schiffe auf dem Rhein intensiviert worden sei. Die deutsche Delegation schlussfolgerte in Bezug auf die Unwirksamkeit der Empfehlungen von 1952, dass die unternommenen Maßnahmen eine unvollendete Arbeit seien, weil die nötigen Erfolgsvorbedingungen nicht realisiert worden waren.[622] Die französische Delegation reichte Bemerkungen ein und deutete ebenfalls an, dass die IAR eine Organisation ohne wirkliche Kompetenzen sei. Sie schlussfolgerte, dass ein staatlicher Eingriff nötig geworden sei, da das Gewerbe alleine eine Organisation nicht habe realisieren können.[623] Frankreich sprach bereits hier von staatlichen Interventionen, was ja in der Rheinschifffahrt immer heftig diskutiert wurde und später beim UIR-Plan ein Streitpunkt sein würde.

Die Kommission II der Zweiten Wirtschaftskonferenz (IIa: Problem des mangelnden Gleichgewichts, IIb: Probleme im Zusammenhang mit EGKS und EWG, IIc: Nationalität der Schiffe)

Die Unterkommission IIa hatte die Frage zu beantworten, ob in der Rheinschifffahrt strukturell ein Zustand mangelnden Gleichgewichts bestand. In der Rheinschifffahrt drückten sich Änderungen in Angebot und Nachfrage in der Regel in Frachtschwankungen aus. Waren diese stark, kam es oft

620 Vgl. ebd.
621 Archives Nationales de Fontainebleau, 77 770, Nr. 015, Doc. no 6 Commission I, Exposé A, 10 septembre 1959, Observations de la Délégation allemande.
622 Vgl. ebd.
623 Vgl. Archives Nationales de Fontainebleau, 77 770, Nr. 015, Doc. no 8 Commission I, Exposé F, 10 septembre 1959, Observations de la Délégation française.

zur Unterbietung der Konventions- und Festfrachten. Die deutsche Delegation sah den Hauptgrund für die Krise ganz klar im Ungleichgeweicht zwischen Transportangebot und -nachfrage. Daher wollte sie zuerst die Kapazitätsfrage und -regelung diskutieren, wie sie in einem Schreiben an die Kollegen der Konferenzkommissionen II und III im November 1959 erläutert hatte.[624] Zu diesem Thema reichte der schweizerische Delegierte Jacquet einen Monat später ein Exposé bei der Kommission IIIb ein.[625] Hier wird die Interdependenz der einzelnen Verhandlungsaspekte deutlich. Die Wirtschaftskonferenzen stellten im Prinzip Paketverhandlungen dar, die verschiedene eng miteinander verflochtene Aspekte behandelten und sich schwerpunktmäßig um kapazitative beziehungsweise betriebliche Standardisierung drehten. Dabei waren Mischformen so wie betrieblich-tarifäre oder betrieblich-administrativ-rechtliche Standards typisch.

Im Januar 1960 kommentierten der schweizerische Delegierte Groschupf und die niederländischen Delegierten den Schlussbericht der Unterkommission IIa und machten unter anderem die Überkapazität, den hohen Anteil fixer Kosten in der Rheinschifffahrt und die allgemeine Wirtschaftslage als Gründe für das Ungleichgewicht zwischen Angebot und Nachfrage aus. Sie waren der Ansicht, dass die Rheinschifffahrt ihre betriebseigenen Schwierigkeiten, die sich letztendlich in zu niedrigen Frachten (die von den Verladern gefordert würden) äußerten, selbst lösen könne und müsse. Sie sahen in einer Zusammenarbeit eine Lösungsmöglichkeit, diese werde jedoch durch die „psychologische Eigenart der Rheinschiffahrttreibenden“[626] verhindert. Pools seien nützlich, jedoch in ihrem „Kartellcharakter“ stecken geblieben. Das Urteil zur IAR als Organisation zur Selbsthilfe fiel vernichtend aus: „Die Organisation blieb praktisch wirkungslos.“[627] Alle Maßnahmen hatten jedoch auch mit den oben erwähnten „psychologischen Schwierigkeiten zu kämpfen.“[628]

624 Vgl. Archives Nationales de Fontainebleau, 77 770, Nr. 015, Conf.Ec.Doc. 22 C II-III, 5 novembre 1959, Communication de la Dél. allemande à la Conférence Economique, 2 novembre 1959.

625 Vgl. Archives Nationales de Fontainebleau, 77 770, Nr. 015, Conf.Ec.Doc. 33 S/C III b) 4 decembre 1959, Communication de M. Jacquet de la Délégation suisse.

626 Nationaal Archief, 2.05.118, Nr. 30110, Conf.Ec.Doc. no. 56 S/C II a), 25 janvier 1960, Wirtschaftskonferenz der Rheinschiffahrt. Unterkommission IIa. Mitteilung von Herrn Groschupf u. der niederl. Mitglieder der Unterkommission. 2. Schlussbericht der Kommission II a).

627 Ebd.

628 Ebd.

Ihre Sicht hatten Groschupf und die Niederländer aus Protest gegen die Annahme des sogenannten Seidenfus-Berichts als Schlussbericht der Unterkommission IIa durch die Zentralkommission dargelegt.[629] Hier zeigten sich erneut die übliche Trennungslinie zwischen den verschiedenen Meinungen sowie die Schwierigkeit, einen Konsens zu finden, besonders beim Konflikt zwischen liberaler Marktwirtschaft und staatlichen Eingriffen.

Die Kommission III der Zweiten Wirtschaftskonferenz (IIIa: Frachtenbildung, IIIb: Flottenkapazität, IIIc: Organisation des Gewerbes)

Kommission III sollte geeignete Maßnahmen ermitteln, um die aktuellen Schwierigkeiten der Rheinschifffahrt zu beheben. Dazu behandelte Unterkommission IIIa die Frage der Frachtenbildung, IIIb die der Flottenkapazität und IIIc die der Organisation des Gewerbes.[630] Alle drei Problemstellungen können der betrieblichen Standardisierung zugerechnet werden, IIIa mit tarifärem Schwerpunkt, IIIb mit kapazitativ/betrieblichem und IIIc mit betrieblich-rechtlichem.

In der Kommission III plädierten besonders die deutschen Vertreter massiv für kapazitätspolitische Lösungen, besonders für einen Kapazitätsausgleich durch gezielte Stilllegungsmaßnahmen.[631] Dies hatte die deutsche Delegation den anderen vorab mitgeteilt, da sie den Hauptgrund für die Krise ganz klar im Ungleichgewicht zwischen Transportangebot und -nachfrage sah.[632] Einheitlich bestand die Meinung, dass Kapazitätspolitik nur Sinn mache, wenn eine Solidarität zwischen allen Beteiligten bestand, weshalb man auch organisatorische Maßnahmen werde treffen müssen. Eine Minderheit (die niederländischen Delegierten) bezweifelte bereits in den Besprechungen die Wirksamkeit der Kapazitätssteuerung und lehnte es ab, staatliche Hilfen in Anspruch zu nehmen. Deutlich sichtbar ist hier

629 Vgl. Nationaal Archief, 2.05.118, Nr. 30110, Conf.Ec.Doc. no 59 S/C IIa) 26 janvier 1960, Mitteilung von Herrn Groschupf und Telegramm der niederländischen Mitglieder der Unterkommission betr. 1. und 2. Bericht der U/K. IIa).

630 Vgl. Nationaal Archief, 2.05.118, Nr. 30110, Conf.Ec.Doc. no 62, 2 février 1960, Kommission III.

631 Vgl. BArchK, B 108, Nr. 1142, Bericht über die zweite Session der Wirtschaftskonferenz der Rheinschiffahrt 1959/60.

632 Vgl. Archives Nationales de Fontainebleau, 77 770, Nr. 015, Conf.Ec.Doc. 22 C II-III, 5 novembre 1959, Communication de la Dél. allemande à la Conférence Economique, 2 novembre 1959.

die liberale Verkehrspolitik der Niederlande. Es ist weiterhin erkennbar, dass man aus den Fehlern der Pools und Kartelle der 1950er Jahre gelernt hatte, generell aber am Ansatz festhalten wollte, das heißt eine alle Rheinschifffahrtstreibende umfassende Organisation zu gründen (ein Riesenkartell). Eine Denkschrift von Ritter (Basler Rheinschifffahrtsdirektion), in der dieser eine Idee über die internationale Betriebsgemeinschaft auf dem Rhein vorstellte, wurde diskutiert. Die Vollversammlung der Wirtschaftskonferenz erörterte die Frage, ob das Gewerbe das Kapazitätsproblem alleine lösen könne und stellte „nach eingehender Diskussion" fest, dass mit Ausnahme der niederländischen Vertreter und dem Schweizer Groschupf die Anwesenden der Auffassung waren, dass eine „allgemeine Kapazitätsbeschränkung ohne staatliche Unterstützung"[633] nicht möglich erschien.

Unterkommission IIIa kam beim Thema Frachtenbildung zu folgenden Ergebnissen: „Bei der Auswahl eines Frachtenbildungssystems sollen folgende wichtige Punkte berücksichtigt werden: 1. Die Rheinschiffahrtsbetriebe, deren betriebliche Einrichtungen den durchschnittlichen Erfordernissen entsprechen, sollen auf die Dauer zu kostendeckenden Entgelten kommen. Es soll Aufgabe sein, ein System auszusuchen, das die grösstmögliche Gewähr hierfür gibt."[634] Angestrebt werden sollten gleiche Marktzugangsbedingungen für alle und die Übereinstimmung mit den Tarifbildungssystemen anderer Verkehrsträger, zudem dürfe das System keine Monopolstellung herbeiführen und die Niederlande wollten kein Nebeneinander mehrerer Systeme. Der Vorsitzende erklärte die Arbeit der Unterkommission IIIa für vorerst beendet.

Die Unterkommission IIIb beschäftigte sich mit der Frage der Flottenkapazität. Dabei wurden die bisherigen Statistiken kritisiert, auf deren Basis keine korrekte Arbeit möglich sei. Die Vollversammlung hatte gefragt, ob eine zuverlässige Statistik über die Kapazität der internationalen Rheinflotte erstellt werden könne. Im Januar 1960 war die Unterkommission der Ansicht, dass die organisierte Stilllegung von der Vollversammlung der Konferenz besprochen werden sollte.[635] Daher lautete die Schlussfolgerung der Unterkommission IIIb: „Es wird der Hauptversammlung empfoh-

633 BArchK, B 108, Nr. 1148 Bd. 1 von 2, Conf.Ec. Doc. No 67 C III 15 février 1960, Kommission III, Bericht über die Sitzung am 09. Februar 1960, 9:00 Uhr, in Strasbourg.

634 BArchK, B 108, Nr. 1148 Bd. 1 von 2, Conf.Ec.Doc. 45 S/C III a) 29 décembre 1959, Unterkommission IIIa, Kurzprotokoll über die Sitzung am 09.09.1959

635 Vgl. Nationaal Archief, 2.05.118, Nr. 30110, Conf.Ec.Doc. no 54 S/C IIIb), janvier 1960.

len, das Projekt einer durch das Gewerbe organisierten Kapazitätsbeeinflussung in der Rheinschiffahrt – wie von der Unterkommission III b) in vorstehendem Bericht und seinen Anlagen mit Mehrheit gebilligt – der Rheinzentralkommission zu unterbreiten mit der Bitte, die Möglichkeit seiner Verwirklichung zu prüfen."[636]

Der Schweizer Groschupf konnte sich der Haltung, die gesteuerte Stilllegung als wirkungsvollstes Mittel zum Kapazitätsausgleich anzusehen, nicht anschließen. Er führte aus: „Wer die Freiheit der Rheinschiffahrt nach der Mannheimer Akte 1868 als Grundlage der Rheinschiffahrt für nötig erachtet, kann eine „Ergänzung der Akte durch ein internationales Abkommen, das neues Recht schafft", niemals anerkennen. [Hervorhebung im Text] Ein derartiger Staatsvertrag ist doch, wie aus dem Schlussbericht hervorgeht, nichts anderes als eine Umgehung der Mannheimer Akte, die politisch unabsehbare Konsequenzen haben kann."[637] Dies war in etwa die klassische niederländische Position: Die Mannheimer Akte durfte nicht angetastet werden. Die Niederlande verfolgten diese Linie auch in der EWG. Groschupf schloss sich ihr an: „Die klare und konsequente Haltung der niederländischen Delegation muss von schweizerischer Seite ebenso klar und konsequent anerkannt und unterstützt werden."[638]

Die Unterkommission IIIb hatte ebenfalls zwei Möglichkeiten diskutiert, die nach Ansicht Groschupfs leichter umzusetzen wären: die Abwrackung und die Einstellung der Sonntagsfahrt. Groschupf bekam Unterstützung von den Niederländern Elshout, Wolters und Aarens. Die drei vertraten die Ansicht, „dass eine künstliche Kapazitätsbeschränkung nicht geeignet ist, die Frachten des überwiegenden Teiles der Rheintransporte zu beeinflussen".[639] Sie meinten, „dass in allen Schriftstücken des Schlussberichts III b) kein einziges Argument enthalten ist, welches die Schlussfolgerungen glaubhaft macht."[640]

636 BArchK, B 108, Nr. 1148 Bd. 1 von 2, Conf.Ec.Doc. no72 S/C IIIb 5 avril 1960, Bericht über Sitzung der Unterkommission IIb 29.03.1960.

637 BArchK, B 108, Nr. 1142 Bd. 1 von 2, Anlage Nr. 14 (S. 132ff) Conf.Ec.Doc. no 57 S/C III b) Bemerkungen und Vorschläge von Herrn Groschupf, Mitglied der Kommission III, zum Bericht der Unterkommission IIIb.

638 Ebd.

639 BArchK, B 108, Nr. 1142 Bd. 1 von 2, Anlage Nr. 77, Conf.Ec.Doc. no 77 S/C III b) Bemerkungen und Standpunktbegründung der Herren Elshout, Wolters und Aarens, Rotterdam, den 4. April 1960.

640 Ebd.

Zusammengefasst lässt sich festhalten, dass die Zentralkommission sowie die Arbeitsgemeinschaft das Problem der Rheinschifffahrt zu lösen versuchten, indem sie einen kapazitätspolitischen Ansatz wählten, der organisatorisch mit einer internationalen Kartelllösung verquickt werden sollte. Um diese Frage zu erörtern wurde auf der vierten Vollversammlung der Wirtschaftskonferenz am 12. April 1960 die Einsetzung einer vierten Kommission beschlossen. Diese sollte mit den Berichten der anderen Kommissionen als Grundlage konkrete Vorschläge ausarbeiten.[641] Die Zentralkommission favorisierte betriebliche Standards zur Krisenlösung. Tarifäre Standards, also tarifpolitische Lösungen, wurden von der EWG verfolgt und gelegentlich von den Niederlanden unterstützt. Diese Positionen müssen vor dem Hintergrund der einzelnen wirtschaftspolitischen Situation der Länder gesehen werden: Die Niederlande waren traditionell liberal eingestellt und stark in der Binnenschifffahrt.

Die Kommission IV der Zweiten Wirtschaftskonferenz (hervorgegangen aus IIIb und IIIc, konkrete Empfehlungen zur Frachtenbildung, Pools und Konventionen, Kapazitätsbeeinflussung und zur neuen Organisation der Rheinschifffahrt sowie Betriebsgemeinschaften)

Die Tätigkeit der Kommission IV beschränkte sich im Wesentlichen darauf, den Entwurf der Satzung einer internationalen Organisation, der sogenannten Internationalen Arbeitsgemeinschaft für die Rheinschiffahrt (INTAR), zu erarbeiten. Dabei ging es hauptsächlich um folgendes: Zielsetzung und Kompetenz der neuen Organisation waren weiter als die der bestehenden Arbeitsgemeinschaft zu fassen. Dabei wurde zwischen allgemeinen schifffahrts- und verkehrspolitischen Aufgaben sowie der Interessenwahrnehmung einerseits und den für die einzelnen Mitglieder verbindlichen möglichen Maßnahmen für einen Beschäftigungsausgleich andererseits unterschieden. Die Organisation sollte durch Mehrheitsbeschluss verbindliche Maßnahmen in Bezug auf einen Beschäftigungsausgleich gegen Entschädigung fällen können. Frachten und Beförderungsentgelte, eine quotenmäßige Aufteilung von Transporten und ähnliche

641 Vgl. BArchK, B 108, Nr. 1142, Bericht über die zweite Session der Wirtschaftskonferenz der Rheinschiffahrt 1959/60. Nationaal Archief, 2.05.118, Nr. 30110, Conf.Ec.Doc. 79, 22 avril 1960, Conférence Economique de la Navigation Rhénane, Compte rendu du Secrétariat, 4e session: 12 avril 1960.

Vorkehrungen sollte die Organisation ihren Mitgliedern allerdings nicht vorschreiben dürfen. Im Zentrum des gesamten Plans stand der Gleichheits- und Solidaritätsgedanke. Beschäftigungsausfall (Rückgang der Aufträge) war gleichmäßig unter den Staaten aufzuteilen; unter anderem wurde die Schaffung von Ausgleichskassen diskutiert. Der Wettbewerbsgedanke hingegen wurde vollkommen ausgeklammert. Die Stilllegung sollte so vor sich gehen, dass der Schiffsraum entsprechend der Größe der Betriebe reduziert würde, wobei für Partikulierschiffer, die nur über ein Schiff verfügten, Sondervereinbarungen gefunden werden müssten. Ein Staatsvertrag sollte geschlossen werden, da der INTAR-Vorschlag ein Kartell vorsah, das jedoch gegen die Mannheimer Akte verstieß, die eigentlich den Assoziationszwang untersagte.[642] Der Idee der INTAR zielte somit auf kapazitätspolitische Maßnahmen, wenn auch nicht konsequent. Der Mehrheitsbeschluss für die Stilllegung ist beachtlich, ebenso die Ausgleichszahlung dafür. Dies könnte als Kompromissangebot an die Niederländer gesehen werden, die einen Eingriff in den Markt stets abgelehnt hatten. Zudem würden Quoten und Frachtenvorschriften verboten.

Vor der Kommissionssitzung im Juni hatte ein Orientierungsgespräch zwischen führenden Rheinreedern stattgefunden, in dem geäußert worden war, dass die „Gefahr einer Krise nach wie vor „latent“ [Hervorhebung im Text] sei“.[643] Der schweizerische Delegierte Groschupf teilte mit, dass vier Reedereien angekündigt hatten, sich mit allen legalen Mitteln gegen eine organisierte Stilllegung zu wehren. Hieran zeigte sich erstens erneut das Bestreben des Gewerbes, eigenständig zu bleiben, und zweitens eine schweizerische Minderheit. Die Kommission IV sprach dann über die Punkte Kapazitätsbeeinflussung, Pools, Konventionen, Betriebsgemeinschaften, die neue Organisation der Rheinschifffahrt und die Probleme der Frachtenbildung sowie das Petersberg-Abkommen. Der schweizerische Delegierte Jacquet stellte statt einer Berichterstattung über die Arbeiten der Unterkommission IIIb Fragen vor, die sich aus dieser Arbeit ergeben hatten. Dabei ging es darum, ob die Kapazitätsbeeinflussung ein Mittel sei, die wirtschaftliche Lage der Rheinschifffahrt in Zeiten der Unterbeschäftigung so zu beeinflussen, dass die Frachten nicht unter die Selbstkosten fallen. Fraglich sei, ob die Abeichung, die planmäßige Verkürzung

---

642 Vgl. BArchK, B 108, Nr. 1142, Bericht der zweiten Session der Wirtschaftskonferenz der Rheinschiffahrt 1959/60.

643 Nationaal Archief, 2.05.118, Nr. 30110, Conf.Ec.Doc. no 80 C IV, 5 juillet 1960, Sitzungsbericht der Kommission IV vom 28. Juni 1960 in Strasbourg.

der Fahrtzeiten und die vorübergehende Stilllegung von Schiffsraum taugliche Mittel dafür seien. Die Verbindlichkeit solcher Maßnahmen war ein strittiger Punkt: „Wird eine Mitwirkung der Rheinuferstaaten bei Massnahmen der Kapazitätsbeeinflussung als zweckmässig betrachtet für den Fall, dass eine qualifizierte Mehrheit der Schiffahrttreibenden in einem Rheinuferstaat einer solchen zustimmt und wobei es sich nur darum handeln wird, den Beitritt zu einer scharf umrissenen Zweckorganisation für die Minderheit verbindlich zu erklären?“[644]

Der schweizerische Delegierte Groschupf und die drei niederländischen Delegierten hatten eine abweichende Meinung zu den Ergebnissen der Unterkommission IIIb. Es sollte erst einmal diskutiert werden, warum die Rheinschifffahrt Geld in Schiffe investierte und wie man das Gewerbe davon abbringen könnte, weitere Neubauten zu planen. Dieser Gegensatz blieb in den Gesprächen bestehen: „Die Auffassung der Herren Groschupf und Dr. Elshout, dass es nicht sinnvoll sei, sich zu den einzelnen Fragen zu äussern, wenn man grundsätzlich eine Auswirkung von Kapazitätsbeeinflussungsmassnahmen zur Erhöhung des Frachtniveaus negiere, wurde von der Mehrheit der Anwesenden nicht geteilt.“[645]

Der deutsche Delegierte Huber schlug die Gründung einer Arbeitsgruppe vor, die ein Statut einer neuen Organisation der Rheinschifffahrt ausarbeiten sollte. „Nach eingehender Diskussion wurde ohne Widerspruch die Bildung einer Arbeitsgruppe (Unterkommission IV a) beschlossen, die die Statuten für eine neue Organisation auszuarbeiten hat.“[646] Der Niederländer Elshout hatte erklärt, nicht Teil dieser Unterkommission sein zu können. Hier zeigte sich erneut seine skeptische Haltung gegenüber einer Organisation, von der er sich fragte, welche Rechte und Pflichten ihre Mitglieder haben würden und welche Kompetenzen sie selbst. Das deutsche Bundesverkehrsministerium hielt über die Sitzung fest: „Die Frontenstellung erlaubt es nicht, hinsichtlich einer Einflußnahme auf die Kapazität über die bisherigen Feststellungen hinaus weitere zu treffen.“[647] Die Niederlande würden sich weigern, sich konstruktiv zu beteiligen. Die schweizerischen Delegierten waren, wie sich später zeigen sollte, nicht so geschlossen dagegen.

644 Ebd.
645 Ebd.
646 Ebd.
647 BArchK, B 108, Nr. 1148 Bd. 1 von 2, intern BVM, 04.07.1960, Wirtschaftskonferenz, Sitzung Kommission IV, 28.06.1960.

Die Unterkommission IVa trat schließlich zu Beratungen zusammen und legte der Kommission IV einen Bericht vor mit der Empfehlung, diesen an die Wirtschaftskonferenz weiterzuleiten. Der auf den 25. August 1960 datierte Bericht beinhaltete den Entwurf für die Satzung einer neuen Organisation des Rheinschifffahrtsgewerbes. Die Unterkommission hatte zweimal getagt, den Vorsitz hatte der deutsche Delegierte Huber. Trotz der zuvor geäußerten Diskrepanzen, hatte man mit Delegierten aller beteiligten Staaten sehr schnell eine Empfehlung ausgearbeitet. Die neue Organisation sollte den Namen Internationale Arbeitsgemeinschaft der Rheinschiffahrt (INTAR) tragen und die bestehende IAR ersetzen. Dabei waren die Zielsetzung und die Kompetenzen zu erweitern, damit die Organisation für die Durchführung der Maßnahmen zur Krisenbewältigung geeignet wäre. Die Mitgliedschaft in der INTAR sollte freiwillig sein, allerdings eine Minderheit zur Mitgliedschaft verpflichtet werden können, was de facto einer Zwangsmitgliedschaft entsprach. Das oberste Organ war eine Delegiertenversammlung; die Anzahl der Delegierten richtete sich nach der Schiffstonnage der einzelnen Organisationen. Im Verwaltungsrat wären die einzelnen Länder dagegen gleich stark vertreten. Für die Beschäftigungsausgleichsmaßnahmen sollte eine gesonderte Kommission zuständig sein, in der Deutschland und die Niederlande mit je vier, Frankreich, Belgien und die Schweiz mit je zwei Mitgliedern vertreten wären.[648]

Interessant ist hierbei, dass man so die bislang gescheiterte betrieblich-administrativ-tarifäre Standardisierung sozusagen ‚durch die Hintertüre' doch noch zum Erfolg führen wollte: Die dann mit mehr Kompetenzen ausgestattete Organisation INTAR könnte kapazitätspolitische Regelungen durchsetzen. Wie bereits 1952/53 mit Gründung der IAR schuf man einen (neuen) organisatorischen Rahmen beziehungsweise reformierte den bestehenden, um Standardisierung zu betreiben. Hier wurden erneut, wenn auch implizit, der stetig steigende Einfluss und die Bedeutung des Gewerbes, also Akteuren mit fachlichem Praxiswissen, deutlich. Die Unterkommission IVa war der Auffassung, dass „die neue Organisation des Rheinschiffahrtsgewerbes ihre Aufgabe im Interesse aller nur dann erfüllen kann, wenn sämtliche auf dem Rhein und seinen Nebenflüssen verkehrenden Schiffe erfasst werden."[649] Daher hatte die Unterkommission eine obligatorische Mitgliedschaft erwogen. Wegen dieses Eingriffs wurde ein

648 Vgl. Nationaal Archief, 2.05.118, Nr. 30110, Wirtschaftskonferenz der Rheinschiffahrt – Unterkommission IVa.

649 Ebd.

internationaler Staatsvertrag nötig, wofür die Unterkommission einen Entwurf erstellte, um die Vorstellungen des Gewerbes klar darzulegen. Gleichwohl war solch ein Vertrag Aufgabe der Regierungen. Die Unterkommission IVa schlug vor, dass der Staatsvertrag zunächst für fünf Jahre gelten sollte. Die Zentralkommission sollte in diesem Staatsvertrag ermächtigt werden, das Obligatorium zu verfügen.[650]

Im September 1960 besprach Kommission IV die Arbeiten der Unterkommission. Der Niederländer Elshout zeigte sich wieder als Gegner der neuen Organisation und verwehrte sich gegen eine Mitgliedschaft der Nederlandsche Particuliere Rijnvaart-Centrale (NPRC) in derselben. Von der Ablehnung der Plans einer Arbeitsgemeinschaft seitens der NPRS wurde im November 1961 in einem Zeitungsartikel berichtet.[651] Zudem fürchtete Elshout einen Prestigeverlust für die Zentralkommission falls die Wirtschaftskonferenz scheiterte.[652] In der Sitzung der Unterkommission IVa sei von „Querschlägern" gesprochen worden; Elshout wollte sich gegen diesen Ausdruck wehren, denn auch wenn er zu einer Minderheit gehöre, so habe er doch das Recht, seine Meinung zu äußern.[653] Hier zeigt sich kurz, wie scharf die Diskussionen mitunter gewesen sein müssen. Die Lagerbildung spiegelte sich erneut beim Ergebnis der Abstimmung der Kommission IV über den Bericht der Unterkommission IVa: Die vier Stimmen der Niederlande verteilten sich auf drei Gegenstimmen und eine Enthaltung, bei den Schweizern stimmten ein Delegierter dagegen und drei dafür. Deutschland, Belgien und Frankreich waren dafür. Nur ein Belgier enthielt sich, die deutsche Delegation war nur halb vertreten.[654]

Ende September legte die Kommission IV ihren Bericht vor: „Dans le projet des statuts d'une organisation internationale des navigateurs rhénans […] des dispositions ont été reprises en faveur des pools et conven-

650 Vgl. ebd.

651 Vgl. BArchK, B 108, Nr. 1145 Bd. 1 von 2, Handels&Transport Courant Nr. 5133 vom 28.11.1961.

652 Vgl. BArchK, B 108, Nr. 1148 Bd. 2 von 2, Conf.Ec. Doc. No. 83 C IV, 21.09.1960, Kommission IV, Sitzungsbericht der Kommission IV vom 08.09.1960.

653 Archives Nationales de Fontainebleau, 77 770, Nr. 015, Conf.Ec.Doc. no 88 C IV, 21 septembre 1960, Compte rendu de la réunion de la Commission IV tenue le 8 septembre 1960 à Strasbourg.

654 Vgl. ebd.

tions en tant que but de cette organisation."[655] Des Weiteren übermittelte die Kommission IV an die Zentralkommission einen Entwurf für die INTAR. Als entscheidende Punkte hatte sie dabei ausgemacht: Die obligatorische Mitgliedschaft sei nur wegen der wirtschaftlichen Lage der Rheinschifffahrt nötig. Daher müssten die Mehrheit der Schiffseigentümer und die Mehrheit der Tonnage, also der Schiffsflotte, dafür sein.

Die Niederländer Elshout, Galavazi und Wolter reichten einen Minderheitenbericht ein,[656] in dem sie sowohl die Kapazitätsmaßnahmen als auch deren angeblichen Grund, die latente Krise, als nicht stichhaltig ablehnten. Des Weiteren äußerten sie, dass die „Inkonsequenz und Nonchalance einzelner Delegierter" die „Unlust zur Zusammenarbeit hervorrufen und verstärken"[657] würde, da nun eine Organisation gewünscht werde und vorher jeglicher staatlicher Einfluss abgelehnt worden sei. Die Mannheimer Akte würde verletzt und die Gründe dafür seien ungenügend. Die niederländische Delegation lehnte die Frage ab, ob Behörden den Minderheiten Zwang auflegen dürfen. Es werde stets von einer latenten Krise gesprochen, die Rheinschifffahrt sei, so die niederländische Delegation, aber konjunkturempfindlich; permanente Krisengefahr sei daher übertrieben und unrichtig, die Kapazitätsbeeinflussung ein künstliches Mittel, ein solcher Plan sei bereits vor 30 Jahren ausgesprochen, jedoch nie durchgeführt worden. „Kapazitätsbeeinflussung, wie man sie auch nennt, ist bestimmt nicht genügend dringend oder wichtig, um damit eine Verletzung der Mannheimer Akte zu rechtfertigen."[658]

Die niederländische Delegation demonstrierte erneut ihre Blockadehaltung gegenüber kapazitätspolitischen Maßnahmen und Markteinmischungen. Die Schweizer Groschupf und Ritter (beide Vertreter des Gewerbes) fügten dem Kommissionsbericht eigene Beobachtungen bei.[659] Wie die Niederländer lehnten sie die INTAR ab, da sie diese als Angriff auf die Mannheimer Akte sahen: „Die INTAR als Zwangsorganisation ist eine

655 Archives Nationales de Fontainebleau, 77 770, Nr. 015 und Nationaal Archief, 2.05.118, Nr. 30110, Conf.Ec.Doc. no 84 C IV, 22 septembre 1960, Rapport de la Commission IV.

656 Vgl. Nationaal Archief, 2.05.118, Nr. 30110, Annexe 3 au Doc. 84, Commission IV, Rapport de la minorité, A.

657 BArchK, B 108, Nr. 1142 Bd. 1 von 2, Kommission IV, Bericht der Minderheit, A. Bemerkungen der Herren Elshout, Galavazi, Wolters, niederländische Delegation.

658 Ebd.

659 Vgl. Nationaal Archief, 2.05.118, Nr. 30110, Annexe 3 au Doc. 84, Commission IV, Rapport de la minorité, B.

krasse Verletzung [Hervorhebung im Text] des Art. 1 der revidierten Akte von Mannheim 1868.“[660] Es sei unverständlich, warum die Arbeitsgemeinschaft sich den Stilllegungsfragen nicht schon längst angenommen habe.

Die Kommission IV sah die Bearbeitung des Problems der Frachtenbildung als nicht zweckmäßig an, da die Regierungen zurzeit Besprechungen über Abkommen anregten. Die Bildung von Pools und Konventionen sollte weiter gefördert werden, ebenso erachtete die Kommission Betriebsgemeinschaften für geeignet, die internationale Zusammenarbeit zu fördern.[661] In Betreff der Kapazitätsbeeinflussung und einer neuen Organisation der Rheinschifffahrt war ein Entwurf der Internationalen Arbeitsgemeinschaft der Rheinschiffahrt (INTAR) erstellt worden. Insgesamt sah die Kommission es nicht als ihre Aufgabe an, sich mit verkehrspolitischen Vorbehalten einzelner Delegationen zu befassen: Die Schweizer erklärten, dass der staatliche Einfluss auf den Kapazitätsausgleich nur in Ordnung wäre, wenn die freie Frachtenbildung und der Grundsatz der Gleichbehandlung uneingeschränkt anerkannt würden. Nach deutscher Meinung war die umfassende Organisation aller Rheinschifffahrtstreibenden unter Inanspruchnahme staatlicher Hilfe für alle kapazitätsbeschränkenden Maßnahmen und auch für andere Regelungen notwendig. Diese Auffassung wurde von Frankreich geteilt. Belgien hatte den Zeitdruck beklagt und die Niederlande enthielten sich der Stellungnahme, weil der Vorschlag nur Teilprobleme und nicht auch die Kabotage, Festfrachtsysteme et cetera behandelte.[662]

Die niederländische Delegation votierte gegen den INTAR-Plan und beklagte die geplante behördliche Regulierung und die Verletzung der Mannheimer Akte: „Es ist erstaunlich, mit welcher Leichtigkeit sie dazu übergehen, eine Verletzung der Mannheimer Akte zu propagieren, was noch auffälliger wird, wenn man dabei überlegt, dass sich unter ihnen einige befinden, die noch vor kurzem in Wort und Schrift den unschätzbaren Wert des Freiheitsprinzips, in der Akte sichergestellt, unterstrichen und deren Antastung – durch andere – kritisiert und abgewiesen haben. Wesentliche Motivierungen ihrer grundsätzlichen Standpunktsänderungen

660 BArchK, B 108, Nr. 1142 Bd. 1 von 2, B. Bemerkungen der Herren Groschupf und Ritter, Schweizer Delegation.

661 Vgl. BArchK, B 108, Nr. 1143 Bd. 2 von 2, Conf.Ec.Doc. no 84, C IV, 22 septembre 1960.

662 Vgl. ebd.

haben sie nicht bekanntgegeben. Hierdurch haben sie andere vor ein Rätsel gestellt.“[663] Die niederländischen Vertreter bezweifelten das Vorhandensein einer latenten, dauerhaften Krise, die zu einem Bruch mit der Mannheimer Akte berechtigen würde und verwiesen auf befriedigende Dividenden und prompte Zahlungen von Zinsen und Ablösungen: Die Rheinschifffahrt sei konjunkturempfindlich und „ups and downs“ unterworfen. Sie würde zwar möglicherweise eine geringe Rentabilität besitzen, dies sei jedoch keine permanente Krise. Daher fassten die Niederländer zusammen, „dass sowohl das für die Maßnahme Kapazitätsbeeinflussung genannte Motiv (vermeintliche Krisengefahr) als auch die Maßnahme selbst (vermeintliches Verteidigungsmittel gegen Krisenfolgen) untauglich“[664] waren. Für sie ergab es keinen Unterschied, „ob man die Maßnahmen Kapazitätsbeeinflussung oder Beschäftigungsausgleich nennt, weil durch eine Änderung des Namens der Begriff genauso weit geändert wird, wie ein Kind durch Namensänderung ein anderes Kind wird. Kapazitätsbeeinflussung, wie man sie auch nennt, ist bestimmt nicht genügend dringend oder wichtig, um damit eine Verletzung der Mannheimer Akte zu rechtfertigen.“[665] Einerseits wirkte dies wie eine niederländische Blockadehaltung, andererseits war die Argumentation im Kern korrekt. Denn die Mannheimer Akte garantierte die Schifffahrtsfreiheit, die durch die Kapazitätsregulierungen eingeschränkt werden würde: „Die Schiffahrt auf dem Rhein und seinen Ausflüssen von Basel bis in das offene Meer soll, sowohl aufwärts als abwärts, unter Beachtung der in diesem Vertrage festgesetzten Bestimmungen und der zur Aufrechterhaltung der allgemeinen Sicherheit erforderlichen polizeilichen Vorschriften, den Fahrzeugen aller Nationen zum Transport von Waren und Personen gestattet sein. Abgesehen von diesen Vorschriften soll kein Hindernis, welcher Art es auch sein mag, der freien Schiffahrt entgegengesetzt werden.“[666]

Ein intergouvernemental festgelegter rechtlicher Standard wurde somit durch einen ihm widersprechenden betrieblichen Standard (die Kapazitätsregelungen) bedroht. Die Freiheit für Schiffe aller Nationen war beispielsweise durch den deutschen Kabotagevorbehalt eingeschränkt gewe-

663 BArchK, B 108, Nr. 1142, Bericht der zweiten Session der Wirtschaftskonferenz der Rheinschiffahrt 1959/60.

664 Ebd.

665 Ebd.

666 Revidierte Rheinschiffahrtsakte, abgerufen von der Website der Zentralkommission www.ccr-zkr.org/files/conventions/convrev_a.pdf zuletzt am 24. Februar 2015.

sen, was erbitterte Diskussionen verursacht hatte. Die Freiheit wurde immer wieder als Argument ins Feld geführt: So berichtete die Deutsche Verkehrs-Zeitung vom holländischen Protest gegen den INTAR-Plan in dem sie auf einen Leitartikel eines niederländischen Rheinschifffahrtsunternehmers Bezug nahm. Demnach lehnten die Niederländer und die Schweizer die Kapazitätsregelung ab, da diese die Freiheit der Mannheimer Akte „über Bord werfen“[667] würde. Aber auch der andere große Akteur für die Rheisnchifffahrt wurde kritisiert: Der Artikel rügte die EWG-Kommission wegen ihres Mangels an Initiative, weshalb der Kurs vom protektionistisch bestimmten Ministerrat dominiert werde. Sowohl in der EWG als auch in der Zentralkommission stießen die unterschiedlichen verkehrspolitischen Konzepte der Mitgliedstaaten aufeinander. Dabei ging es um die Reihenfolge der tarif- und kapazitätspolitischen Maßnahmen. Die Niederlande wollten ein Regime für den Rhein auf Basis der Mannheimer Akte, wohingegen die Bundesrepublik den ruinösen Wettbewerb durch Kapazitätsbeschränkungen vermeiden wollte. Zudem verboten die EWG-Wettbewerbsregeln (Art. 85-90) Kartelle und die Mannheimer Akte Zwangsvereinigungen, was ein Kernproblem für die Umsetzung der INTAR war.[668]

Der Entwurf zu einer Satzung der Internationalen Arbeitsgemeinschaft der Rheinschiffahrt (INTAR), in der Fassung vom 8. September 1960, wurde begleitet von einem Entwurf zu einem Abkommen über die Internationale Zusammenarbeit des Rheinschifffahrtsgewerbes, das zehn Artikel umfasste.[669] Auffällig ist die immer gleiche Grundstruktur der Organisationspläne der IAR, INTAR und der späteren UIR. Mitglied der INTAR sollten die neu zu gründenden fünf nationalen Arbeitsgemeinschaften der Rheinschifffahrt sein (Art. 4), die die Beschlüsse der INTAR umzusetzen und Maßnahmen für den Beschäftigungsausgleich durchzuführen hatten (Art. 6). Die Aufgaben der INTAR waren die Stärkung der Zusammenarbeit aller Rheinschifffahrtstreibenden und die Wahrung ihrer Interessen, die Verbesserung der Leistungsfähigkeit der Rheinschifffahrt und Gewährleistung der bestmöglichen, gleichmäßigen Beschäftigung (Art. 3). Oberstes Organ der INTAR war die Delegiertenversammlung, jede nationale Arbeitsgemeinschaft ernannte Delegierte für die Amtsdauer von zwei

667 Holländischer Protest gegen Intarplan, in: Deutsche Verkehrs-Zeitung, Nr. 67, 6. Juni 1963, S. 15.
668 Vgl. BArchK, B 108, Nr. 1145.
669 Vgl. BArchK, B 108, Nr. 13472.

Jahren (Art. 14), Entscheidungen wurden mit absoluter Mehrheit getroffen (Art. 18). Die Kommission für Beschäftigungsausgleich regelte Maßnahmen für die Anpassung des Angebotes von Schiffsraum an den Güteranfall (Art. 24), indem sie Ausführungsvorschriften für Beschäftigungsausgleich erließ, die Marktverhältnisse prüfte und Stilllegungen anordnete (Art. 27). „Der von den nationalen Arbeitsgemeinschaften zu führende Kapazitätsausgleichsfonds darf nur im Rahmen von Maßnahmen für einen Beschäftigungsausgleich, insbesondere für die Bezahlung von Stilliegevergütungen und zur Deckung der Verwaltungskosten verwendet werden. Jedes Mitglied einer nationalen Arbeitsgemeinschaft hat für seine im Kapazitätsregister eingetragenen Schiffe für jeden Kalendertag und für jede Tonne der Tragfähigkeit eines Schiffes einen Ausgleichsbeitrag an den Kapazitätsausgleichsfonds zu bezahlen, dessen Höhe von der Delegiertenversammlung jeweils für ein Jahr auf Vorschlag der Kommission für Beschäftigungsausgleich festgelegt wird."[670] (Art. 30) Die Satzung der INTAR war der Zentralkommission der Rheinschifffahrt in Straßburg zu übermitteln. Diese sollte die notwendigen Schritte unternehmen, damit alle Rheinschifffahrtstreibenden einer nationalen Arbeitsgemeinschaft beitraten (Art. 49).[671]

Die Zentralkommission für die Rheinschifffahrt

In ihrer Frühjahrssitzung 1960 ließ sich die Zentralkommission vom Generalsekretär über den neuesten Stand der Wirtschaftskonferenz unterrichten.[672] Zu diesem Zeitpunkt hatte die Konferenz vier Vollversammlungen abgehalten sowie vier Kommissionen und sechs Unterkommissionen gegründet. Streitpunkte waren die Fragen, ob das Frachtenniveau durch Kapazitätsmaßnahmen beeinflusst werden könnte sowie Möglichkeiten der Gewerbeorganisation. Die letzte Vollversammlung der Wirtschaftskonferenz hatte mehrheitlich verneint, dass eine freiwillige Organisation zur Frachtenerhöhung möglich sei (2 Jastimmen, 18 Neinstimmen, 10 Enthaltungen). Die Mehrheit sprach sich dafür aus, die Regierungen um Unter-

670 BArchK, B 108, Nr. 13472, Entwurf zu einer Satzung der Internationalen Arbeitsgemeinschaft der Rheinschiffahrt (INTAR), Fassung 08.09.1960.

671 Vgl. ebd.

672 Vgl. Nationaal Archief, 2.05.118, Nr. 30060, C.C.R. 1960-I-7, Protocole 7, 4 mai 1960, Conférence économique de la navigation rhénane.

stützung zu bitten, sollte eine freiwillige Organisation nicht möglich sein (16 Jastimmen, 6 Neinstimmen, 8 Enthaltungen).

Nach einer ersten Verhandlungsphase in den Kommissionen I, II und III der Zweiten Wirtschaftskonferenz (Juli 1959 bis April 1960) gab es eine zweite Verhandlungsphase mit abgewandeltem Arbeitsauftrag in der neu gegründeten Kommission IV (April 1960 bis September 1960). Die Phasen des ‚policy-cycle' wiederholen sich also, hier wird eine Eigenart des Prozesses deutlich sichtbar. Für die zweite Verhandlungsphase wurde ein neues Strukturelement erschaffen. Dies war typisch für den Prozess: Das Problem wurde ‚weitergeschoben' und vertragt.

Somit hatte die Wirtschaftskonferenz ihre Aufgabe zwar insofern erfüllt, als dass sie Inventur betrieben und einen Bericht erstellt hatte. Ein gewisses Scheitern zeichnete sich dennoch schon ab, da keine konkreten, umsetzbaren Lösungen präsentiert werden konnten. Diese Vertagung hatte sich bereits nach den Arbeiten der Unterkommission IIIb angedeutet. Strukturelemente stellten das Verhandlungsergebnis dar.

4.2.2.4. Entscheidungsphase

Die Vollversammlung der Zweiten Wirtschaftskonferenz tagte am 21. Oktober 1960 und stellte fest, dass die Arbeiten der Kommission IV grundsätzlich zur Idee der Kapazitätsbegrenzung führten. Ein Großteil der Rheinschifffahrt glaubte, dass die Regierungen dem Ungleichgewicht in der Frachtraumausnutzung Abhilfe schaffen sollten. Es gab zur Art der Umsetzung jedoch Unstimmigkeiten. Thema waren vor allem eben die Solidarität der Schifffahrtstreibenden und die staatlichen Eingriffe. Elshout wies darauf hin, dass in der Kommission IV, genauso wie in den Unterkommissionen IIa und IIIb keine Einstimmigkeit erzielt worden sei. Es wurde kein Konsens gefunden und ein neues Gremium erneut mit der Lösungssuche beauftragt, das Problem also weitergeschoben. Diese Beobachtung schien auch von den damaligen Akteuren gemacht worden zu sein. So äußerte Huber, dass weitere Diskussionen unfruchtbar seien, unter anderem da bereits ausführliche Diskussionen in den einzelnen Kommissionen stattgefunden hatten. Er sagte, dass die deutsche Rheinschifffahrt den Bericht der Kommission IV befürworte und ihn an die Zentralkommission weiterleiten wolle. Nach weiteren Einwürfen und Diskussionen blieben drei Möglichkeiten: Die erste sah eine Weiterarbeit der Wirtschaftskonferenz mit Gründung einer neuen Kommission vor (also eine Weiterreichung des Problems). In der zweiten Variante würde die Wirtschaftskonferenz beendet und ihre Berichte an die Zentralkommission weitergeleitet. Auch dies hätte eine Problemweiterreichung in ein anderes, allerdings schon bestehendes Gremium, zur Folge, nachdem der Dissens in einem Bericht zusammengefasst worden wäre. Die dritte Möglichkeit stellte eine Kompromisslösung dar und sah vor, die Arbeiten der Wirtschaftskonferenz zu unterbrechen und die Berichte an die Zentralkommission zu übersenden. Es sollte untersucht werden, ob die Vorschläge der Mehrheit der Kommission IV durchführbar seien.[673]

Schaller, Goossens, Graff, Dix und Vonk äußerten, dass es nicht wünschenswert sei, die Arbeiten der Wirtschaftskonferenz zum jetzigen Stand einzustellen. Es wurde daher beschlossen, einen Bericht der Konferenz an die Zentralkommission zu übermitteln und zu fragen, ob die geplante neue Organisation realisierbar sei.[674]

Folglich übersandte die Konferenz der Zentralkommission einen Bericht sowie die Berichte ihrer Kommissionen: Im Laufe der Diskussionen von Kommission IV hatte sich herausgestellt, dass man das Problem der Gewerbeorganisation nicht von der Gemeinsamkeit der wirtschaftlichen Faktoren der Rheinuferstaaten trennen könne. Eine Minderheit der Konferenz konnte sich der Mehrheit nicht anschließen, da sie an der Legitimität, Notwendigkeit und Effizienz der Vorschläge zweifelte. Die Wirtschaftskonferenz wünschte von der Zentralkommission Antworten auf die Fragen,

1) ob die wirtschaftlichen Bedürfnisse die Gründung einer Organisation in der vorgeschlagenen Form rechtfertigten und
2) unter welchen Bedingungen sich die Zentralkommission in der Lage sähe, den Regierungen die Maßnahmen vorzuschlagen, die zur Gründung einer Organisation der gesamten Rheinschifffahrt nötig seien.[675]

Ende Oktober 1960 berichtete der schweizerische Delegierte Schaller in der Zentralkommission als Vizepräsident der Wirtschaftskonferenz über deren Tätigkeiten. Da die Mehrheit der Anwesenden an der Konferenz teilgenommen hatte, schilderte er nur das letzte Treffen, aus dem die Frage

---

673 Vgl. Archives Nationales de Fontainebleau, 77 770, Nr. 015, Conf.Ec.Doc. no 86, 8 novembre 1960, Compte rendu de la session plénière, le 21 octobre 1960 à Strasbourg.

674 Vgl. ebd.

675 Vgl. PA AA, B 57-405, Nr. 168, Doc. 1353, 24 octobre 1960, Rapport de la Conférence Economique.

nach der Realisierbarkeit der vorgeschlagenen Organisation resultierte.[676] Der französische Delegierte Graff fügte hinzu, dass keine Einigkeit erzielt werden konnte, vor allem da eine Zwangsmitgliedschaft wahrscheinlich sei, damit das gesamte Gewerbe Mitglied werde. Oyevaar, Delegierter der Niederlande, fragte, ob die Zentralkommission denke, dass eine solche Organisation durch die wirtschaftliche Lage gerechtfertigt sei und ob eine solche Organisation der Mannheimer Akte widerspreche. Nach einigem Diskutieren wurde beschlossen, dass der Wirtschaftsausschuss weiterberaten sollte.[677]

Es geschah das, was typisch für die damaligen Verhandlungen war: Ein Bericht fasste den Diskussionstand und die unterschiedlichen Meinungen zusammen und der Ball wurde wieder der Zentralkommission und den Regierungen zugespielt. Eine Standardisierung erfolgte nicht.

4.2.3. Weitere Entwicklung

Der Wirtschaftskonferenz im Oktober 1960 war es nicht geglückt, Einstimmigkeit zu erzielen, schrieb der niederländische Delegierte Schaepman seinem Ministerpräsidenten über die Herbstsitzung 1960 der Zentralkommission. Er kommentierte: „Men kann niet zeggen dat de Conferentie is mislukt. Gelukt is zij intussen in geen geval."[678] Schaepman erwähnte, dass die Revision der Mannheimer Akte weiterhin eher stockte, und dass die Bundesrepublik eine andere Meinung habe als die Niederlande und dass die Revision in Anbetracht der EWG und der Position der Schweiz wichtig sei. Dies bedeutete, dass eine internationale Rheinpolitik solange nicht möglich schien beziehungsweise war, so lange die übergeordneten Fragen der Verkehrspolitik der EWG und der Revision der Mannheimer Akte gelöst waren.

Die übergeordneten Fragen blockierten alle anderen Einigungen. Die Zentralkommission und die Wirtschaftskonferenz schienen mit ihrer kapazitätspolitischen Lösung und dem INTAR-Plan in den Stillstand gezwungen. Die Niederlande hatten die Gemeinsame Verkehrspolitik der EWG

---

676 Vgl. Nationaal Archief, 2.05.118, Nr. 30060, Protocole 4, 26 octobre 1960, Conférence économique de la navigation rhénane.

677 Vgl. ebd.

678 Nationaal Archief, 2.03.01, Nr. 2187, Schaepman aan de Minister-President, 11 november 1960, Verslag van de Najaarszitting van de Centrale Commissie voor de Rijnvaart, gehouden te Straatsburg van 24-28 october 1960.

von Beginn an wohlwollend betrachtet und erhofften sich durch den Gemeinsamen Markt Vorteile für ihre eigene Wirtschaft, die größer sein würden als die durch die INTAR. Sie kritisierten die behördliche Regulierung und die Verletzung der Mannheimer Akte durch die INTAR, die im Widerspruch zu der niederländischen liberalen und marktwirtschaftlichen Verkehrspolitik stand. Die Idee hinter der INTAR war Gleichheit und Solidarität mittels betrieblich-administrativer Standards: Der Beschäftigungsausfall sollte gleichmäßig unter den Staaten aufgeteilt und Ausgleichskassen für die Stilllegung eingerichtet werden. Da die freiwilligen Zusammenschlüsse der 1950er Jahre keine ausreichende Wirkung erbracht hatten, müsste die INTAR bindend sein. Es scheint demnach so, als ob man aus den Fehlern und Versäumnissen gelernt hatte, allerdings ähnelten sich die Pläne und Maßnahmen dennoch sehr.

Das Thema der betrieblich-administrativ-tarifären Standardisierung mittels der Gründung einer Organisation verschwand in den Jahren 1961 bis 1963 nie ganz von der Agenda. Nun rückte aber massiv die bis dahin ungeklärte Frage nach dem rechtlichen Verhältnis des EWG-Vertrags und der Mannheimer Akte in den Vordergrund, deren Beantwortung notwendig war, um über die Zukunft des INTAR-Plans zu beraten.

Tabelle 13: Standards in den Diskussionen der Wirtschaftskonferenzen[679]

Erste Wirtschaftskonferenz 1952		
Kommission und Arbeitsauftrag	*Standard*	*Ergebnis der Verhandlungen*
Kommission I befasste sich mit der Wiederherstellung der Freiheit der Schifffahrt im Sinne der Mannheimer Akte.	betrieblich und rechtlich	unter anderem Wegfall des deutschen Kabotagevorbehalts (mit zeitlicher Verzögerung)
Kommission II diskutierte Frachtverständigungen auf privatwirtschaftlicher Grundlage, um Krisenerscheinungen zu vermeiden.	tarifär und betrieblich	private Frachtenverständigungen zum Teil in Pools und Konventionen verwirklicht

679 Tabelle erstellt aus den Protokollen.

Kommission III untersuchte Möglichkeiten zur Krisenvermeidung wie Beschränkung des Angebots von Transportmitteln (Abeichungen, Stilllegung, Baubeschränkung).	kapazitativ beziehungsweise betrieblich-administrativ	Vereinbarung für die Dauer eines Jahres keine Neubauaufträge zu vergeben, Stilllegung gescheitert
Kommission IV besprach die Möglichkeit einer ständigen Organisation auf privatwirtschaftlicher Grundlage.	betrieblich, administrativ, rechtlich	Gründung der IAR
Zweite Wirtschaftskonferenz 1959/1960		
Kommission und Arbeitsauftrag	*Standard*	*Ergebnis der Verhandlungen*
Kommission I erstellte eine Bestandsaufnahme.		bisherige betriebliche Standardisierung (IAR) hatte zu geringen Umfang
Kommission II befasste sich mit strukturellen Problemen.	betrieblich, tarifär, rechtlich	verschiedene Meinungen, keine Einigung
Kommission III diskutierte die Frachtenbildung, Flottenkapazität und Organisation des Gewerbes.	tarifär, betrieblich, administrativ, rechtlich	keine einheitliche Meinung, Streitpunkt Frachtenniveaubeeinflussung durch Kapazitätsmaßnahmen, Einsetzung von Kommission IV und Beratung über INTAR-Plan
Kommission IV sollte konkrete Vorschläge ausarbeiten zu Frachtenbildung, Pools und Konventionen, Kapazitätsbeeinflussungstabelle 15g und neuer Organisation der Rheinschifffahrt.	betrieblich-rechtlich-administrativ-tarifär (-technisch), kapazitativ	INTAR-Plan, gescheitert

4.3. Paketstandard III: Plan zur Union Internationale du Rhin (UIR) – Ausblick[680]

1961 war ein Schriftwechsel zwischen dem Präsidenten der EWG-Kommission und dem Präsidenten der Zentralkommisison begonnen worden, der jedoch mehr symbolischer Natur war.[681] Die EWG versuchte, ihre Arbeit an einer Gemeinsamen Verkehrspolitik mit dem so genannten Schaus-Memorandum von 1961 und dem Aktionsprogramm von 1962 voranzutreiben. Bereits im Schaus-Memorandum tauchten die Margentarife auf, die eine freie Preisbildung innerhalb einer Marge vorsahen und damit eine Preistransparenz gewährleisten sollten. Die Verkehrspolitik der EWG hätte eine liberale Ausrichtung, alle Verkehrsarten würden gleich behandelt und Kartelle verboten. Konkret wurde es 1963 mit den vorgebrachten Verordnungsvorschlägen, die den formalen Rechtsetzungsprozess der EWG anstießen. Allerdings herrschte auch in der EWG keine Einigkeit bezüglich der Ausgestaltung der Gemeinsamen Verkehrspolitik. Die Niederlande beispielsweise lehnten die Margentarife mit Hinblick auf die Rheinschifffahrt strikt ab.[682]

Die Vorschläge der EWG blieben nicht ohne Wirkung auf die Zentralkommisison und die ihr nahestehenden Rheinschifffahrtsorganisationen. 1961 und 1962 war dort das Schaus-Memorandum besprochen worden und es war schwierig gewesen, zu einer einheitlichen Stellungnahme zu kommen. Im Juni 1963 richtete sich die IAR mit der Bitte um Wieder-

680 Das Beispiel des UIR-Plans und die Konkurrenz zwischen der EWG und der Zentralkommission für die Rheinschifffahrt wurden von der Autorin in einem Aufsatz beahandelt. Vgl. Henrich-Franke, Christian; Tölle, Isabel: Competition for European Competence: The Central Commission for Navigation on the Rhine and the European Economic Community in the 1960s, in: History and Technology, Vol. 27, Nr. 3, 2011, pp. 331-352.

681 Vgl. PA AA, B 81, Nr. 264, C.C.R. 1961-II-3, 18 octobre 1961, Relations avec la Communauté Economique Européenne.

682 Zur Entstehung der Gemeinsamen Verkehrspolitik der EWG siehe Henrich-Franke, Christian: Gescheiterte Integration: Die Europäische Wirtschaftsgemeinschaft und die Formulierung der gemeinsamen Verkehrspolitik (1958-1967), in: Journal of European Integration History, Heft 2, 2009, S. 125-147. Henrich-Franke, Christian: Gescheiterte Integration im Vergleich: Der Verkehr – ein Problemsektor gemeinsamer Rechtsetzung im Deutschen Reich (1871-1879) und der Europäischen Wirtschaftsgemeinschaft (1958-1972), Franz Steiner Verlag, Stuttgart 2012.

aufnahme der Wirtschaftskonferenz an die Zentralkomission.[683] Gründe dafür waren unter anderem die andauernde wirtschaftliche Krise der Rheinschifffahrt sowie die Angst vor unliebsamen Maßnahmen der EWG. Die Dritte Wirtschaftskonferenz begann im November 1963 mit vorrangig zwei Arbeitsaufträgen: Erstens hatte sie Auswirkungen des EWG-Vorschlags zu erörtern und zweitens selbst Vorschläge für ein verkehrsbegünstigendes wirtschaftliches System zu unterbreiten. Einig waren sich die Akteure darin, dass die Rheinschifffahrt ihr eigenständiges Regime behalten sollte und dass die Margentarife abgelehnt wurden, da diese Preise am unteren Margenende bewirken würden.[684]

Als Resultat der Verhandlungen wurde im Februar 1964 der Entwurf für die Union Internationale du Rhin (UIR) aufgestellt.[685] Diese Organisation sollte die Interessen der Rheinschifffahrt wahren und eine gleichmäßige Beschäftigung gewährleisten. Sie war die Neufassung der Idee zur INTAR, die bei der Zweiten Wirtschaftskonferenz gescheitert war. Trotz heftiger Diskussionen um eine Zwangsmitgliedschaft der Schifffahrtstreibenden, die nun definitiv vorgesehen war, stellte die Wirtschaftskonferenz im September 1964 fest, dass sie die UIR derzeit für die beste Lösungsmöglichkeit hielt.

Die Rückkopplungen der Wirtschaftskonferenz mit der Zentralkommisison führten zum Vorschlag des Wirtschaftsausschusses, eine Arbeitsgruppe speziell für die UIR einzuberufen.[686] Die UIR-Arbeitsgruppe wurde im Mai 1965 von der Zentralkommission eingesetzt und erörterte in den folgenden Monaten insbesondere die Zwangsmitgliedschaft sowie die Stillegung und erstellte zahlreiche Satzungsentwürfe.

Im Sommer 1966 drängte die IAR auf die Verwirklichung der UIR. Die EWG lehnte die UIR dagegen ab. Nach etlichen Diskussionen zur UIR in der Arbeitsgruppe und erneut in der Wirtschaftskonferenz befasste sich die Zentralkommission mit der Thematik. Nachdem sie sich auf Januar 1967

683 Vgl. PA AA, B 81, Nr. 267, Doc. 1569, 7 juin 1963, Lettre du President du Consortium de la navigation rhénane, 5. Juni 1963.

684 Vgl. BArchK, B 108, Nr. 1170, Entschließung der Wirtschaftskonferenz vom 3. November 1963.

685 Vgl. BArchK, B 108, Nr. 13420, Entwurf einer Satzung der UIR, 27.02.1964, Wirtschaftskonferenz, Entwurf der Statuten der Union de la Navigation Internationale du Rhin (UNIR), Version du 18 fevrier 1964.

686 Vgl. Archives Nationales de Fontainebleau, 77 770, Nr. 023, Doc. 1726, Comite Economique, Compte rendu de Sécretariat, Réunion des 4, 5 et 6 mai 1965.

vertragt hatte, wurde im November 1966 ein neuer Satzungsentwurf erstellt.[687]

Die Zentralkommission teilte im Januar 1967 mit, dass sich die Präsidenten der Zentralkommission und der EWG-Kommission getroffen hätten. Aufgrund der bestehenden Kompetenzkonflikte und der Uneinigkeiten beschloss die Zentralkommission, den UIR-Plan an die Regierungen und die EWG weiterzuleiten und diesen weitere Aktionen zu überlassen.[688]

Mit Deutschland, den Niederlanden, Frankreich und Belgien waren vier der fünf aktiven Mitgliedstaaten der Zentralkommission (die USA und Großbritannien verhielten sich eher passiv) gleichzeitig Mitglied der EWG. Die Schweiz war kein Mitglied der EWG und wollte auch keines werden. Diese Konstellation erschwerte die Arbeiten beider Organisationen ungemein. In den Zentralkommissionsverhandlungen zögerten die vier EWG-Mitgliedstaaten Entscheidungen eher hinaus, da sie die EWG-Verhandlungen abwarten wollten. Die Schweiz dagegen drängte auf eine Einigung. Insgesamt kam es so zu zeitlichen Verzögerungen, Abwartetaktiken und Stillständen sowie dem Weiterreichen von Aufgaben durch verschiedene Gremien. Alles, was die EWG zum Thema Verkehrspolitik unternahm, war von großer Bedeutung für die Zentralkommission und ihre Pläne der betrieblichen Standardisierung mittels einer internationalen Schifffahrtsorganisation. Die EWG wollte ihre Gemeinsame Verkehrspolitik marktwirtschaftlich organisieren; dem Preiswettbewerb käme dabei eine Kernrolle zu. Der Margentarifansatz der EWG sollte eine freie Preisbildung innerhalb einer Marge garantieren und so ruinöse Konkurrenz verhindern. In der Zentralkommission wurde er aber als ungeeignet erachtet, da Preise als zu unflexibel für die starken Nachfrageschwankungen in der Rheinschifffahrt angesehen wurden und die Überkapazitäten in der Rheinschifffahrt zu einem Preis am unteren Ende der Marge führen würden. Mit den Verordnungsvorschlägen von Mai 1963 stieß die EWG-Kommission das offizielle Gesetzgebungsverfahren an. Dadurch wurden die Zentralkommission, das Gewerbe und die IAR vor Tatsachen gestellt,

---

687 Vgl. BArchK, B 108, Nr. 13420, Entwurf einer Satzung der UIR, ZKR, Arbeitsdokument, 08.11.1966, UIR-Plan, Vorentwurf zu einem Übereinkommen über die Gründung einer Union der Internationalen Rheinschiffahrt.

688 Vgl. National Archief, 2.05.118, Nr. 30067, C.C.R. 1967-I-2, Protocole 2, 17 janvier 1967, Conference Economique de la Navigation Rhenane – Plan UNIR.

da es nun jederzeit zu einer Verabschiedung der unerwünschten Margentarife kommen konnte.

Die Zentralkommission war eine Regierungskonferenz und daher intergouvernemental, das heißt sie konnte nicht selbst Entscheidungen treffen, sondern die in ihr versammelten Staaten taten dies einstimmig. Sie bewegte sich in den von außen gegebenen Rahmenbedingungen und konnte sich über bestehende Gesetze nicht einfach hinwegsetzen. Die Mitgliedstaaten beider Organisationen (Zentralkommission und EWG) mussten bisweilen Position beziehen. So lösten die Niederlande, die eine liberale, marktwirtschaftliche Verkehrspolitik vertraten, beispielsweise ihre Blockadehaltung gegen den INTAR-Plan und eröffneten den Weg für weitere Verhandlungen in der Zentralkommission. Es bestand eine Wechselbeziehung: Die Verordnungsvorschläge belasteten die Zentralkommission, der UIR-Plan belastete die EWG-Verhandlungen. Nach einigen Jahren blieb nur die Feststellung, dass die Konkurrenz der Organisationen und Handlungsansätze der Rheinschifffahrt keine Besserung gebracht hatten und es zu keinen wirklich weitreichenden Beschlüssen gekommen war.

4.4. Inner-Epochen-Vergleich und Fazit für Epoche 2[689]

Der synchrone Vergleich basiert auf den drei Dimensionen von Politik: Struktur, Prozess und Inhalt [siehe Vorbemerkung zum Inner-Epochen-Vergleich und Fazit der Epoche 1 (Kapitel 3.5.)].

Der Zweite Weltkrieg hatte die internationale Zusammenarbeit auf dem Rhein unterbrochen, die Zentralkommission hatte nicht mehr getagt. Sie nahm ihre Arbeit im Herbst 1945 wieder auf. Zahlreiche andere internationale Organisationen, die sich mit Infrastrukturen, dem Verkehr oder speziell mit der Binnenschifffahrt beschäftigten, wurden nun ins Leben gerufen. Dabei stellte sich die 1957 gegründete Europäische Wirtschaftsgemeinschaft (EWG) als besonders bedeutend heraus. Die Zentralkommission war nun ein Akteur unter vielen. Geprägt war die Zeit vom Wiederaufbau und der Neuorganisation nach dem Zweiten Weltkrieg. Die Rheinschifffahrt war allgemein gekennzeichnet von einer Krise, die auf Überka-

689 Teilergebnisse dieser Arbeit, besonders der beiden Inner-Epochen-Vergleiche und der Analyse, sind bereits vorab im Synopseband des Gesamtforschungsprojekts erschienen. Vgl. Ambrosius, Gerold; Henrich-Franke, Christian: Integration von Infrastrukturen in Europa im historischen Vergleich – Band 1: Synopse, Nomos, Baden-Baden 2013.

pazitäten und zu geringe Frachten zurückgeführt wurde. Der sich wandelnde Verkehrsmarkt, hier vor allem Konzentrationen im Gewerbe und technische Neuerungen in der Schifffahrt, trugen ebenfalls zur Krise bei. Hinzu kam die intermodale Konkurrenz der Verkehrsträger.

Betrachtet wurden für Epoche 2 nicht Beispiele für Standardisierungen in einzelnen Bereichen, sondern Standardisierungen im Rahmen von Paketverhandlungen. Es wurden also tarifäre, rechtliche, administrative, betriebliche und technische Standards zusammen verhandelt, was unter anderem dazu führte, dass die einzelnen Standards nicht klar voneinander zu trennen waren. Als Fallbeispiele dienten hier erstens die Verhandlungen der Ersten Wirtschaftskonferenz der Rheinschifffahrt, die zur Gründung der Internationalen Arbeitsgemeinschaft der Rheinschifffahrt (IAR) führten. Die wirtschaftlich schwierige Situation der Rheinschifffahrt hatte bewirkt, dass sich Vertreter verschiedener Ebenen trafen, um gemeinsam Lösungsmöglichkeiten zu beraten. Ein zweites Standardisierungspaket stellten die Verhandlungen zur Zweiten Wirtschaftskonferenz und der Gründung der Internationalen Arbeitsgemeinschaft der Rheinschifffahrt (INTAR) dar. Diese sollte die IAR ersetzen und die Krise wirksam bekämpfen sowie die Position der Rheinschifffahrt stärken. Die Verhandlungen scheiterten jedoch nicht zuletzt daran, dass die meisten Mitgliedsländer der Zentralkommission ebenfalls Mitglied in der Europäischen Wirtschaftsgemeinschaft waren und Interessenkonflikte sowohl zwischen den einzelnen Ländern als auch zwischen den beiden Organisationen eine Einigung verhinderten. Kurz angerissen wurden die Verhandlungen zur Gründung der Union Internationale du Rhin (UIR), die ein weiteres Paket darstellten.

Aufgrund der veränderten Rahmenbedingungen waren Paketverhandlungen charakteristisch für Epoche 2. Gleichwohl gab es natürlich Standardisierungen in einzelnen Bereichen, zum Beispiel im rechtlichen, wo in den 1950er Jahren eine Sozialversicherung für Rheinschiffer verhandelt wurde.[690] In anderen Fällen mussten Standards des 19. Jahrhunderts an das 20. angepasst werden, etwa rechtliche (zum Beispiel die Polizeiverordnung) und betriebliche (unter anderem maximale Fahrtzeiten). Bei Stan-

690 1950 wurde ein Abkommen über die soziale Sicherheit der Rheinschiffer in Paris unterzeichnet, das 1953 in Kraft trat. Vgl. hierzu: Scherner, Karl Otto: Entwicklungslinien des Rheinschiffahrtsrechts 1871-1963, in: Wiese, Günther (Hg.): Probleme des Binnenschiffahrtsrechts VI, C.F. Müller Juristischer Verlag, Heidelberg 1991, S. 51-87, hier S. 82f.

darisierungen im technischen Bereich (zum Beispiel Schiffsgrößen, Navigationssysteme) traten auch wettbewerbliche Integrationsformen auf.

4.4.1. Vergleich der Strukturen

Die Rahmenbedingungen in Epoche 2 waren geprägt vom Thema der „Europäischen Integration". Es entstanden immer mehr internationale oder regionale Organisationen, die sich auch mit Infrastrukturen beschäftigten. Dabei kam es durchaus zu Konkurrenzen zwischen einzelnen Organisationen um Zuständigkeiten und Lösungen. Die Epoche zeichnete sich durch eine hohe Anzahl an Initiativen und Ideen aus, von denen jedoch viele nicht realisiert wurden. Zusätzlich war die Zeit geprägt von einem verstärkten intermodalen Wettbewerb, das heißt die Rheinschifffahrt musste sich gegen andere Verkehrsträger behaupten.

Die nationalstaatlichen Verhandlungen waren nicht Teil der Untersuchungen dieser Arbeit. Gleichwohl sei hier kurz erwähnt, dass innerhalb der einzelnen Länder verschiedene Ministerien involviert waren. So entsandten in Deutschland das Verkehrs- und das Außenministerium Delegierte in die Zentralkommission und die Ministerien waren oft nicht einer Meinung. Während die deutschen Kommissare im Verkehrsministerium eher mittlere Ränge bekleideten, schickten die Niederländer hochrangige Personen sowohl zur Zentralkommission als auch in die EWG. Die Begriffe Regierungen, Ministerien, Verwaltungen beschreiben heterogene Gebilde und bedeuten in den einzelnen Ländern nicht exakt dasselbe. Daher ist ein Vergleich nur in eingeschränktem Maße möglich. Hier wird unterschieden zwischen der Regierung der einzelnen Länder, wozu auch die Außenministerien gehörten, und der Zentralkommission (gouvernementale Ebene), den Ministerien (ministerielle Ebene), Verwaltungen und Behörden (administrative Ebene) sowie weiteren privatwirtschaftlichen Akteuren (nicht-gouvernementale Ebene).

Paketstandard I: Plan zur Internationalen Arbeitsgemeinschaft der Rheinschiffahrt (IAR)

Beteiligte Akteure waren die Zentralkommission und hier vor allem der 1949 gegründete Wirtschaftsausschuss, die neu instituierte Wirtschaftskonferenz der Rheinschifffahrt, einzelne Staaten beziehungsweise die Verkehrs- und Außenministerien sowie das Rheinschifffahrtsgewerbe. Die

EGKS übte mit ihrer Existenz und ihren Plänen einen Einfluss auf die Verhandlungen aus, da diese teilweise für die Rheinschifffahrt relevant waren. Mit ihr und anderen neuen Organisationen sah sich die Zentralkommission konfrontiert, die bis dato fast alleiniger internationaler Akteur auf dem Gebiet der Rheinschifffahrt gewesen war. Ab 1952 spielte auch die neugegründete IBU eine Rolle. Die Zentralkommission begleitete die Gründung solcher Organisationen, die die Rheinschifffahrt, auch gegen die großen Organisationen wie EGKS oder ECMT, stärken sollten.

Die Verhandlungen fanden in verschiedenen Gremien statt. So war die Zentralkommission zwar immer noch der Kern, allerdings verlagerte sich hier die Hauptarbeit in den Wirtschaftsausschuss. In ihm wurden alle wichtigen Angelegenheiten diskutiert und Entscheidungen vorbereitet. Die Idee der Wirtschaftskonferenz, mit der ein weiteres Diskussionsforum entstand, entstammte ebenfalls dem Wirtschaftsausschuss.

Die Konferenz war als Zusammenschluss von Regierungs- und Gewerbevertretern der einzelnen Staaten sowie einigen Zentralkommissionsdelegierten der zentrale Ort der Verhandlungen. Jede Regierung war gebeten worden, eine Delegation von sechs Personen zu entsenden. Großbritannien und die USA schickten hier zwei Delegierte statt eigenen großen Delegationen in die Wirtschaftskonferenz. Sie hielten sich überhaupt in der Zentralkommission sehr zurück. An der Zusammensetzung der Wirtschaftskonferenz zeigt sich das enge Geflecht zwischen Regierungs- und Gewerbevertretern, die auch wegen der gestiegenen Bedeutung von Expertenwissen an Gewicht gewannen. Die immer größer gewordene Bedeutung und der Einfluss der Experten auf Standardisierungen spiegeln sich somit in den Strukturen der Rheinschifffahrt in den Jahrzehnten Mitte des 20. Jahrhunderts wider. Als einflussreichste Staaten traten Deutschland und die Niederlande hervor. Einzelne Delegierte bestimmten den Verlauf und Inhalt der Verhandlungen entscheidend mit.

Informalität spielte eine bedeutende Rolle, zum einen, weil die Gremien recht groß waren, zum anderen, weil personelle Verflechtungen zwischen den einzelnen Organisationen bestanden.

Paketstandard II: Plan zur Internationalen Arbeitsgemeinschaft der Rheinschiffahrt (INTAR)

Als neues Strukturelement hatte die 1957 gegründete Europäische Wirtschaftsgemeinschaft die Rahmenbedingungen stark verändert. Auch wenn die EWG nicht direkt an den Verhandlungen beteiligt war (ein Vertreter war zwar meist anwesend, diskutierte aber laut Protokollen nicht mit), so beeinflusste sie mit ihren Plänen zur Gemeinsamen Verkehrspolitik den Verhandlungsablauf und -inhalt (innerhalb der Zentralkommission und Wirtschaftskonferenz) maßgeblich. Die Zentralkommission behielt die Konkurrenz immer im Auge. So konstatierte etwa der Wirtschaftsausschuss, dass sich die Zentralkommission in der aktuellen Situation keine Schwäche leisten könnte, die möglicherweise gegen sie verwendet würde.

In diesem Beispiel agierten die Zentralkommission (hier vor allem der Wirtschaftsausschuss), die Wirtschaftskonferenz der Rheinschifffahrt mit ihren Regierungs-, Gewerbe- und Zentralkommissionsdelegierten, die IAR und die IBU, die EWG (hier vor allem die EWG-Kommission), die EGKS und die einzelnen Staaten (vor allem die Außen- und Verkehrsministerien), sowie Handelskammern und andere Verbände. Bei den Delegationen traten einzelne Akteure teilweise stark hervor, besonders in der niederländischen und schweizerischen Gruppe. Auffällig ist die starke Verknüpfung der Akteure miteinander. Fast alle Zentralkommissionsdelegierten waren in der Wirtschaftskonferenz. Es trafen sich immer dieselben Personen, die Netzwerke von Experten und Politikern sowie Interessensgemeinschaften bildeten.

Den größten Einfluss hatten der Wirtschaftsausschuss und die einzelnen Kommissionen der Wirtschaftskonferenz. Bei diesen Verhandlungen lässt sich eine Dominanz der Niederlande und der Schweiz sowie Deutschlands und Frankreichs ausmachen. Das Gewerbe, vertreten durch die IAR, übte zum einen Einfluss als Lobbyist aus, zum anderen als Informationslieferant. Die IAR hatte sich in den vergangenen Jahren als Verbindung der Zentralkommission zum Gewerbe etabliert. Der große Einfluss der Niederlande ist zu bemerken: Sie blieben sich treu in der Hinsicht, ihre Ansicht durchsetzen zu wollen und wenn dies nicht klappte, alles andere zu blockieren. Als bedeutender Rheinschifffahrtsstaat waren sie für alle Entscheidungen extrem wichtig, auch wenn die Staaten formal gleich waren. 1960 hofften die Niederlande, die EWG würde eine liberale Verkehrspolitik nach ihren Vorstellungen einführen.

Vergleich

Die beiden Fallbeispiele (IAR und INTAR) weisen viele Gemeinsamkeiten auf, etwa den Integrationsweg über die Politik, der innerhalb der einzelnen Organisationen in kooperativer Form beschritten wurde. Betrachtet man das gesamte Rheinregime, so kann im zweiten Beispiel (INTAR) von einem Wettbewerb gesprochen werden, da EWG und Zentralkommission miteinander konkurrierten. Der intermodale Wettbewerb zeigte sich ebenfalls im zweiten Fallbeispiel noch stärker, da die geplante Verkehrspolitik der EWG alle Verkehrsträger gleich behandeln wollte. Das Formelle dominierte, wenn auch die Zentralkommission neue Gremien schuf und informelle Absprachen förderte. Die kooperativen Strukturen waren zunehmend komplex und vernetzten sich mit der Zeit formell und vor allem informell. Man kann daher von einem interadministrativ-privaten Kooperationsgebilde sprechen.

Als wichtigstes Organ der Zentralkommission kristallisierte sich der Wirtschaftsausschuss heraus. In ihm wurde alles vorab diskutiert, das Plenum traf meist nur noch die Entscheidung. Der Wirtschaftsausschuss war kleiner als die große Zentralkommission und ermöglichte so effizientere Besprechungen. Zudem saßen in ihm oft langjährige und erfahrene Abgeordnete. Die Zentralkommission blieb de jure eine intergouvernementale Organisation, wandelte sich de facto aber in eine Mischung aus interadministrativer und intergouvernementaler Organisation mit privatwirtschaftlichen Elementen. Dies geschah vor allem durch die (neu gegründeten) Ausschüsse und Arbeitsgruppen, die immer bedeutender wurden.

Expertenwissen spielte eine große Rolle. Die Wirtschaftskonferenzen und das enge Geflecht zwischen Regierungs- und Gewerbevertretern sowie die immer größer gewordene Bedeutung und der Einfluss von Fachwissen und Akteuren aus der Schiffahrtspraxis zeichneten die Strukturen und zumindest ebenso stark die Prozesse der Standardisierung in der Rheinschifffahrt in Epoche 2 aus. Die stärker werdende Verflechtung von Gewerbe und Politik zeigte sich im zweiten Fallbeispiel an der Funktion der IAR als Informationslieferant für die Zentralkommission. Viele Organisationen versuchten zudem, gezielt auf Regierungen Einfluss zu nehmen und so Lobbyarbeit zu betreiben. Dabei waren viele Aktivitäten auf privatwirtschaftliche Interessen zurückzuführen.

In verschiedenen Organisationen agierten dieselben Personen, wodurch für die Strukturen charakteristische Gruppen entstanden, die entweder ähnliche Ziele verfolgten und/oder über gemeinsames Fachwissen verfügten. So entsandten die Niederlande dieselben Personen in die Zweite Wirtschaftskonferenz wie auch in die EWG. Zusätzlich bekleideten viele Personen Ämter bei verschiedenen Organisationen oder Institutionen. In den Beispielen zeigten sich Allianzen zwischen den Niederlanden und der Schweiz auf der einen Seite und Deutschland und Frankreich auf der anderen Seite. Über Jahre hinweg blieben dieselben Personen Delegierte der

Schweiz und der Niederlande, die deutlich ihre Meinung äußerten und einen Block gegen Deutschland formten.

Eine weitere Gemeinsamkeit ist darüber hinaus die Schaffung von neuen Strukturelementen als Lösungsansatz: Erstens war dies die Wirtschaftskonferenz und zweitens waren es die Pläne zur IAR und INTAR. Hier fällt die Grundstruktur auf, die alle Organisationspläne zu dieser Zeit hatten: IAR, INTAR und später UIR waren nach dem gleichen Muster aufgebaut und sollten sich mit den gleichen Problemen, nämlich kapazitätspolitischen Maßnahmen zum Beispiel in Form von organisierter Stilllegung, befassen.

Informalität spielte eine große Rolle und zeigte sich sowohl mittels umfangreicher Briefwechsel als auch in Gesprächen. Dies lag an der Größe der einzelnen Organisationen, da die informellen Gespräche Absprachen und die anschließende Einigung in größerer Runde erleichterten. Der ehemalige Generalsekretär Walther sagte in den 1960er Jahren dazu: „Der Brauch, die oft langen Nachmittagssitzungen durch eine Teepause zu unterbrechen, ist beibehalten worden und wird wegen der Möglichkeit sich zu entspannen und ohne Protokoll zwanglose Gesprächs [sic] zu führen, sehr geschätzt. Aus diesem Grund und um aus einer Sackgasse bei den Verhandlungen herauszukommen, wird oft eine Tasse Tee als Vorwand benutzt, die Sitzung zu unterbrechen."[691] Gruppen und Gemeinschaften von Akteuren förderten ebenfalls informelle Elemente. Zudem hatte die Zentralkommission einige Organisationsgründungen begleitet oder initiiert, zum Beispiel die der IBU oder der IAR und deren „Entstehung wirkte wie ein Katalysator für die Schaffung kooperativer Formen der Standardisierung über die Wirtschaft."[692]

Einen großen Unterschied stellte die Existenz der EWG im zweiten Fallbeispiel dar. War im ersten Beispiel schon ein Druck auf die Zentralkommission durch neu gegründete Organisationen wie etwa die EGKS sichtbar geworden, so zeigte sich im zweiten deutlich eine Konkurrenzsituation zwischen der Zentralkommission und der EWG. Diese für die ‚Europäische Integration' bedeutende Organisation war viel größer als die Zentralkommission. Beide Institutionen konkurrierten in ihrem Selbstver-

691 Eysinga, Willem Jan Mari van; Walther, Henri: Geschichte der Zentralkommission für die Rheinschiffahrt 1816 bis 1969, Straßburg 1994, S. 197.

692 Ambrosius, Gerold; Henrich-Franke, Christian: Integration von Infrastrukturen in Europa im historischen Vergleich – Band 1: Synopse, Nomos, Baden-Baden 2013, S. 103.

ständnis miteinander, die EWG-Kommission sah sich als alleiniges Expertengremium während die Zentralkommission sich als alteingesessene Expertin betrachtete. In den Diskussionen der Zentralkommission ging es auch um einen möglichen Gesichts- oder Machtverlust, sollte man nicht zu einer erfolgreichen Einigung finden. Zudem wurde diskutiert, ob Unstimmigkeiten in offiziellen Dokumenten erwähnt werden sollten oder ob sich die Zentralkommission mit einer nach außen demonstrierten Einheit gegen die EWG besser behaupten konnte.

Tabelle 14: Zusammenfassende Darstellung des Strukturenvergleichs für Epoche 2

	Erste Wirtschaftskonferenz und IAR	*Zweite Wirtschaftskonferenz und INTAR*
Weg	über Politik, kooperativ über Verhandlungen	über Politik, kooperativ über Verhandlungen, (nicht kooperativ über Wettbewerb)
Form	formelle Zusammenarbeit, intergouvernemental, interadministrativ	formelle Zusammenarbeit, intergouvernemental, interadministrativ
Akteure	Zentralkommission, Schiffergewerbe, Wirtschaftskonferenz	Zentralkommission, IAR, Wirtschaftskonferenz, EWG
Akteur(e) mit stärkstem Einfluss	Wirtschaftsausschuss, Wirtschaftskonferenz	Wirtschaftsausschuss, Wirtschaftskonferenz, Niederlande
Anzahl Akteure und Experten	informelle Vernetzung der Akteure, Vielzahl an Akteuren, große Bedeutung und Einfluss von Experten	informelle Vernetzung der Akteure, Vielzahl an Akteuren, große Bedeutung und Einfluss von Experten
Akteursebenen	gouvernementale, ministerielle, interadministrativ-privatwirtschaft-liches Kooperationsgebilde	gouvernementale, ministerielle, (supranationale), interadministrativ-privatwirtschaftliches Kooperationsgebilde

4.4.2. Vergleich der Prozesse

Aufgrund der komplexen Strukturen in Epoche 2 ist eine Generalisierung der Prozesse schwierig. Es lassen sich drei allgemeine Prozesstypen ausmachen: 1) der vertraglich vorgegebene Weg innerhalb der EWG, 2) ein Prozess innerhalb einer verkehrsträgerübergreifenden Organisation mit periodisch tagenden Kommissionen, 3) ein sehr komplexer Prozess im Rheinregulierungsregime.[693]

Beide in dieser Arbeit betrachteten Fallbeispiele sind im dritten Typ angesiedelt. Hier kamen die Anstöße zur Standardisierung meist aus den Ausschüssen oder vom Gewerbe. Die Zentralkommission setzte formal die Initiative, der Großteil des Willensbildungs- und Entscheidungsprozesses wurde jedoch aus dem Plenum der Zentralkommission ausgelagert und nach Verhandlungen in Ausschüssen traf das Plenum die Entscheidung. Der Prozess war konfliktreich und mit vielen Verzögerungen behaftet. Das Rheinregulierungsregime bildete den Kern des Prozesses. Die im zweiten Beispiel zeitgleich ablaufenden Verhandlungen in der EWG stellten hierfür Rahmenbedingungen dar, wurden aber in dieser Arbeit nicht detailliert betrachtet.[694]

Initiativphase

Paketstandard I: Plan zur Internationalen Arbeitsgemeinschaft der Rheinschiffahrt (IAR)

Die Initiativphase fiel mit nur zehn Monaten Dauer kurz aus. Der 1949 ins Leben gerufene Wirtschaftsausschuss der Zentralkommission diskutierte 1951 den Krisenzustand der Rheinschifffahrt und kam dabei auf die Idee, zur Lösung der Krise Schifffahrtstreibende zu befragen. Im Juli 1951 fiel

---

693 Vgl. ebd., S. 105f.

694 Zur Verkehrspolitik der EWG in diesen Jahren siehe unter anderem: Henrich-Franke, Christian: Gescheiterte Integration im Vergleich: Der Verkehr – ein Problemsektor gemeinsamer Rechtsetzung im Deutschen Reich (1871-1879) und der Europäischen Wirtschaftsgemeinschaft (1958-1972), Franz Steiner Verlag, Stuttgart 2012. Henrich-Franke, Christian; Tölle, Isabel: Competition for European Competence: The Central Commission for Navigation on the Rhine and the European Economic Community in the 1960s, in: History and Technology, Vol. 27, Nr. 3, 2011, pp. 331-352.

der Beschluss, die Wirtschaftskonferenz der Rheinschifffahrt einzuberufen, der Regierungs- und Gewerbevertreter angehören sollten. Problemformulierung und Agenda-Setting sind hier klar zu erkennen. Die Informationsbeschaffung und -bearbeitung wurden in die Verhandlungsphase geschoben, da der Hauptinformationslieferant – das Gewerbe – gleichzeitig Verhandlungspartner sein sollte. Damit wurden die zu Regulierenden zu Regulierern.

Die Initiative kam aus dem Wirtschaftsausschuss, nicht aus dem Zentralkommissionsplenum. Dieses Vorgehen war aber typisch für diese Zeit. Die Einladung zur Wirtschaftskonferenz erfolgte dann durch die Zentralkommission mit der Bitte um die Nominierung der Delegierten. Ein Novum stellte hier die geforderte Benennung von Regierungs- und Gewerbevertretern dar. Experten waren in dieser Phase noch nicht beteiligt, wurden aber explizit aufgrund ihres Wissens für die Verhandlungsphase eingeladen.

Die Akteure der Initiativphase waren der Wirtschaftsausschuss der Zentralkommission, die Zentralkommission selbst und die Wirtschaftskonferenz. Die Hauptakteure waren Delegierte der einzelnen Staaten und stammten meist aus den dortigen Außen- und Verkehrsministerien. Damit dominierte die gouvernementale und ministeriale Ebene.

Die Initiativphase verlief harmonisch und überwiegend formell.

Paketstandard II: Plan zur Internationalen Arbeitsgemeinschaft der Rheinschiffahrt (INTAR)

Im zweiten Fallbeispiel für Epoche 2 liefen im Prinzip zwei Prozesse nebeneinander ab, nämlich zum einen der zur Gemeinsamen Verkehrspolitik in der EWG und zum anderen der hier untersuchte.

Die Unterphasen der Problemformulierung und des Agenda-Settings sind klar auszumachen: Im September 1958 schrieb die IAR der Zentralkommission und forderte die erneute Einberufung der Wirtschaftskonferenz zur Lösung der Rheinschifffahrtskrise. Im März 1959 wurde von beiden Organisationen zusammen die Tagesordnung erstellt. Die Informationssammlung lief zwischen September 1958 und Juni 1959 ab. Die Initiativphase dauerte insgesamt ein knappes Jahr.

In dieser Phase agierten der Wirtschaftsausschuss der Zentralkommission, die Zentralkommission und die IAR und somit die gouvernementale, ministerielle sowie die nicht-gouvernementale Ebene. Die Verflechtung von Politik und Wirtschaft wurde hier bereits deutlich, ebenso die Mitgliedschaft vieler Personen in mehreren Organisationen oder Gremien. Die IAR trat als Informationslieferant auf. Experten waren beteiligt, ihr Wissen war für den Prozess essentiell.

Besonders spannend ist der Aspekt der Informalität in dieser Phase: Delegierte der Niederlande und der Schweiz trafen sich vorab zu informellen Gesprächen, obwohl offiziell noch nichts angestoßen worden war, um ihre Positionen und ihr Vorgehen für eventuell folgende Verhandlungen abzusprechen. Dies zeigt, dass das Thema Rheinschifffahrt in den Niederlanden und der Schweiz eine hohe Bedeutung hatte. Die Niederlande wollten die Zweite Wirtschaftskonferenz nicht; bereits die Initiativphase war mit Konflikten beladen. Hier spiegelten sich bereits die großen Konfliktlinien dieser Zeit, die sich im Prozess wiederfanden: Die EWG konkurrierte mit der Zentralkommission und innerhalb der Zentralkommission stritten sich vor allem Deutschland und Frankreich mit den Niederlanden und der Schweiz. Die Idee der staatlichen Regulierung stand gegen die der liberalmarktwirtschaftlichen Orientierung, zum Beispiel bei durch den Markt bestimmten oder festen Frachtraten.

Vergleich

Die Initiativphase fiel im ersten Beispiel kürzer aus, was an der Verschiebung der Informationssammlung und -bearbeitung in die Verhandlungsphase lag. Die Informationssammlung erfolgte in beiden Fallbeispielen in Zusammenarbeit mit dem Gewerbe. Auffällig, aber typisch für diese Zeit ist, dass die Initiative nicht aus dem formalen Plenum der Zentralkommission, sondern im ersten Beispiel aus dem Wirtschaftsausschuss und im zweiten von der IAR kam.

Die enge Verflechtung zwischen Gewerbe und Zentralkommission prägte beide Beispiele. Es agierten daher in beiden Beispielen die gouvernementale und ministerielle Ebene, wobei im zweiten Beispiel die nichtgouvernementale Akteursebene von großer Bedeutung war. Die IAR war allerdings erst aus dem Prozess des ersten Beispiels heraus entstanden. Im zweiten Beispiel waren auch bereits während der Initiativphase Experten beteiligt.

Die vor- und zwischengeschaltete Rolle des Wirtschaftsausschusses und damit eine Verschiebung der Gestaltungsmacht innerhalb der Zentralkommission wurde besonders deutlich: Als kleineres Gremium fanden in ihm immer vorab Besprechungen statt und die Zentralkommission übernahm häufig die von ihm ausgearbeiteten Vorschläge. Der größte Unterschied zwischen beiden Initiativphasen zeigt sich bei den Konflikten: Das erste Prozess begann harmonisch, während im zweiten bereits zu Beginn Unstimmigkeiten herrschten.

Verhandlungsphase

Paketstandard I: Plan zur Internationalen Arbeitsgemeinschaft der Rheinschiffahrt (IAR)

Die Verhandlungsphase lässt sich hier exakt datieren, da sie mit der Dauer der Ersten Wirtschaftskonferenz der Rheinschifffahrt übereinstimmt. Von Februar 1952 bis Oktober 1952 fanden Konfliktregelung und Konsensfindung statt.

Akteure waren dabei vor allem die Wirtschaftskonferenz, aber auch die Zentralkommission. Hierbei vermischten sich gouvernementale, ministerielle und nicht-gouvernementale Ebene, die alle ungefähr den gleichen Einfluss hatten. Auffällig ist, dass drei der vier Kommissionsvorsitzenden der Wirtschaftskonferenz Gewerbevertreter waren.

Die Hauptversammlung der Wirtschaftskonferenz war mit 60 Personen relativ groß. Die eigentlichen Verhandlungen fanden daher in den Kommissionen und Ausschüssen statt und wurden von regem Schriftwechsel zwischen Delegierten und Ministerien sowie informellen Gesprächen zwischen den Delegierten und innerhalb der Delegationen begleitet, das heißt vor- und nachbereitet. Dabei wurden Einzelfragen diskutiert, Nachfragen gestellt und beantwortet sowie Feinheiten und Vorgehensweisen abgesprochen. Personelle Verflechtungen prägten das Akteursgefüge. Experten waren als Gewerbevertreter mit ihrem Fachwissen stark präsent und entsprechend einflussreich.

Im Gegensatz zur Initiativphase brachen in der Verhandlungsphase Konflikte auf. Als Antagonisten waren dabei vor allem die Niederlande und die Schweiz, teilweise unterstützt durch Belgien, sowie Deutschland und Frankreich auszumachen. Streitpunkte waren die Frachtenfreiheit, der Kabotagevorbehalt und die Gründung der IAR. Die Verhandlungsphase war durch einen hohen Grad an Informalität, Briefwechsel, Gespräche sowie einen regen Austausch zwischen den Delegationen, Regierungen und Ministerien geprägt. Diese Gespräche hatten einen großen Einfluss auf die Verhandlungen.

Paketstandard II: Plan zur Internationalen Arbeitsgemeinschaft der Rheinschiffahrt (INTAR)

Hier wurde eine Eigenart des Prozesses deutlich sichtbar: An eine erste Verhandlungsphase in den ersten drei Kommissionen der Wirtschaftskonferenz schloss sich eine zweite Verhandlungsphase mit abgewandeltem Arbeitsauftrag in der neu gegründeten Kommission IV an. Damit wurde ein neues Strukturelement geschaffen, wodurch sich der ‚policy-cycle' teilweise wiederholte. Auch dies ist typisch für den Prozess: Das Problem wurde weitergeschoben. Insgesamt dauerte die Verhandlungsphase, wie die Initiativphase, knapp ein Jahr und zwar von Juli 1959 bis September 1960.

Es agierten viele Akteure und Akteursebenen, zum Beispiel formale Organisationen wie die Zentralkommission und Gewerbevertreter als Experten. Die gouvernementale, nicht-gouvernemetale und ministerielle Ebene prägten die Wirtschaftskonferenz und übten am meisten Einfluss aus. Die Position der Niederlande war besonders: Sie waren ein so entscheidender Akteur, dass von ihnen der Erfolg der Verhandlungen abhing. Sie konnten zudem die Zentralkommission und die EWG gegeneinander ausspielen.

Die in der Initiativphase bereits aufgetretenen Konflikte setzten sich hier fort. Deutschland und Frankreich standen in der Zentralkommission den Niederlanden und der Schweiz gegenüber. Der Konflikt zwischen Preis- und Kapazitätspolitik fand auch zwischen der Zentralkommission und der EWG statt. Die Blockbildung in der Zentralkommission sorgte für einen rauen Umgangston sowie Minderheitenberichte und Blockadehaltungen. Es wurde daher beschlossen, einen Bericht der Konferenz an die Zentralkommission zu übermitteln und zu fragen, ob die geplante Organisation realisierbar sei. Es geschah das, was typisch für die Arbeit damals war: Ein Bericht erfasste den Diskussionstand sowie die unterschiedlichen Meinungen und der Ball wurde wieder der Zentralkommission und den Regierungen zugespielt.

Vergleich

Die Verhandlungsphase des ersten Beispiels war wie bereits die Initiativphase kürzer als die des zweiten. Die Auslagerung von Problemen in neue Gremien, die dann an die alten berichten mussten (denn weder die Wirtschaftskonferenz noch der Wirtschaftsausschuss konnten entscheiden, sondern nur die Zentralkommission), verlängerte den Prozess beide Male. Besonders im zweiten Fall wurde diese typische Vorgehensweise des Weiterschiebens von Schwierigkeiten sichtbar.

Es gab viele Ausschüsse und Kommissionen, deren Sitzungen von ausgiebiger Korrespondenz begleitet wurde. Experten gehörten fest zu den Akteuren.

Die Informalität war ziemlich hoch, was von starken Verflechtungen begünstigt wurde. Konflikte und nationales Taktieren spielten in beiden Fällen eine große Rolle, vor allem im zweiten dominierte letzteres die Verhandlungen. Einen großen Unterschied bildete die Existenz der EWG im zweiten Beispiel, deren Aktivitäten die Verhandlungen in der Zentralkommission beeinflussten.

Entscheidungsphase

Paketstandard I: Plan zur Internationalen Arbeitsgemeinschaft der Rheinschiffahrt (IAR)

Die Wirtschaftskonferenz beendete ihre Arbeit im Oktober 1952 und einen Monat später leitete die Zentralkommission nach Beratungen Berichte und Empfehlungen an die Regierungen weiter. Als Konsequenz wurde im März 1953 die IAR gegründet. Die Entscheidungsphase dauerte zwei Monate, ihr Ergebnis zeigte sich wiederum vier Monate später. Insgesamt beanspruchte der Prozess im ersten Fallbeispiel von Epoche 2 gut eineinhalb Jahre.

Der Hauptakteur der Entscheidungsphase war die Zentralkommission und damit die gouvernementale und die ministerielle Ebene, wobei die gouvernementale dominierte.

Personelle Verflechtungen prägten den gesamten Prozess und förderten informelle Absprachen. Die Konflikte der Verhandlungsphase wurden in die Entscheidungsphase weitergetragen, da erstens die Unstimmigkeiten in den Berichten der Wirtschaftskonferenz auftauchten und zweitens viele Delegierte in der Zentralkommission als Delegierte an den Verhandlungen in der Wirtschaftskonferenz dabei gewesen waren. Der damalige Generalsekretär der Zentralkommission hielt später fest, dass kaum Einigkeit bestanden habe.[695] Noch in der Entscheidungsphase stritten Deutschland und die Niederlande um den Kabotagevorbehalt. Interessanterweise waren die Niederlande als einzige dafür, die Wirtschaftskonferenz weiterbestehen zu lassen. Die Konflikte reichten über die eigentliche Entscheidungsphase hinaus. So akzeptierten die Niederlande am Ende ‚zähneknirschend' die Gründung der IAR, der die Mehrheit der schweizerischen Schifffahrtstreibenden dann jedoch fern blieb.

Paketstandard II: Plan zur Internationalen Arbeitsgemeinschaft der Rheinschiffahrt (INTAR)

Die Entscheidungsphase dauerte nur einen Monat, nämlich den Oktober 1962. Allerdings endete sie mit einem Scheitern beziehungsweise einer Vertagung der Problemlösung.

Mit den Akteuren Wirtschaftskonferenz und Zentralkommission waren die gouvernementale, nicht-gouvernementale und ministerielle Ebene beteiligt.

Die Gemeinschaften von Experten und Gruppen, die ähnliche Ziele verfolgten, hatten bereits den gesamten Prozess geprägt und förderten ebenfalls in dieser Phase die Informalität. Es konnten allerdings auch informelle Absprachen keine Problemlösung herbeiführen. Stattdessen wurde das Problem von einem Gremium in das nächste geschoben und Konflikte dominierten die Entscheidungsphase.

Vergleich

In beiden Beispielen waren die Entscheidungsphasen sehr kurz.

Die gouvernementale Akteursebene gewann in beiden Fällen wieder an Gewicht, wenn auch im zweiten Beispiel die nicht-gouvernementale etwas bedeutender blieb als im ersten Beispiel.

Informalität und personelle Verflechtungen waren ebenfalls in beiden Fällen bedeutsam. Die Konflikte der Verhandlungsphase waren in die Entscheidungsphase mit hinein getragen worden. Der Hauptunterschied liegt im Scheitern der Standardisierung im zweiten Fallbeispiel.

---

695 Vgl. Eysinga, Willem Jan Mari van; Walther, Henri: Geschichte der Zentralkommission für die Rheinschiffahrt 1816 bis 1969, Straßburg 1994, S. 177f.

Tabelle 15: Zusammenfassende Darstellung des Prozessevergleichs für Epoche 2

		Erste Wirtschaftskonferenz und IAR	Zweite Wirtschaftskonferenz und INTAR
Initiativphase	Dauer	10 Monate	1 Jahr
	Akteure; Akteurs-ebenen	Zentralkommission, vor allem Wirtschaftsausschuss; gouvernementale, ministerielle	Zentralkommission, vor allem Wirtschaftsausschuss, IAR, (EWG); gouvernementale, ministerielle, interadministrativ-privatwirtschaftliches Kooperationsgebilde,
	Verlauf	formell, harmonisch	formell und informell, konfliktreich
Verhandlungsphase	Dauer	8 Monate	1 Jahr
	Akteure; Akteurs-ebenen	Zentralkommission, Wirtschaftskonferenz; gouvernementale, ministerielle, interadministrativ-privatwirtschaftliches Kooperationsgebilde	Zentralkommission, Wirtschaftskonferenz, (EWG); gouvernementale, ministerielle, interadministrativ-privatwirtschaftliches Kooperationsgebild
	Verlauf	formell und informell konfliktreich	formell und informell konfliktreich
Entscheidungsphase	Dauer	2 Monate	1 Monat
	Akteure; Akteurs-ebenen	Zentralkommission; gouvernementale, ministerielle, interadministrativ-privatwirt-schaftliches Kooperationsgebilde	Zentralkommission, Wirtschaftskonferenz; gouvernementale, ministerielle, interadministrativ-privatwirtschaftliches Kooperationsgebilde,
	Verlauf	formell und informell, konfliktreich	formell und informell, konfliktreich

4.4.3. Vergleich der Inhalte

Das Besondere bei den für Epoche 2 betrachteten Fallbeispielen ist erstens, dass hier keine einzelnen Standards verhandelt wurden, sondern Pakete von Standards. Zweitens sollte die Standardisierung durch die Schaffung neuer Organisationen erreicht werden, neue Strukturelemente sollten standardisierend wirken. Probleme gab es vor allem bei betrieblich-tarifären Standards mit allokativer Funktion, die hauptsächlich verhandelt wurden. Dabei waren die Paketverhandlungen typisch, die in dieser Arbeit dargestellt wurden.

Paketstandard I: Plan zur Internationalen Arbeitsgemeinschaft der Rheinschiffahrt (IAR)

Die Verhandlungen der Ersten Wirtschaftskonferenz endeten mit der Verabschiedung einer Resolution, die die Schaffung von betrieblichen, technischen, administrativen, tarifären und rechtlichen Standards vorsah und empfahl. Als Folge der Wirtschaftskonferenz wurde die IAR gegründet, die die Empfehlungen umsetzen sollte. Die Standardisierung erfolgte somit durch eine rechtliche Kodifizierung. Gegenstand waren alle Arten von Standards mit koordinativer, allokativer und distributiver Funktion.

Innerhalb der Verhandlungen wurden durchaus einzelne Standards diskutiert, allerdings waren diese in ein Gefüge eingebunden. Standardisierungen im betrieblichen Bereich waren dominierend. So wurden mit den Fragen nach der Schifffahrtsfreiheit und Frachtverständigungen betrieblich-rechtliche und betrieblich-tarifäre Standards verhandelt, die später auch umgesetzt wurden.

Dennoch war der Standardisierungsgrad hierbei nicht sehr hoch, da die Vereinbarungen leicht unterlaufen werden konnten. Interoperabilität wurde nicht gar nicht und Interkonnektivität nur bedingt erreicht. Betrieblich-administrative beziehungsweise kapazitative Standards, zum Beispiel die Stilllegung, scheiterten. Als betrieblich-rechtlich-administrativer Standard wurde die IAR geschaffen, die einen relativ hohen Standardisierungsgrad insofern erreichte, da die große Mehrheit der Rheinschifffahrtstreibenden in ihr Mitglied war.

Das große gemeinsame Ziel der Akteure war die Linderung der latenten Krise der Rheinschifffahrt. Man war sich einig, dass internationale Probleme wie das Überangebot an Frachtraum, der Ausgleich zwischen Angebot und Nachfrage sowie die Auswirkungen des Schumanplans internationaler Lösungen bedurften. Bei Teilzielen offenbarten sich starke Unterschiede zwischen den Akteuren. Hindernisse für die Schifffahrt sollten beseitigt werden, wobei vor allem die Niederlande und die Schweiz auf die Abschaffung des deutschen Kabotagevorbehalts pochten.

Paketstandard II: Plan zur Internationalen Arbeitsgemeinschaft der Rheinschiffahrt (INTAR)

Es dominierten bei den Paketverhandlungen die betrieblichen Standards mit einem Schwerpunkt auf kapazitativen Fragen. Zuerst wurden einzelne betrieblich-rechtliche oder betrieblich-tarifäre Standards verhandelt (zum Beispiel die Frachtenbildung und die Flottenkapazität), dann ein Standardpaket in Form des INTAR-Plans. Die Standardisierung in Form des INTAR-Plans war von übergeordneten Fragen blockiert. Eine internationale Rheinpolitik schien solange nicht möglich, so lange die Fragen der Verkehrspolitik der EWG und der Revision der Mannheimer Akte nicht gelöst waren. Die EWG-Margentarife hatten einen großen Einfluss auf die Genese des INTAR-Plan; die Zentralkommission und die Wirtschaftskonferenz schienen mit ihrer kapazitätspolitischen Lösung und dem INTAR-Plan zum Stillstand gezwungen.

Die INTAR sollte alle Standardisierungsbereiche in sich vereinen und rechtlich kodifiziert werden. Die koordinativen, allokativen und distributiven Funktionen der Standards sollten einen mittleren bis hohen Standardisierungsgrad haben, da der rechtliche Standard eine eventuelle Zwangsmitgliedschaft vorsah. Dies alles scheiterte jedoch.

Bei den Zielen ist zwischen den beiden großen Akteursgruppen EWG und Zentralkommission klar zu unterscheiden: Die EWG verfolgte das Ziel der Einrichtung einer Gemeinsamen Verkehrspolitik. Dagegen versuchte die Zentralkommission mit den ihr angeschlossenen beziehungsweise zuarbeitenden Organisationen die latente Krise der Rheinschifffahrt zu bekämpfen und das mangelnde Gleichgewicht und die ineffiziente Frachtenbildung zu beheben. Dabei sollte die Gleichheit und Solidarität zwischen den Schifffahrtstreibenden und den Staaten maßgeblich sein. Politisch und wirtschaftlich ging es der Zentralkommission um die Beibehaltung des einheitlichen Rheinregimes. Beide Organisationen wollten sich zudem als Gestalterin der Rheinschifffahrt sowie mit ihrem verkehrspolitischen Ansatz durchsetzen und sich ihre Kompetenz behaupten. Zielkonflikte wurden auch an anderer Stelle deutlich: Die Niederlande wünschten einen Marktmechanismus und Frachtenfreiheit, während Deutschland und Frankreich eine regulierte Schifffahrt als Lösung sahen. In Ansätzen lässt sich hier ein Ausspielen der Akteure gegeneinander beobachten, um die eigenen Ziele zu verwirklichen. So sahen die Niederlande ihre Interessen mal besser in der EWG und mal besser durch die Zentralkommission vertreten.

Vergleich

Allen Paketverhandlungen lagen nahezu dieselben Probleme zugrunde, denen mit den gleichen Lösungsansätzen begegnet werden sollte. So ähnelten sich die IAR, die INTAR und die UIR nicht nur im Namen, sondern auch in ihrem Aufbau und im Inhalt. Alle sollten sich mit kapazitätspolitischen Maßnahmen, etwa der organisierten Stilllegung, befassen. Im Prinzip wurde die ganze Epoche 2 nichts anderes verhandelt als ein Standardpaket zu Stilllegung, Überkapazität, Kostenausgleich et cetera. In den 1950er Jahren bestand eine freie Preisbildung und Wettbewerbsfreiheit, wie sie die Mannheimer Akte vorgab, aufgrund privater Absprachen und staatlicher Eingriffe nur bedingt. Es dominierten Fragen bezüglich der Standardisierung im betrieblichen Bereich.

Als Ergebnisse des ersten Beispiels gab es lediglich ‚weiche' Standardisierungen, wie zum Beispiel die Pools, aber keine ‚harten' Standards, die mit größerem Umfang und Erfolg in die Praxis eingegriffen hätten. Die 1953 gegründete Organisation IAR wurde von vielen als zu schwach angesehen. Die neue Organisation sollte den Namen Internationale Arbeitsgemeinschaft der Rheinschiffahrt (INTAR) tragen und die bestehende IAR ersetzen. Dabei wären die Zielsetzung und die Kompetenzen erweitert worden, damit sie für die Durchführung der Maßnahmen zur Krisenbewältigung ausreichten. Interessant ist hierbei, dass man so die bislang gescheiterte Standardisierung sozusagen ‚durch die Hintertüre' doch noch zum Erfolg führen wollte. Da die freiwilligen Zusammenschlüsse der 1950er Jahre keine ausreichende Wirkung gebracht hatten, sollte die INTAR bindend sein. Es scheint demnach so, als ob man aus den Fehlern und Versäumnissen gelernt hatte, allerdings ähnelten sich die Pläne und Maßnahmen dennoch sehr. Die dann mit mehr Kompetenzen ausgestattete Organisation INTAR könnte kapazitätspolitische Regelungen durchsetzen. Wie bereits 1952/53 mit Gründung der IAR schuf man also ein neues Strukturelement beziehungsweise reformierte das bestehende, um Standardisierung zu erreichen.

In beiden Beispielen prallten die unterschiedlichen Ansichten hinsichtlich einer Kapazitäts- (Deutschland) und einer Preispolitik (Niederlande) aufeinander, also kapazitative/administrativ-betriebliche und betrieblich-tarifäre Standardisierung. Die Wirtschaftskonferenzen stellten im Prinzip den Rahmen für Paketverhandlungen dar, die verschiedene, eng miteinander verflochtene Aspekte behandelten und sich schwerpunktmäßig um kapazitative/betriebliche Standardisierung drehten. Die Zentralkommission favorisierte betriebliche Standards zur Krisenlösung. Tarifäre Standards, also tarifpolitische Lösungen, wurden von der EWG verfolgt und gelegentlich von den Niederlanden unterstützt.

Das Hauptziel war die Beseitigung der Krise der Rheinschifffahrt. Im zweiten Beispiel kamen die Ziele der EWG hinzu, nämlich vor allem die Etablierung einer Gemeinsamen Verkehrspolitik. Nicht nur die Ziele der großen Organisationen kollidierten miteinander, auch an anderer Stelle traten Konflikte auf. So hatten die Niederlande die Gemeinsame Verkehrspolitik der EWG von Beginn an gefördert und erhofften sich durch den Gemeinsamen Markt Vorteile für ihre eigene Wirtschaft, die größer sein würden als die durch die INTAR.

Tabelle 16: Zusammenfassende Darstellung des Inhaltevergleichs für Epoche 2

	Erste Wirtschaftskonferenz und IAR	*Zweite Wirtschaftskonferenz und INTAR*
Art des Standards und Funktion	rechtlich kodifiziert und koordinativ, allokativ, distributiv	(rechtlich kodifiziert und koordinativ, allokativ, distributiv)
Standardisierungsgrad	niedrig	(mittel bis hoch)
Ziele der Akteure	Linderung der Krise, wirtschaftliche Konkurrenzfähigkeit der Rheinschifffahrt, Abschaffung von Diskriminierung	Linderung der Krise, wirtschaftliche Konkurrenzfähigkeit der Rheinschifffahrt, Sicherung des Rheinregimes

5. Epochenvergleich und Analyse

Die einzelnen Fallbeispiele aus Epoche 1 und 2 wurden in den beiden Inner-Epochen-Vergleichen beziehungsweise Epochenfazits (Kapitel 3.5. und 4.4.) anhand der Strukturen, Prozesse und Inhalte miteinander verglichen. Diese synchronen Vergleiche bilden für den nun folgenden diachronen Vergleich (Kapitel 5.1.) die Basis. Dabei werden die Strukturen, Prozesse und Inhalte von Epoche 1 (1840er und 1850er Jahre) denen von Epoche 2 (1950er und 1960er Jahre) gegenübergestellt. Es erfolgt kein Vergleich der einzelnen Standardisierungsbeispiele, sondern ein standardübergreifender, weil in Epoche 1 Einzelbeispiele und in Epoche 2 Paketverhandlungen betrachtet wurden. Kapitel 5.2. widmet sich der Frage nach den Beziehungen zwischen Strukturen, Prozessen und Inhalten in beiden Epochen. Es wird erklärt, wie die drei Kriterien zusammenspielten und einander beeinflussten. Anschließend werden in Kapitel 5.3. verschiedene Gründe genannt, die zu einer Förderung oder Behinderung der Standardisierung in den Epochen 1 und 2 führten. Diese Faktoren können struktureller, prozessualer oder inhaltlicher Natur sein oder sich als externe Faktoren aus (inter-)nationalen politischen und wirtschaftlichen Rahmenbedingungen ergeben.

5.1. Strukturen, Prozesse und Inhalte

5.1.1. Strukturen

Die Bedeutung des Rheins für Zölle und Tarife sowie die Einsetzung der Zentralkommission für die Rheinschifffahrt durch den Wiener Kongress 1815 sorgten dafür, dass Integrationsbestrebungen in beiden Betrachtungszeiträumen fast ausschließlich auf dem Weg über Politik abliefen. In der Regel geschah dies kooperativ durch Verhandlungen. Nicht-kooperative Standardisierungen kamen nur selten vor und wenn, dann vor allem im technischen Bereich. Fast alle Standardisierungen erfolgten innerhalb einer formalen Organisation mittels Verträgen. Immerhin kam es nach dem Zweiten Weltkrieg auch vor, dass der Weg über Politik in nicht-kooperativer Weise eingeschlagen wurde, wenn man die konkurrierenden Prozesse in der Zentralkommission und der EWG mit betrachtet. (Siehe

Schaubild in Kapitel 1.3.) In beiden Epochen handelte es sich um multilaterale Verhandlungen. Im 19. Jahrhundert waren diese intergouvernemental organisiert, nach dem Zweiten Weltkrieg dagegen in einer Mischung aus intergouvernementalen und interadministrativen mit starken nichtgouvernementalen Elementen. Die formale Entscheidungsstruktur wurde in beiden Epochen durch eine informelle ergänzt. In Epoche 1 begünstigte die kleine Anzahl von Delegierten den informellen Austausch, in Epoche 2 die kleinen Arbeitsgruppen, die eingerichtet wurden, um die Arbeit der Zentralkommission zu entlasten.

Im 19. Jahrhundert hatte sich die Zentralkommission als das alleinige Gremium für alle Fragen rund um die Rheinschifffahrt etabliert. Diese dominante Stellung verlor sie im Laufe des 20. Jahrhunderts. In den Nachkriegsjahren gründeten sich weitere internationale Organisationen, die ebenfalls auf dem Gebiet der für die Rheinschifffahrt relevanten Standardisierung tätig wurden, etwa die ECMT und die EWG. Diese waren meist deutlich größer als die Zentralkommission und zudem multimodal. Gleichwohl blieb letztere die einzige Organisation, die sich exklusiv mit dem Rhein befasste. Mit der EWG trat ein neuer Typus von Akteur auf die Bühne. In zahlreichen der neuen Gremien saßen Abgeordnete der Verkehrsministerien, die es in Epoche 1 noch nicht gegeben hatte. Sie hatten keinen diplomatischen Status und trugen zu einer Verschiebung von der intergouvernementalen hin zur interadministrativen Zusammenarbeit bei. Diese zeigte sich auch bei den Regierungen und Ministerien. Im 19. Jahrhundert stammten die Delegierten zumeist aus den Außenministerien, nach dem Zweiten Weltkrieg zumeist aus den Außen- und Verkehrsministerien, die durchaus in Rivalität standen. Auch innerhalb der Ministerien stieg die Bedeutung von Experten. Diese Veränderungen drückten sich auch darin aus, dass im 19. Jahrhundert eher völkerrechtliche Fragen diskutiert wurden, nach dem Zweiten Weltkrieg eher verkehrspolitische.

Bei den betrachteten Beispielen war die Zentralkommission der wichtigste Akteur. Dabei unterschied sich die Zentralkommission in Epoche 2 allerdings deutlich von der in Epoche 1. Sie wurde im Laufe der Zeit größer und organisatorisch ausdifferenzierter. In der Konferenzdiplomatie des 19. Jahrhunderts hatte die Zentralkommission einmal im Jahr getagt, nach dem Zweiten Weltkrieg tagte sie häufiger. Das Plenum der Zentralkommission, das in Epoche 1 der Ort der Verhandlungen gewesen war, verlor in Epoche 2 seine zentrale Position. Stattdessen war das Plenum das Organ, das über dem komplexen Geflecht aus interadministrativen und privatwirtschaftlichen Kooperationen stand und die von diversen Ausschüssen und Arbeitsgruppen vorbereiteten Beschlüsse fasste. Die Grenzen zwischen ihnen waren fließend, was durch personelle Verknüpfungen noch verstärkt wurde. Zwischen einzelnen Personen wurden die Kontakte immer enger, so dass sich in Epoche 2 Gruppen mit ähnlichen Interessen und/oder ähnlichem Fachwissen herausbildeten. Die Verflechtung von privatwirtschaftlichen Akteuren und öffentlich-administrativen war nach dem Zweiten Weltkrieg sehr ausgeprägt, wohingegen im 19. Jahrhundert privatwirtschaftliche Akteure nur selten zur Informationsbeschaffung herangezogen wurden. In Epoche 2 wurden die zu besprechenden Fragen und Probleme von den Delegationen oder vom Schifffahrtsgewerbe eingebracht, in Epoche 1 überwiegend von den Delegierten beziehungsweise ihren Regierungen. Die Bedeutung von Experten nahm somit für die Arbeit der Zentralkommission im Laufe der Zeit zu.

Eine gewisse institutionelle Eigendynamik hatte die Zentralkommission bereits in Epoche 1 entwickelt, als sie gelegentlich Initiativen ohne Instruktion der Regierungen ergriff. Zwischen der internationalen Organisation und den nationalen Akteuren (den Regierungen und Ministerien) bestand somit ein gewisses Spannungsverhältnis bezüglich Kompetenz und Initiative. Die Unabhängigkeit der Zentralkommission verstärkte sich im 20. Jahrhundert mit der Schaffung eines Sekretariats und der Benennung der Ausschussmitglieder durch die Kommission und nicht durch die Regierungen. Dadurch wurde die Zentralkommission selbstständiger und wichtiger.

Der Kern der Mitgliedstaaten der Zentralkommission war in beiden Epochen gleich, wurde der Integrations- beziehungsweise Standardisierungsraum doch durch den Flusslauf des Rheins definiert: Frankreich, die Niederlande und die deutschen Staaten beziehungsweise Deutschland. In Epoche 2 waren zwar zusätzlich die Schweiz, Belgien, Großbritannien und die USA vertreten, von denen aber nur die Schweiz eine bedeutende Rolle spielte. Insgesamt ist die gewichtige Rolle der Niederlande in beiden Epochen hervorzuheben: Ohne die Zustimmung der Niederlande oder gegen ihren Willen gelang keine Standardisierung, auch wenn formal alle Staaten gleichberechtigt waren. In beiden Epochen konnten die Niederlande Entscheidungen blockieren. Ebenfalls eine große Bedeutung kam in Epoche 1 Preußen und in Epoche 2 Deutschland zu. Beide großen Anrainerstaaten verfügten in beiden Epochen de facto über ein Vetorecht.

Tabelle 17: Zusammenfassende Darstellung des epochenübergreifenden Strukturenvergleichs

	Epoche 1	Epoche 2
Weg	über Politik, kooperativ über Verhandlungen	über Politik, kooperativ über Verhandlungen (und nicht kooperativ über Wettbewerb)
Form	formelle Zusammenarbeit, intergouvernemental	formelle Zusammenarbeit, intergouvernemental, interadministrativ
Akteure	Akteurskern bestehend aus Zentralkommission und Kommissaren, ggf. erweitert um Oberinspektor, Experten, Ministerien, Gewerbe	Akteurskern bestehend aus Zentralkommission und Wirtschaftskonferenz (darin Experten und Ministeriumsangehörige), zusätzlich Gewerbe/IAR, ab 1958 die EWG
Akteur(e) mit dem stärksten Einfluss	Zentralkommission, Kommissare, Experten	Wirtschaftsausschuss der Zentralkommission, Wirtschaftskonferenz (darin Experten und Ministeriumsangehörige)
Anzahl Akteure und Experten	kleiner Akteurskern, bei technischen Fragen Bedarf an Experten	größerer Akteurskern, viele Experten, Verflechtung der Akteursgruppen
Akteursebenen	gouvernementale (dominiert), ministerielle, administrative	gouvernementale, ministerielle, interadministrativ-privatwirtschaftliches Kooperationsgebilde (dominiert)

5.1.2. Prozesse

Da die Willensbildungs- und Entscheidungsprozesse im 19. Jahrhundert ausschließlich innerhalb der Zentralkommission abliefen, waren sie überschaubar. Dass sie dennoch ausgesprochen langwierig waren, lag unter anderem an der Konferenzdiplomatie der Zentralkommission, die eben nur einmal im Jahr tagte. Nach dem Zweiten Weltkrieg war die Zentralkommission dagegen in ein anderes, komplexeres Geflecht von Organisationen eingebunden, was sich auch auf die Prozesse auswirkte. Sie waren einerseits durch Verzögerungen gekennzeichnet, die der Einbindung unterschiedlicher Interessen geschuldet waren. Dennoch waren alle drei Prozessphasen im Durchschnitt deutlich kürzer als in Epoche 1. Allerdings wurden in Epoche 2 gescheiterte Standardisierungen bisweilen später noch einmal aufgegriffen und der Prozess erneut gestartet beziehungsweise verlängert. Diese veränderten Prozessverläufe hatten etwas damit zu tun, dass sich die Zentralkommission im Laufe der Zeit erheblich veränderte. So war nicht mehr das Plenum der Hauptverhandlungsort, sondern der Wirtschaftsausschuss. Hatten im 19. Jahrhundert die gouvernementalen Akteure den Prozess – vor allem die Entscheidungsphase – dominiert, waren es nach dem Zweiten Weltkrieg gouvernementale und administrative gemeinsam mit privatwirtschaftlichen, die vor allem die Initiativ- und Verhandlungsphase dominierten. Im 19. Jahrhundert tauschten sich die Mitglieder der Zentralkommission mündlich in den Sitzungssessionen und schriftlich in der dazwischen liegenden Korrespondenz aus. Nach dem Zweiten Weltkrieg wurde vieles aus dem Plenum in die Ausschüsse verlagert. Dass die Willensbildungs- und Entscheidungsprozesse nach dem Zweiten Weltkrieg komplexer waren, lag daran, dass wesentlich mehr Akteure beteiligt waren. Experten hatten, wie erwähnt, an Bedeutung gewonnen und waren teilweise von vornherein als Delegierte eingebunden. Die Vielzahl der individuellen und institutionellen Akteure sowie deren Verflechtung bewirkten jetzt, dass in den verschiedenen Phasen ein hohes Maß an Rückkopplungen und Rücksprachen zwischen den Akteuren notwendig war, so dass klare Prozessphasen kaum noch zu erkennen waren. In beiden Epochen spielte dabei Informalität eine wichtige Rolle, die in ‚privaten' Gesprächen und Briefwechseln zum Ausdruck kam.

Tabelle 18: Zusammenfassende Darstellung des epochenübergreifenden Prozessevergleichs

		Epoche 1	Epoche 2
Initiativphase	Dauer	im Schnitt 4,5 Jahre	im Schnitt ein knappes Jahr
	Akteure; Akteurs-ebenen	Zentralkommission, ggf. Experte; gouvernementale, ggf. administrative	Zentralkommission, IAR; gouvernementale, administrative, privatwirtschaftliche
	Verlauf	formell und informell, konfliktreich und harmonisch	formell und informell, konfliktreich und harmonisch
Verhandlungsphase	Dauer	im Schnitt 3,5 Jahre	im Schnitt zehn Monate
	Akteure; Akteurs-ebenen	Zentralkommission, Experten; gouvernementale, administrative	Zentralkommission, Wirtschaftskonferenz (darin: Experten); gouvernementale, administrative, privatwirtschaftliche
	Verlauf	formell und informell, konfliktreich	formell und informell, konfliktreich
Entscheidungsphase	Dauer	im Schnitt ein knappes Jahr	ein bis zwei Monate
	Akteure; Akteurs-ebenen	Zentralkommission; gouvernementale	Zentralkommission, Wirtschaftskonferenz (darin: Experten); gouvernementale, administrative
	Verlauf	formell und informell, harmonisch und konfliktreich	formell und informell, konfliktreich

5.1.3. Inhalte

Im 19. Jahrhundert entstanden die Standards quasi aus dem Nichts, das heißt sie waren die ersten umfassenden Regelungen überhaupt. Nach dem Zweiten Weltkrieg gab es dagegen ein etabliertes System von Standards, das einen Rahmen für weitere Standardisierungen darstellte. Auf die Neudefinition im 19. Jahrhundert folgte also eine Revision, Erweiterung und Präzisierung im 20. Jahrhundert. Wurden in Epoche 1 einzelne Standards meist nach den verschiedenen Inhalten getrennt verhandelt, kam es in Epoche 2 vermehrt zu Aushandlungen von gebündelten Standards. In Epoche 1 bewirkten technische und wirtschaftliche Neuerungen, zum Beispiel die Dampfschifffahrt, meist weitere Standardisierungen. Sie erfolgten also sukzessive und die Standards wurden nach und nach umgesetzt. In Epoche 2 scheiterten Standardisierungen dagegen häufig oder wurden unterlaufen. Dies zeigte sich an den Versuchen, Betriebsgemeinschaften oder Kartelle mit allokativer Funktion einzurichten. Standardisierung wurde jetzt vom Strukturwandel der Rheinschifffahrt beziehungsweise ihrer Krise gekennzeichnet. Struktur und Inhalt vermischten sich häufig. So wurden beispielsweise neue Organisationen gegründet, die sich wiederum mit der Umsetzung von Standards beschäftigen sollten. All dies spiegelte sich im starken Zuwachs an betrieblichen Standardisierungen wider, mit denen versucht wurde, der Krise der Rheinschifffahrt zu begegnen.

Im 19. Jahrhundert handelte es sich meist um regulative Standards, während es nach dem Zweiten Weltkrieg meist koordinative, allokative und distributive waren. Dies ist der Dominanz der tariflichen und betrieblichen Fragen bei den Inhalten geschuldet. Tarifäre Standards in Epoche 1 hatten ebenfalls eine distributive Funktion. In Epoche 1 kamen alle drei Standardisierungsgrade, das heißt niedrige, mittlere oder hohe, vor. In Epoche 2 wiesen die untersuchten Beispiele dagegen generell einen niedrigeren Standardisierungsgrad auf. In beiden Epochen hing es von der Art des Standards und auch von seiner Funktion ab, ob er leicht oder schwer auszuhandeln war. Tarifäre Standards mit allokativer oder distributiver Funktion waren knifflige Verhandlungspunkte. Die inhaltliche Problematik hatte Auswirkungen darauf, in welcher Form ein Standard verabschiedet wurde, ob er einen hohen Standardisierungsgrad erreichte oder nur allgemeine Grundsätze schuf.

Die im Vergleich zum 19. Jahrhundert höhere Komplexität der Standardisierung nach dem Zweiten Weltkrieg zeigte sich ebenso bei den Zielen. Da jetzt deutlich mehr Akteure beteiligt waren, gab es eine größere Varianz an Zielen. So kam beispielswiese mit der EWG die Perspektive einer gemeinsamen Verkehrspolitik auf. Zielkonflikte wurden auch an anderer Stelle deutlich: Die Niederlande wollten einen Marktmechanismus und Frachtenfreiheit, während Deutschland und Frankreich eine regulierte Schifffahrt als Lösung anstrebten. Immerhin gab es auch im 19. Jahrhundert durchaus Interessenkonflikte und Taktiken, um die eigenen Ziele zu erreichen. Bei den übergreifenden Zielen lassen sich Gemeinsamkeiten zwischen beiden Epochen feststellen. Die Abschaffung von Diskriminierung beziehungsweise die Gleichbehandlung der Schiffer und die Förderung der wirtschaftlichen Konkurrenzfähigkeit der Rheinschifffahrt waren solche epochen- und akteursübergreifende Ziele.

Tabelle 19: Zusammenfassende Darstellung des epochenübergreifenden Inhaltevergleichs

	Epoche 1	Epoche 2
Art des Standards und Funktion	meist rechtlich kodifiziert und meist regulative Funktion, Einzelstandards	rechtlich kodifiziert und koordinative, allokative, distributive Funktion, Standards im Paket
Standardisierungsgrad	niedrig bis hoch	niedrig bis mittel, allerdings auch gescheiterte Standardisierung
Ziele der Akteure	Gleichbehandlung, Sicherheit, Konkurrenzfähigkeit der Rheinschifffahrt	Abschaffung von Diskriminierung, Konkurrenzfähigkeit der Rheinschifffahrt, Krisenlinderung

5.2. Beziehungen zwischen Strukturen, Prozessen und Inhalten

Eine der Kernfragen dieser Arbeit ist die nach den Beziehungen zwischen den Strukturen, Prozessen und Inhalten der Standardisierungen in beiden Epochen. Eine strikte Trennung zwischen Struktur, Prozess und Inhalt ist allerdings dabei nicht immer möglich.

5.2.1. Strukturen

Strukturen beeinflussen Prozesse

Der Einfluss der Strukturen auf die Prozesse war in beiden Epochen erheblich. Im 19. Jahrhundert war die Zentralkommission das Gremium, das die Prozesse der Standardisierung vorgab. Der für die Zentralkommission vorgesehene Ablauf der Verhandlungen sah nur eine Sitzungssession pro Jahr vor, weshalb sich Prozesse oft langwierig gestalteten. Erst ab 1840 ermöglichte ein Zusatzartikel außerordentliche Sitzungen. Zusätzlich musste gegebenenfalls auf die Ergebnisse von Gutachtern oder Sachverständigen gewartet werden, was einige Jahre in Anspruch nehmen konnte. Auch die komplexeren Strukturen nach dem Zweiten Weltkrieg wirkten sich auf die Prozesse aus. Sie führten zu einer Intensivierung und Verkürzung der Verhandlungen. Dabei verkürzte sich nicht unbedingt die Verhandlungsdauer, wohl aber die Verhandlungsintervalle. Immerhin gab es jetzt regulär zwei Sitzungssessionen pro Jahr. Rückkopplungen und Wartezeiten ergaben sich hier bereits aus der formalen Struktur der Zentralkommission, da der Wirtschaftsausschuss nur Themen diskutierte, die ihm das Plenum auftrug und das wiederum am Ende darüber entschied. Der Wirtschaftsausschuss war kleiner als das Plenum und bestand meist aus langgedienten, erfahrenen Delegierten. Diese erörterten alle wichtigen Punkte und formulierten die Beschlüsse des Plenums vor. Mit der Bildung solcher Ausschüsse wurden die Willensbildungs- und Entscheidungsprozesse letztlich versachlicht und damit verkürzt. Eine ähnliche Wirkung hatten die internationalen, unabhängigen Akteure wie der Oberinspektor oder das Sekretariat. Sie halfen in beiden Epochen, den Prozess zu strukturieren und voranzubringen, da sie die Eigenständigkeit der Zentralkommission verstärkten. In beiden Epochen finden sich auch Hinweise darauf, dass informelle Strukturen die Willensbildungs- und Entscheidungsprozesse verkürzten; konkret belegen lässt sich dies jedoch nicht.

Auch ‚externe' Strukturen, die aber eng mit der Zentralkommission verbunden waren, beeinflussten die Prozesse. In Epoche 1 stieß die Einteilung des Rheins in vier Aufsichtsbezirke beispielsweise bereits Prozesse an, indem dort Standards mit regional begrenzter Gültigkeit eingeführt wurden, die dann die weiteren, für den ganzen Rhein gültigen Standardisierungen erleichterten. Nach dem Zweiten Weltkrieg beeinflussten zudem neue Strukturen alte Strukturen. Die Gründung von EGKS und EWG ließ Lobbygruppen entstehen, die massiv auf die Prozesse einwirkten. Die Zentralkommission stand Pate bei der Gründung zahlreicher (privatwirtschaftlicher) Organisationen, die ebenfalls Einfluss nahmen. So blieb die IAR die Verbindung der Zentralkommission zum Schifffahrtsgewerbe und mischte sich in die Prozesse ein, indem sie Themen vorschlug oder im laufenden Verfahren befragt wurde.

Strukturen beeinflussen Inhalte

In beiden Epochen beeinflussten die Strukturen auch die Inhalte. Dies ist jedoch für die Epoche im 19. Jahrhundert nur schwer zu belegen. Da die Standards in diesen Jahrzehnten in der Zentralkommission verhandelt wurden, gab ihre formale Organisation die inhaltliche Formulierung vor. Die Zentralkommission hatte in der Octroiverwaltung ihren Vorläufer und daher waren Rheinzölle und -tarife anfangs die bestimmenden Themen. Nach und nach kamen weitere Themenfelder hinzu und die Zentralkommission erweiterte ihren Aufgabenbereich. Nach dem Zweiten Weltkrieg war dagegen das Integrationsregime von einer Vielzahl an Organisationen und konkurrierenden Ideen geprägt, wodurch sich den Akteuren verschiedene Standardisierungsoptionen boten. Das komplexere System in dieser Epoche führte daher in Teilen dazu, dass nationale Eigeninteressen stärker die Inhalte beeinflussten. Die Ausgestaltung neuer Strukturelemente, zum Beispiel der IAR, beeinflusste ebenfalls Inhalte, da die Interessenvertreter und Lobbygruppen erheblichen Einfluss auf die Verhandlungen ausübten. Da privatwirtschaftliche Akteure in viele Organisationen eingebunden waren, formulierten sie dort Standards, die ihren Wünschen entsprachen. Ergänzend wurden die Inhalte zunehmend in Ausschüssen und Arbeitsgruppen verhandelt, in denen vermehrt Experten saßen. Durch die Einsetzung gesonderter Gremien für spezielle Themen konnten sie auch die Inhalte stärker mitbestimmen. So blieben technische Fragen in der Zentralkommission schwerpunktmäßig im Technischen Ausschuss und das Plenum befasste sich nur mit Beschlüssen.

Die mehr oder weniger formellen Strukturen ermöglichten die Klärung von Inhalten auf informellen Wegen. Dies war in Epoche 2 deutlich ausgeprägter als in Epoche 1. So standen die Delegierten der Wirtschaftskonferenz in regem Briefwechsel oder persönlichem Kontakt mit anderen Delegierten. Dies war der Ort für die Klärung von Einzelfragen oder für die Diskussion von kritischen Punkten oder Nachfragen. Diese Informalität hatte vermutlich großen Einfluss auf die offiziellen Gespräche und deren Ausgang, das heißt auf die Ausformulierung der Standards. Personelle Verflechtungen und gute persönliche Kontakte scheinen ebenfalls wichtig gewesen zu sein.

5.2.2. Prozesse

Prozesse beeinflussen Strukturen

Die formale Struktur der Zentralkommission gab die Prozessverläufe zwar vor, diese veränderten ihrerseits aber wiederum die Strukturen. Sie konnten die Strukturen flexibilisieren, indem es zum Beispiel zusätzliche schriftliche Verhandlungen oder informelle Gespräche gab. In beiden

Epochen wurden die Lösungen von Problemen mitunter ausgelagert und/oder neue Gremien geschaffen. Im 19. Jahrhundert geschah dies, indem man die Staaten, die uneins waren, bilateral verhandeln ließ. Dies war zum Beispiel zwischen Frankreich und Baden bei der Aushandlung des XVI. Supplementarartikels der Fall. Auch war es möglich, dass ein Staat den Verhandlungen eine Zeit lang fern blieb und erst später wieder einstieg, wie die Niederlande bei der Polizeiverordnung. Typisch für die Zeit nach dem Zweiten Weltkrieg war die Weiterreichung eines Problems von einem Gremium an das nächste beziehungsweise die Gründung eines neuen. So berief die Zentralkommission Anfang der 1950er Jahre die Wirtschaftskonferenz ein, die die Gründung der IAR anregte. Es kam auch vor, dass das Problem von der Zentralkommission zur Wirtschaftskonferenz und weiter von Kommission zu Kommission und wieder zurück gereicht wurde. Prozesse konnten also die Einbeziehung weiterer Gremien oder die Gründung neuer bedingen.

In beiden Epochen, besonders aber nach dem Zweiten Weltkrieg, begründeten formelle Prozessabläufe informelle Strukturen. Während es im 19. Jahrhundert Informalität eher in loser Form gegeben hatte, entstanden nach dem Zweiten Weltkrieg typische, durch gemeinsame Interessen oder Fachwissen verbundene Akteursgruppen unter anderem aus der hohen personellen Kontinuität heraus. Bisweilen wurden informelle Strukturen auch formalisiert. So bedingten die immer stärker werdende Bedeutung von Experten und die Absprachen mit ihnen nach dem Krieg eine stete Nominierung privatwirtschaftlicher Akteure in die Delegationen der Wirtschaftskonferenz und der Zentralkommission.

Prozesse beeinflussen Inhalte

In beiden Epochen konnte es vorkommen, dass sich Meinungen durch die lange Prozessdauer grundlegend änderten, Inhalte von Akteuren dadurch zumindest anders gewichtet, Anforderungen neu formuliert oder Inhalte sogar hinfällig wurden. Im 19. Jahrhundert war die Länge der Verhandlungen, wie gezeigt, allein durch die Konferenzdiplomatie mit nur einer Sitzungssession pro Jahr bedingt. Das Beispiel der Polizeiverordnung zeigt, wie die Ansprüche an eine solche Verordnung im Verlauf der gut zwanzig Jahre von der ersten Idee bis zur Verabschiedung wuchsen und äußere Umstände sich änderten. In Epoche 2 illustriert das Beispiel des UIR-Plans, wie mit der Zeit Verhandlungsinhalte obsolet wurden, da sich das Problem überholte, weil sich die wirtschaftliche Lage der Rheinschifffahrt in der Zwischenzeit verbessert hatte.

Welche Akteure in welcher Prozessphase beteiligt waren, war mitentscheidend für den Inhalt, da sie unterschiedliche Expertise, Ziele und Argumente einbrachten. In Epoche 1 bestimmten die Zentralkommissionsdelegierten die Inhalte maßgeblich, da sie Initiativ- und Entscheidungsphase klar dominierten. Somit kann davon ausgegangen werden, dass die vereinbarten Standards den Interessen der Regierungen der einzelnen Länder entsprachen. In Epoche 2 waren Experten und Gewerbevertreter dagegen in allen Phasen beteiligt, wenn auch in der Entscheidungsphase nicht so stark. Zugleich zeigte sich, dass die Ausdifferenzierung der Strukturen, die Parallelität verschiedener Prozesse und damit die gleichzeitige Diskussion verschiedener Inhalte es schwierig machten, eine einheitliche Position beziehungsweise Einigung zu finden. Die Diskussion verschiedener Inhalte in parallelen Prozessen führte oft zu keinem Ergebnis.

5.2.3. Inhalte

Inhalte beeinflussen Strukturen

Komplexe Inhalte konnten für die Schaffung neuer Strukturen verantwortlich sein. Im 19. Jahrhundert führte die Erarbeitung einer gemeinsamen Rheinschifffahrtspolizeiverordnung zur ersten Befragung des Gewerbes in Form einer vom Oberinspektor einberufenen Gewerbeversammlung. Nach dem Zweiten Weltkrieg beauftragte zum Beispiel die Zentralkommission die Wirtschaftskonferenz mit der Klärung der Fragen rund um die wirtschaftliche Situation der Rheinschifffahrt. Ein Unterschied ist hier, dass die Gewerbebefragung in Epoche 1 freiwillig und nur punktuell geschah, demgegenüber in Epoche 2 institutionalisiert wurde. Insgesamt konnten im 19. Jahrhundert alle Fragen und Probleme innerhalb der etablierten Struktur der Zentralkommission behandelt werden, während nach dem Zweiten Weltkrieg – bedingt durch neue Inhalte – zusätzliche Organisationen und Gremien geschaffen wurden. Insbesondere erforderten komplexe Inhalte oftmals Fachwissen. Experten wurden zu einer neuen, wichtigen Akteursgruppe. Dies zeigte sich in beiden Epochen, in Epoche 2 aber besonders deutlich. In Epoche 1 wurden Sachverständige nur fallweise für spezifische Fragen und Probleme herangezogen. In Epoche 2 wurden für die immer spezielleren Inhalte dagegen besondere Gremien geschaffen. Die Zentralkommission begann damit, den Wirtschaftsausschuss sowie weitere Ausschüsse und Arbeitsgruppen einzusetzen. Dabei wiesen die neuen Gremien starke personelle Verflechtungen auf und Gewerbevertreter wurden als Teilnehmer der Wirtschaftskonferenz direkt eingebunden. Differenziertere Inhalte führten also zu differenzierteren Strukturen.

Die Inhalte hatten auch Einfluss auf die Akteure und Akteursebenen. Die Zentralkommission gehörte zwar in Epoche 1 durchgängig zur intergouvernementalen Ebene, allerdings waren die Delegierten bei sensiblen Fragen wie tarifären Standards viel stärker an die Weisungen ihrer Regierungen gebunden als etwa bei administrativen, bei denen sie freier entscheiden konnten. In Epoche 2 wurden letztlich alle wichtigen Fragen in der intergouvernementalen Zentralkommission entschieden, die, wie gesagt, starke interadministrativ-privatwirtschaftliche Elemente aufwies. Zur Klärung von betrieblichen Problemen wurde die privatwirtschaftlich organisierte IAR gegründet. Über rechtliche Standards wurde nur auf der intergouvernementalen Ebene verhandelt und entschieden. Der Wirtschaftsausschuss gewann in der Zentralkommission immer mehr an Bedeutung, da viele der in dieser Zeit relevanten Fragen seiner Thematik zugerechnet wurden. Für Epoche 2 lässt sich eine weitere Beobachtung machen: Die fortschreitende Entwicklung der Technik führte dazu, dass technische Standardisierungen oft kooperativ über den Markt erfolgten und sich damit teilweise von den politisch dominierten Verhandlungen um betriebliche oder tarifäre Standards lösten.

Inhalte beeinflussen Prozesse

Der Einfluss der Inhalte auf die Prozesse war in beiden Epochen groß. Selbstverständlich verlängerten sich die Verhandlungen, wenn es um komplizierte oder sensible Themen wie beispielsweise Tarife ging und umgekehrt. Die Zeit nach dem Zweiten Weltkrieg zeigt, dass auch Paketstandards die Prozesse verlängerten. Zugleich verursachten sie Parallelprozesse, da in mehreren Gremien verhandelt wurde. Dadurch entstand eine Vermischung der Phasen des ‚policy-cycle', die auch durch Rückkopplungen zwischen den parallel laufenden Verhandlungen bedingt war. Die Beteiligung verschiedener Akteure in den einzelnen Prozessphasen wurde ebenfalls vom Inhalt beeinflusst. So waren in beiden Epochen Sachverständige in der Verhandlungsphase von technischen Standards von großer Bedeutung, während die Entscheidungsphase wieder von Regierungsvertretern dominiert wurde. Die Verhandlungen verlängerten sich auch dann, wenn sich die Informationslage veränderte, was bei den langen

Verhandlungen im 19. Jahrhundert häufiger vorkam. Wenn Expertenwissen benötigt wurde, mussten immer erst die Sachverständigen beauftragt werden, deren Gutachten wiederum Zeit in Anspruch nahmen. Für die Zeit nach dem Zweiten Weltkrieg kann gezeigt werden, dass bei Problemen, für die man spontan keine Lösung fand, die Prozesse insofern flexibilisiert wurden, als die Diskussion über Problemlösungen aus den eigentlichen, formal vorgegebenen Prozessen zunächst ausgelagert und später wieder eingefügt wurden.

Tabelle 20: Gemeinsamkeiten und Unterschiede der Beziehungen zwischen Strukturen, Prozessen und Inhalten in beiden Epochen

	Gemeinsamkeiten	*Unterschiede*
Struktur beeinflusst Prozess	Die ZKR gab mit ihrer formalen Struktur den Prozessablauf vor. Der Oberinspektor bzw. das Sekretariat strukturierte die Prozesse. Informelle Strukturen ergaben sich aus dem Prozess und ergänzten die formellen.	Die Konferenzdiplomatie der ZKR prägte die Prozesse. (Epoche 1) Die Existenz der Rheinaufsichtsbezirke ermöglichte Teilstandardisierungen vorab. (Epoche 1) Die neu geschaffenen Ausschüsse spielten eine wichtige Rolle im Prozess und verursachten Rückkopplungen. (Epoche 2) Lobbygruppen brachten sich in die Prozesse mit ein. (Epoche 2)
Struktur beeinflusst Inhalt		Die starke personelle Verflechtung der Akteure und die Interessensgruppenbildung bestimmten den Inhalt maßgeblich mit. (Epoche 2)
Prozess beeinflusst Struktur	Im Prozess liefen Verhandlungen auch informell ab und bildeten informelle Strukturen heraus.	Im Prozess wurden Probleme in andere und neue Gremien weiter gereicht. (Epoche 2) Sich aus dem Prozess ergebende Korrespondenz, bilaterale

	In unterschiedlichen Prozessphasen waren unterschiedliche Akteursebenen und Akteure beteiligt. Im Prozess wurden neue Strukturen zur Problemlösung geschaffen.	Verhandlungen und außerordentliche Sitzungen flexibilisierten die Strukturen. (Epoche 1)
Prozess beeinflusst Inhalt	Die Prozesslänge bewirkte eine Veränderung der Inhalte. Die in den verschiedenen Prozessphasen beteiligten Akteursebenen beeinflussten den Inhalt.	Mehrere Prozesse liefen parallel. (Epoche 2)
Inhalt beeinflusst Struktur	Komplexe Inhalte schufen neue Strukturen und benötigten Experten.	Paketstandards waren komplex, bewirkten Konflikte und die Einbeziehung mehrerer Akteure. (Epoche 2)
Inhalt beeinflusst Prozess	Es kam zu zeitlichen Verzögerungen bei sensiblen und strittigen Inhalten.	Paketstandards verkomplizierten den Prozess. (Epoche 2) Manche Inhalte erforderten Expertenwissen. (Epoche 1)

5.3. Fördernde und hindernde Faktoren bei der Integration/Standardisierung der Rheinschifffahrt

Bezüglich der Integration beziehungsweise Standardisierung der Rheinschifffahrt in der Mitte des 19. und der Mitte des 20. Jahrhunderts verfolgt diese Arbeit das Ziel, die Faktoren zu erfassen, die dieser zuträglich waren, oder die zu einem Scheitern der Standardisierung beitrugen. Eine strikte Unterteilung in strukturelle, prozessuale und inhaltliche Faktoren ist wiederum nicht möglich, da sich die Faktoren teilweise gegenseitig bedingten. Zusätzlich konnten ‚externe' Faktoren, die den (inter-)nationalen Rahmenbedingungen zuzurechnen sind, die Standardisierung beeinflussen. Die Darstellung erfolgt erst nach Epochen getrennt. Im folgenden epochalen Vergleich wird herausgearbeitet, ob es epochenübergreifende fördernde oder hindernde Faktoren für die Standardisierung in der Rheinschifffahrt gab.

5.3.1. Epoche 1

Fördernde Faktoren

Erstens kam es zwischen den Uferstaaten des Rheins zu keinen größeren kriegerischen Auseinandersetzungen. Die Arbeit in der Zentralkommission konnte weitestgehend ungestört von politischen Ereignissen verlaufen.

Zweitens war für die Rheinschifffahrt an sich und somit auch für die Integrationsbestrebungen die Industrialisierung von Bedeutung. Die internationalen Wirtschaftsbeziehungen intensivierten sich und damit wuchs die Bedeutung von Handelswegen wie dem Rhein. Technische Innovationen wie die Dampfschifffahrt ließen das Verkehrsaufkommen zusätzlich wachsen. Gleichzeitig erforderten solche technischen Neuerungen weitere Standardisierungen. Die Dampfschifffahrt beeinflusste die Schifffahrt auf dem Rhein so stark, dass Änderungen zur Mainzer Akte ausgearbeitet werden mussten.

Drittens war die Existenz der Zentralkommission für die Rheinschifffahrt an sich ein fördernder Faktor. Sie bestand bereits seit 1815 und hatte sich in den 1840/50er Jahren als ein für Standardisierungsfragen zuständiges Gremium etabliert. Damit waren alle Uferstaaten des damals schiffbaren Rheins in einer internationalen Organisation verbunden, die multilaterale Verhandlungen und Verträge vorsah.

Viertens war durch die Zentralkommission bereits eine feste Struktur vorhanden, die über etablierte Verhandlungsabläufe verfügte. Da diese automatisch auch für Standardisierungsvorhaben genutzt wurden, förderten sie die Integration.

Fünftens umfasste die Zentralkommission einen kleinen Kreis von sieben Delegierten, die dieses Amt meist über mehrere Jahre bekleideten und sich daher gut kannten. Auch die begrenzte Anzahl an Personen war der Standardisierung förderlich.

Sechstens galt dies auch für die Person des Oberinspektors, das heißt des kommissionseigenen Beamten. Er war von den Regierungen unabhängig und konnte somit unparteiisch Entwürfe oder Gutachten erstellen. Das Beispiel der Rheinschifffahrtspolizeiverordnung zeigt, wie ein solcher Akteur die Integration steuern und fördern konnte: Der Oberinspektor war zwar nicht stimmberechtigt, hatte in seinem Gutachten aber die Vereinheitlichung der Ordnungen vorgeschlagen.

Siebtens konnten sich bereits vorher geschaffene kleinräumliche Aufteilungen fördernd auswirken. Die Einteilung des Rheins in vier Aufsichtsbezirke führte zu einer intensiven Kooperation der Staaten des zweiten Bezirks. Diese erstellten beispielsweise ihre Polizeiverordnungen gemeinsam, bevor eine solche für den gesamten Rhein erlassen wurde.

Achtens konnte die Dominanz eines Akteurs die Standardisierung fördern, sofern dieser groß genug war beziehungsweise über entsprechenden Einfluss verfügte. Dies galt zum Beispiel für Preußen beim Bau der Eisenbahnbrücke.

Neuntens konnten Inhalte die Standardisierungen dann erleichtern, wenn es um sicherheitsrelevante Themen ging. Bei ihnen war man eher bereit, sich zügig zu einigen. Zudem war der Standardisierungsgrad von Bedeutung: Je niedriger dieser war, desto zügiger wurden Standards beschlossen, was sich am Beispiel der Gemeinsamen Grundsätze zur Patenterteilung zeigte, die nur Mindestanforderungen enthielten und im Detail national weiter ausgearbeitet werden konnten.

Zehntens konnten gemeinsame Interessen der Akteure einen entscheidenden fördernden Faktor für die Standardisierung darstellen. Dies zeigte sich deutlich am Beispiel der Eisenbahnbrücke: War Preußen anfangs auf harten Widerstand der anderen Staaten gestoßen, kam es am Ende wohl auch zu einer Einigung, weil die anderen Staaten ebenfalls Eisenbahnbrücken planten.

Hindernde Faktoren

Erstens konnten sich bereits bestehende nationale oder internationale Verordnungen im weiteren Standardisierungsprozess hindernd auswirken. Dies zeigte sich zum Beispiel bei der Rheinschifffahrtspolizeiverordnung, bei der zunächst nationale Bestimmungen erlassen wurden und es später Schwierigkeiten gab, eine gemeinsame internationale Verordnung zu schaffen. Ähnlich verhielt es sich bei den Gemeinsamen Grundsätzen zur Patenterteilung. Die jeweiligen nationalen Bestimmungen sollten möglichst genau in die internationalen übertragen werden, was zu erheblichen Meinungsverschiedenheiten führte.

Zweitens konnten sich Traditionen hindernd auf die Standardisierung auswirken. Dabei hatten diese oft einen ökonomischen Hintergrund, wie der Protest der Segelschiffer gegen die Dampfschiffe in den 1840er Jahren oder gegen die Kölner Eisenbahnbrücke in den 1850er Jahren zeigte.

Drittens konnten sich die Inhalte nicht nur fördernd, sondern auch hindernd auf die Standardisierung auswirken, da sensible oder komplexe Inhalte wie zum Beispiel der Rheinzolltarif zu Streitigkeiten und damit Verzögerungen führten.

5.3.2. Epoche 2

Fördernde Faktoren

Erstens zwang der intermodale Wettbewerb zu Standardisierungen. Dies betraf besonders den privatwirtschaftlichen Sektor: Die Betriebsgemeinschaften dort waren eine Reaktion auf das Erstarken anderer Verkehrsträger. Integration geschah so in gewissem Maße durch Institutionenbildung.

Zweitens waren die Strukturen der Zentralkommission in zweierlei Hinsicht förderlich. Es gab das Sekretariat, das die Arbeiten der Zentralkommission koordinierte und eine weitgehend unabhängige Instanz war. Des Weiteren blieb die Zentralkommission eine relativ kleine Organisation mit starker personeller Kontinuität.

Drittens förderten Gemeinschaften von Fachleuten mit ähnlichen, vornehmlich ‚sachlichen' Interessen die Standardisierung. Durch die Verflechtung von privatwirtschaftlichen und gouvernementalen beziehungsweise administrativen Akteuren war diese Expertise direkt in die Verhandlungen eingebunden.

Viertens förderte Informalität die Standardisierung, da auf diese Weise Meinungen ausgetauscht und Absprachen getroffen wurden, die die endgültigen Entscheidungen flexibler als in den offiziellen Willensbildungs- und Entscheidungsprozesses vorbereiten konnten. Absprachen außerhalb des Protokolls ermöglichten auch eine bilaterale Einigung, die losgelöst aus den multilateralen Verhandlungen zügiger erreicht wurde.

Fünftens stellten quid-pro-quo-Absprachen eine Kompromissmöglichkeit dar, weil viele Inhalte eher Streitthemen waren. Durch diese Art von Tauschgeschäft konnten beide Seiten Erfolge erzielen und die Standardisierung wurde vor dem Scheitern bewahrt.

Hindernde Faktoren

Erstens behinderte nach dem Zweiten Weltkrieg die Krise der Rheinschifffahrt die Integration. Sie hatte Schwierigkeiten, ein Gleichgewicht zwischen Angebot und Nachfrage herzustellen. Der Schiffsraum hatte in Folge des Wiederaufbaus nach Ende des Zweiten Weltkrieges einen starken Zuwachs erfahren und die Rheinflotte litt in den Jahrzehnten nach 1945 an einer Überkapazität. Der Wettbewerb war hart und die Kooperation gestaltete sich schwierig.

Zweitens trugen zur Verzögerung oder sogar zum Scheitern von Standardisierungsversuchen die aus dem intermodalen Wettbewerb resultierenden Versuche verschiedener Organisationen bei, Standardisierungen in größeren Maßnahmen oder Verkehrspolitiken umzusetzen. Struktur und Inhalt vermischten sich häufig, so wurden beispielsweise neue Organisationen wie die IBU und IAR gegründet, die sich wiederum mit der Aushandlung und Umsetzung von Standards beschäftigen sollten.

Drittens belastete der institutionelle Wettbewerb die Standardisierung. Die EWG und die Zentralkommission konkurrierten um die Kompetenz, für die Standardisierung der Rheinschifffahrt zuständig zu sein. Dadurch liefen mindestens zwei Prozesse gleichzeitig ab. Diese Parallelität und die damit verbundene Konkurrenz behinderten die Standardisierung erheblich. Die übergeordneten Fragen der Verkehrspolitik der EWG und der Vereinbarkeit mit der Mannheimer Akte blockierten alle weiteren Standardisierungsbemühungen.

Viertens konnten die Bedeutung eines Staates für die Rheinschifffahrt und seine Verhandlungsmacht den Prozess behindern. Aufgrund der in der Zentralkommission nötigen Einstimmigkeit war bei einer Blockadehaltung wie die der Niederlande im Falle des INTAR-Plans kein Beschluss möglich.

Fünftens stellte die Macht des Schifffahrtsgewerbes einen hindernden Faktor dar. Über Lobbyarbeit und eine direkte Einbindung als eigenständiger Akteur in die Strukturen, übte es Einfluss auf die Verhandlungen aus und verzögerte diese in Fällen, in denen seine Interessen zu wenig Beachtung fanden. Zudem war das Schifffahrtsgewerbe oft selbst uneins und die unterschiedlichen Interessen erschwerten Absprachen und gemeinsame Positionen nach außen.

Sechstens stellten Inhalte häufig einen hindernden Faktor für die Standardisierung dar. Die für diese Epoche typischen Paketverhandlungen und -lösungen und die damit verbundene Verflechtung der verschiedenen Arten von Standards erschwerten eine Einigung.

Siebtens wirkte sich mangelnde Kompromissbereitschaft ebenso hemmend aus, wie mangelnde Innovationsbereitschaft. Da keine Seite bereit war, neue Ideen einzubringen oder neue Lösungsansätze zu entwickeln, blieb es bei den alten Standards, mit denen weiterhin kein Konsens herbeigeführt werden konnte. Die daraus resultierende fehlende Zielorientiertheit behinderte den Prozess.

Achtens trafen bei den Verhandlungen zwei Grundsatzpositionen aufeinander, die nur schwer miteinander zu vereinbaren waren: die Tarif- und die Kapazitätspolitik. Der dahinter stehende Widerspruch und die ordnungspolitischen Streitereien behinderten die Verhandlungen. Sie behinderten sie nicht nur, sondern führten beim INTAR-Plan sogar zum Scheitern der Standardisierungsbemühungen.

5.3.3. Epochaler Vergleich

Fördernde Faktoren

Vergleicht man die fördernden Faktoren in beiden Epochen so lassen sich überwiegend Gemeinsamkeiten erkennen.

Erstens förderte die Existenz von ‚supranationalen' Akteuren, die unabhängig von staatlichen Interessen waren und zugleich auf internationaler Ebene koordinierend wirkten, die Integration in beiden Epochen. Im 19. Jahrhundert war dies der Oberinspektor, nach dem Zweiten Weltkrieg das Sekretariat der Zentralkommission. Des Weiteren begünstigte der kleine Kreis an Personen in der Zentralkommission Standardisierungsvorhaben, auch wenn die Definition von ‚klein' für beide Epochen unterschiedlich ausfällt.

Zweitens stellte in beiden Epochen Informalität einen fördernden Faktor dar. Das gleiche galt für das vertrauensvolle Verhältnis zwischen den agierenden Personen, die man durchaus als Expertengemeinschaften bezeichnen kann.

Drittens war in beiden Epochen die Art des Standards entscheidend für das Gelingen oder Misslingen von Standardisierungen. Sobald es um (koordinative) Standards im Bereich der Sicherheit ging, waren die Akteure eher bereit, sich zu einigen. Handelte es sich um (regulative) Standards mit Verordnungscharakter, die rechtlich kodifiziert werden mussten, war eine Einigung schwieriger. Auch der Standardisierungsgrad spielte eine Rolle. Ging es um Rahmenrichtlinien, war die Einigung leichter. Ein niedrigerer Standardisierungsgrad wirkte sich also fördernd auf den Prozess aus.

Viertens kam es in beiden Epochen zu quid-pro-quo-Absprachen. Dieses Phänomen war in Epoche 2 stärker ausgeprägt als in Epoche 1, was auch daran liegt, dass in Epoche 1 eher Einzelstandards und in Epoche 2 eher Paketstandards verhandelt wurden.

Fünftens bildeten sich in beiden Epochen (ad-hoc) Allianzen, die sich wieder auflösten, sobald das Ziel erreicht war. Dies erleichterte die Einigung. In Epoche 2 waren zwar im Vergleich zur Epoche 1 sehr unterschiedliche Interessen an der Standardisierung beteiligt, allerdings bot sie aufgrund der Existenz verschiedener Organisationen ein größeres Angebot an Allianzmöglichkeiten.

Insgesamt gab es nur wenige Unterschiede bei den fördernden Faktoren zwischen beiden Epochen. Meist zeigten sie sich in Details. Beispielsweise stellte sich im 19. Jahrhundert die Dominanz eines Akteurs oft als fördernder Faktor heraus, während sich nach dem Zweiten Weltkrieg eine solche Dominanz dagegen eher hindernd auswirkte.

Hindernde Faktoren

Auch bei den hindernden Faktoren überwiegen im epochalen Vergleich die Gemeinsamkeiten, es gibt jedoch auch Unterschiede.

Erstens konnten in beiden Epochen bereits bestehende nationale oder internationale Bestimmungen weitere Standardisierungen erschweren. Dies zeigte sich im 19. Jahrhundert deutlicher als nach dem Zweiten Weltkrieg. In Epoche 1 mussten Standards im hier behandelten Bereich auf internationaler Ebene überhaupt erst geschaffen und nationale Standards verändert werden. In Epoche 2 existierten dann bereits viele Standards auf internationaler Ebene, was die weitere Standardisierung nicht mehr in gleichem Maße erschwerte.

Zweitens waren mangelnde nationale Flexibilität beziehungsweise das Beharren auf den eigenen Regeln oder dem eigenen Standpunkt in beiden Epochen ein hindernder Faktor. Dies ist eng mit der Bedeutung der Binnenschifffahrt in den einzelnen Ländern verbunden, die in den Niederlanden seit jeher besonders groß war. Je asymmetrischer die Interessen und Auswirkungen eines Standards auf die Binnenschifffahrt der einzelnen Staaten waren, desto schwieriger war eine Einigung.

Drittens war das Schifffahrtsgewerbe selbst in beiden Epochen ein Faktor, der die Standardisierung erschweren konnte. Es wehrte sich massiv gegen Bestimmungen beziehungsweise Standards, die seinen Interessen entgegenliefen und scheute nicht davor zurück, die entsprechenden Verhandlungen zu verzögern.

Viertens behinderten in beiden Epochen politisch besonders sensible Inhalte die Standardisierung. Generell kann man sagen, dass durchgängig tarifäre Standards mit distributiven Auswirkungen und rechtliche Standards mit regulativen Auswirkungen solche sensiblen Inhalte darstellten.

Fünftens hatte in den Staaten nicht nur die Binnenschifffahrt eine unterschiedliche Bedeutung, dahinter standen zugleich (verkehrs-)ordnungspolitische Differenzen, die sich ebenfalls behindernd auf die Standardisierung auswirkten.

Ein großer Unterschied bei den hindernden Faktoren war die Existenz der EWG in Epoche 2. Die Präsenz zweier Organisationen, der Zentralkommission und der EWG, sowie mehrere Angebote von Politik ermöglichten es den Akteuren strukturell, Interessen gegeneinander auszuspielen. Die Niederlande nutzen diese Möglichkeit der institutionellen Doppelstruktur sehr stark aus. In Epoche 1 konnte aufgrund des überschaubareren Rahmens nicht in dem Ausmaß mit Interessen gespielt werden. Inhaltlich waren bei der Arbeit der Zentralkommission in Epoche 1 große politische Themen außen vor, was einen deutlichen Unterschied zu Epoche 2 darstellt. Dort waren sie sehr wichtig und beeinflussten die Arbeit der Zentralkommission in hohem Maße. Als Einflussfaktoren sind hier die Konkurrenz der EWG, die Deutsche Frage und die Funktion Europas im Kalten Krieg zu nennen.

Die inhaltliche Ausprägung der Standards wurde nach dem Zweiten Weltkrieg häufiger zu einem hindernden Faktor. Standardisierungen wurden zudem komplizierter, wenn sie in ein komplexes Verkehrssystem eingebettet werden mussten. Dieses Problem zeigte sich ebenfalls besonders in Epoche 2. Außerdem waren die häufigen Aushandlungen von Paketstandards schwieriger als die von Einzelstandards, die im 19. Jahrhundert dominierten.

Tabelle 21: Zusammenfassende Darstellung der fördernden und hindernden Faktoren in beiden Epochen

	Epoche 1	*Epoche 2*
fördernde Faktoren	Die ZKR war als Organisation etabliert und die bestehenden Prozessbahnen gaben Standardisierungen vor. Der kleine Kreis in der ZKR förderte die Integration, ebenso die Existenz und Arbeit des Oberinspektors als unabhängige Instanz. Vorher geschaffene Strukturen, zum Beispiel die Rheinaufsichtsbezirke, förderten die Standardisierung. Die Dominanz eines Akteurs konnte Integration herbeiführen. Niedrige Standardisierungsgrade und gemeinsame Interessen der Akteure erleichterten die Einigung auf Standards. Mit Sicherheitsaspekten verbundene Themen sowie technische Neuerungen förderten weitere Standardisierungen.	Der relativ kleine Kreis in der ZKR förderte die Integration, ebenso die Existenz und Arbeit des Sekretariats als unabhängige Instanz. Durch Interessen und/oder Wissen verbundene Akteursgruppen wirkten sich fördernd auf die Standardisierung aus. Der intermodale Wettbewerb übte Druck hinsichtlich weiterer Integration aus. Quid-pro-quo-Absprachen ermöglichten Einigungen und somit weitere Standardisierungen.

hindernde Faktoren	Bereits bestehende nationale Verordnungen und internationale Standards konnten die weitere internationale Integration behindern. Starke nationale Positionen und mangelnde Kompromissbereitschaft behinderten Einigungen. Die Macht von Traditionen war ein hindernder Faktor.	Die Existenz zweier großer Organisationen und der institutionelle Wettbewerb behinderten die Integration. Die Dominanz eines Staates sowie mangelnde Kompromissbereitschaft verhinderten Einigungen. Die Macht des Gewerbes konnte Standardisierungen erheblich behindern. Parallel ablaufende Prozesse und damit verbundene Rückkopplungen verzögerten die Standardisierung. Paketverhandlungen waren komplex und damit ein Hindernis für Einigungen und weitere Integration. Eine mangelnde Innovationsbereitschaft behinderte die Standardisierung. Die Konkurrenz von Ideen führte zur Blockade weiterer Integration.

6. Schlussbemerkung

Diese Arbeit hat sich mit der Integration der Rheinschifffahrt Mitte des 19. und Mitte des 20. Jahrhunderts beschäftigt. Dabei galt es nicht, eine chronologische Darstellung oder eine Geschichte der Rheinschifffahrt zu erstellen, sondern anhand von repräsentativen Fallbeispielen herauszufinden, auf welchen Wegen und Formen die Integration in den ausgewählten Epochen ablief, welche Faktoren sie förderten oder behinderten und in welchen Beziehungen Strukturen, Prozesse und Inhalte der Rheinschifffahrtsintegration zueinander standen.

Abschließend werden nun in einem ersten Schritt noch einmal die wichtigsten Erkenntnisse dieser Arbeit bezüglich der Gemeinsamkeiten und Unterschiede der Rheinschifffahrtsintegration in beiden Epochen zusammengefasst. In einem weiteren Schritt soll kurz auf einige Probleme bei der Bearbeitung und der Methodik eingegangen werden.

6.1. Gemeinsamkeiten und Unterschiede der Integration der Rheinschifffahrt in beiden Epochen

Die Gemeinsamkeiten und Unterschiede der Rheinschifffahrtsintegration in den Epochen 1 und 2 werden anhand der drei Kriterien Struktur, Prozess und Inhalt zusammengefasst.

Struktur

In beiden Epochen verlief die Rheinschifffahrtsintegration meist auf dem Weg über Politik und kooperativ über Verhandlungen. Diese waren multilateral und führten zu ebensolchen Verträgen, außer die Standardisierung scheiterte, wie etwa im zweiten Beispiel von Epoche 2.

Bei den beteiligten Akteuren und Akteursebenen unterschieden sich die beiden Epochen deutlich. Die Zentralkommission war zwar in beiden Epochen der zentrale Akteur. In Epoche 1 war sie die einzige Organisation für den Rhein und somit bestimmend. Die Verhandlungen waren intergouvernemental. In Epoche 2 fanden die Verhandlungen dagegen überwiegend auf interadministrativer Ebene mit privatwirtschaftlicher Beteiligung statt. Hier bildeten sich Gruppen aufgrund der personellen Verflechtung und Kontinuität in verschiedenen Organisationen. Die Wirtschaftskonferenzen waren ein Ausdruck des interadministrativ-privatwirtschaftlichen Kooperationsgebildes, in dem sich die Rheinschifffahrtsintegration bewegte. In Epoche 1 hatte es dagegen vereinzelte informelle Kontakte zwischen den Akteuren gegeben.

Prozess

Die Prozesse waren in Epoche 2 kürzer als in Epoche 1, allerdings hatte sich die Zahl der Sitzungen im gleichen Zeitraum auch erhöht. Dieser Kontinuität stand die Konferenzdiplomatie der Zentralkommission gegenüber, die die Prozesse des 19. Jahrhunderts geprägt hatte und in der Probleme diskutiert wurden, wenn sie auftraten.

Bei den Prozessbeteiligten sticht die stark erhöhte Anzahl an Akteuren in Epoche 2 ins Auge, ebenso die Verschiebung des Einflusses der gouvernementalen Ebene in Epoche 1 hin zur interadministrativ-privatwirtschaftlichen in Epoche 2. Die Bedeutung von Experten war ebenfalls gestiegen.

In Epoche 2 ist die Betrachtung des Prozesses anhand der Phasen des ‚policy-cycle' schwieriger als in Epoche 1, da oft viele Prozesse parallel abliefen oder Rückkopplungen die Phasen wieder mischten. Wurden neue Gremien geschaffen, wie zum Beispiel die Wirtschaftskonferenz, wurde der ‚policy-cycle' erneut sichtbar. In Epoche 1 entsprach die Phaseneinteilung meist auch nicht dem Idealtypus, was häufig an einer wiederholten Informationsbeschaffung lag. Die Prozesse waren in Epoche 2 konfliktreicher als in Epoche 1.

Inhalt

In Epoche 1 wurden Standards besprochen, wenn sich die Notwendigkeit zur Standardisierung ergeben hatte. Sie wurden einzeln verhandelt. Im Gegensatz dazu war Standardisierung in Epoche 2 in ein komplexes System unterschiedlicher Organisationen eingebettet und Paketverhandlungen waren typisch. Politische Aspekte spielten bei der Aushandlung von Standards eine Rolle und Verkehr war im 20. Jahrhundert ein politisch brisantes Thema. Es existierten mehrere Organisationen, die sich mit dieser Thematik befassten, und es kam vermehrt zu Streitigkeiten. Die gescheiterte Standardisierung in Epoche 2 ist unter anderem auf diese Komplexität zurückzuführen.

Tarife waren ein sensibles Verhandlungsthema in beiden Epochen und nicht leicht zu verhandeln, da sie die finanziellen Interessen der Akteure betrafen.

Waren Standards in Epoche 1 eher regulativ, hatten sie in Epoche 2 meist eine allokative, distributive und koordinative Funktion. Im 19. Jahrhundert mussten häufig erst neue Standards und Regeln geschaffen werden, im 20. Jahrhundert existierte bereits ein Regelwerk. Der Standardisierungsgrad war in Epoche 1 etwas höher, wobei in Epoche 2 die Verabschiedung von mittleren bis hohen Standards wie der INTAR oder der UIR scheiterte.

Bei den Zielen sind viele Gemeinsamkeiten zu erkennen, mit Unterschieden im Detail. Den Akteuren beider Epochen war es wichitg, die Konkurrenzfähigkeit der Rheinschifffahrt zu erhalten beziehungsweise ihre Prosperität zu fördern. In Epoche 1 bildete die Sicherheit der Schiffer ein wichtiges Thema, in Epoche 2 galt es insbesondere, die Krise zu lindern.

6.2. Bemerkungen zur Methodik

Diese Untersuchung kombinierte geistes- und sozialwissenschaftliche Methoden und Modelle, wobei die historisch-hermeneutische Methode die Basis für die Betrachtung und Analyse der Integration der Rheinschifffahrt darstellte, die dann mittels des historischen Vergleichs sowie der drei Dimensionen von Politik und des ‚policy-cycles' erfolgte.

Aufgrund des bisherigen Forschungsstandes und des Erkenntnisinteresses war die Bearbeitung von Archivmaterial für die Beantwortung der Fragestellungen dieser Arbeit unerlässlich, weshalb die Anwendung der historisch-hermeneutischen Methode unverzichtbar war. Den Recherchen in relevanten Archiven und der Qualität und Quantität des dort verfügbaren Materials kam eine nicht zu unterschätzende Bedeutung zu. Es konnten nicht alle Archive berücksichtigt werden, zum Beispiel das Historische Archiv der Stadt Köln oder die schweizerischen Archive. Das Material beeinflusste die Auswahl der Fallbeispiele unter anderem, da nicht in allen Archiven die gleichen Vorgänge aufbewahrt wurden, bestimmte Punkte nicht konserviert wurden oder das Material noch nicht vollständig erschlossen war.

Für Epoche 2 ist hier zu bemerken, dass die Archivalien die Dominanz der übergeordneten politischen Fragestellungen dieser Zeit widerspiegelten und eine Aufsplittung in einzelne Standards bei der Untersuchung nicht möglich war. Der historische Vergleich konnte dennoch durchgeführt werden, auch wenn die Kriterien in beiden Epochen nicht komplett deckungsgleich waren.

Die Anwendung der beiden sozialwissenschaftlichen theoretischen Modelle war etwas schwieriger als die der beiden geisteswissenschaftlichen, ermöglichte aber die Analyse der Integration in beiden Epochen, da sie sie greifbar machten. Die Trennung in die drei analytischen Dimensionen von Politik – Struktur, Prozess und Inhalt – war nicht immer durchführbar, da die einzelnen Elemente oft ineinander griffen, besonders strukturelle und prozessuale. Sowohl Struktur als auch Prozess beschäftigten sich mit den Akteuren und Akteursebenen und ihrem Einfluss. Schwierig war bei dem Kriterium des Prozesses die Quantifizierung des Einflusses der Akteure und Akteursebenen sowie der Grad an Informalität und bei dem Kriterium des Inhalts die Quantifizierung des Standardisierungsgrads. Trotz Schwierigkeiten bot diese Methode die Möglichkeit, die einzelnen Fallbeispiele und die beiden Epochen systematisch miteinander zu vergleichen.

Die Anwendung des ‚policy-cycle' ermöglichte es, den Gesamtprozess in kleinere, überschaubarere Abschnitte zu zerlegen und diese einem Vergleich zu unterziehen. Allerdings war diese idealtypische Einteilung oftmals nicht gegeben, da sich Unterphasen wiederholten und Prozesse parallel abliefen. Die Abgrenzung war daher oft schwammig, durch die Beschränkung auf drei große Phasen jedoch bereits im empirischen Teil als Gliederungsunterstützung anwendbar.

Die Mischung verschiedener Methoden und Modelle hat sich trotz aller Schwierigkeiten in der Anwendung als erkenntnisfördernd erwiesen und die Fragen dieser Arbeit konnten beantwortet werden. Die Forschungslücke ist kleiner geworden. Als interessante weitere Forschungsdesiderate sind unter anderem Fragen zur Rheinschifffahrtsintegration in anderen Epochen, zum Einfluss des intermodalen Wettbewerbs auf die Rheinschifffahrt in der zweiten Hälfte des 19. Jahrhunderts oder zur Entstehung technischer Standards im 20. Jahrhunderts zu nennen.

7. Literatur- und Quellenverzeichnis

7.1. Archivbestände

Archiv der Zentralkommission für die Rheinschifffahrt, Straßburg

Archives diplomatiques/Archives des Affaires Etrangères, Paris

Bestand 72, Europe, 1966-1970: Nr. 2732, 38/3/3

Bestand 92, Commissions internationales fluviales, 1795-1940: Nr. 10, Nr. 12, Nr. 13, Nr. 14, Nr. 15, Nr. 17, Nr. 18, Nr. 93, Nr. 98, Nr. 99, Nr. 100, Nr. 101

Archives Nationales, Fontainebleau

Bestand 77 770: Nr. 013, Nr. 014, Nr. 015, Nr. 023

Archives Nationales, Paris

Bestand F/12 Commerce et Industrie: Nr. 6631, Nr. 6632, Nr. 6633

Bayerisches Hauptstaatsarchiv, München (BayHStA)

Bestand Ministerium des königlichen Hauses und des Äußeren (MA): Nr. 8915, Nr. 8956, Nr. 8957, Nr. 8971, Nr. 9001, Nr. 9005, Nr. 9007, Nr. 9008, Nr. 9009, Nr. 9010, Nr. 9011, Nr. 9012, Nr. 9013, Nr. 9014, Nr. 9015, Nr. 9016, Nr. 9017, Nr. 9018, Nr. 9019, Nr. 9020, Nr. 9021, Nr. 9022, Nr. 9023, Nr. 9024, Nr. 9025, Nr. 9026, Nr. 25526, Nr. 25527, Nr. 25528, Nr. 25567, Nr. 25568, Nr. 63513, Nr. 63522, Nr. 63609, Nr. 63610, Nr. 63612, Nr. 63663

Bestand Bayerische Gesandtschaft Darmstadt: Nr. 1005

Bestand Bayerische Gesandtschaft Karlsruhe: Nr. 1095

Bestand Bayerische Gesandtschaft Paris: Nr. 6728

Bundesarchiv, Berlin-Lichterfelde

Bestand R 901 Auswärtiges Amt

Bestand R 2 Reichsfinanzministerium

Bestand R 5 Reichsverkehrsministerium

Bundesarchiv, Koblenz (BArchK)

Bestand B 108 Bundesministerium für Verkehr Abt. B: Nr. 1138, Nr. 1139, Nr. 1140, Nr. 1141, Nr. 1142, Nr. 1143, Nr. 1144, Nr. 1145, Nr. 1146, Nr. 1147, Nr. 1148, Nr. 1151, Nr. 1152, Nr. 1153, Nr. 1161, Nr. 1163, Nr. 1170, Nr. 1181, Nr. 1260, Nr. 1261, Nr. 1269, Nr. 3885, Nr. 9906, Nr. 13116, Nr. 13117, Nr. 13420, Nr.

13471, Nr. 13472, Nr. 13475, Nr. 16906, Nr. 16907, Nr. 19736, Nr. 19737, Nr. 19739, Nr. 19740, Nr. 28800

Geheimes Staatsarchiv Preußischer Kulturbesitz, Berlin (Dahlem) (GStA PK)

Bestand I. HA Rep. 113 Preußischer Bevollmächtigter bei der Zentralkommission für die Rheinschifffahrt: Nr. 293, Nr. 296, Nr. 300, Nr. 404, Nr. 443, Nr. 446, Nr. 447

Bestand I. HA 120 Ministerium für Handel und Gewerbe C XV Land- und Wasserwege, Kommunikationsabgaben (1811-1936) 10b: Nr. 21, Nr. 33

Hessisches Staatsarchiv, Darmstadt (HStAD)

Bestand G 4 Rheinschiffahrtskommission: Nr. 27, Nr. 28, Nr. 45, Nr. 288, Nr. 289, Nr. 314, Nr. 318, Nr. 319, Nr. 320, Nr. 362, Nr. 400, Nr. 649, Nr. 776, Nr. 792, Nr. 804, Nr. 904, Nr. 957, Nr. 960, Nr. 965

Hessisches Hauptstaatsarchiv, Wiesbaden (HHStAW)

Bestand Herzoglich-Nassauisches Staatsministerium Abteilung 210: Nr. 7240, Nr. 7241, Nr. 7242, Nr. 7243, Nr. 7244, Nr. 7245, Nr. 7246, Nr. 7250, Nr. 7256, Nr. 7263, Nr. 7272, Nr. 7287, Nr. 7288, Nr. 9180, Nr. 9181, Nr. 9196, Nr. 9217, Nr. 9259, Nr. 9292, Nr. 9296, Nr. 9328, Nr. 9331

Landesarchiv Baden-Württemberg, Hauptstaatsarchiv Stuttgart

Bestand Kabinett, Geheimer Rat, Ministerien, 1806-1945, Ministerium der Auswärtigen Angelegenheiten, 1806-1920, E 40/58 Schifffahrt und Flößerei, 1822-1920

Nationaal Archief, Den Haag

Bestand Ministerie van Verkeer en Waterstraat (2.16.) Centrale Commissie van de Rijnvaart (1826-1953), 2.16.99: Nr. 1, Nr. 2, Nr. 3, Nr. 4

Bestand Ministerie van Verkeer en Waterstraat (2.16.) Kalhorn verkeersattache in Bonn (1950-1960), 2.16.33: Nr. 38, Nr. 39, Nr. 40, Nr. 41, Nr. 42, Nr. 43, Nr. 44

Bestand Ministerie van Buitenlandse Zaken (2.05.) Ministerie van Buitenlandse Zaken (1813-1870), 2.05.01: Nr. 1766, Nr. 1823, Nr. 3159, Nr. 3667, Nr. 3668, Nr. 3669, Nr. 3706, Nr. 3707, Nr. 3708, Nr. 3709, Nr. 3710, Nr. 3711, Nr. 3712, Nr. 3713, Nr. 3714, Nr. 3714

Bestand Ministerie van Buitenlandse Zaken (2.05.) Ministerie van Buitenlandse Zaken, 2.05.118: Nr. 2185, Nr. 29961, Nr. 30031, Nr. 30032, Nr. 30033, Nr. 30034, Nr. 30035, Nr. 30036, Nr. 30037, Nr. 30038, Nr. 30039, Nr. 30040, Nr. 30041, Nr. 30042, Nr. 30043, Nr. 30044, Nr. 30045, Nr. 30046, Nr. 30047, Nr. 30048, Nr. 30049, Nr. 30050, Nr. 30051, Nr. 30052, Nr. 30053, Nr. 30054, Nr. 30055, Nr. 30056, Nr. 30057, Nr. 30058, Nr. 30059, Nr. 30060, Nr. 30061, Nr. 30062, Nr. 30063, Nr. 30064, Nr. 30065, Nr. 30066, Nr. 30067, Nr. 30068, Nr. 30069, Nr. 30070, Nr. 30071, Nr. 30074, Nr. 30075, Nr. 30076, Nr. 30077, Nr. 30078, Nr.

30079, Nr. 30104, Nr. 30105, Nr. 30106, Nr. 30107, Nr. 30108, Nr. 30109, Nr. 30110

Bestand Collectie Eysinga, 2.21.060: Nr. 208

Bestand Kamer van Koophandel, 3.17.17.04: Nr. 2163, Nr. 2195

Bestand Ministeries AOK en AZ, Cabinet van het Minister-President (1942-1969), 2.03.01: Nr. 2185, Nr. 2186, Nr. 2187, Nr. 2188

Politisches Archiv des Auswärtigen Amtes, Berlin (PA AA)

Bestand B 16: Nr. 5, Nr. 42

Bestand B 20-200, Europäische Politische Integration: Nr. 226, Nr. 804, Nr. 805, Nr. 822, Nr. 832, Nr. 963, Nr. 977, Nr. 978, Nr. 1098, Nr. 1350, Nr. 1547

Bestand B 51: Nr. 265

Bestand B 57-405: Nr. 17, Nr. 123, Nr. 152, Nr. 168, Nr. 251, Nr. 252, Nr. 253, Nr. 254, Nr. 255, Nr. 259

Bestand B 57-III A 4: Nr. 482, Nr. 485

Bestand B 81: Nr. 31, Nr. 32, Nr. 33, Nr. 48, Nr. 135, Nr. 136, Nr. 137, Nr. 138, Nr. 264, Nr. 265, Nr. 267, Nr. 296, Nr. 596, Nr. 603

Anmerkung:
Aufgeführt sind sämtliche Bestände, die im Rahmen dieser Arbeit eingesehen wurden. In der Endfassung nicht berücksichtigte Bestände sind kursiv gesetzt.
Die Archivmaterialien sind in den Fußnoten wie folgt angegeben: Archiv(kürzel), Bestandsbezeichnung, Aktennummer, Dokumententitel mit Datum. Der Titel und das Datum sind dabei so wie im Dokument stehend übernommen. Auf eine Seitenangabe wurde überwiegend verzichtet, da die wenigsten Akten nummeriert waren.

7.2. Monographien und Sammelbände

Abbati, Carlo degli: Transport and European integration, Office for Official Publications of the European Communities, Luxembourg 1987.

Abelshauser, Werner: Deutsche Wirtschaftsgeschichte seit 1945, C.H. Beck, München 2004.

Aberle, Gerd: An Overview of European Transport Policy (Objectives and Measures), in: ECMT (ed.): The Evaluation of Past and Future Transport Policy Measures, OECD Publ. Off., Paris 1985, pp. 15-40.

Ahr, Berenice: Integration von Infrastrukturen in Europa im historischen Vergleich – Band 2: Telekommunikation, Nomos, Baden-Baden 2013.

Ahr, Berenice; Benz, Andreas; Tölle, Isabel: Der Einfluss politischer Akteure auf tarifäre Integrationsbestrebungen einzelner Infrastruktursektoren im 19. Jahrhundert, in: Ambrosius, Gerold; Henrich-Franke, Christian; Neutsch, Cornelius (Hg.): Internationale Politik und Integration europäischer Infrastrukturen in Geschichte und Gegenwart, Nomos, Baden-Baden 2010, S. 9-36.

Ambrosius, Gerold; Henrich-Franke, Christian: Integration von Infrastrukturen in Europa im historischen Vergleich – Band 1: Synopse, Nomos, Baden-Baden 2013.

Ambrosius, Gerold; Henrich-Franke, Christian; Neutsch, Cornelius (Hg.): Infrastrukturintegration und internationale Politik, Nomos, Baden-Baden 2010.

Ambrosius, Gerold: Liberale vs. institutionelle Integration von Wirtschaftspolitiken in Europa – Das 19. und 20. Jahrhundert im systematischen und historischen Vergleich, Nomos, Baden-Baden 2009.

Ambrosius, Gerold: Standards und Standardisierungen in der Perspektive des Historikers – vornehmlich im Hinblick auf netzgebundene Infrastrukturen, in: Ambrosius, Gerold; Henrich-Franke, Christian; Neutsch, Cornelius; Thiemeyer, Guido (Hg.): Standardisierung und Integration europäischer Verkehrsinfrastruktur in historischer Perspektive, Nomos, Baden-Baden 2009, S. 15-36.

Ambrosius, Gerold; Henrich-Franke, Christian; Neutsch, Cornelius; Thiemeyer, Guido (Hg.): Standardisierung und Integration europäischer Infrastrukturen in historischer Perspektive, Nomos, Baden-Baden 2009.

Ambrosius, Gerold: Wirtschaftsintegration in Europa im 19. und 20. Jahrhundert – ein wirtschaftshistorisches Forschungsprogramm, in: Henrich-Franke, Christian; Neutsch, Cornelius; Thiemeyer, Guido (Hg.): Internationalismus und Europäische Integration im Vergleich – Fallstudien zu Währungen, Landwirtschaft, Verkehrs- und Nachrichtenwesen, Nomos, Baden-Baden 2007, S. 13-37.

Ambrosius, Gerold: Regulativer Wettbewerb und koordinative Standardisierung zwischen Staaten – Theoretische Annahmen und historische Beispiele, Franz Steiner Verlag, Stuttgart 2005.

Anastasiadou, Irene: Constructing Iron Europe. Transnationalism & Railways in the Interbellum, Amsterdam University Press, Amsterdam 2012.

Bärmann, Johannes: Die Freiheit der europäischen Binnenschiffahrt, UNA Europäische Verlagsgesellschaft Mannheim, Mannheim 1950.

Baumgartner, Rudolf: Die Freiheit der Rheinschifffahrt, Haupt, Bern 1926.

Baur, Jürgen F.; Horn, Norbert; Stern, Klaus (Hg.): 40 Jahre Römische Verträge – Von der Europäischen Wirtschaftsgemeinschaft zur Europäischen Union, De Gruyter, Berlin 1998.

Beermann, Fritz: Die Rheinbrücken bei Cöln, M. DuMont Schauberg, Köln 1911.

Bellers, Jürgen: Außenwirtschaftspolitik der Bundesrepublik Deutschland 1949-1969, Lit-Verlag, Münster 1990.

Benz, Andreas: Integration von Infrastrukturen in Europa im historischen Vergleich – Band 3: Post, Nomos, Baden-Baden 2013.

Benz, Arthur: Politik in Mehrebenensystemen, VS Verlag, Wiesbaden 2009.

Benz, Arthur; Lütz, Susanne; Schimank, Uwe; Simonis, Georg (Hg.): Handbuch Governance. Theoretische Grundlagen und empirische Anwendungsfelder, VS Verlag, Wiesbaden 2007.

Bieling, Hans-Jürgen; Lerch, Monika (Hg.): Theorien der europäischen Integration, VS Verlag, Wiesbaden [2]2006.

Bitsch, Marie-Thérèse; Conrad, Yves: Das Kollegium der Kommissare: ein neuer Behördentyp, in: Dumoulin, Michel (Hg.): Die Europäische Kommission 1958-1972. Geschichte und Erinnerungen einer Institution, Amt für Veröffentlichungen der Europäischen Gemeinschaften, Luxemburg 2007, S. 195-220.

Bitsch, Marie-Thérèse; Loth, Wilfried: Die Kommission Hallstein 1958-1967, in: Dumoulin, Michel (Hg.): Die Europäische Kommission 1958-1972. Geschichte und Erinnerungen einer Institution, Amt für Veröffentlichungen der Europäischen Gemeinschaften, Luxemburg 2007, S. 57-86.

Blum, Sonja; Schubert, Klaus: Politikfeldanalyse, VS Verlag, Wiesbaden 2011.

Böcking, Werner: Die Geschichte der Rheinschiffahrt. Schiffe auf dem Rhein in drei Jahrtausenden. Textband, August Steiger Verlag, Moers 1980.

Brabers, Jan: The failure of European transport integration (1945-1955), in: Trausch, Gilbert (Hg.): Die Europäische Integration vom Schuman-Plan bis zu den Verträgen von Rom. Pläne und Initiativen, Enttäuschungen und Mißerfolge, Nomos, Baden-Baden 1993, S. 57-73.

Breuer, Judith: Die ersten preußischen Eisenbahnbrücken. Dirschau, Marienburg, Köln. Verschwundene Zeugnisse für Fortschrittsglauben und Geschichtsbewusstsein im 19. Jahrhundert. Begleitbuch zur Ausstellung des Ostpreußischen Landesmuseums Lüneburg vom 14. Mai bis 24. Juli 1988, Ostpreußisches Landesmuseum, Lüneburg 1988.

Bundesministerium für Verkehr (Hg.): Die Verkehrspolitik in der Bundesrepublik Deutschland 1949-1965, Ein Bericht des Bundesministers für Verkehr, Hoermann-Verlag, Hof/Saale 1965.

Carreras, Albert; Giuntini, Andrea; Merger, Michèle (ed.): European networks, 19th-20th centuries. New approaches to the formation of a transnational transport and communications system, Eleventh International Economic History Congress, Università Bocconi, Milano 1994.

Cepl-Kaufmann, Gertrude; Johanning, Antje: Mythos Rhein. Zur Kulturgeschichte eines Stromes, Wissenschaftliche Buchgesellschaft, Darmstadt 2003.

Corthesy, Fernand: Regime Internationale du Rhin, Recueil Sirey, Paris 1929.

Dahlheim, Holger: Wandel der Lebens- und Arbeitsweisen von Partikulierschiffern im 20. Jahrhundert, Dissertation an der Universität Münster, Münster 1990.

Delbrück, Rudolph von: Lebenserinnerungen von Rudolph von Delbrück, 1817-1867, Zweiter Band, Duncker&Humblot, Leipzig 1905.

Delbrück, Rudolph von: Lebenserinnerungen von Rudolph von Delbrück, 1817-1867, Erster Band, Duncker&Humblot, Leipzig 1905.

Die Wirtschaftskonferenz der Rheinschiffahrt und ihre Ergebnisse. Bericht der Schweizer Delegation, in: Zentralkommission für die Rheinschiffahrt (Hg.): Zentral-Kommission für die Rheinschiffahrt, Binnenschiffahrts-Verlag, Straßburg 1966, S. 51-60.

Dienel, Hans-Liudger: Das Bundesverkehrsministerium, in: Schöller, Oliver; Canzler, Weert; Knie, Andreas: Handbuch Verkehrspolitik, VS Verlag, Wiesbaden 2007, S. 200-224.

Doni, Wilhelm: Die Binnenschiffahrt in der europäischen Integration, Vandenhoeck & Ruprecht, Göttingen 1965.

Dumoulin, Michel: Der Verkehr – „Bastion nationaler Pfründe", in: Dumoulin, Michel (Hg.): Die Europäische Kommission 1958-1972. Geschichte und Erinnerungen einer Institution, Amt für Veröffentlichungen der Europäischen Gemeinschaften, Luxemburg 2007, S. 475-488.

Dumoulin, Michel: Verwaltungsaufbau und Arbeitsweise, in: Dumoulin, Michel (Hg.): Die Europäische Kommission 1958-1972. Geschichte und Erinnerungen einer Institution, Amt für Veröffentlichungen der Europäischen Gemeinschaften, Luxemburg 2007, S. 237-260.

Dumoulin, Michel (Hg.): Die Europäische Kommission 1958-1972. Geschichte und Erinnerungen einer Institution, Amt für Veröffentlichungen der Europäischen Gemeinschaften, Luxemburg 2007.

Ebert, Volker; Harter, Phillip-Alexander: Europa ohne Fahrplan? Anfänge und Entwicklung der gemeinsamen Verkehrspolitik in der Europäischen Wirtschaftsgemeinschaft (1957-1985), Franz Steiner Verlag, Stuttgart 2012.

Eckert, Christian: Rheinschiffahrt im XIX. Jahrhundert, Duncker&Humblot, Leipzig 1900.

Erbguth, Horst: Die Marktstellung der deutschen und niederländischen Partikulierschiffahrt im Rahmen der gegenwärtigen Entwicklungstendenzen, Vandenhoeck & Ruprecht, Göttingen 1965.

Eysinga, Willem Jan Mari van; Walther, Henri: Geschichte der Zentralkommission für die Rheinschiffahrt 1816 bis 1969, Straßburg 1994.

Eysinga, Willem Jan Mari van: Evolution du droit fluvial international du Congrès de Vienne au Traité de Versailles, 1815-1919, A.W. Sijthoff, Leyde 1920.

François, S.: La role de la Commission Centrale pour la Navigation du Rhin dans le domaine réglementaire, in: 150 Jahre Zentral-Kommission für die Rheinschiffahrt, Binnenschiffahrts-Verlag, Straßburg 1966, S. 87-100.

Fremdling, Rainer; Federspiel, Ruth; Kunz, Andreas (Hg.): Statistik der Eisenbahnen in Deutschland 1835-1989, Scripta Mercaturae Verlag, St. Katharinen 1995.

Frerich, Johannes; Müller, Gernot: Europäische Verkehrspolitik. Von den Anfängen bis zur Osterweiterung der Europäischen Union, Band 2: Landverkehrspolitik, Oldenbourg, München 2004.

Frerich, Johannes; Müller, Gernot: Europäische Verkehrspolitik. Von den Anfängen bis zur Osterweiterung der Europäischen Union. Band 1: Politisch-ökonomische Rahmenbedingungen. Verkehrsinfrastrukturpolitik, Oldenbourg, München 2004.

Gellner, Wienand; Hammer, Eva-Maria: Policyforschung, Oldenbourg, München 2012.

Goertz, Hans Jürgen: Umgang mit Geschichte. Eine Einführung in die Geschichtstheorie, Rowohlt, Hamburg 1995.

Gothein, Eberhard: Die Schiffahrt der deutschen Ströme. Untersuchungen über deren Abgabenwesen, Regulierungskosten und Verkehrsverhältnisse. Zweiter Band. Geschichtliche Entwicklung der Rheinschiffahrt im XIX. Jahrhundert, Duncker&Humblot, Leipzig 1903.

Griewank, Karl: Der Wiener Kongress und die Neuordnung Europas 1814/1815, Koehler&Amelang, Leipzig 1942.

Grimmel, Andreas; Jakobeit, Cord (Hg.): Politische Theorien der Europäischen Integration. Ein Text- und Lehrbuch, VS Verlag, Wiesbaden 2009.

Groeben, Hans von der: The European Community. The Formative Years. The Struggle to Establish the Common Market and the Political Union (1958-66), Office for Official Publications of the European Communities, Luxembourg 1987.

Haas, Ernst B.: When Knowledge is Power. Three Modes of Change in International Organizations, University of California Press, Berkeley 1990.

Haffner, Sebastian: Der Vertrag von Versailles, Matthes&Seitz Verlag, München 1978.

Hallstein, Walter: Die Europäische Gemeinschaft, Econ Verlag, Düsseldorf Wien 1973.

Hascher, Michael: Politikberatung durch Experten. Das Beispiel der deutschen Verkehrspolitik im 19. und 20. Jahrhundert, Campus Verlag, Frankfurt New York 2006.

Heeckt, Hugo: Der Verkehr als Integrationsfaktor der Europawirtschaft, Forschungsberichte des Instituts für Weltwirtschaft an der Universität Kiel, Kiel 1956.

Henning, Friedrich-Wilhelm: Deutsche Wirtschafts- und Sozialgeschichte im 19. Jahrhundert, Schöningh, Paderborn München Wien Zürich 1996.

Henrich-Franke, Christian: Gescheiterte Integration im Vergleich: Der Verkehr – ein Problemsektor gemeinsamer Rechtsetzung im Deutschen Reich (1871-1879) und der Europäischen Wirtschaftsgemeinschaft (1958-1972), Franz Steiner Verlag, Stuttgart 2012.

Henrich-Franke, Christian: Changing Patterns of Infrastructure Governance in the Transport and Communication Sectors in Europe, in: Auger, Jean-François; Bouma, Jan Jaap; Künneke, Rolf (Hg.): Internationalization of Infrastructures, Delft University of Technology, Delft 2009, pp. 7-30.

Henrich-Franke, Christian: Europäische Verkehrsintegration im 19. und in der zweiten Hälfte des 20. Jahrhunderts, in: Henrich-Franke, Christian; Neutsch, Cornelius; Thiemeyer, Guido (Hg.): Internationalismus und Europäische Integration im Vergleich. Fallstudien zu Währungen, Landwirtschaft, Verkehrs- und Nachrichtenwesen, Nomos, Baden-Baden 2007, S. 133-175.

Henrich-Franke, Christian; Neutsch, Cornelius; Thiemeyer, Guido: Internationalismus und Europäische Integration im Vergleich – Ein vorläufiges Fazit, in: Henrich-Franke, Christian; Neutsch, Cornelius; Thiemeyer, Guido (Hg.): Internationalismus und Europäische Integration im Vergleich – Fallstudien zu Währungen, Landwirtschaft, Verkehrs- und Nachrichtenwesen, Nomos, Baden-Baden 2007, S. 221-229.

Henrich-Franke, Christian; Neutsch, Cornelius; Thiemeyer, Guido (Hg.): Internationalismus und Europäische Integration im Vergleich – Fallstudien zu Währungen, Landwirtschaft, Verkehrs- und Nachrichtenwesen, Nomos, Baden-Baden 2007.

Herren, Madeleine: Internationale Organisationen seit 1865. Eine Globalgeschichte der internationalen Ordnung, Wissenschaftliche Buchgesellschaft, Darmstadt 2009.

Herren, Madeleine: Hintertüren zur Macht. Internationalismus und modernisierungsorientierte Außenpolitik in Belgien, der Schweiz und den USA 1865-1914, Oldenbourg, München 2000.

Hoebink, Hein (Hg.): Staat und Wirtschaft an Rhein und Ruhr 1816-1991. 175 Jahre Regierungsbezirk Düsseldorf, Klartext, Essen 1992.

Hoederath, Roland: Großbritannien und das internationale Rheinregime. Die Rolle Großbritanniens bei der Ausgestaltung der internationalen Rechtsordnung für den Rhein und die Entwicklung der britischen Rechtsstellung im Rahmen dieser Ordnung, Duncker&Humblot, Berlin 1981.

Hofmann, Wilhelm; Dose, Nicolai; Wolf, Dieter: Politikwissenschaft, UTB basics, Konstanz 2007.

Horstmann, Theo: Die Anfänge des Brückenbaus in Dortmund: Julius Weidtman und die Kölner Rheinbrücke von 1855/59, in: Beiträge zur Geschichte Dortmunds und der Grafschaft Mark, Band 85/86, Dortmund 1994/95, S. 183-203.

Jaeger, Ruth: Westeuropäische Binnenschiffahrt und Europäische Wirtschaftsgemeinschaft, Dissertation an der Universität Köln, Köln 1960.

Jann, Werner; Wegrich, Kai: Phasenmodelle und Politikprozesse: Der Policy Cycle, in: Schubert, Klaus; Bandelow, Nils C. (Hg.): Lehrbuch der Politikfeldanalyse, Oldenbourg, München 2003.

Jürgensen, Harald; Aldrup, Dieter: Verkehrspolitik im europäischen Integrationsraum, Nomos, Baden-Baden 1968.

Kaelble, Hartmut: Der historische Vergleich – Eine Einführung zum 19. und 20. Jahrhundert, Campus, Frankfurt am Main 1999.

Kapteyn, Paul J.: Europa sucht eine gemeinsame Verkehrspolitik, De Tempel, Brugge 1968.

Kischel, Dieter: Die Geschichte der Rheinschiffahrtsgerichtsbarkeit von 1804 bis in die Gegenwart. Unter besonderer Berücksichtigung der rheinpreußischen Verhältnisse, Josef Eul Verlag, Bergisch Gladbach Köln 1990.

Klemann, Hein A.M.; Wielenga, Friso: Deutschland und die Niederlande. Wirtschaftsbeziehungen im 19. und 20. Jahrhundert, Waxmann, Münster New York München Berlin 2009.

Koch, Alexander: Sachregister zu den Protokollen der Zentral-Kommission für die Rheinschiffahrt der Jahre 1868 bis einschließlich 1918 hinsichtlich einzelner wichtiger Verhandlungsgegenstände auch zu den früheren Protokollen, L.C. Wittich'sche Hofbuchdruckerei, Darmstadt 1922.

Koch, Martin: Verselbständigungsprozesse internationaler Organisationen, VS Verlag, Wiesbaden 2008.

Köppen, Ursula von: Die Geschichte der Kommission und die Rechtsordnung der Rheinschiffahrt, in: Zentralkommission für die Rheinschiffahrt (Hg.): 150 Jahre Zentral-Kommission für die Rheinschiffahrt, Binnenschiffahrts-Verlag, Straßburg 1966, S. 21-29.

Kraus, Herbert; Scheuner, Ulrich: Rechtsfragen der Rheinschiffahrt. Zwei Rechtsgutachten, Klostermann, Frankfurt 1956.

Krause, Gerhard: Die internationalen Stromschiffahrtskommissionen, Rothschild, Berlin 1931.

Kunz, Andreas: Gütertransport und Güterumschlag auf dem Rhein, Geschichtlicher Atlas der Rheinlande, Beiheft VII/14-15, Habelt-Verlag, Bonn 2006.

Kunz, Andreas; Armstrong, John (ed.): Inland Navigation and Economic Development in Nineteenth-Century Europe, Verlag Philipp von Zabern, Mainz 1995.

Lagendijk, Vincent: Electrifying Europe. The Power of Europe in the Construction of Electricity Networks, Aksant, Amsterdam 2008.

Lambert, Fritz: Das Mannheimer Abkommen vom 17. Oktober 1868 im Rahmen des Versailler Vertrags (Artikel 354-362), Dissertation an der Universität Würzburg, Würzburg 1933.

Lehmkuhl, Ursula: Theorien internationaler Politik. Einführung und Texte, Oldenbourg, München Wien 1996.

Lommers, Suzanne: Europe – On Air. Interwar Projects for Radio Broadcasting, Amsterdam University Press, Amsterdam 2012.

Loth, Wilfried: Beiträge der Geschichtswissenschaft zur Deutung der Europäischen Integration, in: Loth, Wilfried; Wessels, Wolfgang (Hg.): Theorien europäischer Integration, Leske + Budrich, Opladen 2001, S. 87-106.

Loth, Wilfried; Osterhammel, Jürgen: Internationale Geschichte. Themen – Ergebnisse – Aussichten, Oldenbourg, München 2000.

Looz-Corswarem, Clemens von; Mölich, Georg (Hg.): Der Rhein als Verkehrsweg. Politik, Recht und Wirtschaft seit dem 18. Jahrhundert, Verlag Peter Pomp, Bottrop 2007.

Meißner, Friedrich: Das Recht der Europäischen Wirtschaftsgemeinschaft im Verhältnis zur Rheinschiffahrtsakte von Mannheim, Duncker&Humboldt, Berlin 1973.

Ministerie van Verkeer en Waterstraat (Hg.): Der Weg zur europäischen Verkehrspolitik, Ministerie van Verkeer en Waterstraat, Den Haag 1964.

Mohl, Robert: Beschwerde einer Anzahl von Handelsvorständen, Dampfschiffahrtskorporationen und Schiffern gegen die königlich Preußische Regierung in Betreff der zwischen Köln und Deutz im Baue begriffenen Brücke. Mit Anlagen A-K, Mannheim 1858.

Most, Otto (Hg.): Die deutsche Binnenschiffahrt, Kirschbaum Verlag, Bonn 1964.

Müller, J. Heinz: Die Binnenschiffahrt im gemeinsamen Markt, Nomos, Baden-Baden 1967.

Müller, Uwe: Infrastrukturpolitik in der Industrialisierung. Der Chausseebau in der preußischen Provinz Sachsen und dem Herzogtum Braunschweig vom Ende des 18. Jahrhunderts bis in die siebziger Jahre des 19. Jahrhunderts, Duncker&Humblot, Berlin 2000.

Murphy, Craig N.: International Organization and Industrial Change – Global Governance since 1850, Polity Press, Cambridge 1994.

Nusteling, Hubertus P.H.: De rijnvaart in het tijdperk van stoom en steenkool 1831-1914, Holland Univ. Pers, Amsterdam 1974.

Ockhart, Josef Franz: Geschichtliche Darstellung der frühern und spätern Gesezgebung über Zölle und Handelsschifffahrt des Rheins, mit Rücksicht auf die Beschlüsse des wiener Kongresses für die künftige Verwaltung dieses Stroms und seiner Nebenflüsse, Florian Kupferberg, Mainz 1818.

Ogilvie, Paul Morgan: International Waterways, The Macmillan Company, New York 1920.

Panzel, Burkhard: Der Rheinverkehr nach dem 2. Weltkriege, Binnenschiffahrts-Verlag, Duisburg-Ruhrort 1961.

Pfennig, Jörg: Über - Brücken. Köln und der Rhein, conMedia Verlag, Köln 1994.

Ribu, Erik: An Overview of European Transport Policy, in: ECMT (ed.): The Evaluation of Past and Future Transport Policy Measures, OECD Publ. Off., Paris 1985, pp. 41-56.

Rohde, Dieter: Methoden und Wirkungen der Integration im innerkontinentalen westeuropäischen Verkehr, Dissertation an der Uni Mainz, Mainz 1957.

Rohe, Karl: Politik – Begriffe und Wirklichkeiten, Kohlhammer, Stuttgart 1994.

Rothacher, Albrecht: Die Kommissare. Vom Aufstieg und Fall der Brüsseler Karrieren. Eine Sammelbiographie der deutschen und österreichischen Kommissare seit 1958, Nomos, Baden-Baden 2012.

Scherner, Karl Otto: Entwicklungslinien des Rheinschiffahrtsrechts 1871-1963, in: Wiese, Günther (Hg.): Probleme des Binnenschiffahrtsrechts VI, C.F. Müller Juristischer Verlag, Heidelberg 1991, S. 51-87.

Scherner, Karl Otto: Die Begründung des modernen Rheinschiffahrtsrechts im 19. Jahrhundert, in: Wüst, Günther; Lorenz, Egon; Scherner, Karl Otto; Müller, Walter (Hg.): Probleme des Binnenschiffahrtsrechts V, C.F. Müller Juristischer Verlag, Heidelberg 1988, S. 65-98.

Scheuner, Ulrich: Das internationale Recht der Rheinschiffahrt und der nationale Binnenverkehr (Cabotage), Rhein Verlagsgesellschaft, Duisburg 1954.

Schiefelbusch, Martin: Trains across borders. Comparative studies on international cooperation in railway development,□(= Integration von Infrastrukturen in Europa im historischen Vergleich – Band 4: Eisenbahn),□Nomos, Baden-Baden 2013.

Schierk, Hans-Fried: 100 Jahre feste Rheinbrücken in Nordrhein-Westfalen, 1855-1955, Westdeutscher Verlag, Opladen 1985.

Schipper, Frank: Driving Europe. Building Europe on Roads in the Twentieth Century, Aksant, Amsterdam 2008.

Schirges, Georg: Der Rheinstrom. Ein Beitrag zur Kenntnis der Geschichte, Handelsstatistik und Gesetzgebung des Rheins, nebst der Rheinschiffahrts-Acte vom 31. März 1831 sammt allen ihren Suplementar-Artikeln, Abänderungen, ihren wichtigsten Regulativen und Instructionen, Verlag von Victor v. Zabern, Mainz 1857.

Schluckebier, Ullrich: Internationales Rheinschiffahrtsrecht, Institut für Völkerrecht der Universität Göttingen, Göttingen 1965.

Schmitt, Alfons: Die Liberalisierung des innerdeutschen Wasserstraßenverkehrs insbesondere auf dem Rhein unter verkehrspolitischen Gesichtspunkten, Rhein Verlagsgesellschaft, Duisburg 1954.

Schot, Johan: Transnational Infrastructures and European Integration: A Historiographical and Empirical Exploration. Paper presented at second TIE workshop Transnational Infrastructures and the Rise of Contemporary Europe, 26.-28.4.2007, Eindhoven 2007.

Schreiber, Erich; Seiermann, Ludwig (Hg.): Binnenschifffahrtshandbuch 1955/56, Krausskopf-Verlag, Wiesbaden 1955.

Schwedler, Johann Gottlieb: Ueber den Bau einer festen Brücke über den Rhein zwischen Köln und Deutz, Lengfeld, Köln 1849.

Seebohm, Hans-Christoph: Die Entwicklung der westdeutschen Binnenschiffahrt seit 1945, Verlag Ernst Arnold, Dortmund 1958.

Seidenfus, Hellmuth Stefan: Organisationstendenzen auf dem Rheinschiffahrtsmarkt, Vandenhoeck & Ruprecht, Göttingen 1957.

Sekretariat des Interimsausschusses für den Gemeinsamen Markt und Euratom (Hg.): Vertrag zur Gründung der Europäischen Wirtschaftsgemeinschaft und dazugehörige Dokumente, Sekretariat des Interimsausschusses für den Gemeinsamen Markt und Euratom, Brüssel 1957.

Sengpiel, Markus: Das Recht der Freiheit der Schiffahrt auf Rhein und Donau. Eine regimerechtliche Analyse, Binnenschiffahrts-Verlag, Duisburg 1998.

Signon, Helmut: Brücken in Köln am Rhein, J.P. Bachem Verlag, Köln 1966.

Spaak, Paul-Henri: Memoiren eines Europäers, Hoffmann und Campe, Hamburg 1969.

Stevens, Handley: Transport Policy in the European Union, Palgrave, London 2004.

Stohler, Jaques: Die Integration des Verkehrs. Europäische Erfahrungen und Probleme, Mohr, Tübingen 1963.

Strauch, Dieter: Die Entwicklung des Rheinschifffahrtsrechts zwischen 1815 und 1868, in: Looz-Corswarem, Clemens von; Mölich, Georg (Hg.): Der Rhein als Verkehrsweg. Politik, Recht und Wirtschaft seit dem 18. Jahrhundert, Verlag Peter Pomp, Bottrop 2007, S. 61-92.

Strukturprobleme der Rheinschiffahrt, Beitrag von Herrn Vonk, Mitglied der holländischen Delegation, in: Zentralkommission für die Rheinschiffahrt (Hg.): 150 Jahre Zentral-Kommission für die Rheinschiffahrt, Binnenschiffahrts-Verlag, Straßburg 1966, S. 65-83.

Thiemeyer, Guido: Europäische Integration. Motive, Prozesse, Strukturen, Köln 2010.

Thiemeyer, Guido: Integration und Standardisierung in der internationalen Rheinschifffahrt nach 1945, in: Ambrosius, Gerold; Henrich-Franke, Christian; Neutsch, Cornelius; Thiemeyer, Guido (Hg.): Standardisierung und Integration europäischer Verkehrsinfrastruktur in historischer Perspektive, Nomos, Baden-Baden 2009, S. 137-153.

Trautz, Martin: Eiserne Brücken im 19. Jahrhundert in Deutschland, Werner-Verlag, Düsseldorf 1991.

Tümmers, Horst Johannes: Der Rhein. Ein europäischer Fluß und seine Geschichte, C.H. Beck, München 1999.

Turegg, Kurt Egon von: Das europäische Verkehrsrecht, Alfred Metzner Verlag, Frankfurt 1955.

Vleuten, Eric van der; Kaijser, Arne (ed.): Networking Europe – Transnational Infrastructures and the Shaping of Europe 1850-2000, Science History Publications, Sagamore Beach 2006.

Vogel, Ludwin: Deutschland, Frankreich und die Mosel. Europäische Integrationspolitik in den Montanregionen Ruhr, Lothringen, Luxemburg und der Saar, Klartext, Essen 2001.

Walter, Josephus: Einige wirtschaftliche Betrachtungen über die Rheinschiffahrt, Rhein-Verlag, Duisburg 1952.

Wasser- und Schiffahrtsdirektion Duisburg (Hg.): Der Rhein. Ausbau, Verkehr, Verwaltung, Rhein Verlagsgesellschaft, Duisburg 1951.

Weber-Brosamer, Bernhard: „Die Weltordnung will weder Stillstand noch Rückschritt". Zur Einführung der Dampfschifffahrt auf dem Rhein und ihren wirtschaftspolitischen Auswirkungen, in: Looz-Corswarem, Clemens von; Mölich, Georg (Hg.): Der Rhein als Verkehrsweg. Politik, Recht und Wirtschaft seit dem 18. Jahrhundert, Verlag Peter Pomp, Bottrop 2007, S. 93-116.

Zimmermann, Alfred: Geschichte der preußisch-deutschen Handelspolitik, Schulzesche Hof-Buchhandlung und Hof-Buchdruckerei, Oldenburg Leipzig 1892.

Zentralkommission für die Rheinschiffahrt (Hg.): 150 Jahre Zentral-Kommission für die Rheinschiffahrt, Binnenschiffahrts-Verlag, Straßburg 1966.

Zentralkommission für die Rheinschiffahrt (Hg.): Rheinurkunden. Sammlung zwischenstaatlicher Vereinbarungen, landesrechtlicher Ausführungsverordnungen und sonstiger wichtiger Urkunden über die Rheinschiffahrt seit 1803, Zweiter Teil (1860-1918), Nrn. 301-670, Duncker&Humblot, München Leipzig 1918.

Zentralkommission für die Rheinschiffahrt (Hg.): Rheinurkunden. Sammlung zwischenstaatlicher Vereinbarungen, landesrechtlicher Ausführungsverordnungen und sonstiger wichtiger Urkunden über die Rheinschiffahrt seit 1803, Erster Teil (1803-1860), Nrn. 1-300, Duncker&Humblot, München Leipzig 1918.

Nach Fertigstellung des Manuskripts erschienene Literatur:

Woehrling, Jean-Marie; Schirmann, Sylvain; Libera, Martial (Hg.): Zentralkommission für die Rheinschiffahrt, 1815-2015, 200 Jahre Geschichte, Straßburg, 2015.

7.3. Fachzeitschriften und Periodika

Ambrosius, Gerold: Alte Pfade der Integration und der Versuch nach dem Zweiten Weltkrieg neue Wege einzuschlagen: Das Beispiel der Infrastrukturen in Europa, in: Historical Social Research – Historische Sozialforschung, Vol. 32, 2007, S. 275-304.

Ambrosius, Gerold: Institutioneller Wettbewerb im europäischen Integrationsprozeß seit dem 19. Jahrhundert, in: Geschichte und Gesellschaft, Jahrgang 27, Heft 4, 2001, S. 545-575.

Anastasiadou, Irene; Lagendijk, Vincent, Schipper, Frank; van der Vleuten, Erik: Europe's System Builders: The Contested Shaping of Transnational Road, Electricity and Rail Networks, in: Contemporary European History, Vol. 16, Issue 3, 2007, pp. 321-347.

Birkendahl, Arthur: Die Auswirkungen der Montanunion auf den Verkehr, in: Zeitschrift für Binnenschiffahrt, Heft 1, 1953, S. 10-11.

Bodson, Victor: Grundlagen für die Verwirklichung einer europäischen Verkehrspolitik, in: Zeitschrift für Binnenschiffahrt, Nr. 11, 1968, S. 449-456.

Bour, Albert: Die Zentralkommission für die Rheinschiffahrt und ihre Beziehungen zu Einzelpersonen und nichtstaatlichen Organisationen, in: Zeitschrift für Binnenschiffahrt und Wasserstraßen, Heft 8, August 1979, S. 318-323.

Brousse, Pierre: Die europäische Organisation der Transporte, in: Zeitschrift für Binnenschiffahrt, Heft 10, 1952, S. 84-92.

Collinson, Dale S.: The Rhine Regime in Transition – Relations between the European Communities and the Central Commission for Rhine Navigation, in: Columbia Law Review, Vol. 72, Nr. 3, 1972, pp. 485-516.

Disco, Nil; Vleuten, Erik van der: The Politics of Wet System Building: Balancing Interests in Dutch Water Management from the Middle Ages to the Present, in: Knowledge, Technology & Policy, Vol. 14, Nr. 4, 2002, pp. 21-40.

Engels, Jens Ivo: Machtfragen. Aktuelle Entwicklungen und Perspektiven der Infrastrukturgeschichte, in: Neue Politische Literatur, Jahrgang 5, Heft 1, 2010, S. 51-70.

Etzel, Franz: Zum Verhältnis Mannheimer Akte – Montanunion, in: Strom und See, Heft 2, 1954, S. 38-39.

Eysinga, Willem Jan Mari van: Offener Brief in Beantwortung einer Anfrage der Rotterdamer Handelskammer, in: Strom und See, Heft 10, 1950, S. 156-157.

Förster, Karl: Die europäische Integration und der Verkehr, in: Zeitschrift für Binnenschiffahrt, Heft 8, 1960, S. 251-256.

Geile, Wilhelm: Die Zusammenarbeit in der internationalen Rheinschiffahrt, in: Zeitschrift für Binnenschiffahrt, Heft 8, 1955, S. 276-281.

Geile, Wilhelm: Voraussetzungen einer europäischen Zusammenarbeit der Schiffahrttreibenden als Träger des Güterverkehrs auf dem Rhein, in: Zeitschrift für Binnenschiffahrt, Heft 9, 1954, S. 348-352.

Groschupf, Louis: Die heutige Lage in der internationalen Rheinschiffahrt, ihre Probleme und Lösungen, in: Strom und See, Beilage, Heft 6, 1950.

Heeckt, Hugo: Grundsatzfragen einer europäischen Verkehrspolitik, in: Zeitschrift für Verkehrswissenschaft, 1958, S. 12-30.

Henrich-Franke, Christian; Tölle, Isabel: Competition for European Competence: the Central Commission for Navigation on the Rhine and the European Economic Community in the 1960s, in: History and Technology, Vol. 27, Nr. 3, September 2011, pp. 331-352.

Henrich-Franke, Christian; Tölle, Isabel: Historical Developments of Infrastructure Governance and Policies, in: Network Industries Quarterly, Vol. 11, Nr. 2, 2009, pp. 7-10.

Henrich-Franke, Christian: Gescheiterte Integration: Die Europäische Wirtschaftsgemeinschaft und die Formulierung der gemeinsamen Verkehrspolitik (1958-1967), in: Journal of European Integration History, Heft 2, 2009, S. 125-147.

Henrich-Franke, Christian: European Mobility Policy, in: T2M Yearbook, 1, 2009, pp. 221-228.

Henrich-Franke, Christian: Mobility and European Integration: Politicians, Professionals and the Founding of ECMT, in: Journal of Transport History, Nr. 1, 2008, pp. 69-92.

Hilz, Helmut: Eisenbrückenbau und Unternehmertätigkeit in Süddeutschland. Heinrich Gerber (1832-1912), Zeitschrift für Unternehmensgeschichte, Beiheft 80, Stuttgart 1993.

Jürgensen, Harald: Einige Grundsätze zum Verkehr im gemeinsamen Markt, in: Internationales Archiv für Verkehrswesen, Nr. 3, 1958, S. 66-68.

Kalhorn, C.A.F.: Rheinschiffahrt und internationale Zusammenarbeit, in: Zeitschrift für Binnenschiffahrt, Heft 10, 1952, S. 92-95.

Kierdorf, Alexander: Zwischen Genie und Utopie – Johann Wilhelm Schwedlers vergessener Alternativentwurf für die erste Kölner Rheinbrücke, in: Stahlbau, Jahrgang 80, Heft 3, 2011, S. 198-204.

Kocka, Jürgen: Comparison and Beyond, in: History and Theory, Vol. 42, Nr. 1, 2003, pp. 39-44.

Köppen, Ursula von: Die II. Wirtschaftskonferenz der Rheinschiffahrt, in: Zeitschrift für Binnenschiffahrt, Heft 1, 1961, S. 1-6.

Köppen, Ursula von: Warum und Wozu Wirtschaftskonferenz der Rheinschiffahrt, in: Zeitschrift für Binnenschiffahrt, Heft 6, 1959, S. 196-201.

Köppen, Ursula von: Europäische Verkehrsfragen im Bereich der Binnenschiffahrt, in: Zeitschrift für Binnenschiffahrt, Heft 7, 1955, S. 169-175.

Köppen, Ursula von: Rheinschiffahrt im europäischen Blickfeld, in: Zeitschrift für Binnenschiffahrt, Heft 5, 1953, S. 147-151.

Laak, Dirk van: Infra-Strukturgeschichte, in: Geschichte und Gesellschaft, Band 27, 2001, S. 367-393.

Lohse, Hermann: Die Rhein-Brücke bei Cöln, in: Zeitschrift für Bauwesen, Heft 13, 1863, S. 175-196, 335-370 und Atlas 31-39.

Lohse, Hermann: Die Rheinbrücke bei Cöln, in: Zeitschrift für Bauwesen, Heft 7, 1857, S. 307-314.

Most, Otto: Der Rhein als europäische Schiffahrtsstraße, in: Europa-Verkehr, 1953, S. 17-24.

Most, Otto: Um europäische Verkehrsprobleme, in: Internationales Archiv für Verkehrswesen, Heft 8, 1950, S. 173-179.

Müller, Walter: Politische Klärungen und Nebengeräusche zur Revision der Mannheimer Akte und zur Wirtschaftskonferenz der Rheinschiffahrt, in: Strom und See, Heft 1, 1964, S. 16-20.

Müller, Walter: Die EWG-Verordnung Nr. 11 über die Beseitigung von Diskriminierungen auf dem Gebiet der Frachten und Beförderungsbedingungen und die Stellung der schweizerischen Rheinschiffahrt, in: Strom und See, Doppelheft Juli/August, 1961, S. 200-208.

Müller, Walter: Die Kompetenzen der EWG auf dem Rhein, in: Strom und See, Nr. 7/8, 1960, S. 252-255.

Müller, Walter: Der deutsche Kabotage-Vorbehalt, in: Strom und See, Heft 3, 1954, S. 58-59.

Müller, Walther: Die Freiheit der Rheinschiffahrt in Gefahr. Grundsätzliche Betrachtungen zum Kampf um die Freiheit der Rheinschiffahrt und zur Stellung der Schweiz als Rheinuferstaat, in: Strom und See, Beilage, Heft 12, 1953.

Orlovius, Volker: 155 Jahre internationale Vorschriften der Zentralkommission für die Rheinschiffahrt, in: Zeitschrift für Binnenschiffahrt, Heft 20, 1993, S. 10-15.

O.V.: Holländischer Protest gegen INTAR-Plan, in: Deutsche Verkehrs-Zeitung, Nr. 67, 6. Juni 1963, S. 15.

O.V.: Der Brückenbau in Cöln, in: Zeitschrift des Österreichischen Ingenieur-Vereines, Heft 7/8, 1859, S. 138-141.

O.V.: Die feste Rheinbrücke bei Köln, in: Romberg's Zeitschrift für praktische Baukunst, Bd. 19, 1859, Spalte 301-308.

O.V.: Die Concurrenz-Projekte zur Brücke über den Rhein zwischen Cöln und Deutz, in: Zeitschrift für Bauwesen, Heft 1, 1851, Spalte 137f.

Renzetti, Giuseppe: Der Verkehr im Gemeinsamen Markt, in: Europäische Wirtschaft, Heft 18, 1959, S. 417-419.

Rittmüller, Adalbert: 180 Jahre Zentralkommission für die Rheinschiffahrt. Ein historischer Überblick über das Rheinschiffahrtsregime, in: Auswärtiger Dienst, Heft 1, 1996, S. 77-83.

Schaefer, Hans Ulrich: Die internationale Konsolidierung der Rheinschiffahrt, Vortrag in der Sitzung am 10. Dezember 1952, Wissenschaftlicher Verein für Verkehrswesen, Heft 22, 1952.

Schaefer, Hans-Ulrich: Die deutsch-holländischen Rheinschiffahrtsbeziehungen, in: Zeitschrift für Binnenschiffahrt, Heft 11, 1951, S. 332-334.

Schaefer, Hans Ulrich: Aktuelle Fragen der Rheinschiffahrt, Vortrag in der Sitzung am 14. Dezember 1950, Wissenschaftlicher Verein für Verkehrswesen, Heft 10, 1950.

Schaefer, Hans-Ulrich: Deutsche Rheinschiffahrt und Mannheimer Rheinschiffahrtsakte unter besonderer Berücksichtigung des Begriffes der „Kabotage", in: Internationales Archiv für Verkehrswesen, Heft 5, 1950, S. 104-109.

Schaus, Lambert: Harte Kritik an der Verkehrspolitik, in: Deutsche Verkehrs-Zeitung, 14. Jahrgang, Nr. 129, 29. Oktober 1960, S. 1.

Schaus, Lambert: Die Aufgaben der Kommission der EWG auf dem Gebiete des Verkehrs, in: Europa-Verkehr, Heft 1, 1959, S. 3-5.

Scherner, Karl Otto: Die Rheinakten von 1831 und 1868. Die Freiheit der Rheinschiffahrt und das Verhältnis von Integration und Privatrecht um die Mitte des 19. Jahrhunderts, in: Zeitschrift für Europäisches Privatrecht, Vol. 5, Nr. 1, 1997, S. 58-85.

Schilling, Karl: Zur Frage der Freiheit der Rheinschiffahrt. Völkerrechtliche Betrachtungen, in: Zeitschrift für Binnenschiffahrt, Beilage, Heft 9, 1953, S. 1-8.

Schuth, Erich: Die Bedeutung der Duisburger Frachtenkonvention. Die wirklichen Störungsfaktoren in der Rheinschiffahrt und ihre Behebung, in: Strom und See, Heft 9, 1952, S. 138-140.

Seebohm, Hans-Christoph: Grundsätze der deutschen Verkehrspolitik, in: Internationales Archiv für Verkehrswesen, Heft 9, 1954, S. 193-201.

Spaulding, Robert Mark: Revolutionary France and the Transformation of the Rhine, in: Central European History, Vol. 44, Issue 2, 2011, pp. 203-226.

Thierry, Adrien: Wesen und Tätigkeit der Zentralkommission für die Rheinschiffahrt, in: Zeitschrift für Binnenschiffahrt, Heft 10, 1952, S. 12-14.

Thierry, Adrien: Probleme der internationalen Flußschiffahrt, in: Zeitschrift für Binnenschiffahrt, Heft 12, 1951, S. 349-357.

Thiemeyer, Guido; Tölle, Isabel: Supranationalität im 19. Jahrhundert? Die Beispiele der Zentralkommission für die Rheinschifffahrt und des Octroivertrags 1804-1851, in: Journal of European Integration History, Vol. 17, Heft 2, 2011, pp. 177-196.

Thiemeyer, Guido: Die Integration der Donau-Schifffahrt als Problem der europäischen Zeitgeschichte, in: Archiv für Sozialgeschichte, Band 49, 2009, S. 303-318.

Walther, Henri: La Révision de la Convention de Mannheim pour la Navigation du Rhin, in: Annuaire Français de Droit International, Vol. 11, 1965, S. 810-819.

Woelker, Christian: Die Entwicklung der europäischen Zusammenarbeit im Verkehr, in: Europa-Archiv, Heft 18-19, 1960, S. 561-592.

Anmerkung:

Bei den Periodika ‚Zeitschrift für Binnenschiffahrt', ‚Strom und See', ‚Internationales Archiv für Verkehrswesen' und ‚Europa-Archiv' wurden weitere Ausgaben eingesehen, aufgeführt sind jedoch nur die in dieser Arbeit berücksichtigten.

7.4. Internet

Kierdorf, Alexander: Köln Brücken, Kurztext von: Walter Buschmann: Die Rheinbrücken von Köln, abgerufen von der Website des Vereins Rheinische Industriekultur www.rheinische-industriekultur.de/objekte/koeln/bruecken/bruecken.html zuletzt am 15. April 2015.

Sengpiel, Johannes: Dritter Teil. Geschichte der Zentralkommission von 1969-1995, abgerufen von der Website der Zentralkommission www.ccr-zkr.org/11010200-de.html zuletzt am 15. April 2015.

Revidierte Rheinschiffahrtsakte, abgerufen von der Website der Zentralkommission http://www.ccr-zkr.org/files/conventions/convrev_a.pdf zuletzt am 15. April 2015.

Website des Instituts für Transport- und Verkehrsrecht der Universität Mannheim: www.verkehrsrecht.uni-mannheim.de zuletzt abgerufen am 15. April 2015.

Website des Internet Archive mit den Rheinurkunden archive.org/ details/ rheinurkundensam01centuoft und archive.org/details/ rheinurkundensam02centuoft zuletzt abgerufen am 15. April 2015.

Website der Fachhochschule Nordwestschweiz Pädagogische Hochschule www.politischebildung.ch/grundlagen/didaktik/polity-policy-politics zuletzt abgerufen am 15. April 2015.

Website des Projekts Europäische Integration von Infrastrukturen vor dem Ersten und nach dem Zweiten Weltkrieg im Vergleich an der Universität Siegen: www.uni-siegen.de/ifer/infrastruktur/ zuletzt abgerufen am 15. April 2015.

Website des Projekts Transnational Infrastructures of Europe an der Universität Eindhoven www.tie-project.nl zuletzt abgerufen am 2. August 2013, im April 2015 nicht mehr aktiv.

Website zum Jubiläum der Zentralkommission für die Rheinschifffahrt www. 200years-ccnr.org zuletzt abgerufen am 24. April 2015.

Website der Zentralkommission für die Rheinschifffahrt www.ccr-zkr.org zuletzt abgerufen am 15. April 2015.

Pressemitteilung der Europäischen Kommission vom 5. März 2003: Binnenschifffahrt: Die Kommission unterzeichnet ein Kooperationsabkommen mit der Zentralkommission für die Rheinschifffahrt. IP/03/315, abgerufen von der Website der Europäischen Union http://europa.eu/rapid/press-release_IP-03-315_de.htm zuletzt am 15. April 2015.

Glossar

allokativer Standard	Standard, der die Erreichung übergeordneter Ziele ermöglicht.
de facto Standard	Standard, der nicht durch einen rechtlich kodifizierten Vertrag begründet ist, sondern in der Praxis gilt, beziehungsweise ein Standard, der sich über den Markt im Wettbewerb durchsetzt.
de jure Standard	Standard, der durch einen rechtlich kodifizierten Vertrag begründet ist und gilt.
distributiver Standard	Standard, der sich auf die Verteilung von Einnahmen und Ausgaben bezieht.
fliegende Brücke	Fliegende Brücken bestehen aus ein bis zwei Nachen beziehungsweise einem Podest, das mit einem Seil am Flussufer befestigt ist, von einer Flussseite zur anderen treibt und so Personen, Tiere und Waren befördert.
Fracht	Preis für die Beförderung einer Fracht/Ladung.
Gierponte	Andere Bezeichnung für fliegende Brücke.
Infrastruktur	Der Begriff Infrastruktur umfasst sowohl Netze als auch Dienste. Im Falle der Rheinschifffahrt lässt sich der Wasserweg Rhein den Netzen und der Betrieb der Schiffe den Diensten zuordnen.

Infrastrukturintegration	Integration bedeutet die Vereinbarung neuer oder die Angleichung alter Standards im technischen, tarifären, betrieblichen, administrativen und rechtlichen Bereich zwecks Koordinierung der Netze und Dienste an den nationalen Außengrenzen (Interkonnektivität) und/oder einer Verschmelzung der nationalen Infrastrukturen (Interoperabilität). Dabei bildet der beschlossene Standard das Ende des Teilprozesses der Infrastrukturintegration, die durch die Einigung auf mehrere Standards immer weiter voranschreitet.
Inhalt (policy)	Inhalt der Politik, also der Verhandlungsgegenstand.
interadministrativ	Zusammenarbeit zwischen nationalen Verwaltungen.
intergouvernemental	Zusammenarbeit zwischen Staaten ohne Souveränitätsverlust. Bei internationalen Organisationen wird einstimmig abgestimmt.
Interkonnektivität	Angleichung alter oder Schaffung neuer Standards im technischen, tarifären, betrieblichen, administrativen und rechtlichen Bereich zwecks Koordinierung der Netze und Dienste sowie Fähigkeit zur Zusammenarbeit von Infrastrukturen an den nationalen Außengrenzen.
intermodaler Wettbewerb	Wettbewerb zwischen verschiedenen Verkehrsarten (Schifffahrt, Eisenbahn, Straßenverkehr, Luftfahrt).
Interoperabilität	Verschmelzung der nationalen Infrastrukturen.

Kabotage	Erbringen von Transportleistungen innerhalb eines Landes durch ein ausländisches Unternehmen. Beim Kabotagevorbehalt schließt ein Staat ausländische Verkehrsunternehmer von der Erbringung der Verkehrsdienstleistung auf einer bestimmten nationalen Strecke aus.
kooperativ	Gemeinschaftliche Zusammenarbeit der Akteure (Infrastrukturgesellschaften, Staaten, Bürokraten, private Unternehmen, Nutzer oder Experten) in internationalen Organisationen, Foren, Vereinen et cetera, um gemeinsame Standards auszuhandeln (kooperative Standardisierung).
koordinativer Standard	Standard, der positive Effekte in Form von Selbststeuerung erzeugt. Dadurch sollen Infrastrukturen interkonnektiv oder interoperabel und effizienter genutzt werden, die Skalenerträge steigen und die Produktivität erhöht oder die Kosten gesenkt werden.
Leinpfad	Weg am Flussufer, von dem aus Menschen oder Zugtiere Schiffe flussaufwärts ziehen.
Nachen	Flaches Schiff beziehungsweise Schwimmkörper. Wird wie ein Ponton als schwimmender Brückenbestandteil verwendet.
nicht-kooperativ	Standardisierung über internationale Märkte im Wettbewerb ohne Absprachen (nicht-kooperative Standardisierung). Bei diesen Märkten handelt es sich sowohl um wirtschaftliche als auch um politische.
Partikulier	Ein selbstständiger Schiffseigentümer, der sein Schiff auch selbst fährt.
‚policy-cycle'	Modell, das den Politikprozess in mehrere Phasen gliedert, zum Beispiel Initiativ-, Verhandlungs- und Entscheidungsphase.

Pool	Kartell mit Vereinbarungen über Preise und Verteilung der Ladung und Gewinne.
Prozess (politics)	Politisches Verfahren, das heißt die Willensbildungs- und Entscheidungsfindungsprozesse sowie Interessenbekundung und -durchsetzung.
regulativer Standard	Standard, der negative Effekte durch Verbote verhindert, zum Beispiel Gefahren für die Gesundheit, die Umwelt oder die Sicherheit. Da regulative Standards meist Kosten für die Anbieter von infrastrukturellen Leistungen verursachen, müssen sie durch Gebote oder Verbote politisch durchgesetzt werden.
Schiffsbrücke	Mehrere, miteinander verbundene Nachen, so dass eine durchgehende, von einem Ufer zum anderen reichende schwimmende Brücke entsteht.
Standard	Eine allgemeingültige Definition von Standards gibt es nicht. Standards sollen ganz allgemein Kompatibilität ermöglichen, also die Vereinbarkeit, Anschlussfähigkeit und Kombinier-barkeit von bestimmten Einheiten. Standards können Produkte oder Verfahren im weitesten Sinne sein (technische, betriebliche, administrative, tarifäre und rechtliche Standards).
Stapel	Das Recht einer Stadt, die Schiffer zu verpflichten, ihre Waren für eine bestimmte Zeit auszuladen und zum Verkauf anzubieten.
Stilllegung	Temporäre Außerbetriebnahme von Schiffen.
Struktur (polity)	Ordnungs- und Handlungsrahmen, das heißt die politische Ordnung und Rechtsordnung einer Gesellschaft inklusive institutioneller, normativer und verfassungsrechtlicher Grundlagen.

supranational	Zusammenarbeit zwischen Staaten mit Souveränitätsverlust. Bei internationalen Organisationen wird mit Mehrheit abgestimmt. Die Minderheit muss die gefassten Beschlüsse umsetzen.
Wahrschau	Eine Signalstelle beziehungsweise Warneinrichtung für die Schiffer zur Regelung des Verkehrs.

FSC
www.fsc.org
MIX
Papier | Fördert
gute Waldnutzung
FSC® C083411

Kolibri 360 GmbH
Ferdinand-Jühlke-Straße 7
99095 Erfurt, Deutschland
produktsicherheit@kolibri360.de